投融资项目决策与管理

TOURONGZI XIANGMU JUECE YU GUANLI

万 明 沈晓华 李 艳 ◆ 主 编
罗 宇 张 岩 ◆ 副主编

华中科技大学出版社
http://press.hust.edu.cn
中国·武汉

图书在版编目(CIP)数据

投融资项目决策与管理/万明,沈晓华,李艳主编. —武汉:华中科技大学出版社,2023.8
ISBN 978-7-5680-9557-0

Ⅰ.①投… Ⅱ.①万… ②沈… ③李… Ⅲ.①项目-投资 ②项目融资 Ⅳ.①F830.59
②F830.45

中国国家版本馆 CIP 数据核字(2023)第 100334 号

投融资项目决策与管理　　　　　　　　　　　　　　　　　　　　　万　明　沈晓华　李　艳　主编
Tourongzi Xiangmu Juece yu Guanli

策划编辑:周永华
责任编辑:周怡露
封面设计:原色设计
责任监印:朱　玢
出版发行:华中科技大学出版社(中国·武汉)　　　电话:(027)81321913
　　　　　武汉市东湖新技术开发区华工科技园　　　邮编:430223
录　　排:华中科技大学惠友文印中心
印　　刷:武汉科源印刷设计有限公司
开　　本:850mm×1065mm　1/16
印　　张:22.5　插页:1
字　　数:605 千字
版　　次:2023 年 8 月第 1 版第 1 次印刷
定　　价:98.00 元

本书若有印装质量问题,请向出版社营销中心调换
全国免费服务热线:400-6679-118　竭诚为您服务
版权所有　侵权必究

编 委 会

主　编　万　明　　中铁建华南建设有限公司
　　　　　沈晓华　　中铁建华南建设有限公司
　　　　　李　艳　　广州中咨城轨工程咨询有限公司

副主编　罗　宇　　中铁建华南建设有限公司
　　　　　张　岩　　中铁九局集团有限公司大连分公司

编　委　张熙文　　中铁建华南建设有限公司
　　　　　苏桂芳　　中铁建华南建设有限公司
　　　　　敖蕾娜日　中铁建华南建设有限公司
　　　　　张　敏　　中铁十五局集团有限公司
　　　　　高　杰　　中铁十九局集团有限公司

前　言

随着社会经济的发展，工程项目的投资规模越来越大，传统的融资方式已难以满足大型工程的投资需要，企业投资活动中融资的重要性随之凸显。从实践方面来说，项目融资已被广泛应用于能源与油气开发、矿藏资源开采、公共基础设施、污水处理、通信设施等领域，并向其他领域不断拓展。

公司项目投资与融资决策是项目融资运作的基础，离开了切实可行的项目投资决策，项目融资将成为"无本之木"；同理，即使有一个切实可行的投资项目，如果缺乏一个科学有效的项目融资方案，再好的投资项目也可能成为"空中楼阁"。我们还要看到，项目融资的成功运作同样离不开对项目投融资的有效管理。

自20世纪80年代开始，我国工程建设领域逐步加大对外开放力度，40多年来各种投融资模式及管理模式层出不穷，国家也在不断地完善和总结工程项目建设的运行模式，工程项目建设的基本模式趋于多元化、规范化、市场化。工程项目建设投融资模式主要有OM模式、MC模式、BOO模式、TOT模式、TBT模式、ROT模式、BT模式、BOT模式、BOT+EPC复合模式、PPP模式、PPP+EPC复合模式等。工程项目建设管理模式主要有传统模式、CM模式、DB模式、PMC模式、PA模式、PPA模式、EPC模式等。

工程建设项目投融资决策与管理过程存在着规范化问题、观念问题、财务管理以及合同管理问题等。如何解决这些问题，从而进一步优化管理、提高效益成为值得探讨的问题。对此，本书围绕项目投融资的决策与管理进行研究，将理论与实践相结合，主要分为8章：投融资项目的基本理论、投融资项目可行性研究、投融资项目财务评价、投融资项目风险管理、投融资项目建设管理、投融资项目运营管理、投融资项目后评价和投融资模式分析——以S市地铁项目为例。

本书编写分工如下：万明（负责前言、第2章、第3章的编写）、沈晓华（负责第1章、第8章的编写）、李艳（负责第6章、第7章的编写）、罗宇（负责第5章第4节至第6节的编写）、张岩（负责第4章、第5章第1节至第3节的编写）。另外，在编写过程中，张熙文、苏桂芳、敖蕾娜日、张敏、高杰等对本书编写及审核工作提供了大力支持。

本书引用了大量参考资料，但未一一注明出处，在此对相关作者表示感谢。因编者的理论水平和实践经验有限，书中难免存在疏漏之处，恳请广大读者批评指正。

目　　录

第1章　投融资项目的基本理论 …………………………………………………… (1)
　1.1　项目投融资理论 ……………………………………………………………… (2)
　1.2　国内外投融资项目研究现状 ………………………………………………… (10)
　1.3　投融资项目的模式 …………………………………………………………… (24)

第2章　投融资项目可行性研究 …………………………………………………… (49)
　2.1　项目可行性研究的含义与作用 ……………………………………………… (50)
　2.2　项目可行性研究的内容及阶段划分 ………………………………………… (51)
　2.3　项目可行性研究报告的编制 ………………………………………………… (55)

第3章　投融资项目财务评价 ……………………………………………………… (63)
　3.1　资金时间价值 ………………………………………………………………… (64)
　3.2　项目财务评价 ………………………………………………………………… (76)
　3.3　项目评价 ……………………………………………………………………… (99)
　3.4　项目评价结果的应用 ………………………………………………………… (104)
　3.5　投资决策关注要点 …………………………………………………………… (109)

第4章　投融资项目风险管理 ……………………………………………………… (117)
　4.1　投融资项目风险管理概述 …………………………………………………… (118)
　4.2　项目风险的识别 ……………………………………………………………… (122)
　4.3　项目风险的分析与评估 ……………………………………………………… (127)
　4.4　项目风险的管理 ……………………………………………………………… (131)
　4.5　以PPP模式下的高速公路项目为例进行分析 ……………………………… (144)

第5章　投融资项目建设管理 ……………………………………………………… (161)
　5.1　工程项目管理目标策划 ……………………………………………………… (162)
　5.2　筹融资渠道与方式 …………………………………………………………… (169)
　5.3　项目公司管理 ………………………………………………………………… (190)
　5.4　项目建设期过程控制管理 …………………………………………………… (192)
　5.5　项目建设期经济与财务管理 ………………………………………………… (240)
　5.6　项目竣工验收与结算 ………………………………………………………… (257)

第6章　投融资项目运营管理 ……………………………………………………… (267)
　6.1　运营模式 ……………………………………………………………………… (268)
　6.2　运营管理体系建设 …………………………………………………………… (271)
　6.3　运营资金管理 ………………………………………………………………… (275)

6.4 运营期绩效评价 …………………………………………………………………… (278)
6.5 项目交接 ………………………………………………………………………… (295)

第7章 投融资项目后评价 ……………………………………………………………… (301)
7.1 项目后评价理论及方法 ………………………………………………………… (302)
7.2 项目后评价指标体系 …………………………………………………………… (316)

第8章 投融资模式分析——以S市地铁项目为例 …………………………………… (333)
8.1 项目简介 ………………………………………………………………………… (334)
8.2 S市地铁14号线投融资整体思路 ……………………………………………… (334)
8.3 S市地铁14号线投融资模式选择 ……………………………………………… (335)
8.4 S市地铁14号线投融资模式组合方案和风险识别及防范 …………………… (342)

参考文献 …………………………………………………………………………………… (349)
后记 ………………………………………………………………………………………… (352)

第 1 章　投融资项目的基本理论

1.1　项目投融资理论

1.1.1　项目投融资的定义

1. 项目投资定义及要素构成

(1)项目投资含义。

项目投资是一种以特定项目为对象,直接与新建项目或更新改造项目有关的长期投资行为。

与其他形式的投资相比,项目投资具有投资内容独特(每个项目都至少涉及一项固定资产投资)、投资数额多、影响时间长(至少一年或一个营业周期以上)、发生频率低、变现能力差和投资风险大的特征。

(2)项目投资的要素构成。

①项目投资环境,指构成项目投资者投资欲望的社会发展、经济技术、市场需求、政策法规、文化习俗、资源条件、金融条件等方面的条件。项目投资环境是项目投资的根本要素。

②项目投资主体,即投资行为者:掌握各种资源的法人、自然人、国家及其他社会机构。

③项目投资客体,即投资对象或内容:如项目工程、技术知识、矿产资源、文化、体育教育项目、土地房屋、股票、期货、外汇、金融票据等。

④项目投资目的,指项目投资的期望值或期望取得的成果,包括经济的、社会的、政治方面的目的。项目投资基本目的就是投资大于产出。

⑤项目投资方式,即对资本投入目标、对象、规模、数量、时间、地点等所采取的方式。如实物项目投资、现金项目投资、技术项目投资、经营权项目投资、管理项目投资等。

(3)项目投资的分类。

此处仅从生产经营环节来分类。

①直接项目投资与间接项目投资。

直接项目投资:直接对投资对象进行的投资。

间接项目投资:间接对投资对象进行的投资。

②实物项目投资与金融项目投资。

实物项目投资:投资对象为具体物品的投资。

金融项目投资:投资对象为金融产品的投资。

③私人项目投资和公共项目投资。

私人项目投资:指自然人或非政府组织进行的项目投资。

公共项目投资:指国家和政府进行的项目投资。

④短期项目投资和长期项目投资。

短期项目投资又称流动资产项目投资,是指在一年内能收回的项目投资。

长期项目投资则是指一年以上才能收回的项目投资。长期项目投资中固定资产所占的比重最大,所以长期项目投资有时专指固定资产项目投资。

⑤采纳与否项目投资和互斥选择项目投资。

从决策的角度看,可把项目投资分为采纳与否项目投资和互斥选择项目投资。采纳与否项目投资是指决定是否项目投资于某一独立项目的决策。在两个或两个以上的项目中,只能选择其中之一的决策叫作互斥选择项目投资决策。

此外,项目投资还可分为固定资产项目投资和流动资产项目投资等。

(4)项目投资决策程序的一般步骤。

一个完整的项目投资决策过程如图 1.1 所示。其中,广义项目投资决策内容和过程如图 1.2 所示。

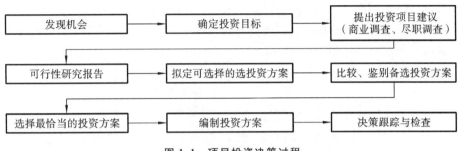

图 1.1 项目投资决策过程

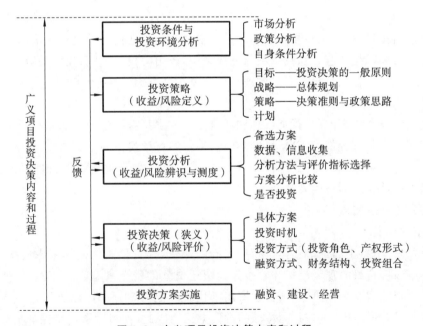

图 1.2 广义项目投资决策内容和过程

在项目投资的实际执行过程中,需要完成下述工作:估算出投资项目的预期现金流量;估计预期现金流量的风险;确定资本成本的一般水平;确定投资项目的收入现值;通过收入现值与所需资本支出的比较,决定拒绝或确认投资。

(5)项目投资的特点。

①系统性与复杂性。

系统性即项目投资是由各个不同的系统环节组合而成的。系统性表现在相互制约、相互影响又相互联系的有机合成体。例如：一个项目的投资涉及环境评价系统、技术工程系统、财务运行系统、人力管理系统、资源（自然、社会、政府资源）系统等。

复杂性表现在每一项投资都是一项系统工程、一件艺术品，都是一次重大的创新活动。如项目投资经济技术评价、工程控制、资源组合、生产与经营控制、风险控制等，项目投资过程本身就是一个复杂的创新过程。

②周期性与时效性。

周期性是指投入—建设—建成试生产—产出—收回投资的全过程。周期性表现在项目投资建设周期和生产经营周期两个方面。

时效性是指资本投入的时间选择和限制。

③连续性与完整性。

连续性是指项目一旦决策投入，则必须保证连续不断地进行投资，不能干两年等两年。

完整性是指项目投资的一次性和完整性，资金的一次性到位和一次性完成。例如：建电站必须修电网、建铁路必须建车站。

④项目投资的波动性和风险。

波动性是指项目投资过程可能出现的不稳定和不平衡状况，如证券市场投资的波动性就显而易见。风险性是指项目投资决策、项目投资控制和成果的风险性。任何一项投资决策都意味着不确定性，不确定性就意味着必须承担风险。在投资项目的决策中，产出≤投入，项目投资失败；产出＞投入，项目投资成功。风险往往表现在项目投资对象的波动性和复杂性方面。

⑤科学性和艺术性。

科学性即是项目投资决策、项目投资管理和项目投资控制是有一定的规律和科学性的。从选址、资源投入、生产、经营管理等过程都一定要遵循客观规律，依照科学规律办事。

艺术性即是项目投资管理和控制是有技巧和艺术性的，特别是项目投资管理要讲究技巧和艺术。如奥运会的项目投资从管理的角度看就是一门艺术。

2. 项目融资的定义及特点

（1）项目融资的定义。

项目融资是"为一个特定的经济实体（项目）安排的融资，其贷款人在最初考虑安排贷款时，满足于使用该经济实体（项目）自身的现金流量和收益作为偿还贷款的资金来源，并且满足于使用该经济实体（项目）的资产作为贷款的安全保障"。项目融资用于代表广泛的，但具有"融资不是主要依赖项目发起人的信贷或所涉及的有形资产"这一共同特征的融资方式。因此，项目融资用来保证贷款偿还的首要来源被限制在项目本身的经济收益——项目未来的现金流量和项目本身的资产价值。

项目融资虽然在许多国家已有多年实践，但作为学术用语，迄今尚无一个公认的定义。中华人民共和国国家发展和改革委员会（简称"发改委"）与外汇管理局共同发布的《境外进行项目融资管理暂行办法》中，对项目融资的定义是"指以境内建设项目的名义在境外筹措外汇资金，并仅以项目自身预期收入和资产对外承担债务偿还责任的融资方式"。在我国，也有学者认为项目融资可以从不同的角度理解。广义上讲，凡是为建设一个新项目或收购一个现有项目及对已有项目进行债务重组所进行的融资，均可称为项目融资;而狭义的项目融资则专指具有无限追索或有限追索形式的融资方式。

简单来说:项目融资可以被认为是将项目资产及其未来收益作为还款保证的一种融资方式。

(2)项目融资的特点。

①以项目为主体。主要依赖于项目的现金流量和项目资产作为偿还融资还款来源,而不依赖发起人项目的信用和资产。典型的项目融资通常需要以项目公司来承担筹资和管理运作,贷款人的风险保障主要依靠项目本身的现金流和资产,而不是发起人的资产,这就要求贷款人必须对项目的发起、建设、运营进行全程监控。

②具有有限追索权。有限追索是指贷款人未能按期偿还借款时,贷款人只能要求借款人按照抵押资产来偿还债务,而不能要求借款人的其他资产作为还款追索,因此,项目融资对项目发起人的其他资产的追索权是有限的。

③风险分担。为了实现项目的有限追索,对于项目有关的各种风险要素,需要以某种形式与项目投资和项目开发有直接或间接利益关系的其他参与者同贷款人之间建立利益与风险连带关系。这样,一个成功的项目融资结构,是一个共同参与、共同获益、共同承担风险的共同体。

④非公司负债型融资。项目债务不表现在项目投资者(发起人)公司的资产负债表中,而采用公司资产负债表外的方式来接受贷款协议。将其列入表外非正式报表中,使全面追索成为有限追索,从而减小风险。

⑤信用结构多样化及其创新。在项目融资中,用于支持贷款的信用结构的安排可以灵活多样化,通过项目公司的运作,可以引入更为广泛的社会资金,提高城市基础设施建设的规模和效益,实现灵活和多样化融资创新。

⑥融资成本较高。由于项目融资涉及面广,贷款程序复杂,参与方和合同文件繁多,需要做大量有关风险分析、税收结构、资产抵押等一系列评估工作,前期费用一般要高于其他融资方式。

⑦项目融资额度大、回收期长。一个项目的融资额度与项目投资对象相关,由于项目融资对象一般为公共基础设施,投入资金量大、运营周期长,通过项目特许经营,可以获得相应的信用保障,因此,融资规模较大,周期较长。

⑧风险较高。项目运用周期长,融资规模大,涉及范围广,极易受到所在国或地区的政治、经济、社会、市场、科学技术发展的不确定性影响,导致项目风险较大。

(3)选择项目融资的原因。

在项目投资中,选择什么样的融资方式对成本、效益和技术构成关系重大。选择项目融资一方面是为解决难以获得资产抵押的项目建设筹措资金,另一方面是为引入多样性的资本结构和先进的生产与管理技术。由于项目的经济强度是项目融资的基础,项目投资大,建设周期和回收期长,参与的部门多,传统融资方式难以解决融资中遇到的问题。贷款人能否给予项目贷款,主要考虑项目在贷款期内能产生多少现金流,贷款的数量、利率和融资结构的安排完全取决于项目本身的经济效益。这样,项目融资的投资人(发起人)无须用自己的资产抵押就可以筹措巨额资金,而风险则又分散在各参与方,这是选择项目融资的基本动因。此外,选择项目融资的目的还基于以下几个方面。

①融资效用最大化。

成本控制的需要——获得合理避税。表外融资可以帮助投资人实现财务安排合理避税,因为产品的销售主要用于还贷,产品在出售过程中充分享受税收减让的好处,得到税收优惠待遇。

风险控制的需要——多个参与主体共同参与项目融资,实现收益和风险的分摊,最大限度地分散和控制项目风险。

外延拓展的需要——对外直接投资和投资结构多元化,使得投资人可以通过项目本身的现金和资产获得重组、并购及业务拓展的机会,促进企业多元化发展。

战略发展的需要——能够实现价值储备。在资源稀缺的约束条件下,企业竞争优势表现为对资源的控制能力,项目融资广泛用于资源开发项目,开发运营周期长的劣势可以转化为资源储备的优势。

②融资价值最大化。

生产规模最大化——通过项目融资满足获得信贷资金以外的开发资金,从而实现投资与生产规模的最大化需求。

市场规模最大化——一个完整的项目融资是一个集投资、建设和销售为一体的项目运作过程,既与供应商连接,也与销售商连接,形成一个稳固的生产和经营网络,实现市场规模最大化的基本需求。

企业价值最大化——创造价值和不断增加财富是企业追求的目标。企业创造价值的最佳途径是实现价值链的连接,项目融资能够实现多企业生产经营的相互连接,从而实现减少企业控制权的分散,完善企业生产经营链,完成企业价值链构成。

③规避内部和外部风险。

项目融资规模大、周期长,可能导致各种风险存在。运用项目融资一方面既可以减少投资者负债压力,同时还可以利用项目管理模式规避项目运行风险;另一方面贷款人必然要承担如价格制度、税收制度、贸易壁垒、市场竞争中的非市场行为、政府信用、国有化以及政府变迁等风险,也有利于规避经济危机、科技发展等外部风险。

(4)项目融资成功的基本条件与原则。

①项目融资的基本条件。

a. 政府明确的社会经济发展规划和政府部门批准立项、授权许可。

b. 项目良好的财务计划和可靠的收益保障。

c. 项目产品生产技术、设备先进适用,配套完整,有明确和可靠的技术保证。

d. 排他性非竞争项目,具有独立的运作空间和合理的运作周期。

e. 足够的参与方和缜密的融资技术线路,优秀的项目管理团队。

f. 发起人有足够的运营实力和良好的社会信誉。

g. 项目生产所需的原材料有稳定的来源,并能够签订供货合同或意向书;

h. 项目建设地点及建设用地已经落实,生产所需的水、电、通信等配套设施已经落实。

②项目融资的限制条件。

主要是对借款人、发起人、贷款人以及项目参与人的限制条件。这些条件涉及有关政策、法规、文化、宗教信仰、社会环境、发起人(或股东)实力、贷款人信誉、管理体系、关系人协议、项目条件,以及货币、税收、汇率、利率等。

③基本原则。

a. 项目投入的经济技术可行性:项目选择和投资须考虑财务平衡和长期收益,同时还要考虑项目实施中的工程、生产、设施设备等技术运用实施的可行性。

b. 项目实施的可操作性:一是项目许可符合国家产业政策、符合贷款机构的贷款要求;二是项目融资能否实现长期的市场安排,如市场价格从投资项目中长期获取产品;三是融资方案建立在不增加发起人成本、融资技术和线路可操作实施的基础上。

c.项目运行的可控制性:首先,确保投资者不单独承担项目的全部风险责任,寻求投资者、贷款银行以及其他与项目融资相关的第三方之间有效的风险承担关系。其次,实现融资对项目投资者的有限追索;再次,确保发起人对项目寿命期内的生产经营控制。

d.项目发展的可持续性。一个合理的项目融资设计须考虑在项目有效期内(特许经营期)的经营寿命,同时,确保项目资源或经营潜力能够产生稳定和持续性的现金流。

(5)项目融资与其他融资方式的区别。

传统融资方式主要对贷款的担保抵押物具有追索权,而项目融资则是对项目产品或收益权做担保并有追索权。例如房地产开发融资,传统贷款是以开发商的有效资产作为担保抵押,如果到期不能还款,贷款人可以将开发商抵押担保资产拍卖收回贷款。而项目融资则是以房屋资产或收益,即房屋出让、出租的收益偿还借款,在特许经营期内,收回本息,归还贷款,不对开发商的其他资产有追索权。

传统融资方式只注重项目的有形资产,而项目融资既注重有形资产,更注重无形资产。例如,传统融资方式只追偿有形资产的变现,项目融资还包括对项目本身无形资产收益权的追偿。

传统融资方式考虑的是经济的可靠性,而项目融资更多的还要考虑技术的可靠性。例如,传统融资设定的条件更多地考虑抵押物、担保物和项目自身收益能力的实现;而项目融资关键在于技术实施是否稳定和可操作性,因此,项目融资风险更大。

传统融资方式是一个主体一个阶段承担风险,项目融资是多个主体多个阶段承担风险。

由于风险的存在,项目融资的成本一般高于传统融资方式,如评估时间长、文件复杂、附加险费高、监控费用大等。

1.1.2 项目投融资主体

项目投融资所牵涉的项目通常金额大、参与者多、产供销环节缺一不可,若再考虑需要有完善的合同体系来分担项目风险,则项目的参与者会更多。项目投融资的参与者包括项目发起人、贷款人、政府及其他第三方等,主要参与者之间的基本关系如图1.3所示。

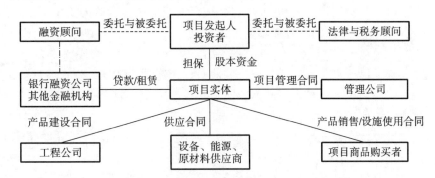

图1.3 项目投融资主要参与者之间的基本关系

(1)项目发起人。

①项目发起方,又称为项目主办方,直接参与项目投资和项目管理,也直接承担债务责任和项目风

险的法律实体。项目主办方可以是一家公司,也可以是由多个投资人组成的联合体,如承包商、供应商、项目产品的购货商或项目设施的使用者。此外,还可以包括项目间接利益接受者,如即将兴建的新交通设施所在地的土地所有者等。

②项目公司,项目投融资中的普遍做法是成立单一目的的项目公司作为项目的直接主办人,称为项目公司。项目公司可以是一个实体,即实际拥有项目管理所必备的生产技术、管理、人员条件,也可以只是法律上拥有项目资产、实际运作委托具有丰富项目管理经验的项目管理公司。

③借款人,在大多数情况下,借款人就是项目公司。但某些情况下,由于项目的实施和资本结构受到很多因素的影响,比如东道国的税收制度、担保制度、法律诉讼的可行性等,也可能使得借款人发生变化。很多项目,其借款人可能不止一个,项目的承建公司、经营公司、原材料供应商及产品买主都可能成为独立的借款人。

(2)贷款人。

①商业银行、非银行金融机构(如租赁公司、财务公司、某种类型的投资基金等)和一些国家的出口信贷机构,是项目融资来源的主要提供者。为项目提供资金的主要是商业银行,在项目贷款中,可以是一两家银行,也可由多家银行组成一个银团来完成项目贷款。

②国际金融机构。世界银行及地区开发机构等在贷款的审查和监督、担保、贷款的终止和生效的问题上具有各自独立的政策和标准,从而影响项目的资本结构。

(3)各级政府。

政府在项目投融资中的角色是间接的,但可通过政策修订、提供补贴、特许经营等来实施作用,或通过代理机构投入权益资金或充当项目产品的最大买主或用户。此外,政府还可为项目开发提供土地、基础设施、能源供应、经营特许权等必要的基础条件,减少项目的建设风险和经营风险;为项目提供条件优惠的出口信贷和其他类型的贷款或贷款担保,促成项目投融资的完成。

(4)其他第三方。

①承建商。负责项目工程的设计和建设,通常与项目公司签订固定价格的总价承包合同。

②供应商,包括设备供应商、原材料供应商等。其收益来源于供应合同,对项目的经济利益不太关心。

③购买者。为了保证基建项目的成功,使项目建成后有足够的现金流入用于还本付息,在项目谈判阶段,一般都要确定产品和服务的购买者或项目设施的使用者,并签订协议,来减少或分散项目的市场风险。

④担保受托方。贷款银行主要依靠项目未来的收益作为还款保证。为防止项目公司违约或转移资产,在某些情况下,银行要求项目公司将资产及收益账户放在东道国境外的一家中立机构(一般为资信等级较高的银行或独立的信托公司),即担保受托方。

⑤保险公司。项目投融资数额巨大,再加上诸多不可控因素,要求项目各方准确认定风险,并及时投保。因此,保险公司成为分担风险的重要一方。

⑥财务金融顾问。财务金融顾问包括两类,一类是只担任项目投资者的顾问,为其安排融资结构和贷款,而自己不参加最终贷款的银团;另一类是在担任融资顾问的同时,也参与贷款,作为贷款银团的成员行或牵头行。

⑦专家。项目工程的设计和施工需要大量听取专家的意见。项目主办人和财务金融顾问都要聘请

国内外有名望的技术专家,由他们编制或审查项目的可行性研究,监督和协调项目的进展。

⑧律师。项目投融资各参与方之间大多数是合同关系,项目文件的复杂性和参与方可能具有的国际背景使得项目投融资需要有资深的国际律师事务所介入。项目主办方进行初步可行性研究,项目公司抵押资产和贷款方拟订贷款协议时都需要听取律师的意见。

1.1.3 项目投融资特征

(1)以项目为导向。项目投融资的一个显著特点是以项目为导向。安排投资与融资的主要依据是项目未来的现金流量和项目资产,以及项目公司的资信。贷款人的注意力主要放在项目贷款期间能产生多少现金流量用以偿还项目贷款。因此,贷款的数量、融资成本、融资结构与项目未来的现金流量和项目资产的价值直接相关。

(2)投资数额大。由于投融资项目主要为大型高速公路,需要投入大量的资金,项目生产能力和生产条件一旦形成,不能轻易改变,因此项目投资的决策不会经常发生,属于企业非程序性决策。

(3)长期投资属性。项目投资的周期较长,需要几年甚至几十年才能收回投资。特别是作为决定企业发展方向的战略性投资,直接决定了企业未来的生产经营方向。项目投资所形成的资产不是为销售而持有的,一般都不会在短期内变现。而且,项目投资的对象也大多是变现能力较差的长期资产,变现起来比较困难。

(4)风险分担机制。风险分担是将与项目有关的各种风险以某种形式在项目贷款人、借款人和其他参与者或项目利益相关者之间进行分配。借款人、融资顾问在组织项目投融资的过程中,要在识别和分析项目的各种风险因素的基础上,确定项目各参与者承担风险的能力和可能性,充分利用一切可以规避风险的方法或策略,设计出恰当的融资结构。尽管合理制定项目投资决策与融资决策,可使项目公司和项目投资者在一定程度上减轻承担风险的压力。但是,项目风险在项目各参与人之间进行合理分配是一项极其复杂的工作,涉及项目参与人、法律文件以及相关因素。如果风险识别不充分、风险分配不当,则会给项目的实施和合同的执行造成较大的影响。

(5)融资成本控制。基础设施建设主要由政府投资、企业自筹和其他途径融资(银行贷款和上市融资)。目前,政府投资和企业自筹的比例较小,银行贷款仍是我国交通业的主要融资渠道,上市融资只有具有上市资格的一小部分企业采用。降低融资成本主要通过充分利用利率优惠、票据业务和股权融资等方式,提高项目的综合收益率和偿债能力。

(6)融资工作复杂。由于项目融资涉及面广、结构复杂,需要做许多方面的工作,例如项目风险的分担、信用结构设计等一系列的技术性工作。同时,起草、谈判、签署的融资法律文件也增加了项目融资的时间。

(7)贷款人监管。项目投融资的一个重要特点即贷款人对项目的监管和参与项目的部分决策。这是因为项目借款人有将贷款资金投向高风险项目的冲动,即所谓的"资产替代"效应(指由于资产收益率和风险结构失衡所引发的公众重新调整其资产组合,减持价值被高估的资产,增值价值被低估的资产的套利行为),从而使贷款人承担了一定的项目风险。为防止"资产替代"效应的出现,贷款人可能采取多种监管方式进行监督。如要求借款人提交项目报告、贷款和收益资金使用报告、项目工程技术报告和相关资料、项目经营情况等。

1.1.4 项目投融资的意义

1. 项目投资的意义

从宏观的角度看,项目投资有以下两方面积极意义。第一,项目投资是实现社会资本积累功能的主要途径,也是扩大社会再生产的重要手段,有助于促进社会经济的长期可持续发展。第二,增加项目投资,能够为社会提供更多的就业机会,提高社会总供给量,不仅可以满足社会需求的不断增长,而且会最终拉动社会消费的增长。

从微观的角度看,项目投资有以下三个方面积极意义。第一,提高投资者技术经济实力。投资者通过项目投资,扩大其资本积累规模,提高其收益能力,增强其抵御风险的能力。第二,提高投资者创新能力。投资者通过自主研发和购买知识产权,结合投资项目的实施,实现科技成果的商品化和产业化,不仅可以不断地获得技术创新和利润,而且能够为科技转化为生产力提供更好的业务操作平台;第三,提升投资者市场竞争能力。市场竞争不仅是人才的竞争、产品的竞争,而且从根本上说是投资项目的竞争。一个不具备核心竞争能力的投资项目,注定是失败的。因而,无论是投资实践的成功经验还是失败的教训,都有助于促进投资者自觉按市场规律办事,不断提升其市场竞争力。

2. 项目融资的意义

对于项目主办人而言,项目融资具有下列意义。

(1)可保护自身资产。项目融资是一种无追索权或有限追索权的贷款。当贷款没有追索权时,贷款质押或抵押只限定在项目资产和预期收益,不需要项目主办人的其他资产作质押或抵押,从而避免在项目失败的情况下,项目主办人的项目之外的资产被追偿。当贷款只有有限追索权时,其追索权只限定在某个特定阶段(一般为项目开发建设阶段)或限定在一个规定的范围内(如项目的最小现金流量担保)。除此之外,追索不超过项目本身和项目主办人提供的担保范围,在一定程度上保护了项目主办人的资产。

(2)可提高债务比例。利用项目本身的资信,项目的债务比例一般为70%~80%(个别项目甚至更高),项目主办人只需提供20%~30%的资金就可以承担项目,可实现"小投入,做大项目"。如果实现资产负债表外融资安排,则还可以避免项目贷款对项目主办人的信贷限额的影响。

(3)可实现风险分担。在项目融资中,风险由参与各方分担。与传统的贷款不同,项目融资的贷款人也要承担部分风险。因此,当项目出现困难时,贷款人不是简单地进行项目清算,而是尽量采用其他的解决办法来渡过难关。有包销协议时,包销商一般承担部分风险,如需求不足、价格上涨等风险。例如,在购电协议中可能有"无论提货与否均须付款"的条款,要求包销商最低承购一定的电量。

1.2 国内外投融资项目研究现状

1.2.1 国内外投融资项目研究分析

此处以城市轨道交通建设项目投融资为例进行阐述。

对城市轨道交通建设项目投融资问题进行国内外文献检索,主要以城市轨道交通、城市基础设施、地铁、轻轨、投资、融资等为检索词对相关文献的关键词和摘要进行检索。检索中采用了中国知网、工程索引(EI)、Elsevier Science Direct 数据库、Web of Science 数据库、Emerald 数据库、Springer 数据库。通过检索可知,国外文献主要集中在 *Transportation Research Part B*(影响因子 IF＝3.769)、*Journal of Transport Geography*(影响因子 IF＝2.090)、*Transport Policy*(影响因子 IF＝1.522)、*Research in Transportation Economics*(影响因子 IF＝0.750)、*International Journal of Project Management*(影响因子 IF＝2.885)等期刊,国内文献主要集中在《铁道工程学报》《交通运输工程与信息学报》《都市快轨交通》《现代城市轨道交通》《工程管理学报》《建筑经济》等中文核心期刊,以及多所名校的博士论文。这些文献的学科门类涵盖了城市轨道交通投融资、地铁建设项目投融资、铁路建设项目投融资等大量的城市基础设施投融资方面的研究,这说明在交通经济可持续范畴内研究城市轨道交通投融资相关问题已经成为各个学科领域的热点。在所有的研究成果中,城市轨道交通(或城市基础设施)投融资主体及渠道、投融资模式、投融资影响及风险管理、投融资决策、融资资金结构等内容占了很大比例。

1. 国内投融资项目研究分析

近年来,随着我国城市基础设施建设尤其是轨道交通建设的兴起,基础设施投融资在我国学界也受到越来越多的关注,但对城市轨道交通项目投融资的研究主要集中在投融资渠道、投融资模式、投融资风险、投融资决策、投融资结构和投融资监管等。这些研究归结如下。

(1)国内投融资渠道。

朱会冲(2002)研究认为城市基础设施项目具有公益性、社会性等特点,但投资资金巨大、建设周期长,因此该类项目的建设应以政府为主导,积极吸纳社会资金的投入。秦虹(2003)认为目前我国城市基础设施建设资金来源主要是政府的财政资金,以及银行贷款,资本市场不够成熟,现代投融资体制也没有完全建立起来。许骏(2003)研究分析了我国城市基础设施项目投资融资渠道,结果显示各地方政府财政资金、银行贷款包括世界银行贷款,以及如 PPP、BOT、ABS 等新型项目融资渠道,研究还建议鼓励建设单位发行股票、债券,建立城市基础设施产业基金等。扬军(2003)认为政府在城市基础设施投资领域,应开放私人资金和外资,这些资金的引入将有效地解决我国城市基础设施资金投入不够的问题。赵刚(2001)研究归纳了城市轨道交通建设项目三种典型的投融资渠道,即政府财政投资、商业投资,以及政府财政与多元投资结合的模式。各种筹资渠道优点不同,适用环境不同,投资者承担的风险也不同。他的研究显示,我国的城市轨道交通建设项目可采用 BOT、ABS、TOT 等融资方式,吸引国外资本和私人企业资金,但不同建设运营阶段采用的融资方式不同,如在项目公司的组建的前期阶段,可以采用优先股方式吸引私人资金,运营成熟阶段可采用发行股票方式筹集资金,而对于建设期的轨道交通机电设备采购可采用融资租赁方式。陈帅(2012)综合应用制度需求、供给、变迁理论,以及城市轨道交通建设项目投融资理论,认为京、港两地不同的融资方式在一定程度上是由当地的基础制度环境决定的。徐苏云等(2015)论证了产业基金参与 PPP 项目的可行性,结合某轨道项目案例,设计产业基金参与 PPP 投融资的操作流程、交易结构及保证措施。香港学者 Zheng Chang(2014)认为北京地铁建设投融资主要依靠政府财政资金,而政府的财政资金10%来自土地出让金这种模式是不可持续的。

(2)国内投融资模式。

城市轨道交通可采用的新型投融资模式是我国学者研究的一个热点。肖翔(2006)研究归纳的城市轨道交通投融资模式有三种,即政府财政投资模式、市场化投融资模式和多元化融资模式。王玉国等(2004)基于城市轨道交通项目准公共产品特性,认为目前单一的政府财政投资模式存在诸多弊端,难以满足建设资金的需求,借鉴发达国家城市轨道交通建设发展经验,归纳了不同市场化阶段投融资模式的特征、优缺点等。王灏(2010)系统地研究了城市轨道交通投融资模式,通过分析归纳西方发达国家以及我国典型城市轨道交通建设项目投融资案例,总结了 PPP/BOT、"城市轨道交通＋土地"综合开发、城市轨道交通产业基金、市政债券和资产证券化等多种融资模式优缺点。陈福贵等(2013)认为"地铁＋物业"模式存在一定的弊端,"物业"资源不能完全作为城市轨道交通项目的资本金,该模式的采用应在国家政策支持下结合轨道交通产业基金和政府财政投入。

我国城市轨道交通项目投融资采用最多的是 BT 融资模式,学者们对此也进行了经验总结。汪淼(2009)通过研究 BT 融资模式在我国城市轨道交通建设项目中的应用,认为 BT 融资模式可以实现政府部门和私人企业双赢。李建军(2006)研究了北京地铁奥运支线 BT 融资项目,总结了该项目融资结构与管理模式方面的优缺点。刘应宗等(2007)系统分析了 BT 融资模式的运作机理,以及影响 BT 融资项目成功的关键因素。盛宇平(2010)研究总结了我国各地应用 BT 融资模式的成功经验,并且针对 BT 融资模式运作过程中存在的问题,提出了应对策略。近年来,PPP 融资模式引入我国城市基础设施建设,并且成为研究热点。陈柳钦(2005)研究了 PPP 融资模式的内涵、运作机理,分析了该模式在我国城市轨道交通建设项目中应用的可行性。王灏(2004,2006)认为在国内城市轨道交通项目 PPP 融资模式运行过程中,政府应在建设期和运营期提供合理的补偿。况勇等(2008)构建了城市轨道交通 PPP 项目运营阶段政府补偿模型。蔡玉萍(2007)研究了国内外轨道交通 PPP 项目特点,认为我国不同的城市轨道交通建设需求不同,采用的 PPP 融资运作模式也不一样。谢伟东等(2006)研究了我国城市轨道交通建设 PPP 融资项目,通过实例分析,深入探讨了该类项目的风险分担机制。

在其他融资模式的相关研究方面,庄焰等(2006)研究分析了深圳城市轨道交通 4 号线的 BOOT 融资模式,并总结了优势和弊端。梁春阁等(2010)借鉴西方发达国家城市轨道交通投融资经验,提出引入产业投资基金的新型融资模式。田晖(2014)在博士论文中提出了借鉴国外经验的做法,在我国城市轨道交通建设中引入国有商业银行服务融资模式。崔健等(2013)认为后金融危机时代城市基础设施投融资模式应以盘活存量和直接融资为主相结合。蒲旺等(2016)研究比较了 PPP、ABS 和 TOD 三种模式面临的风险,基于私人资本角度,PPP 融资风险大于 TOD 模式,而对于 ABS 融资模式来说,融资风险容易得到分担,基于成本效益角度,PPP 和 ABS 融资模式与 TOD 模式相比具有较高的成本效益。王宇宁(2017)提出了基于政府购买服务的城市轨道交通资产证券化模式。

城市轨道交通项目具有盈利性特征,因此国内学者借鉴国外发达国家经验,提出了综合开发的理念扩展城市轨道交通项目投融资渠道。如谢辉(2010)、王治(2011)、颜燕(2015)、孙峻(2017)等的研究认为在轨道交通项目与沿线周边土地捆绑式开发模式中,土地开发带来的利润能够吸引私人资本的投入。李妍(2012)研究认为城市轨道交通建设的可持续发展需要解决融资模式问题、政策扶持问题以及沿线各站点周边的土地开发问题等,构建多元化的投融资模式,才能保持城市轨道交通的经济可持续性。

综上所述,在国内学者的研究中,诸多学者提出了 PPP、BOT、BT、发展产业基金、综合开发等融资方式,并且一致提倡多元化的市场融资。近年来,国内涌现了一些新型项目融资模式,如公共交通导向的土地开发 TOD 模式(李妍,2008)、城市轨道交通融合 TOD＋PPP 模式(陈敏扬等人,2015)、城市轨道交通网络融资模式(钱耀忠,2015)、基于土地储备的 PPP 模式(向鹏成,2016)、BOT-BT-TOT 集成融资创新模式(彭程,2012)、城市轨道交通土地溢价回收模式(林雄斌等,2016)。王守清、伍迪等(2015)结合实践对城市轨道交通可行的融资模式进行了全面的归纳和梳理,认为城市轨道交通所有融资模式可以通过投资主体、运营主体、资金来源和政府支持方式的四要素方案构成进行描述和区分。

(3)国内投融资风险。

随着PPP、BOT和BT等投融资模式在我国城市基础设施建设中得到广泛应用,研究热点主要集中在城市基础设施PPP、BOT、BT项目的投融资风险方面,如王海生(2005)、谢东伟(2006)、谢磊(2008)等人分别从定性的角度,分析了PPP融资模式下城市轨道交通项目的投融资风险,并提出了相应的风险规避策略。刘宪宁等(2011)对城市轨道交通PPP项目中政府部门、私营部门、贷款机构和保险公司四个主要参与者进行科学的风险综合评价。尹贻林和张瑞媛(2012)研究认为合理分担风险,确定风险因素承担的主体,是城市轨道交通BT项目成功的关键,以此构建了风险分担影响因素的理论模型和风险分担框架。孙慧等(2013)研究认为我国城市基础设施建设投资公司项目类型的多样化与融资方式的多元化匹配造成的结构性风险已经成为其健康发展的重要问题。向鹏成和宋贤萍(2016)从融资方的角度识别出城市基础设施融资风险因素,应用系统动力学分析了融资风险因素之间的相互关系。

(4)国内投融资决策。

近年来,国内学者借鉴国外研究经验,利用实物期权理论、期权博弈投资决策方法研究BOT、PPP项目特许期决策模型,如赵立力(2003)、鲍海君(2009)、刘宁(2012)、吕俊娜(2014)、Yongling Gao(2013)。此外,学者还应用模糊多属性群体决策法、多目标柔性决策法,如李香花和王孟钧(2011、2012)针对城市群基础设施项目融资决策过程中参与决策主体过多、决策意见模糊复杂而量化困难或决策意见量化结果失真等问题,构建了一个全新的项目融资模糊多属性群体决策模型。姚晗(2012)基于柔性决策理论,构建了多目标柔性融资决策模型。此外,还有利用模糊理论、模糊Petri网、最优停时理论与实物期权相结合的方法,如唐文彬等(2017)基于模糊评价与实物期权相结合的理论,构建了城市轨道交通项目投资价值评价指标体系。沈俊鑫(2012)构建基于模糊Petri网的专家系统模型、着色随机Petri网的TOT特许经营期决策模型。刘伟等(2012)研究了城市轨道交通BOT项目特许期决策相关问题,基于实物期权和最优停时理论,构建了收益不确定下的BOT项目特许期决策模型,并计算出特许期可行域,还基于期权博弈理论,建立了完全信息下的动态博弈模型,计算出相关利益者的均衡解。黄智星(2016)应用Bayesian博弈理论,构建了PPP模式下相关利益者的效用目标函数,计算求得投资策略博弈均衡解。刘维庆等(2016)研究了城市轨道交通项目融资风险传导机理,基于投资方角度,系统地对融资风险因子进行量化识别。余慕溪等人(2016)基于利益相关者理论研究了城市轨道交通PPP项目相关利益者动态管控过程。

(5)国内投融资结构。

目前,国内学者专门研究基础设施项目融资结构的文献相对较少。具有代表性的学者研究如下。如梁涛(2011)研究了铁路建设的融资模式及其资本结构的优化,构建了铁路建设项目融资的风险矩阵评估模型,该模型主要由时间、风险类别和风险影响三个维度组成。郭继秋(2010)的研究认为城市基础设施建设项目最优资本结构受项目特征和环境的影响。基于项目价值最大化、融资成本最小、融资风险最低三条准则,构建项目多目标均衡准则模型,可以求解融资结构优化解。韦原清(2009)研究铁路建设的融资最优结构,对比了股权融资、债券融资、BOT、TOT、PPP、ABS等多种融资方式的利弊,并使用净现值法和内部报酬率法分析不同融资方式的适用性。盛和太(2013)系统地归纳了PPP、BOT项目结构选择的影响因素,并且认为投融资主体的行为特征、股东构成、股权结构、债务水平等因素对PPP、BOT项目融资结构产生重要的影响,并首次提出了项目融资结构选择的"五步法":第一步,全面评估PPP、BOT项目影响因素;第二步,确定项目发起人构成以及合理的股权结构;第三步,确定PPP、BOT

项目合理的债务水平;第四步,按项目需求动态调整优化融资结构;第五步,按项目需求动态调整优化债务水平。杨昭煊(2013)的研究与本文的案例背景最为密切,他直接研究了广州城市轨道交通建设项目的融资结构,对广州城市轨道交通建设资金投入与来源、资本结构等状况进行全面分析,并且认为广州城市轨道交通建设债务期限结构与资产结构不匹配,主要是银行贷款的债务融资方式存在一定的财务风险。李超和张水波(2014)运用模糊决策试验和实验评估方法研究得到影响轨道交通 PPP 项目资本结构的 6 个关键因素:东道国 PPP 项目的法律制度、东道国的经济发展情况、行业的垄断程度、东道国政府的担保、项目的定价机制、项目未来的盈利能力。在融资结构评价方面,潘胜强(2007)利用城市基础设施发展水平一段时间的变化量与人均城市基础设施投资的比值来反映城市基础设施建设投融资管理绩效,建立了城市基础设施投融资管理绩效评价模型。陈福贵和向红(2008)针对城市轨道交通项目投资巨大、融资成本高、风险大等特点,从项目融资的资金结构、融资成本、融资风险和分年度投资计划四方面建立融资方案评价指标体系判定项目融资方案的优劣。王守清等(2008)构建了基于风险和收益的 PPP 融资项目财务评估指标体系,并且认为财务评价指标主要基于一定资本结构假定,具有一定的弊端。彭清辉(2011)研究了我国城市基础设施投融资体制的特征,基于生产函数理论测算了我国不同时期的城市基础设施的投入产出效率,研究发现,从 20 世纪 90 年代末期到目前阶段,投入产出效率最高,证实了目前我国城市基础设施投融资体制具备一定的效率。周强等(2014)从系统的角度出发,构建我国城市轨道交通系统运作效率的评价指标体系,利用 2012 年全国 16 个城市的轨道交通系统的相关数据,建立数据包络分析方法的效率评价模型,得出各城市轨道交通系统的效率评价及规模效率分析结果。胡宗义(2014)基于三阶段数据包络分析方法研究了我国城市基础设施项目投融资绩效,结果显示经济和科技发达的省份投融资效率占有优势。雷书华和项志芬等(2015)从社会资本财务分析三大能力的优先顺序、城市轨道交通项目物有所值评价和财政承受能力论证、BT 模式下财务分析评价指标体系、BT 模式下项目财务分析的不同计算期等方面进行 BT 融资经济评价。

(6)国内投融资监管。

目前,国内学者对建设项目投融资监管的研究较少,主要应用博弈论研究政府投资建设项目各参与方的决策与行为,总结归纳为三类:"合谋"的博弈分析、"寻租"的博弈分析、"监管"的博弈分析。

①"合谋"的博弈分析。该类研究主要分析了代建项目中主管部门、代建人及承包商的合谋行为,建立政府、代建人和承包商三方博弈模型,得出有利于降低合谋行为发生率的关键政策变量,提出相应制度措施和政策建议,如加大对合谋者的惩罚力度,提高政府的监管质量,建立声誉测量机制、奖惩机制、动态补贴机制及中介机构考核体系等(杨耀红,2006;张朝勇 2011;吴光东,2013;李妍等,2015)。

②"寻租"的博弈分析。该类研究主要构建了项目各主体间的行为寻租监管博弈模型,肯定了寻租行为会给监管机构和社会公众带来相应的揭发和监督成本,并根据纳什均衡解给出了解决权力寻租问题的对策,如建立有效的民主监督机制和权力约束机制(诚然等,2010;董少林,2011;侯玲,2011;姚尧 2014)。

③"监管"的博弈分析。如乐云等(2012)建立了监管人与业主的连续策略博弈,认为事后监管制度、业主终身责任制等可以优化均衡解和双方收益,减少业主的"隧道行为"。中介机构参与政府投资审计工作,存在着一种既紧密联系又相互制约和相互斗争的博弈关系,袁宏川等(2015)基于"委托-代理"博弈模型,分析了针对不同风险偏好的社会中介政府审计机关的最优监管策略。

2. 国外投融资项目研究分析

在西方国家几百年的城市化进程中,基础设施建设资金筹措一直是制约城市迅速发展的主要因素。

由于各个国家历史、文化传统和体制不同,城市基础设施建设资金筹措方式的演变过程也有所不同。工业化早期,各个国家的建设资金以政府投资和银行贷款为主。到了19世纪80年代末,西方发达国家资本市场证券融资的兴起,进一步保证了金融体系的安全和国民经济体系的稳定性,为城市基础设施的建设和维护提供了充足资金。进入21世纪,随着资本市场证券融资在欧美国家迅速发展,资本市场日趋完善,债券及股票、期货等相关的融资衍生工具逐渐成为城市基础设施建设资金的重要来源。而亚洲的经济发达国家日本和韩国,由于其特殊的信贷融资体制,城市基础设施建设资金主要来自银行的贷款。轨道交通建设属于城市基础设施建设,因此,城市轨道交通项目投融资的研究综述,可以从城市基础设施建设投融资相关研究角度展开,以下总结了国外学者对城市基础设施建设投融资渠道、投融资模式、投融资风险、投融资决策以及投融资结构等方面的研究。

(1)项目投融资渠道。

自20世纪80年代末以来,国外学者对城市基础设施建设的投融资主体与渠道进行了探索和研究。Kirwan(1989)与Antonio Estach(1994)认为城市基础设施建设投融资不应当只有政府财政投资作主角,还应考虑社会资本的参与。Compos(2001)回顾了20世纪90年代的巴西和墨西哥铁路建设项目特许经营方式的改革历程,研究认为私有资金注入发展中国家的铁路建设具有一定的可行性。Roy Bahl等(2005)基于功能视角探讨了地方政府为公共基础项目融资服务的问题,认为城市基础设施的融资渠道首选要满足其服务特性。Anderson(2001)认为城市基础设施建设资金来源主要有征收财产税、用户收费、银行贷款以及政府财政资金等途径,除了这几种途径外还可以不断扩张包括市场债券融资渠道。Kumaraswamy等(2001)基于项目区分理论研究了城市基础设施融资资金来源,认为可收费的项目融资资金来源主要为企业存留、债券、借款、股票等,不可收费的项目融资资金来源主要为政府税收、公债等。另外,土地价值捕获将土地的自然增值全部或部分回收归于社会的过程,对于城市轨道交通项目来说也是一种不错的融资渠道(William等,2001;Smith等,2006;Medda,2012;Jillella等,2015)

Stephen Perkins(2005)认为政府决策在欧洲铁路建设项目投融资中起至关重要的作用,这对我国高速铁路建设项目投融资具有一定的借鉴作用。Yves Crozet(2004)认为欧洲的铁路私有化减轻了政府的财政负担,进一步改善了铁路基础设施的运营环境。Ezawa(1999)认为政府部门对日本城市基础设施建设投融资的影响非常大。城市基础设施投融资问题研究的权威机构当属世界银行,世界银行报告(2003年、2004年、2011年、2013年)分析了全世界发展中国家的城市基础设施投融资体制问题,一致认为市场化为投融资体制改革的方向,随着各个国家资本市场逐渐成熟,城市基础设施投融资方式将进一步完善。

(2)项目投融资模式。

城市基础设施建设项目投融资模式伴随着投融资工具的创新而不断发展,即城市基础设施建设项目投融资管理不断发展,带动了投融资模式创新。目前,国内外学者对城市基础设施项目的投融资模式的研究主要集中于两类:一类是传统融资模式,如政府财政投资、国债、专项基金、银行贷款等;另一类为现代新型融资模式,如BOT、BT、TOT、ABS、PPP、PFI等。诸多学者分析了现代新型融资模式与传统融资模式的区别,并且认为城市基础设施建设资金不应过分依赖政府的财政投入,而应积极采用市场化、多元化的项目融资模式(Nevit Peter,1989;Christopher Willoughby,2013;Yooil Bae,2016)。Bowes D. R.(2001)研究了城市轨道交通建设促进沿线房地产增值的机理,认为地铁、轻轨等城市轨道交通沿线站点的建设能够吸引周边商业的发展,促进沿线土地开发与当地经济繁荣,进而带动房地产增值。表

1.1 为国外学者对城市基础设施投融资模式的研究总结。

表 1.1 城市基础设施建设投融资模式

模　式	学　者　观　点
BOT、BOO	Delmon(2004)总结了城市基础设施建设项目的新型市场化投融资模式,重点介绍了 BOT 和 BOO 两种投融资模式
TOT	"公私合作之父"萨瓦斯认为 TOT 融资模式是经营性公共基础设施实现公私合营的典型模式,TOT 融资模式可以与其他模式组合,如 BOT＋TOT 组合模式
ABS	James Leigland(1997)认为,市政债券在城市基础设施建设融资方面的优势日益明显,发达国家和发展中国家的政府决策者努力推动市政债券市场的成熟发展
PPP	Frank H.(2006)对 PPP 融资模式在城市基础设施建设中的可行性进行了研究。Phang(2007)认为 PPP 融资模式在发展中国家已得到了迅速发展,总结了曼谷、吉隆坡、新加坡等城市轨道交通 PPP 项目投融资经验
PFI	Gordon(1999)认为政府政策支持和 PFI 融资模式运用对英国城市基础设施建设的影响非常大。Morrison(2003)总结了英国城市基础设施项目的成功和失败案例,并且对 PFI 融资模式能否运用于基础设施产业进行了深入探讨

(3)项目投融资风险。

Patrick T. I. Lam(1999)研究了电力、城市轨道交通、通信工程等城市基础设施建设的投融资风险,并以 BOT 融资模式为例,分析了融资风险类别,提出应对策略。Darrin Grinmsy 等(2002)从投资者的角度,研究了公共基础设施项目银行和其他融资方对其项目收益、资金成本的影响,并以苏格兰 PPP 项目为例,构建了项目的融资风险分析框架。Anthony A. Churchill(2001)认为项目融资并不是万能的,它具有一定的局限性,不一定适合所有公共项目,政府投资者应该更加关注降低项目融资的风险和完善本国的资本市场。Chao-Chung Kang 等(2005)采用动态多目标规划法,建立了 BOT 项目风险评估模型,并为该模型设置了一种迭代算法。Kong(2008)从借款人的角度对基础设施项目的违约风险和贷款损失两方面进行分析。Vaaler(2007)从国家、行业、团体、公司和项目层面定义了影响亚洲项目融资公司信用风险框架,并深入分析了以上五个层面对项目资本结构的影响。Jin(2010)基于成本经济学和资源基础理论得出风险管理策略的五个特征,即合作方的风险管理路径、机制、历史、风险管理环境的不确定性、合作双方风险管理的承诺,对澳大利亚基础设施风险分配问题进行了研究。Mette Olesen(2014)研究认为欧洲轻轨项目的投资要考虑政治风险。Soku Byoun(2014)从特许权授予和商品销售协议的视角分析公共部门和社会资本的风险状况,得出结论:一个国家的政治和金融风险对合同的选择和治理结构有重大影响。

(4)项目投融资决策。

项目投资决策方法包含以贴现现金流为代表的传统投资决策方法、实物期权分析方法和期权博弈投资决策方法。这些方法可以很好地构建 BOT、PPP 项目特许期决策模型。如:Scandizzo 和 Ventura(2010)应用实物期权结合博弈论方法,构建了基于项目净现金流动态不确定性的风险分担特许权费用决策模型。Donkor 和 Duffey(2013)开发了一个非均质性和不确定性条件下的项目债务融资决策模型,该模型主要考虑净现值最大化的目标和有限制违约风险。

Hanaoka 和 Palapus(2012)基于蒙特卡罗模拟和博弈论相结合的方法,以菲律宾 BOT 项目为例,构建了 BOT 项目特许权费用决策模型。Zhang 等(2006)认为 BOT 项目建设运营阶段的净现值具有不确定性,综合运用蒙特卡罗模拟和关键路径法构建了特许权费用决策模型。Ng 等(2007b)研究了如何在特许权协议谈判过程中平衡政府公共部门、私营企业和业主代表之间的利益。首先,基于最大内部收益率、最小关税、最小特许期三个决策目标均衡条件下,构建了模糊多目标决策模型,并应用蒙特卡罗模拟确定合理的项目特许期方案。考虑到蒙特卡罗模拟技术的复杂性,学者们开始应用系统动力学模拟的方法研究 PPP、BOT 项目特许期决策问题,如 Khanzadi 等(2012)分析了 BOT 项目净现值、内部收益率等不确定性参数的内在逻辑关系,应用系统动力学和模糊逻辑相结合的方法仿真模拟了 BOT 项目特许期。

(5)项目投融资结构。

融资结构理论也称为资本结构理论,企业融资结构理论主要研究资本结构的改变对企业总价值以及企业融资成本的影响。根据不同的研究阶段,企业融资理论研究主要划分为三种。①传统融资结构理论阶段,如考虑税收作用的 MM 理论。②现代企业融资结构理论,如权衡理论,代表性学者有 Stiglitz(1969)、Baron(1974)、Mayers(1984)。③以代理成本理论、信号传递理论等为代表的新资本结构理论。代表性研究如下。Sahlman(1990)研究了近 400 个企业风险投资项目,分析结果如下:约 35% 的项目投资成本高于收益,但仅有 15% 的项目获得较高的收益,一半左右的项目收支平衡。Harvey 等人(2004)研究了债务在资本结构中所占比例对公司价值的影响。Leland 等人(1977)将信号传递理论引入融资结构理论,并且认为信号传递模型研究进一步发展了融资结构理论,信号传递理论和融资结构理论是协调发展的。Kim(1990)构建了信号传递理论模型,研究证实了可转债转股比例向证券市场传递了关于企业收益的反向信号。Frank(2006)对 1971—1998 年在美国公开上市的公司的融资行为进行了实证检验,检验结果证明,上市公司的融资行为总体上为普通股融资高于债券融资。表1.2 对企业资本结构理论发展进行了梳理。

表1.2 企业资本结构理论发展

理论	主要观点	主要影响因素
考虑税收作用的 MM 理论	存在公司税时,税法允许利息抵减应纳税额,为企业带来了负债价值,因此公司的价值就与债务成正相关,当负债达到 100% 时,企业价值最大化	负债的税盾价值
权衡理论	公司通过平衡债务税盾获利与债务导致的财务困境成本(破产成本)来实现公司价值最大化	负债具有税盾价值,但加大了破产成本
代理成本理论	企业的三个利益相关者(股东、债权人和经理人)之间的矛盾冲突或者目标不一致造成了企业的代理成本。债务融资的收益可以减少代理成本,但同时也会产生资产替代效应	合理控制负债比例,达到代理成本和资产替代效应的平衡
信号传递理论	企业的资本结构对外部投资者来说是一个可观察的信号,投资者可以据此判断企业的经营状况	通过设定公司的债务融资规模向相关关系方传递信息

项目融资结构是指在项目资金筹措过程中,通过不同渠道取得的资金之间的有机构成及其比重关系,以寻求一种能够最大限度地实现利益相关者投资目标的项目资产所有权结构。Aivazian(2000)分析了多个发展中国家公司资本结构数据,研究结果显示,发达国家和发展中国家影响项目资本结构的主要因素大致相同,但就发展中国家而言,项目资本结构还受到了GDP增长率、通货膨胀率及资本市场成熟度等特定因素的影响。

关于城市基础设施建设项目融资结构方面的研究,Moszoro(2010)构建了城市基础设施PPP项目融资结构评估模型,该评估模型给出了最优的资本结构比例,见式(1.1)。

$$P(x,q) = \frac{f(q)}{x} + p(x,q) \tag{1.1}$$

式中:$P(x,q)$为可变费用;$f(q)$为一定质量q下的固定费用。

如果政府采用最优的资本结构比例,私人企业技术方面的优势结合政府有效监管,PPP项目权益投资将更高效和互补。Zhang(2005、2006)研究指出,在城市基础设施建设PPP项目中,政府部门最关心的因素就是融资结构,并建议影响PPP项目成功的相关因素权重分配依次为:融资结构占40%,技术权重占25%,安全健康环境占20%,管理权重占15%。Bakat Jan等(2003)研究显示债务和权益资金的比例是PPP、BOT项目融资的关键,基于权益投资者的角度,使用净现值、内部收益率、偿债覆盖率等财务评价参数构建了资本结构优化的目标线性规划模型,计算得出当偿债覆盖率为1.5时,项目的资本结构达到最优状态。Ke和Liu(2008)基于政府、发起人和债权人角度,构建了城市基础设施PPP、BOT项目前期可行性研究阶段的资本结构评价模型,该模型主要基于财务评价方法设置了一套完整的指标体系,在该体系中政府部门主要采用的指标为自偿率、银行借款成本,债权人采用的指标为偿债备付率、资产负债率等,投资者采用的指标为净现值和总投资收益率等。

3. 文献评述

纵观以上文献研究,国内外学者对城市基础设施建设项目投融资渠道、投融资模式、投融资决策、投融资结构、投融资风险、投融资监管等都做了不同程度的研究,要点汇总详见表1.3,总结如下。

(1)投融资渠道。

国外发达国家轨道交通投融资经验丰富,融资主体可以是政府、企业股东等,资本市场融资渠道多样。世界银行认为发展中国家应该建立专业性金融机构来融资。从国外文献可以看出,土地价值捕获是近年来国外学者研究的热点,是一种比较新的融资渠道(Medda,2012;Jillella等人,2015)。近年,国内相关理论研究也跟上了国际研究的步伐,学者们都在倡导多元的资本市场融资渠道。但轨道交通投资资金需求量大,各地政府以"政府财政资金+债务融资"为主,市场化程度不高,便有学者指出政府财政资金主要依赖于城市土地拍卖的出让金,该渠道不可持续(Zheng Chang,2014)。

(2)投融资模式。

国内外学者总结了BOT、BOOT、TOT、PPP、PFI、ABS、TOD+PPP、BOT—BT—TOT、土地溢价回收、综合物业开发等模式。总体来说,研究单一的投融资模式较多,多种投融资模式或融资工具的组合研究较少。但从近年的研究热点来看,无论是国外学者还是国内学者,都倡导建设项目应积极采用由政府主导下的市场多元化的投融资模式。

(3)投融资决策。

国内外研究热点主要集中在BOT、PPP项目的特许权费用决策研究方面,如Donkor和Duffey

(2013)、Scandizzo 和 Ventura(2010)、唐文彬等(2011)、刘宁(2012)、刘伟等(2012)、吕俊娜(2014),利用模糊数学法、实物期权理论、期权博弈理论、净现值法等多种研究方法对城市基础设施项目融资特许权费用进行了决策研究,为政府对城市基础设施投融资决策提供了丰富的理论参考。然而国内外文献鲜有关于建设项目投融资决策方面的研究。以李香花和王孟钧(2011、2012)为代表的研究构建了城市群基础设施项目融资模糊多属性群体决策模型,但该模型选取的影响因素过少,考虑的大部分因素主要体现在前期启动阶段,对各个因素如何影响融资决策没有做深入的分析。

(4)投融资结构。

国外学者对融资结构理论的研究比较成熟,从传统融资结构理论到新资本结构理论研究都非常深入。众多国外学者也将这些理论应用于城市基础设施建设项目融资结构,如 Moszoro(2010)提出了最优的资本结构(本贷比例)模型。其他学者如 Bakat Jan 等(2003)、Ke 和 Liu(2008)通过财务评价指标构建资本结构优化的目标线性规划模型。还有的学者 Zhang(2005、2006)调查研究了影响 PPP 项目成功的相关因素权重分配,并且认为最合理权益本金和债务资金比例为 3∶7。但以上学者的研究对于城市基础设施建设项目融资结构影响因素考虑不全面,未进行系统研究。近年来我国学者不断借鉴融资结构理论,取得了一定成果,如梁涛(2011)、郭继秋(2010)等,但他们考虑的融资结构影响因素有融资成本、市场风险和公司盈利能力、融资方式。但他们考虑得也不全面,尤其是针对投融资结构的优化评价,可量化的定量指标少。王守清和柯永建(2008)、盛和太(2013)等的研究相对系统,认为各行业具有自身的独特性,对于 PPP、BOT 项目,金融机构、政府态度、财务风险、宏观政策、融资成本和财务弹性等也是影响资本结构-债务融资的重要因素,但未对各影响因素进行系统的归类。

(5)投融资风险。

从近年来国内外文献可以看出热点主要集中在 PPP、BOT 项目融资风险分担、风险评估方面,主要从项目不同参与方的角度出发对某种融资模式可能存在的风险进行定性或定量分析。但风险无处不在,投融资风险管理从广义上包含了投融资渠道、投融资模式、投融资规模、投融资范围、投融资决策、投融资监管及投融资结构等,其均属于管理上投融资风险的关注范围,但为了更有针对性地研究分析,应对投融资风险进行分解,对各子风险点进行逐一研究。

(6)投融资监管。

国外此方面研究成果较为缺乏。国内学者(如吴光东,2013;侯玲,2011;姚尧,2014;乐云等,2012)主要集中在建设单位、承包商和监理单位的寻租、合谋、监管等方面的静态博弈分析。然而政府投融资监管是个动态的监管过程,考虑的博弈分析应是投融资监管利益相关者的动态博弈,且需要系统地分析博弈的均衡点,并针对均衡点进行系统仿真模拟。

表1.3 国内外城市轨道交通建设项目投融资相关研究要点汇总

	国外研究(发达国家)	国内研究
投融资渠道和模式	资本市场融资渠道有 BOT、BOOT、TOT、PPP、PFI、ABS、TOD+PPP、BOT—BT—TOT、土地溢价回收、综合开发等模式的应用和理论研究非常成熟	借鉴发达国家经验,近年来,PPP、BOT、ABS、土地溢价回收、综合开发等模式的理论研究是热点,市场化融资工具研究也日益完善

续表

	国外研究（发达国家）	国内研究
投融资决策	热点主要集中BOT、PPP项目的特许权费用决策研究方面	热点同样主要集中BOT、PPP项目的特许权费用决策研究方面，其他方面有相关利益者的投资决策和动态管控
投融资结构	财务评价指标为主，提出最优的资本结构（本贷比例）模型。主要采用的财务指标有自偿率、银行借款成本、偿债备付率、资产负债率，以及净现值和总投资收益率等	同样以财务评价指标为主，涉及的指标有融资成本、市场风险和公司盈利能力、融资方式
投融资风险	热点主要集中在PPP、BOT项目融资风险分担、风险评估方面。其他方面，如投融资决策，投融资结构研究也存在的风险方面的探讨	热点同样集中在PPP、BOT项目融资风险分担、风险评估方面。此外，风险无处不在，风险研究贯穿于投融资模式、决策和投融资结构评价研究过程中
投融资监管	缺少这方面的文献，主要因为发达国家资本市场相对成熟	针对城市轨道交通项目的投融资监管相关研究较少，但有不少政府投资公共项目方面的研究，主要基于博弈论视角对各参与方的决策与行为进行研究
研究方法	实物期权理论、期权博弈、蒙特卡罗模拟、模糊数学、多目标决策法、系统动力学理论、案例分析等	实物期权理论、期权博弈、蒙特卡罗模拟、模糊数学、模糊多属性群体决策、多目标柔性决策、数据包络分析、案例分析等方法
亮点	投融资渠道、模式以及投融资风险方面的研究，无论是定量还是定性都比较成熟，并且理论能够很好地指导实践	借鉴国外经验，引入国外理论，投融资渠道、模式以及风险方面的研究相对成熟，大量研究成果为我国政府制定政策提供理论支撑
不足	投融资决策、结构优化方面的研究不够深入，尤其是缺乏系统视角，如投融资结构评价指标体系大部分只考虑财务方面的指标，投资管控方面的指标鲜有考虑。此外，投融资监管方面的理论研究相对缺乏	投融资决策、结构优化方面的研究不够深入，如投融资决策方面考虑的大部分因素主要体现在前期启动阶段，建设运营阶段对融资决策的影响因素没有做深入的分析。投融资结构优化方面，也未将投资管理指标考虑进去，投融资监管方面更注重投资管理，未考虑到诸多动态管控因素

1.2.2 新形势下项目投融资框架研究

下面以交通基础设施项目为例进行探讨。

2020年5月，国务院发布了《中共中央国务院关于新时代加快完善社会主义市场经济体制的意见》（简称《意见》），再一次明确了社会主义市场经济发展的主要方向，也将近年来经济体制改革的理论和政策探索进行了提升和固化。此处结合政策文件，梳理了基础设施项目投融资的基本政策脉络，提出了可行的投融资架构。

1. 基础设施投融资的相关政策解析

(1)完善社会主义市场经济体制过程中的财税政策。

《意见》从国企改革、公平竞争、要素市场化配置、宏观经济治理、收入分配和社会保障制度、制度型开放、法治体系建设7个关键领域提出改革举措。

目前,我国的财税政策架构是在应对了2008年美国次贷危机中央重新审视地方政府性债务后,以党的十八大及十八届三中全会决议为起点构建的。根据《中共中央关于全面深化改革若干重大问题的决定》部署,深化财税体制改革,要围绕"改进预算管理制度,完善税收制度,建立事权和支出责任相适应的制度"三大任务,有序有力有效推进。2014年6月30日中共中央政治局会议审议通过了《深化财税体制改革总体方案》(简称《方案》)。2014年10月,《国务院关于加强地方政府性债务管理的意见》(国发〔2014〕43号)明确了管理地方政府性债务及财税体制改革的基本框架,2015年,新的《中华人民共和国预算法》颁布实施,新一轮财税体制改革形成的财政管理架构逐步成形。

按照《方案》要求,财税改革目标体现为三方面:实施全面规范、公开透明的预算制度;完善地方税体系,逐步提高直接税比重,充分发挥税收筹集财政收入、调节分配、促进结构优化的职能作用;调整中央和地方政府间财政关系,促进权利和责任、办事和花钱相统一。

(2)财税体制改革中政府投资的相关政策。

根据中央政策文件的要求,就政府投资或政府主导的投资而言,政策的核心可以概括为对地方政府性债务"开前门堵后门",基本要点梳理如下。

首先,限制传统融资平台的政府融资作用。政策要求融资平台公司剥离政府融资职能,不得新增政府债务;现有融资平台公司向市场化的国有企业转型;各级地方政府不再新设立融资平台公司。根据改革进度,中央各部委对地方政府债、隐性债等均出台了限制性政策并辅之以较为严厉的惩戒措施。

其次,改变地方政府举债方式。中央明确提出地方政府不得直接或通过企事业单位举借债务,只能通过政府债券方式举借。地方政府债券分为一般债券和专项债券,由中央进行限额管理,分门别类纳入全口径预算管理,相关支出严格按照预算法执行。据此,财政部分别就地方政府一般债券、专项债券制定了发行管理办法、预算管理办法等,并与相关行业主管部门就土地储备、棚户区改造和收费公路制定了符合行业特点的专项债券管理办法。各省相继出台了地方政府债券的管理规定。

最后,吸引社会资本进入基础设施建设管理领域。通过政府与社会资本合作、政府采购及政府购买服务等方式引入社会资本,提高供给效率。财政部、发改委,以及其他各行业主管部门都先后出台大量政策引导社会资本进入基础设施领域,事实上推动了政府与社会资本合作项目的快速增长。

综上,"开前门堵后门"的核心是将政府的支出和债务由隐性转为显性,建立规范的符合市场经济规则的政府支出渠道。

(3)投融资制度的近期变化及讨论。

2019年6月,中共中央办公厅、国务院办公厅联合印发《关于做好地方政府专项债券发行及项目配套融资工作的通知》(厅字〔2019〕33号),明确提出"收益兼有政府性基金收入和其他经营性专项收入(简称'专项收入',包括交通票款收入等),且偿还专项债券本息后仍有剩余专项收入的重大项目,可以由有关企业法人项目单位(简称'项目单位')根据剩余专项收入情况向金融机构市场化融资"。

据此,各地政府实施了"债贷组合"项目,但少有被各部委认可的值得大力推广的典型案例。由于专项债券作为资本金的做法与资本金制度体系和专项债券制度体系在操作层面都存在衔接困难,有些专家甚至提出了债贷组合会增加地方政府隐性债券的观点。

2. 可行的基础设施投资方式

通过纳入预算实施是传统的投资方式。其基本思路是根据我国预算量入为出的原则,在预算范围内进行投资,有多少钱办多少事,包括项目的建设和运营都需要政府的下属机构或国有企业(即业主单位)负责具体实施。

由于预算远远不足以覆盖投资资金,业主单位通常需要融资,这种实施方式可能与当前财政政策中对融资平台的管控,以及对地方政府隐性债券的管控精神存在不一致。

(1)通过举借政府债券进行投资。

按照政府债券的相关管理办法,政府债券分为两类。

第一类为举借地方政府一般债券。根据相关规定,没有收益的公益性事业发展确需政府举借一般债务的,由地方政府发行一般债券融资,主要以一般公共预算收入偿还。因而一般债券类似于纳入预算实施的方式。在实际操作中,一般债券的使用比较灵活,因而地方政府通常很少将这一类债券用于基础设施项目投资。

第二类为举借地方政府专项债券。有一定收益的公益性事业发展确实需要政府举借专项债务的,由地方政府通过发行专项债券融资,以对应的政府性基金或专项收入偿还。由于政策上对政府性基金或专项收入的相关规定,专项债券的使用一般有本级政府的下属机构或国有企业的介入。在实际的专项债券方案设计中,专项债券的偿还渠道并没有完全对应到政府性基金收入,但一般都采用了专项债券项目的收入作为偿还来源。基于这一点,专项债券虽然名称是地方政府专项债券,但其使用和偿还等本质更接近项目债券而不是政府债券。

使用专项债券的项目,通常的资金拼盘方式有两种:一是财政预算资金加专项债券,满足投资需求;二是债贷组合,财政资金加专项债券再加上项目贷款,满足投资需求。

(2)通过引入社会资本投资。

按照目前地方政府的做法,引入社会资本也分为特许经营模式和PPP模式两类。需要说明的是,从学术和管理的角度而言,特许经营可以归属于政府与社会资本合作的一种方式,但在我国的政府投资批准程序上,两者有细微的差别,这导致地方政府在选择投资模式时对两者进行了现实的区分。

①特许经营模式。这种模式是不需要政府进行远期财政支持的投资项目。地方政府通常在建设期给予财政、专项债券或者配套资源的投入,使得项目在全寿命周期内能够实现财务平衡后,选择社会资本进行投资。

由于财政不需要进行远期支持,根据相关政策不用进行财政承受能力论证,也不用出具人大决议等文件,其审批和实施的程序较简单,前期工作周期短。当地方政府有足够的资金或资源补助时,更愿意选择特许经营模式实施基础设施投资项目。

②PPP模式。这一类是指需要政府进行部分财政支持,尤其是需要政府长期、远期进行财政支付的投资,通常选择PPP模式。

目前,由于前期工作较为严格,且对一些政策的认识难以达成一致,地方政府选择PPP模式的态度也更加理性。目前由于经济复苏需要强有力的投资拉动,学术界、咨询界,以及很多地方政府也在探讨在PPP项目中使用专项债券作为资本金的方式。但从政策操作和项目本身的情况而言,专项债作资本金在操作上并不顺畅。

3. 基础设施投融资面临的主要问题

由于在我国经济发展中,基础设施投资所占的比重较大,对资金需求量也很大,在改革财政投资渠道"开前门堵后门"时,"前门"开得不足,"后门"关得过快,出现了一些阶段性的问题。加之复杂的国际和国内形势对当前的政府投资力度有了新的要求,总体投资难以满足稳定经济需求的问题还存在。

(1)政府投资"开前门"的力度不足以支持经济良性发展。

经过这一轮改革,政府对隐性担保借贷的投资模式进行了变革,关掉不规范举债的"后门",打开了PPP的"前门"。在实践中,由于地方政府债券受财政部的额度管控,而且使用不够灵活,所以初期发挥的作用不大;而在中央强化地方政府隐性债管控的背景下,基础设施由于其公益性难以实现财务平衡,PPP模式在经历过一轮高潮后也逐渐开始规范。

目前来看,"前门"开得不足,"后门"关得过快,造成部分基础设施投资项目难以适应,这种状况不仅在近几年困扰着地方政府,还将在较长时期影响经济发展。加之这两年国内外经济和社会形势复杂多变,经济发展对投资总量的要求还在不断提高,"前门"开得不足的问题更加明显。

(2)新政策的配套制度还需要研究和完善。

近年来,专项债券成为中央贯彻"积极的财政政策更加积极"精神的重要工具,专项债券额度不断提高,专项债券的使用也更加灵活。中共中央办公厅、国务院办公厅印发了《关于做好地方政府专项债券发行及项目配套融资工作的通知》是解决"前门"力度不足的重要政策,2020年1月国务院第四次全体会议就要求加快发行和用好地方政府专项债券,推动在建工程建设和具备条件的项目及早开工,带动扩大有效投资。3月27日中央政治局会议确定了增加赤字规模、地方政府专项债券及特别国债"三箭齐发"的方案,对冲经济下行压力。但以上政策环境对实际投资影响还没有完全释放。

对于专项债券作为资本金,学术界和实务界开展了大量的讨论和尝试,但截至目前,尚未有非常规范和值得大范围推广的案例,主要原因在于具体实施时的政策并不匹配。按照我国资本金制度体系,1996年发布的《关于固定资产投资项目试行资本金制度的通知》(国发〔1996〕35号)和2019年11月发布的《关于加强固定资产投资项目资本金管理的通知》(国发〔2019〕26号)都明确提出"投资项目资本金作为项目总投资中由投资者认缴的出资额,对投资项目来说必须是非债务性资金,项目法人不承担这部分资金的任何债务和利息"的要求。而地方政府专项债券发行的要求是,专项债券应当由项目对应的政府性基金或专项收入偿还,在实际操作中,专项债券的方案设计也不再关注政府性基金,而是直接用项目收入偿还。因此对于项目而言,地方政府专项债券到底是政府债务还是项目债务,实际上是值得探讨的。以上两个文件之间如何衔接,并没有具体的政策。尤其是资本金制度和专项债券制度都已经形成了制度体系,在具体的实施过程中两者很难相互兼容。基于此类情况,多数省份都将专项债券作为资本金的政策限定在没有社会资本投资的项目内,而这种做法事实上影响了政策的效力。

即使专项债券经过各级政府相关部门的批准作为项目资本金使用,还存在着项目获得收入后,在偿还贷款与专项债券两者本息时是否有先后的排序问题。如果这一问题不能够合理解决,项目也很难获得贷款,从而资金拼盘难以完成。

除了以上问题,专项债券在额度和使用方式等方面也面临一些技术问题。如专项债券额度由财政部分配且总额根据经济发展的需求确定,与项目需求无法准确匹配;专项债券额度当年确定,但基础设施建设通常需要两年到三年才能完成,在项目立项审批时难以判断资金来源是否充分;此外,专项债券的使用周期较短,与基础设施回报周期长的特点也不一致。

(3)引进社会资本的政策体系不稳定。

政府与社会资本合作政策起步初期,各级政府对PPP模式也寄予厚望,所以得到了快速发展,也产生了一些问题。由于各地对规范政策的理解不一致,有些地方严格执行,而有些地方稍宽松,地方政府和社会资本对PPP政策的稳定性产生了怀疑。尤其是中央强化对地方政府隐性债务的管控,各地审计和财政部门对一些PPP项目的做法认定为隐性债,使得原本由政府和社会资本"合理分担"的风险多数转由社会资本方承担,也影响了社会资本方的参与积极性。

此外,现有PPP政策对项目的决策、准备都有着较为严格的要求,因此PPP项目总体运作周期较长,地方政府在加快投资时PPP程序会影响投资的及时性。

4. 未来投融资政策的发展趋势

(1)基础设施投融资创新仍将持续。

复杂的国际国内形势将在较大程度上影响我国防范金融风险的政策,具体表现为积极的财政仍将大力支持基础设施的发展。而目前来看,只有在稳定的财政框架下继续创新投融资机制,才有条件应对经济波动。因而短期内投融资模式创新仍将是投融资业界的首要任务。

从当前的政策来看,地方政府债券额度的快速提升,推动基础设施领域不动产投资信托基金政策的推出,也传递出中央引导地方政府进行投融资创新的意图。

(2)专项债券制度应当进行实践总结。

随着地方政府的不断实践,专项债券与资本金制度衔接的典型案例将逐渐呈现。专项债券作为资本金后,政府对专项债券及后期运作过程中应当如何监管,监管的重点是什么,这些问题将是政策完善的重点。从目前的管理体系上看,专项债券批准的程序与资本金制度如何兼容,以及专项债券与贷款两者之间如何合理设计风险承担机制,应当是破题的关键。

(3)社会资本将迎来更佳的介入时机。

投资基础设施必然要撬动社会资本。在当前形势下,社会资本也有理性投资的需求。目前多个地方政府已经出台更有力的政策吸引社会资本介入基础设施投资。

合理设置政策边界及风险分配原则,吸引社会资本进入基础设施,仍将是各级政府需要做的工作。

1.3 投融资项目的模式

1.3.1 传统模式

1. 政府财政资金无偿投入模式

这一融资模式是从传统机制下发展而来的,投资具有无偿性。作为投资的主体,政府使用财政资金进行投资,负责建设的企业都是国有企业,因此具有垄断经营的性质。在这样的情况下,其日常经营管理工作能够得到更好的统一和协调,所有亏损由政府补贴来平衡。

以轨道交通项目为例,因为外部效应客观存在,轨道交通项目的社会效益更加显著,或者说其对经济效益的追求并不明显,所以很多投资者不会对其产生兴趣。目前全球范围内的轨道交通建设都离不开政府,绝大部分投资来自政府的财政资金,特别是初期建设时。换言之,轨道交通建设历经了几十年的发展,其资金来源基本上都是政府财政。作为我国最早建设和运营轨道交通的城市,北京市最早建设轨道交通时并没有将其视为一种社会效益很强的事业,初期时更多将其视为计划经济的一部分。随着历史发展,其建设资金全部来自政府预算,所有建设成本都不由经营者负责。

2. 政府主导的负债型融资

政府在轨道交通建设的过程中成为资金的主要提供者,所有决策与主导都围绕中央政府进行。在政府的主导之下,假设使用的是负债型融资的方式,那么其中只有部分建设资金由政府投入,利用政府良好的信用,融资引贷将会变得更加容易,债务型融资可以通过国内外贷款和债券发行等多种方式来实现,其本息全由政府承担。中央政府会参与项目建设,所以从投资与管理的层面来看,政府还是其中的最高层,项目的相关工作都是在政府的主导之下开展的,但地方政府也会对所辖区域轨道交通建设投资。这种融资模式,目前在北京、上海以及广州的部分地铁建设项目中都得到了成功应用。

1.3.2 社会资本参与的模式

1. PPP 模式

(1) PPP 模式的定义。

PPP 的全称为"public-private partnership",直译为"公私合作伙伴关系",根据我国具体国情,我国政府将其定义为"政府与社会资本合作"。

不同经济体及不同机构对 PPP 的定义存在一定的差异。总体来看,PPP 是指公共部门和社会资本为了提供公共产品或服务建立的合作伙伴关系的统称。

我国政府对 PPP 的定义考虑到了具体国情:将公共部门明确为政府部门,并不包括非政府公共部门(如社会团体、行业协会等);不以所有制性质来定义与政府合作的另一方,社会资本泛指以营利为目的并建立了现代企业制度的境内外企业法人。

结合相关信息,此处对 PPP 的概念定义为:公共部门与社会资本方为了提供公共产品、满足公共需求,以订立契约的方式建立起来的风险分担、利益共享的长期合作伙伴关系。该模式通过社会资本参与公共产品的提供,实现公共部门的公共职能。

(2) PPP 的本质。

PPP 的本质是通过政府与市场的有效合作,实现资源的最优配置和社会福利的最大化。PPP 可以实现政府这只"有形之手"和市场这只"无形之手"的优势互补,以更好地提供公共产品、满足公共需求。

理解 PPP 的本质可以从以下几个方面着手:其一,从形式上看,PPP 是公共部门与社会资本双方建立的长期合作伙伴关系,双方风险分担、利益共享;其二,从目的上看,PPP 是为了保证公共利益最大化;其三,从效果上看,PPP 实现了政府资源与市场资源在数量以及禀赋上的优势互补。

政府的优势主要体现在宏观层面,其具备强大的资源配置能力;社会资本的优势主要体现在微观层面,如项目的融资、建设、运营等。规范的 PPP 模式能够将政府的发展规划、市场监管、公共服务职能,与社会资本的管理效率、技术创新有机结合,减少政府对微观事务的过度参与,提高公共服务的效率和质量。

(3) PPP 的特征。

PPP 具有三个重要特征:伙伴关系、风险分担、利益共享。

①伙伴关系。

伙伴关系是 PPP 的首要特征。PPP 项目的基础在于各个参与方平等协商的关系和机制。伙伴关系必须遵从"契约精神",即政府和社会资本以平等身份协商签订法律协议,双方的权益和责任受到法律法规的确认和规范。

政府与社会资本能够建立合作伙伴关系,是因为存在共同的目标:以最少的资源提供最多、最好的产品及服务。其中,社会资本希望通过 PPP 实现自身利益,而政府希望通过 PPP 实现公共利益。通过 PPP 模式周到的机制设计和制度安排,政府给予了社会资本特许经营权及收益权等权利,换取了基础设施及公共服务的有效供应。

此外,PPP 的伙伴关系具备长期性,如 PPP 模式下的基础设施项目,伙伴关系贯穿项目的规划、建设及运营等整个寿命周期,而非仅局限在建设期间。

②风险分担。

PPP 模式中合作双方合理地分配风险,政府与社会资本双方各自尽可能承受己方有优势方面的风险,而让对方在相应方面承受的风险尽可能小。一般而言,政策、法律等宏观层面的风险由政府承担,项目设计、建设、融资、运营等微观层面的风险由社会资本承担。

风险的合理分担能够使每一种风险都由对其最有控制力、成本最低的一方来承担,从而使整个项目的成本最小化,保障了双方长期的伙伴关系。

③利益共享。

利益共享是指在 PPP 模式中共享社会成果,让社会资本取得相对平稳长期的合理投资回报,最终实现多赢的局面。

利益共享不是简单的利润共享,PPP 的最终目的是保证公共利益最大化,而非项目本身的利润最大化。PPP 项目一般具有很强的公益性,同时也具有较高的垄断性(以特许经营为主)。利益共享,一方面要确保社会资本按照协议约定的方式取得合理的投资回报,另一方面要防止社会资本获得超额利润、损害社会福利。

(4)PPP 的典型结构。

如图 1.4 所示为简化后的 PPP 的典型结构(简化)。

图 1.4　PPP 的典型结构(简化)

PPP 的典型结构是政府与社会资本共同设立 PPP 项目公司,政府提供政策支持,而社会资本负责投资建设以及运营管理。具体而言,多采用特许经营模式:针对特定的项目,政府和社会资本共同设立 PPP 项目公司,政府授权相关机构和 PPP 项目公司签订特许经营协议,由 PPP 项目公司负责项目的设计、融资、建设、运营等,在特许经营期满后将项目移交给政府。

采用 PPP 模式必须非常重视项目全寿命周期。对于政府而言,其应该更多地参与项目中后期的工作,因为政府与社会资本的合作是全流程、全周期的,特别是在后期的运营阶段,政府既要确保社会资本获得合理利润,同时也要防止社会资本获得暴利,损害公众利益。对于社会资本而言,其应该于项目早期就深入参与,与政府一起进行项目的研究分析和论证,为后续建设及运营奠定良好基础。

传统政府全面负责基础设施及公共服务投融资,政府与社会资本的关系仅仅为简单的项目业主(发包方)和施工单位(承包方)的关系;政府容易出现"重建设、轻运营"的行为,忽视项目后期运营,难以满足终端消费者需求;社会资本仅仅承包施工,无从发挥自身主观能动性,更无从对项目的可行性提出建议,也没有动力优化建设环节以利于后期运营。

(5)PPP 的参与主体。

如图 1.5 所示 PPP 的典型结构(详细)。

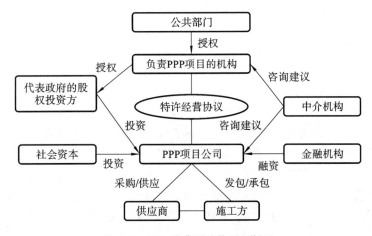

图 1.5　PPP 的典型结构图(详细)

PPP 的组织结构较为复杂,参与主体较多,主要主体如下。

①PPP 的核心主体是 PPP 项目公司,它由代表政府的股权投资机构和社会资本共同出资设立。PPP 项目的融资、建设、运营均以 PPP 项目公司的名义进行。

②在 PPP 模式下,政府通过两条路径发挥作用:其一是由代表政府的股权投资机构作为股东,与社会资本共同出资设立 PPP 项目公司;其二是政府授权专门负责 PPP 项目的机构,由该机构和 PPP 项目公司签署特许经营合同、补贴合同等相关协议。政府一般不再负责投资建设以及运营管理,主要是通过握有一定股权保持对 PPP 项目的控制力,保证政府成为社会资本的合作者以及 PPP 项目的监管者。

③社会资本投资入股 PPP 项目公司,虽然后续 PPP 项目的融资、建设、运营均以 PPP 项目公司的名义进行,但实际上主要依靠社会资本负责。社会资本不仅要注入资金,更要发挥自身在专业资质、技术能力、管理经验和财务实力等各方面的优势,推进 PPP 项目公司实现特许经营目标。

④银行等金融机构给予 PPP 项目公司完善的金融服务,以债权、股权等多类型多层次的融资手段满足 PPP 项目的资金需求。

⑤中介机构如咨询公司、律师事务所、会计师事务所向 PPP 项目公司提供专业的咨询建议。此外,PPP 项目公司还会作为项目业主与勘察设计单位、施工单位、监理单位、原材料及设备供应商等单位签订相应的协议。

(6)PPP 模式项目融资的构成。

PPP 模式项目融资由项目的投资结构、融资结构、资金结构和信用保证结构组成。

①投资结构。

投资结构即项目的资产所有权结构,是项目的投资者对项目资产权益的法律拥有形式和项目所有者之间的法律合作关系。采用不同的投资结构,投资者对项目资产的拥有形式、对项目现金流量的控制以及投资者对项目所拥有的权益和承担的义务都有很大的差异。

目前,国际上应用较为普遍的项目投资结构有单一项目子公司、非限制性子公司、代理公司、公司型合作结构和合伙制结构。本质上说,项目投资结构就是项目公司的组建形式。根据基础设施项目的特点,适合PPP项目融资的项目公司的组建形式主要有股份公司制结构、合伙制结构和契约制结构。

a. 股份公司制结构。

股份公司制结构是指项目公司按照有限公司的形式组建,股东以出资额为限对项目公司承担有限责任,项目公司以其注册资本为限对其债务承担责任。项目公司作为独立法人,其行为受到现行公司法以及相关法律的约束。同时,由于基础设施项目的特殊性,项目公司还应该遵守国家的政策、方针以及与政府部门签订的专门的公私合作协议(即PPP协议)。

在项目公司里,股东(即投资者)包括政府和私营企业(包括私人和私人实体),他们共同对项目开发的重大活动进行决策,并按出资比例和PPP协议的约定享受权益,承担义务。

采用股份公司制结构有股东关系清晰、融资安排较为容易、投资转让较为容易、有利于风险隔离等优点,适用于工业项目。缺点在于对项目现金流量缺乏直接的控制,投资者不能利用项目现金流量自行安排融资;税务结构灵活性差,无法利用项目前期亏损冲抵其他利润;存在"双重征税"现象。

b. 合伙制结构。

合伙制结构是指由两个或两个以上的合伙人以获取利润为目的形成的结构。合伙制不是一个独立的法律实体,合伙人可以是自然人,也可以是法人,该投资结构通过合伙人之间的合约建立起来,没有固定的形式,一般也不需要在政府部门注册。合伙制结构具有运作灵活、决策迅速等优点。但由于责任无限,一旦出现问题,合伙人就面临着承担超出其在合伙制结构中所占投资比例的风险,这一风险的存在严重制约了合伙制结构的应用范围。因此,合伙制适用于风险较小、运作时间较短或投资不大的基础设施服务项目、维护项目等。这类项目若运用公司型合资结构,不仅会增加运作成本,还将增加决策手续,影响开发效率。

c. 契约型结构。

契约型结构是项目发起人为实现共同目的,根据合作经营协议所建立的一种契约合作关系。其特点是项目发起人之间是合作关系而不是合伙关系,项目发起人直接拥有并有权处理项目的最终产品,并往往需要按比例负责项目生产产品的销售,主要应用于采矿、能源开发、矿产加工等领域。其优点是投资者承担有限责任;投资经营活动直接反映在投资者财务报表中,较合伙制税务安排更加灵活,投资、融资结构设计灵活。其缺点是投资转让程序比较复杂,交易成本高。

②融资结构。

融资结构是项目融资的核心部分。当项目投资者在项目投资结构上达成一致意见之后,接下来的工作就是设计和选择合适的融资结构,以实现投资者在融资方面的目标和要求。项目融资通常采用的融资模式包括投资者直接融资、通过项目公司融资、生产贷款、杠杆租赁等。PPP项目融资也是其中一种。作为一种独立的项目融资模式,PPP项目融资具有自身的融资结构,即以社会投资为主体,同时辅以政府资助、银行贷款、杠杆租赁,以及向机构投资者或者社会公众发行债券等。

③资金结构。

项目融资的资金结构是指项目在融资过程中所确定的项目的股本金与债务资金的形式、相互间的比例关系及相应的来源。项目的资金结构是由项目的投资结构和融资结构决定的,同时资金结构又会影响到整个项目融资结构的设计。

项目股本金的资金来源主要包括投资者投入的自有资金,通过发行股票筹集公募股本金和与项目有关的政府机构和公司为项目提供的资金,另外,还可以通过无担保贷款、可转换债券和零息债券的形式筹集准股本金等。项目的债务资金主要来源于银行贷款、资本市场、政府出口信贷和融资租赁等。

银行贷款是PPP项目融资中最基本和最简单的债务资金形式,为PPP项目提供贷款的银行包括商业性银行和世界银行、亚洲开发银行等国际金融机构。贷款可以由一家银行提供,但更多的是由多家银行组成的银团甚至国际银团联合提供。此外项目公司还可以以项目的名义直接在国外资本市场上发行债券或商业票据筹集债务资金。当项目涉及进口设备时,项目公司也可能从设备出口国政府的专设金融机构获得出口信贷。来自设备租赁公司的融资租赁也是PPP项目债务资金的来源之一。

出资形式的选择因具体的项目不同而有所差异。如基础设施的服务性项目,对流动资金的要求较高,股东出资应尽可能采用直接投资的形式,而对于铁路、公路等建设项目,在符合相关法律要求的前提下,股东出资既可以采用直接投资的形式,也可以采用实物投资的形式。

④信用保证结构。

基础设施PPP项目大多投资大、建设期长,项目参与各方均存在着风险,为了减少各方风险,尽量使融资风险共担,在确定融资方案时,一个非常重要的内容是信用保证结构的设计。对于银行和其他债权人而言,项目融资的安全性来自两个方面:一方面来自项目本身的经济强度;另一方面来自项目之外的各种直接或间接的担保。这些担保可以由项目的投资者提供,也可以由与项目有直接或间接利益关系的其他方提供。项目担保主要包括两方面的内容:一是直接的财务担保,如完工担保、成本超支担保、不可预见费用担保;二是间接的或非财务性的担保,如长期购买服务的协议、以某种定价公式为基础的远期供货协议等。这些担保形式的组合构成了信用保证结构。项目本身的经济强度与信用保证结构相辅相成,项目的经济强度高,信用保证结构就相对简单,条件就相对宽松,反之相对复杂和相对严格。

根据担保主体不同,PPP项目所采用的担保形式通常有两种,即私营企业作为项目担保人和政府作为项目担保人。

私营企业(包括私人或私人实体)作为项目担保人是指私营企业作为股东,以其自有财产作为抵押向银行提供担保,以获得贷款资金的担保形式。私营企业提供担保范围通常限于项目开发过程中发生的且项目公司能够控制的风险,如设计风险、施工风险(预算超支、工程质量问题)等,在风险分配时,这类风险通常由私营企业或相关的机构来承担。

政府作为项目担保人主要是间接的或非财务性的担保,如政府与项目公司签订长期购买服务的协议,或以某种定价公式为基础的远期供货协议等。政府担保的范围通常是非商业性风险部分,如法律风险、政策风险和金融风险等。在风险分配时,这类风险由政府承担。例如,在污水处理项目中,经水处理生产出的净化水必须输到政府统一的水网中,才能提供给公众,政府是公共产品的唯一购买者。因此,政府必须与项目公司签订长期购买协议,保证项目投资的回收以及资金运作。

(7)PPP 的运作方式。

在具体运作方式上,中华人民共和国财政部在《政府和社会资本合作模式操作指南(试行)》中主要推荐 6 种方式:OM、MC、BOT、BOO、TOT 和 ROT。具体如表 1.4 所示。

表 1.4 中华人民共和国财政部推荐的 PPP 运作方式

简称	类型	特点	使用领域	合同期限
OM	委托运营	政府保留资产所有权,只支付委托运营费	存量公共资产的运营维护	≤8 年
MC	管理合同	政府保留资产所有权,只支付管理费	存量公共资产的运营维护及客户服务	≤3 年
BOT	建设—运营—移交	合同期满后资产移交给政府	新建项目设计、融资、建造、运营、维护和客户服务	20~30 年
BOO	建设—拥有—运营	社会资本拥有项目所有权	新建项目设计、融资、建造、运营、维护和客户服务	无须移交
TOT	转让—运营—移交	合同期满后资产及其所有权移交给政府	存量公共资产有偿转让给社会资本,由其负责运营维护和客户服务	20~30 年
ROT	改建—运营—移交	合同期满后资产及其所有权移交给政府	在 TOT 基础上增加改扩建内容	20~30 年

国家发改委在《关于开展政府和社会资本合作的指导意见》中区分了经营性项目、准经营性项目、非经营性项目,建议分别采用不同的运作方式。具体见表 1.5。

表 1.5 国家发改委推荐的 PPP 运作方式

简称	具体运作方式	类别	项目特征	政府行为
BOT	建设—运营—移交	经营性项目	具有明确的收费基础,并且收费能够完全覆盖投资成本的项目	政府授予特许经营权
BOOT	建设—拥有—运营—移交			
BOT	建设—运营—移交	准经营性项目	经营收费不足以覆盖投资成本、需政府补贴部分资金或资源的项目	政府授予特许经营权附加部分补贴或直接投资参股
BOO	建设—拥有—运营			
BOO	建设—拥有—运营	非经营性项目	缺乏使用者付费基础、主要依靠政府付费回收投资成本的项目	政府购买服务
OM	委托运营			

在上述两个文件发布之后,财政部联合发改委、人民银行发布的《关于在公共服务领域推广政府和社会资本合作模式的指导意见》指出:对于存量项目,化解地方性债务风险,积极运用 TOT、ROT 等方式,将融资平台公司存量公共服务项目转型为政府和社会资本合作项目,引入社会资本参与改造和运营;对于新建项目,提高新建项目决策的科学性,合理选择 BOT、BOO 等运作方式。

(8)PPP 的应用领域。

国际上,PPP 的应用领域不断拓展,但主要聚焦在基础设施,覆盖范围从经济基础设施到社会基础设施,覆盖业态从硬件供应到软件配套。

基础设施可以分为两大类:一类是经济基础设施,又称生产基础设施,此类基础设施向工商业界提供关键的中间服务,主要作用在于提高生产率,主要包括铁路、桥梁、公路、隧道、港口、机场、电力等及相关配套服务;另一类是社会基础设施,此类基础设施向居民提供基础服务,主要作用在于提高居民的生活质量,主要包括文化、教育、医疗等系统。如表 1.6 所示。

表 1.6 PPP 的应用领域

分类	硬件供应	软件配套
经济基础设施	铁路、桥梁、公路、隧道、港口、机场、电力等	科技研发、金融制度、职业培训等
社会基础设施	学校、医院、住房、供水、排水等	社会保障、社区服务、环保机构等

(9)W 市轨道交通工程某 PPP 项目。

①项目概况。

W 市轨道交通工程某 PPP 项目线路起于汉口火车站北侧,沿后湖大道、兴业路、园林路、团结大道、沙湖大道、平安路、南湖大道、白沙三路、四新南路、芳草路、琴台大道、汉西路、常青一路运行,最终闭合成环。线路全长 59.9 km,全地下线路,共设车站 37 座;其中,武昌段线路长 22 km,共设车站 14 座;江北段线路长 37.9 km,共设车站 23 座。全线共设 1 个车辆段、2 个停车场。本项目招标范围内的概算总投资为 317.73 亿元。

②项目实施模式。

a.项目运作方式。12 号线概算总投资约 645 亿元,全线划分为区间车站结构(A 部分)、段场设备车辆(B 部分,总投资约 196 亿)、征地征收(C 部分,总投资约 131 亿)三部分。其中,A 部分采用 PPP 模式,由项目公司负责 A 部分的投资建设,以及全线的运营管理、运营维护、更新改造和追加投资、客运业务以及授权范围内的非客运业务经营;B 部分由武汉地铁集团组织实施,进入运营期后将 B 部分资产以 1 万元/年的费用租赁给 A 部分项目公司使用,武汉地铁集团不再对这些资产在合作期内产生的一切相关费用和相关法律责任负责;C 部分为征地征收,由沿线区政府筹集资金和组织实施。项目合作期结束后,项目公司将本项目全部资产及相关权利无偿移交给政府方或其指定机构。本项目 PPP 招标范围即为 A 部分。项目实施机构为武汉市城乡建设局,政府出资代表为武汉地铁集团。

b.项目合作期。该项目合作期 30 年。其中,武昌段建设期约 4 年,运营期约 26 年;江北段建设期约 5 年,运营期约 25 年。武昌段与江北段分段运营。

c.股权结构。政府方出资代表武汉地铁集团持股 30%;中标社会资本持股 70%。

d. 回报机制。项目公司回报来源于使用者付费及可行性缺口补助。项目绩效评价结果和可行性缺口补助挂钩,分为建设期绩效管理和运营期绩效管理。项目调整机制有超额收入分成、实际车公里变化调整额、专项补助调整额(包括投资差异调整、客流不足调整额、工期调整额和额外补偿额)。

2. ABO 模式

(1) ABO 模式的概念。

ABO 是地方政府通过竞争性程序或授权相关国有资本作为项目业主,由其向政府提供公共产品或公共服务项目的投融资、建设及运营,政府按约定给予一定授权费用和运营补贴,合作期满后将项目移交给政府的模式。学界关于 ABO 模式的概念尚未形成定论,以上是从 ABO 项目实践中得出的结论,成为当前 ABO 模式普遍运用的依据和概念界定。ABO 主要针对的是基础设施建设领域的公共产品或公共服务提供,其模式是政府通过直接授权给国资国企,国资国企负责项目的发起、执行、建设、运营。这更多的是一种公建公营合作模式,国有企业行使政府规划的基础设施及公共服务项目业主职责,具有项目决策权,且在授权范围内行使公共管理、项目投融资、建设和运营职能。ABO 模式在公路项目中的应用,是授权理论的优势体现,是政府转变职能,实行所有权和经营权分离,提高管理效率、降低社会成本的创新举措。

(2) ABO 模式的基本特征。

①ABO 模式起源于北京市轨道交通项目。

2016 年 4 月,北京市交通委员会与北京市基础设施投资有限公司(以下简称"京投公司")签署授权经营协议,标志着轨道交通投融资机制进入了授权经营模式的新阶段。2018 年 9 月,京投公司公司副总经理在城市轨道交通投融资机制创新研讨会上提出,北京市政府出台的建设规划中要求,到 2020 年北京市轨道交通运营总里程要达到一千千米,同时出台相关鼓励政策和融资方案,实行通过政府授权给国有企业京投公司经营模式,市政府每年向京投公司拨付 295 亿元授权经营服务费。

结合建设规划、融资方案及授权经营协议,北京市率先提出了 ABO 运营模式,北京市交通委员会授权国有企业京投公司,按照授权合同履行轨道交通投资建设及运营职责,负责资源整合、项目识别、发起、投融资、设计、建设、运营等。北京大岳咨询有限责任公司总经理金永祥认为,ABO 是投融资的创新概念,是政府对基础设施建设固有管理运营模式的改革和创新,因此对于项目具体的建设运营过程,政府不会纠结具体的流程,而只关注最终运营结果。被授权的单位获得更大的权利和自主性,对于接到的项目,可以通过学习北京地铁 4 号线,与其他社会资本合作,以 PPP 模式实施,如果自身实力允许,也可以自行投资运营。ABO 模式一旦推广,将对 PPP 和特许经营造成极大影响。目前,在片区开发被大力提倡并推广实施的当下,ABO 模式无疑备受各方关注,也是最热门的关键词之一,在《财政部关于推进政府和社会资本合作规范发展的实施意见》财金〔2019〕10 号发布后,成为解套一些 PPP 项目,助力地方片区开发、交旅融合、基础设施建设和经济发展的主要投融资模式。

②采用 ABO 模式的项目具有"大公益、小经营"特点。

相较于 PPP 项目的收益性大于投资资本、可经营性特点,采用 ABO 模式实施的项目一般具备"大公益、小经营"的特点,如高速公路、航运和竞争性公益项目(包括科研开发、研究应用、成人职教、医疗机械等产业)。这类项目虽然具有部分投资营利空间,但是前期投入巨大、回报期限较长、回收困难、获利不确定,只能保本或者微利经营,现实中对社会资本吸引力不足,市场机制失灵,无法达到供需平衡,需要政府进行干预或者让渡部分经营权利。

③ABO模式下被授权的主体为国有资本。

在北京市开创的ABO模式先例中,京投公司于2003年由北京市人民政府国有资产监督管理委员会出资成立,是北京市政府委任的一家轨道交通投融资运营主体,属于国有独资企业。北京地铁4号线实施的ABO模式,是典型的地方政府将基础设施项目授权给地方大型国有企业投资建设和运营的模式。《关于国有资本加大对公益性行业投入的指导意见》(财建〔2017〕743号)明确提出,要放大国资国企功能,根据行业领域和类别划分,引导和推动专业化、行业化、领域化程度较深的企业实行多元化投资。在自来水供应、污水处理、电力供应、燃气供应、热能供应,以及公共交通、公共设施等提供公共产品和服务的行业和领域,政府通过授权委托、PPP、特许经营等方式,鼓励国有企业及非国有企业参与投资、建设和运营,鼓励引导社会资本投入公共福利行业。

2018年《国务院关于推进国有资本投资、运营公司改革试点的实施意见》(国发〔2018〕23号)要求结合企业经营状况、发展阶段、规模特点、行业特性,向符合条件的企业开展授权放权。在现有的ABO模式案例中,政府授权给具有行业经济实力、管理能力的属地大型国企进行运作,并不对操作模式进行限制,企业可以学习北京地铁4号线的具体做法,实行PPP模式运作,或者根据企业状况自行投资建设运营。

(3)ABO模式的适用领域。

对于单个的、合作边界条件相对清晰的项目,具有一定经营性收入(使用者付费占总收入比例大于10%)的公益性基础设施项目,采用政府与PPP模式是比较好的选择。而对于政府推出的如轨道交通、城际铁路、高速公路等具备"大基建、小运营"特点的项目,对社会资本吸引力有限,则建议采用ABO模式操作,通过股权合作等方式吸引社会资本投资,提升项目建设运营效率。

当前各地方对ABO模式的应用相对有限,主要在如下几个领域:一是类似北京轨道交通行业,地方政府通过授权的方式给予城投公司某一行业的一揽子支持政策,促进城投公司转型;二是大型的片区综合开发项目,地方政府按照封闭运作、自求平衡的原则,将一定规模的规划功能片区授权给国有投资主体投资、建设和运营,该片区内的新增财政收入优先用于解决本片区内配套设施的建设投入和运营支出;三是具有战略性、创新性的城市建设重大项目。

(4)ABO运作模式。

ABO模式首创于2016年4月北京市交通委员会代表北京市政府与京投公司签署的《北京市轨道交通授权经营协议》。在该协议中,北京市政府授权京投公司履行北京市轨道交通业主职责,京投公司根据授权负责整合各类市场主体资源,提供北京市轨道交通项目的投资、建设、运营等整体服务;北京市政府履行规则制定、绩效考核等职责,同时每年支付京投公司295亿元的授权经营服务费,用以项目的建设、更新改造和运营亏损补贴等,满足其提供全产业链服务的资金需求。京投公司成为北京轨道线网发展过程中的统一"业主"。

授权经营协议明确规定,京投公司提供北京市轨道交通项目的投资、建设、运营等整体服务。对于尚未具备市场化条件的轨道交通项目,负责筹集建设资金,由京投公司通过市场竞争机制选择建设管理单位、建设单位和运营单位进行轨道交通项目的建设和运营,并通过运营收入、政府支付的授权经营服务费以及多种经营收入偿还贷款,获得一定的投资回报。对于市场化条件成熟的项目,由京投公司协助政府部门采取PPP模式实施,政府部门按照PPP操作流程规范择优选择社会资本,京投公司作为政府出资人代表与中标社会资本合资组建项目公司,由项目公司负责项目的投融资、建设和运营,京投公司按照PPP项目协议约定,从授权经营服务费中安排资金对项目公司进行运营补贴。ABO模式运作结构如图1.6所示。

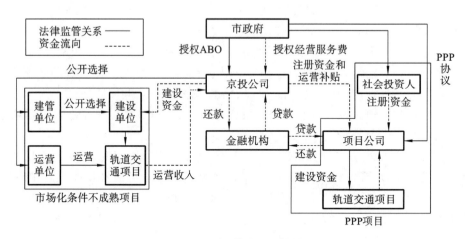

图1.6 ABO模式运作结构

另外根据协议约定,京投公司的资金除部分来源于政府支付的授权经营服务费外,还应充分发挥公司自身优势和市场价值,通过债权、股权等投融资方式筹集剩余建设资金,以保证项目顺利建设。京投公司ABO投融资模式及资金构成如图1.7所示。

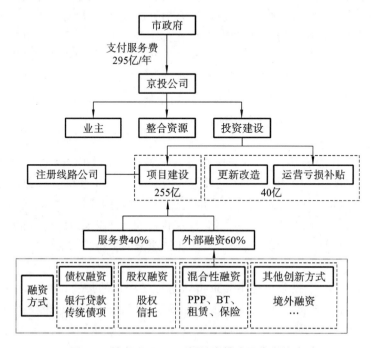

图1.7 京投公司ABO投融资模式及资金构成

(5) ABO模式与PPP的区别与联系。

目前学界部分学者普遍认为,ABO模式属于PPP框架下一个子模式,属于广义上的PPP,但当前文献列举的狭义PPP和广义PPP模式中,并未提及ABO。为进一步厘清PPP与ABO两者的概念和关系,解读ABO模式的概念,根据对PPP和ABO模式的发展历程及实操案例分析表明,授权经营ABO模式强调政府对公共融资和管理主体"授权",并未履行招投标程序,属于"公对公"合作,政府对授权企业进行监管指导;PPP模式则强调"公私合作",需要政府采取市场竞争手段,采用公开招标方式选择社会资本,运行过程强调政府对社会资本的绩效考核,常见典型的运营模式如表1.7所示。

基于资本的逐利特性和社会资本注重投资收益和回报期,一些公益性强的项目,具有片区性综合开发性质、具有脱贫攻坚等重大实施意义的项目,市场化条件不够成熟,对社会资本吸引力不强,无法独立进行市场化运作。为了解决这一问题,同时规避政府直接负债风险,确保项目推进,提高建设效率,借鉴此前北京市轨道交通投资运营模式及北京地铁地铁4号线的实践模式,政府宜采用ABO模式,授权国资国企履行项目业主职权,进行项目投融资、建设、运营。ABO模式适用的主要范围包括公共基础设施工程、政府指定实行集中组织建设的其他工程等,属于公建公营、公公合作,例如公共产品及公共服务、基础设施类项目、棚户区改造、城市综合开发、片区开发、交通+旅游融合项目等。政府不对项目具体模式作要求,只注重项目产出和运营结果。从此前的研究及比较中不难看出,在ABO模式下的"社会资本方"实际上具备"公"主体属性,现有的ABO案例中,政府授权单位主体均为国有企业或国资平台,ABO实为"公公合作"模式,以授权形式和一系列契约厘清政企关系,符合国家当下强调的国有企业改革和政企分开发展方向。这也为政府直接授权经营的ABO模式提供了一定的理论基础和法规依据。

表1.7 常见的运营模式联系与区别

类别	经营模式	概念	发起人	资产权属	适用范围	项目特点
特许经营类	BOT	社会资本方注资成立项目公司,负责项目的设计、融资、建设、运营、维护	政府	合作期内项目公司合作期满移交政府	交通、卫生等大型基础设施	经营性项目或准经营性项目
特许经营类	TOT	政府存量资产有偿转让给社会资本方运营、维护、提供服务,合同期满移交给政府	政府	合作期内归属社会资本方	使用者大型基础付费设施	经营性项目和准经营性项目
私有化类	BOO	和BOT类似,两者区别为合同约定公益性条款,BOO不涉及期满移交	政府	项目公司	使用者付费、政府购买服务	持续稳定的公共服务

续表

类别	经营模式	概念	发起人	资产权属	适用范围	项目特点
外包类	DBO	政府将项目整体式外包给社会资本方，由其负责设计、建造、运营维护等	社会资本方	社会资本方	国外常用于供水、污水处理、海水淡化	政府无融资负债风险
授权委托	ABO	由政府授权国资国企作为项目业主，由其向政府提供项目投融资、设计、建设及运营维护	社会资本方	社会资本方	基础设施类项目、片区开发、交通＋旅游融合项目	公益性项目、片区综合开发类、交通＋旅游融合项目

从项目实际运行流程上看，ABO与PPP均为政府特许或者授权经营行为，只是针对不同项目情况，对于经营性和准经营性项目，采用的不同竞争模式。两者之间有一定的差异，ABO和PPP在运作流程上的区别主要有以下几点。

① 适用范围不同。

2019年，《关于推进政府和社会资本合作规范发展的实施意见》（财金〔2019〕10号）的出台，一方面重新规范了PPP项目，另一方面也为中国PPP发展贡献良策，同时该文也明确了PPP是中国投融资行业一项持续、长久的事业，而非运动战，必须专业化、精细化，进一步强调了PPP的正负面清单。PPP模式必须主体合规、及时入库、合理风险分担，必须通过识别论证。具体来说，PPP模式必须经过"两评一案"，即通过物有所值评价、财政承受能力论证和初步实施方案，导致PPP模式在短期内萎缩，覆盖面进一步缩小。现阶段PPP模式重点转向了有一定收益和市场化条件较好的项目，此外一些项目一般在区域建设发展中的占比较大，但是收益来源不足，高度依赖地方财政，或者属于政府垄断经营范围，市场化不充分，ABO模式通过与地方国有企业合作，重点处理市场化条件不充分、对社会资本吸引力不强、区域性特征显著的基础交通建设项目。ABO模式是项目市场化和PPP模式运行不充分的一种有效补充。

② 实施模式不同。

PPP项目发起受严格的政策法规文件限制，受制于过程中严格的监管及后期的绩效考核评价，同时PPP要求项目边界条件清楚，风险识别清晰。PPP项目的构成一般仅为单个项目，或者由几个相关项目构成项目包，PPP项目构成不会很复杂。实施模式根据项目类型、投融资方式、资金构成、定价机制和合作期满后处置方式等因素确定，主要有BOT、TOT和BOO等。ABO模式是地方政府在项目开发前期，选择在行业内具有相当实力、专业化服务能力强、资金雄厚的属地国企，与其签订授权经营协议，由企业代替政府履行业主职责与权利，实现区域内同类项目的统筹安排，平衡资金使用，成为辖区内特定领域的统一业主，以更好地构建营商环境，引入不同商业主体，实现区域同类项目的整体规划、分期实施，科学处理项目进度和区域发展需求的关系。

③对合作对象的要求不同。

为发挥民营企业作用,构建更加开放的竞争环境,PPP模式下社会资本一般强调为民营企业,鼓励公私合作,由社会资本提供投融资、建设、运营、管理等专业服务,利用民营资本和私有企业的特性,提升管理效率和运营效率。ABO模式重点强调授权经营,交付项目的一切决策权,政府从具体事务中脱离出来,履行制定规则、监管、政策支持等职责,提高效率,降低管理成本。由管理更加专业化的企业负责项目运作,能够快速推动项目,实现区域发展,满足公众生活需求,创造社会效益,同时符合企业做强做大的发展理念,实现三方共赢。一般来讲,ABO模式的授权合作对象应以行业经验和资源优势突出的属地大型国企为主,企业不但肩负授权范围内的项目投融资、建设运营职责,还要兼顾国有资产管理、资本运营、相关资源开发等职能。

④确定合作对象的方式不同。

PPP模式下,政府采用市场竞争方式,公开招标选择社会资本,强调实施方案市场化、公开化。在运营中期和后期还要制定考核机制,对运营效果进行考核评价。而ABO模式在确定项目业主时可以直接授权。目前,ABO模式的授权对象一般为属地国企或者国资平台。授权经营是ABO模式的根本特性。从合理性上看,地方政府对属地国企的授权经营是约定俗成的惯例,也是内部自主权的体现,不少地方国企通过长期的授权经营积累了丰富的行业经验和区域资源,对于市场资源的整合利用具有专业化的能力和成熟的条件,盲目要求公开竞争不但不现实,而且未必有益。从合规性上说,地方政府对属地国企的直接授权,属于非市场方式的产权重组。国务院印发的《改革国有资本授权经营体制方案的通知》(国发〔2019〕9号)方案中明确提出要促进国有企业做优、做大、做强,通过深化改革,加快市场化进程,增强国有企业竞争活力、抗风险能力和管理水平。ABO模式的实施,符合方案中要求的政企分开、政资分开的国有资本授权经营体制改革方向。

3. F+EPC模式

(1)F+EPC模式的概念。

F+EPC是投资(或融资)、设计、施工一体化的工程建设模式。该模式由国内建筑施工企业在承接海外项目时,采用的带资承包、投资带动工程的方式演变而来。F+EPC模式源于EPC模式,原适用于国际工程承包领域,后引入国内基础设施项目中,是指基础设施项目的项目业主(政府、平台公司或者地方国企)经过公开招标、招商等竞争性方式确定项目中标人,项目所需建设资金及项目EPC施工全部交由中标人负责。项目完工后,项目移交给业主,业主按合同约定在项目合作期向中标人支付相关费用。F+EPC模式将项目设计、工程管理模式、投融资三者结合,具备缩短投资期限、降低项目全周期成本的优势。F+EPC模式凭借其高效、低成本优势,在各大型基础设施项目,尤其是时间紧、任务重的重点工程得到了广泛运用。

目前F+EPC模式尚未形成较为确切的规范标准。贺俊峰(2018)认为F+EPC模式是项目业主以实现参与方利益最大化为目标,以解决项目的资金来源为核心诉求,借助建筑施工企业整合内外部资源以及融资优势,构建以EPC总承包为基础,融资为杠杆的项目建设体系。建筑施工企业通过投融资建设一体化服务提高市场竞争力,同时通过系统化运作及整体管理提高盈利能力。

根据建筑施工企业投资方式和程度,F+EPC模式分为广义和狭义两大类别。其中广义的F+EPC模式是指建设施工企业采用自身资金、联合第三方以及引入其他机构资金等多种方式,使项目获得建设资金,并负责项目建设施工内容,其核心就是有投资行为,包括不限于建设施工企业利用自身或成立项目公司进行投资、贷款等;狭义的F+EPC模式,主要是建筑施工企业成立项目公司为项目投融资载体,开展相关工作。

(2)F+EPC模式的特点。

在当前我国不断规范地方政府举债融资行为、严禁地方政府新增隐性债务的政策背景下,F+EPC模式能带来项目建设资金,有效缓解地方政府项目资金不足的压力,发挥建筑施工企业自身的投融资能力、金融资源与整体运作优势,得到了各方的高度重视。F+EPC模式的核心特点就是以解决项目建设资金为切入点,通过资金带动项目施工,获得项目投资与施工收益。主要体现在以下几个方面。

一是承接EPC总承包施工是建筑施工企业的核心目的。建筑施工企业通过多种方式的融资投向本项目,核心诉求还是承接项目施工。建筑施工企业投资的主要目的并不是为了财务投资收益,而更多的是获得项目施工建设,发挥其主业优势,获取项目施工利润。

二是以EPC总承包利润为主要盈利来源。一般情况下,采用该模式项目的总承包费用不下浮或者下浮比例较小,建筑施工企业利润来源以总承包利润为主,投资产生的投资收益为辅,某些项目可能会出现投资收益为负,需要用部分施工收益补足的情况。

三是建筑施工企业在该模式下,具有多重身份,既是项目的总建筑施工企业,也是项目的投资人。建筑施工企业追求的是项目整体综合收益的最大化,包括项目施工收益和投资收益两部分。

四是建筑施工企业是项目整体运作的"操盘手",除了负责传统的项目施工建设外,还要负责项目投资、融资甚至运营管理等内容。

(3)F+EPC模式主要参与方。

基础设施项目采用F+EPC模式,秉承合作方风险共担、收益共享的原则,促进了我国基础设施项目的投资多元化、融资多渠道化,同时对政府财政压力有着良好的疏解作用,也为众多投资人增加了投资渠道。由于该模式采用了市场化竞争机制,整个模式管理科学、权利与责任明确,相对于政府直接投资更为高效。

从具体操作来说,F+EPC模式可以由地方政府作为项目业主,大部分则是政府指定授权的地方平台公司、国有企业作为项目业主,负责项目的招标、运作等相关工作。F+EPC模式作为系统性的工程,整体运作较为繁杂,涉及的参与方多,配合协调难度大,主要参与方包含地方政府、平台公司、项目公司、建设施工企业、投资人等,如图1.8所示。

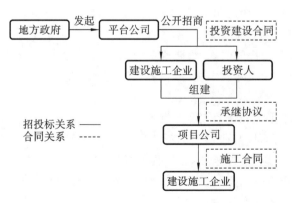

图1.8 主要参与方

①地方政府。

由于大部分采用F+EPC模式的基建项目具有一定公益性质,地方政府理应承担该类项目的打造职能,通常地方政府作为项目的发起方,负责项目的前期规划、相关合规性手续的办理工作,并推动项目的实施建设。地方政府主要关注项目的投资人是否具备足够的投融资实力,保障项目的资金;建筑施工单位是否具备相应的工程建设管理能力,保证项目的施工质量和效率;项目交易架构及投融资模式是否完善合理,风险可控。

②平台公司。

平台公司作为地方政府授权的国有企业,作为项目的业主,负责项目的招标以及对项目投资、建设、运营和维护实施监督管理,对项目的投资、建设、维护管理等各阶段进行投资或成本的过程控制和审计。

平台公司具体负责项目相关审批手续申报,协调各项目参与方沟通配合工作,以及项目建设所在地区的各种关系、各种信息的协调处理,营造出有利于项目实施的良好外部环境。负责依据合同约定按时足额支付相关费用,并针对项目公司或投资人的融资提供相关配合。

③建设施工企业。

建设施工企业一般作为项目联合体牵头人,负责本项目相关合同协议等文件的沟通谈判工作,负责项目投标并处理相关的事务,代表联合体负责处理相关的资料;承担建设阶段项目的组织、协调、管理等职责,负责本项目施工、竣工验收、移交、质保期的维修保养等工作。

④投资人。

投资人即财务投资人,一般为金融机构或资金实力较为雄厚的相关企业,主要与建筑施工企业组成联合体,参与项目的投融资工作,负责本项目的融资工作,协助施工单位制定投资计划、用款计划,并制定科学合理的筹资计划,确保项目资本金、债务性融资能满足项目用款计划的要求,保证项目建设资金不中断。

⑤项目公司。

项目公司作为项目整个实施过程中的具体载体,通常由投资人(建设施工企业或双方联合)在项目中标后出资组建。项目公司注册完成后,基于签署的投融建主合同补充协议或承继协议,承接联合体(投资人、建设施工企业)转移的项目合同的部分权利和义务,负责项目的具体实施,包括勘察设计、投资、融资、建设等工作。

(4)F+EPC模式运作方式。

与PPP模式已经初步形成系统的操作规则不同,F+EPC在监管层面上并无系统的规定。因此,从实践情况来看,F+EPC变化较多,大部分F+EPC模式项目实际操作时,政府或其相关部门一般不会作为项目主体。唐欢等(2019)指出为了降低项目合规性风险,目前常规做法是以政府指定的融资平台公司或地方国有企业作为项目业主,项目与政府信用高度关联,但由于政府没有实质性出具担保或兜底,能避免项目陷入不合规的困境。实际操作中F+EPC模式主要有4种实施方式。

①股权型F+EPC模式。

股权型F+EPC模式,一般为地方平台公司作为项目实施机构,即项目业主,通过公开招投标程序选择项目建筑施工企业,建筑施工企业中标后与项目业主签署相关合同,按协议约定共同出资组建项目公司,并由建筑施工企业协助项目公司开展融资工作。项目公司按照相关合同向建设施工企业支付工程款;项目业主根据合同约定,向项目公司支付投资本金及回报。

该方式的主要特点体现在两方面：第一，该方式双方需要以自有资金出资，按照约定股权比例共同设立项目公司，体现了风险共担、利益共享的合作共赢理念；第二，建筑施工企业是具备较强投融资能力和建设资质的大型施工企业或联合体，因为建筑施工是大型建筑施工企业的传统优势业务，它们在工程施工、管理等方面具有丰富的经验与优势，通过以投资带动施工业务，避免了与市场上众多同类型企业的恶性竞争，获取更大的收益。

②债权型F+EPC模式。

建筑施工企业采取多种方式向项目业主提供资金，项目业主将收到的资金直接用于支付EPC施工费用，后期项目业主再向EPC建筑施工企业归还建设资金。

该方式的主要特点体现在三方面：第一，建筑施工企业不需要成立项目公司，而是与业主直接签订工程总承包合同；与项目业主除了正常的施工总承包关系外，还构建了债权债务关系，建筑施工企业通过向项目业主提供资金，缓解了业主面临的项目资金难题；第二，项目业主需负责工程建设管理的全过程，包括监理单位、设计单位的聘请及管理；第三，将F与EPC完全隔离，分为两部分工作，建筑施工企业主要承担工程施工建设的工作，更能专注于项目施工，充分满足项目建设过程的需求。

③股权+债权型F+EPC模式。

股权+债权型F+EPC模式指项目业主通过招标确定联合体，建筑施工企业在参与项目投标时带投资人一同参与，中标后双方再出资设立项目公司，项目公司承继投标人的职责，承担项目的投资、融资、建设和管理职责，项目业主依照合同约定拨付相关费用。

该方式的主要特点如下。第一，该方式对建筑施工企业的综合实力要求高，特别是项目整体运作能力。该模式要求建筑施工企业不仅需要具备相应建筑资质，较强的工程总承包能力以及资金实力，同时需具备较强的投融资能力，能联合优秀的投资人，负责项目的融资、投资、建设等全部环节的事务，为项目业主提供全流程的一体化服务。第二，该方式由于涉及环节众多，一般项目体量较大，建筑施工企业通过整体运作能获取较高的施工收益，还能获得相应的投资收益、经营管理回报等。项目整体收益高、项目订单大，对大型建筑施工企业，尤其是众多实力雄厚的建筑施工央企有着较强的吸引力。

④延付型F+EPC模式。

项目业主可以选择在项目建设期内拨付一定费用，建筑施工企业自行负责融资解决项目缺口资金，项目完工后，业主选择分期分批延期支付的方式完成所有费用的拨付。另一种方式为在合同中设置专用条款，约定业主可以根据自身情况，选择分期分批拨付部分或全部EPC费用。

该方式下，建筑施工企业无须成立项目公司，交易架构清晰，合同体系简单，涉及环节简单，相关参与方少，能大大提高项目的实施效率，满足业主对效率的要求。该方式一般按传统EPC项目实施运作，合规性风险、政策风险低，能规避目前F+EPC存在的一些争议问题。

(5) 与其他基础设施模式比较分析。

基础设施建设项目投融资模式的发展，与我国金融环境的持续优化提升、金融产品的创新应用密切相关。目前基础设施投融资管理中，各式各样的融资工具正在广泛应用。创新的融资工具和方式在目前基建行业得以应用。这些创新型工具和方式，包括但不限于民间社会资本、企业自有资金、各类贷款，甚至境外资金，各有其特点和适用范围，实现了各种资本、资金被针对性地引导，进入适宜其风险偏好的基础设施项目中。

基础设施项目投融资模式的发展历史久远，跟随政策、法规不断演进，结合不同项目特点，实际操作时,形成了多种投融资模式并存的局面。不同模式各有特点,针对不同时期、不同项目背景,形成具体细化的交易方案,各模式对比如表1.8所示。

表 1.8 其他投融资模式与 F+EPC 对比

类别	内容	使用范围	投资主体	资金来源	资本金	融资基础	风险	市场情况	实施效率
BT	施工	非经营性、公益性项目	政府投资	银行贷款、财政	无	回购款	风险较小	市场运用最普遍、最成熟的方式,竞争激烈,利润低	较高
BOT	设计、施工、管理、融资、运营	经营性项目	社会资本	银行贷款、自有资金	20%~30%	项目收益	取决于融资情况,以及项目运营情况,有一定风险	发展已进入衰退期	一般
PPP	设计、施工、管理、融资、运营	准经营性、公益性项目	政府投资、社会资本	银行贷款、自有资金	20%~30%	应收账款	取决于融资情况,以及项目运营情况,有一定风险	发展已进入成熟期	一般
TOT	运营	经营性项目	社会资本	财政银行贷款、自有资金	无	项目收益	取决于项目运营情况,风险较小	发展处于成长期	较高
F+EPC	设计、施工、管理、融资	准经营性、经营性项目	社会资本	社会资本、金融机构	无	工程款、前期费用	取决于项目投融资谈判情况	新兴市场,发展潜力巨大	高

① BT 模式。

财政部规范 PPP 项目库管理的文件对 BT 模式进行了定义,BT 就是以建设—移交的方式实施基础设施项目,付费一般为后支付。

BT 模式本身是合规的,但在实践中发展出类 BT 模式,其特征为政府通过直接引入建筑施工企业为其垫资修建项目的方式形成举债,并拖延支付工程款。BT 从一种工程实施方式变为一种变相融资模式,特点就是会因为项目建设直接造成政府隐性的债务责任,因此类BT模式是被禁止的违规项目模式。政府平台公司采用该模式,会导致融资规模激增,甚至陷入借新还旧的"死循环",由于平台公司的最终实控人为地方政府,最终造成地方政府隐性债务不断膨胀。

政府以公开招投标的方式选定项目中标人,然后与其签署相关合同,是类BT一般操作方式。建设施工企业根据约定的合同要求,自行或组建项目公司向金融机构融资,政府方在项目实施过程中有一定的监督管理的职责。项目竣工验收通过后,移交政府或指定接收单位投入使用。实操过程中,项目业主或其指定的相关单位需要与项目公司签署回购协议,协议中一般会涉及政府担保或者兜底承诺,导致政府隐性债务大量滋生。

②BOT模式。

BOT模式是指政府通过法定程序,选择并授予社会资本方某一基础设施项目特许经营权,并与其签署特许经营合同,约定由社会资本方负责项目投资、建设、运营维护,社会资本方在特许期结束后,根据合同约定将该基础设施交付给政府或指定单位。该模式的合作期限相对于F+EPC模式大大增加,一般为20~30年。

BOT模式作为一种成熟的基建项目投融资模式,在我国得到了广泛的应用,主要特征如下。第一,主要应用于电力、水务、高速公路、垃圾焚烧等市政基础项目;第二,项目采用市场化运作,社会资本方自负盈亏,政府不承担兜底责任;第三,项目回报机制为使用者付费,少部分会由政府付费。

随着国家制定的相关政策和制度的不断完善,PPP模式开始得到推广和应用,BOT属于PPP模式中的一种具体运作形式,伴随PPP良好的发展趋势,也开始逐渐得到应用。这类的主要特征是具有一定的经营现金流。BOT模式的优势如下。第一,政府凭借有限的资金或资源,充分利用社会资本方解决项目建设缺口资金,发挥资金撬动作用。第二,项目融资、建设等风险不需要政府承担,全部由社会资本方负责,不会增加政府债务。第三,社会资本方具有丰富的项目投资、建设、运营经验,对项目的投资、建设和运营积极性高。

③PPP模式。

PPP模式是一种较为新颖的项目运作模式,在最近几年得到了广泛的应用。熊海滨(2018)认为PPP模式是地方政府在基础设施及公共服务领域,通过公开招投标的方式,确定实力强、信用好的社会资本,双方经过平等协商,达成共识并订立合同,这些社会资本必须具备符合项目需求的投资、运营、管理及施工能力。PPP模式的运作规则,决定了地方政府需根据社会资本负责提供的建设服务内容及效果,进行绩效考核与评价,最后根据相关结果向社会资本支付费用。该模式的目的是鼓励具有较强实力的民营企业、社会资本,加大与政府的合作,发挥民营企业、社会资本管理优势,促使基础设施项目高效率地建设。广义来说,王雷良等(2016)认为PPP模式是指地方政府及其公共部门,通过让社会资本获得部分之前由政府垄断或控制的资源,与社会资本就供给相关公共基础设施产品及服务展开合作,充分发挥各自优势,实现"1+1>2"合作共赢的整体效果。与BOT相比,狭义PPP的主要特点是,政府更为深入地参与项目中后期阶段的建设管理及运营,项目前期策划、规划立项等工作,社会资本也会参与,因此,双方的合作更为深入,并覆盖了项目各个阶段(王映,2015)。

PPP模式主要应用在公益性、准公益性领域的项目,采取了市场化竞争原则。吴厚昆(2016)认为PPP除了是一种较为新颖的基础设施项目投融资方式,最重要的是推动了我国政府体制、管理机制的变革,例如行政体制、财政政体制的改革。

④TOT模式。

TOT模式是指政府通过签署转让协议的方式,将自有相关资产的所有权有偿移交给社会资本或其成立的项目公司;社会资本或其成立的项目公司持有资产,发挥自身运营、维护、管理优势,提供相关服务,到期后保持资产处于正常使用状态,并将资产移交给政府。

从定义上来看,TOT模式是以盘活地方政府资产、优化政府资金状况为出发点,由社会资本来运营政府持有的完工项目。该模式对地方政府的存量债务有着良好的风险化解效果,与上述其他模式相比,TOT模式简化了交易结构与运作程序,操作方式为政府通过公开招标等方式,选择获得项目所有权的中标社会资本;社会资本有权组建项目公司,项目公司成立后与政府签订特许经营、资产转让等协议合同,负责特定项目的运营及维护,并收取相应的运营维护费;到期后,项目转让回政府。

TOT模式下,基础设施项目为已经进入正常使用阶段的项目,社会资本可以发挥自身运营优势,在受让该项目后快速产生相关运营收入;同时由于项目本身具有经营性现金流,在向金融机构融资时难度会大大降低。TOT模式可以衍生出TOO模式。TOO模式的项目所有权由社会资本持续持有,不用移交回政府,其他步骤与TOT模式几乎没有区别。财政部、发改委多次发文,提倡政府对于存量资产,可以采用TOT、ROT等方式,将政府现有资产盘活,缓解部分地方政府面临的财政压力,同时通过该模式获得相应的回收资金,继续投在其他更需要资金支持的项目和民生工程上。

(6)G市某轨道交通项目。

①项目概况。

本项目线路起自广州东站,经天河区、白云区京溪科技创新中心、白云城市中心、空港经济区、花都中心区、花都万达文旅城片区至新白广城际花城街站。线路长约39.6 km,全地下敷设。新建7座车站,分别为京溪路站、白云东平站、白云城市中心站、方石站、凤凰南路站、马鞍山公园站、花城街站;新建应湖线路所1座,为规划广清城际联络线预留接入条件;线路采用8辆编组市域D型车,快慢线运营,设计时速160 km,与芳村至白云机场城际跨线运营。

本项目正线分为A、B两部分实施。A部分包括建筑安装工程,征地拆迁及管线迁改等,纳入本次招标范围,采用"股权投资+施工总承包"模式实施,招标控制价266.72亿元,其中,施工总承包部分179.84亿元(由股权合作方实施),非施工总承包部分86.88亿元(由项目公司或广州地铁集团另行招标)。B部分包括机电设备、车辆、项目建设管理费等,不纳入本次招标范围,由广州地铁集团自行招标建设管理。

此外,考虑到同步实施工程(包括换乘站点、市政工程、车辆段上盖工程)等要与主体工程项目同步实施,招标阶段将同步实施工程费用定为39.49亿元,纳入本项目施工总承包的招标范围,由广州地铁集团与股权合作方另行签订合同,项目公司不出资。

②项目合作模式。

a.项目运作方式。

本项目采用"股权投资+施工总承包"模式实施,广州地铁集团通过公开招标选择股权合作方共同组建项目公司,项目公司在合作期限内负责A部分的投融资、建设、运营等。B部分由广州地铁集团进行投融资与建设,并以每年名义使用费1元提供给项目公司使用。项目公司承担B部分设施后续的运营维护等相关费用。合作期(16年)内,股权合作方通过分红、股权转让等方式收回投入本金及投资回报。

为保证项目建设管理工作的顺利开展、提高项目公司专业化建设管理能力,项目公司需授权广州地铁集团(含下属建设单位)作为本项目的建设管理单位,负责本项目全过程建设管理。

本项目的运营管理可由项目公司自行运营或委托有资质的运营服务单位运营。

b. 项目合作期限。

项目合作期限为16年,其中建设期6年,运营期10年。

c. 股权结构。

广州地铁集团占比40%,中标股权合作方占比60%。

d. 回报机制。

本项目采用运营缺口补助回报方式,项目公司收入来源为项目公司的票务收入、非票务收入、运营缺口补助。

本项目绩效评价结果和运营缺口补助挂钩,分为建设期绩效考核和运营期绩效考核。

本项目调整机制有超额收入分成、实际车公里变化调整额、运营筹备及运营期额外补偿调整额、投资变动调整额以及其他专项调整额(包括融资利率调整、税收专项调整、由于法律变更导致项目运营维护标准等,项目公司必须投入改造费用或增减运行成本的,由此造成的影响通过专项调整)。

e. 退出机制。

建设期及运营期第1～5年,股权合作方在未经广州地铁集团允许的情况下不得擅自转让股权。广州地铁集团可以根据自身财务安排要求股权合作方持有的项目公司股权提前转让,提前转让的具体事项另行协商。运营期第6年起(合作期第12年起),广州地铁集团有权要求股权合作方按不超过5年向广州地铁集团转让其持有的股权,每年转让的数量不少于股权合作方初始持有股权的10%且不超过30%,直至股权合作方股权全部转让完毕。股权转让期间广州地铁集团仍不参与项目公司分红。转让价格原则上为股权合作方各期的实缴出资额之和,如届时国家相关政策要求股权转让必须进行评估或转让股权方案与招标文件有差异的,将考虑转让时间、转让比例以及由各方共同认可的第三方资产评估机构的评估结果等因素综合确定。

(7) H市某综合开发项目。

①项目概况。

H市某综合开发项目位于黄冈市三台河以东、路口大道以南、江北公路以西、南湖路以北。规划开发面积25.42 km^2,与黄冈临空经济区黄州起步区毗邻。片区一范围:东至世纪大道,西至规划三台河路,南至南湖路,北至武冈城际高铁,占地面积约246 hm^2。片区二范围:东至江北路,西至东昌大道,南接问津路,北至路口大道,占地面积约230 hm^2。片区三范围:东至东昌大道、规划崇文路,西至白潭湖大道,南至湖滨大道、规划东兴路,北至鹤鸣路、规划景盛路,占地面积约658.46 hm^2(含湖面面积)。

项目投资开发建设主要包括如下内容:片区一三台河两岸治理范围内的土地整理、市政基础设施建设、护岸工程、生态修复、绿化景观等;片区二范围内的土地整理、工程勘察设计、市政基础设施和公共服务设施(包括教育医疗设施等)建设等;片区三白潭湖岸线治理范围内的土地整理、岸线整治、堤防加固、排涝泵站、河湖水系连通、环湖绿化景观等;临空经济区招商展示中心和临空经济区黄州起步区内1800户居民安置房的投资建设,招商展示中心和安置房计划在白潭湖片区内建设。

本项目工程建设总投资约 104.55 亿元,其中工程费用 77.57 亿元,征地拆迁费用 4.07 亿元,工程建设其他费用 7.76 亿元,预备费 8.94 亿元,管理费用 1.2 亿元,财务费用 5.01 亿元。

②项目实施模式。

a.项目运作模式。黄冈白潭湖片区筹建委员会授权黄冈白潭湖投资发展有限公司通过"投资人+EPC"招标方式,引入社会投资共同成立项目公司,以项目公司为主体开展土地综合开发工作。项目采用"政府授权+投资合作+EPC"的模式,白潭湖筹委会财政建立本项目的专项账户,土地出让收益进入该账户,白潭湖筹委会按时足额向白潭湖公司支付授权经营服务费,由白潭湖公司向项目公司支付投资建设成本及合理收益。

b.项目合作期限。合作期 10 年,其中建设期 9 年。

c.股权结构。白潭湖投资公司占比 30%,社会资本占比 70%。

d.回报方式。本项目采用"成本返还+投资收益"方式的回报模式,建设期利息据实结算。

4. 土地综合开发模式

(1)基本内涵。

此处以铁路项目为例进行阐述。近年来,部分省份如广东省印发了《关于支持铁路建设推进土地综合开发若干政策措施》,提出铁路项目捆绑土地的综合开发回报模式,明确铁路项目在招标时可将沿线一定范围内的土地综合开发权一并招标,新建铁路项目的中标者同时可获得沿线划定范围土地的综合开发权,土地综合开发的收益用于铁路项目建设及运营期亏损补贴。以该模式建设的铁路项目,可由出让土地获得收入的沿线地级以上政府部门,与铁路项目建设中标者签订综合开发协议,从土地综合开发收益中安排专项补助资金拨付给项目公司,用于铁路项目的建设及运营期可持续经营。

(2)运作流程。

政府将铁路项目投资权与沿线潜力土地综合开发权捆绑招标,通过在土地交易平台招拍挂方式,引入社会资本负责铁路项目投资建设,并取得沿线土地综合开发权;社会资本中标后,负责出资建设铁路项目,具体建设工作可委托政府相关机构或企业代建;政府负责整备沿线潜力用地,待用地具备出让条件后,通过附加条件挂牌方式将土地按照约定价格出让给社会资本,由社会资本负责土地开发并获得开发收益。该模式运作流程示意图见图 1.9。

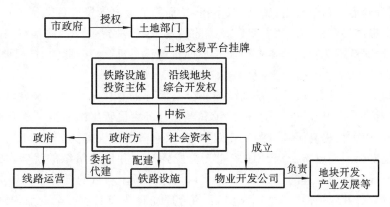

图 1.9 铁路项目捆绑土地综合开发回报模式运作流程示意图

广深港高铁香港西九龙站的站城一体开发是该模式的成功应用案例。在广深港高铁实施过程中，西九龙站的站城一体化开发也在进行，规划设计并同步实施。西九龙站处于最优越的临海地段，配合四通八达的交通网络，已成为香港的大型综合发展项目。开发净收益除补贴高铁运营亏损之外，由项目公司进行股东分红。

1.3.3 建设项目投融资模式优、劣势分析

1. 政府财政资金无偿投入模式的优、劣势

如上文所述，轨道交通建设资金几乎全部来源于财政资金，这种融资方式优劣势共存。其优势在于资金比较可靠，而且融资所需时间不长，所有人力与物力相当集中，有利于施工时进行统一和协调，整个项目基本上由政府控制，这在很大程度上有利于建设项目的实施。不过其不足之处在于，所有建设成本全部由政府承担，因此财政压力相当大。在建设项目不断增加的情况下，造价也会随之上升，这使得政府的资金显得十分有限，项目实施进度将会受到严重影响。除此之外，因为政府补贴具有连续性，政企没有互相独立，在业主缺失的情况下，无论是建设还是运营都沿用了计划经济体制，因此忽略了运营成本管理，整体运营效率相对较低。

2. 政府主导的负债型融资模式的优、劣势

在这种模式之下，融资资金的来源有很多渠道：①政府的财政或者税收；②能源交通等重点建设资金；③专项基金；④土地增值带来的收益；⑤国债资金；⑥商业贷款。通过政府财政融资的直接好处是不用处理复杂的关系，再加上政府信用好，所以不会花费太多的时间，操作简单，而且十分可靠；在项目决策和执行过程中，政府能够起到很好的协调作用，可以在很短的时间内获取建设资金，保障了工程进度。但这种方法最大的问题是资金来源单一，政府的财政压力得不到缓解，经营制度的转换存在很多困难；投资体制不够丰富，资金显得有些缺乏，资金的使用效率并不高，其中还很有可能出现腐败现象；项目在运营后，很难保证其运维效率，政府财务负担相当重，投资主体多元化改革严重受阻。

3. PPP模式的优、劣势

PPP模式的优势如下。

(1) 减轻政府财政负担。如今，仅仅依靠国家投入已经无法满足经济对基础设施建设的要求。PPP模式能使很大一部分政府性债务转由民营组织承担，从而降低政府的资产负债率，减轻政府财政负担。

(2) 为民间资本提供投资机会。随着我国经济的高速发展，民营企业日益壮大，民间巨额的资本开始寻找投资机会。PPP模式为民间资本提供了长期回报的投资机会。与此同时，只要配合适当的政策，PPP模式可成为政府在宏观上引导巨额民间资本流向的工具。

(3) 转变政府职能。在过去，政府是基础设施和公共服务的直接提供者和经营者，要花大量的资源在项目的建设和经营上。PPP模式使项目的建设和经营任务由民营组织承担。政府则只需对项目进行规划、协调和监管，从而大大提高了政府的工作效率，为政府精简机构提供了可能性。

(4) 降低项目全寿命周期成本。PPP模式能充分发挥政府和民营组织的优势，使资源在项目的规划、建设和运营阶段都得到最合理的分配，从而最大限度地降低了项目的全寿命周期成本。在竞争中脱颖而出的优秀民营组织，其先进的管理技术和丰富的管理经验在降低项目全寿命周期成本中必然能起到积极的作用。

(5) 降低项目的风险。风险共担是PPP模式的特征之一。各种风险由较善于应对该风险的一方承

担,有效地减小了各种风险发生的可能性和发生后可能造成的损失,从而使得整个项目的风险最小化。

(6)应用范围广泛。PPP模式不仅适用于营利项目,也适用于非营利项目;不仅适用于工程建设领域,也适用于服务领域。因此PPP模式比许多传统融资模式的适用范围更广。

但是PPP模式也有3个方面的劣势。其一,对于政府来说,如何确定项目公司给政府增加了难度,而且在合作中要负一定的责任,增加了政府的风险。其二,对于民营组织来说,现行法律法规的个别条款不支持政府为PPP项目融资提供一些扶持措施,如一定程度的借贷、外汇兑换率及最低经营收入担保等。其三,PPP模式组织形式比较复杂,增加了管理协调的难度,对参与各方的管理水平有一定的要求。

4. ABO模式的优、劣势

ABO模式的优势如下。

(1)弥补市场缺口。目前PPP模式的应用主要集中在后期收益率高、市场前景比较好的项目上,对于收益来源不足的基础建设项目吸引力较小。ABO模式通过与属地国企的合作弥补了对社会资本吸引力不强的公共服务领域的市场。此类项目有两个较为突出的特点:一是收益不足,过分依赖地方政府;二是多为政府垄断产业。这两个特点让社会资本望而却步。

(2)减轻政府财政压力。财政部对PPP项目设置财政红线,政府可使用的资金减少。但是,公共服务设施的建设是必不可免的,而ABO模式刚好是企业垫资建设,从而减轻了政府前期建设的财政压力,保证城市建设有序进行。

(3)政企分工合作。在ABO项目中,地方政府和被授权企业各司其职。政府主要负责整体规划和监督,企业负责更为细致的融资、建设和运营工作。这一模式提高了整个项目的工作效率,避免了冗杂的工作审批流程。被授权企业可以更好地整合社会资源,提高项目建设的质量与效率。

但是该模式存在以下风险。

(1)资金风险。由于ABO模式、F+EPC模式等均无国家政策支撑,其授权支付路径尚未明晰,在一定程度上地方政府存在隐性债务风险。业主是项目资金的主要承担者,整个合作期间的资金筹备、资金回笼等都是值得关注的重、难点。尤其在项目的前期,业主需要垫付大量资金,这对于承接项目的企业自身的实力有着较高的要求,初期的资金来源和风险管控对于项目的实施来说都是至关重要的。正因为对企业实力的高要求,被授权对象多为具有较强资源整合能力的平台公司或国有企业。

(2)收益风险。ABO项目自身具有一定的局限性,并非所有的项目都适合,要优先选择能够带来稳定收益、财政增长或土地增值的并且符合城市长期规划的项目。授权企业应当选择在投融资、建设和运营管理方面能力较为突出的综合型企业。此外,ABO模式主要用于公共服务领域的建设,资金回笼周期长。以公共交通项目为例,从经营者角度出发,票价越高,越有利于运营公司收回成本。但是作为便民利民的市政项目,其价格应当合理且实惠。所以,ABO项目的未来市场存在收益不足的风险。

(3)工期风险。时间、质量、成本是工程管理的三要素,三者之间紧密联系,相互影响。目前,ABO模式多运用于拆迁安置项目,此类项目工期紧,如何在保证质量的前提下按期完成施工是非常关键的。在政府规定的总工期内业主方合理制定工期节点,严格按照计划实施,以确保项目按期按质完成。

5. F+EPC模式的优、劣势

F+EPC模式源于国外基建行业工程总承包模式,逐步被政府和社会资本方了解和接受,成为目前基础设施项目投资建设的一种重要模式。F+EPC是基于EPC模式发展创新、衍生而来的新型基础设施投融资模式,即业主通过支付工程款及资金利息,将项目建设资金的筹集、项目的建设施工,都交由投资人负责解决。该模式在一些经营性收入或有部分经营性收入的基础设施项目中应用较为普遍,对缓解项目资金投入有着显著的作用,是当前国内外基础设施建设项目中较为新颖的投资建设模式,在国内一些工程项目中正逐步得到发展和应用。F+EPC模式相比PPP等其他模式,具有项目合作周期短、流程手续简便、资金回收周期短等优势,其自身凭借推进速度快,实施效率高、经济收益好的特点,逐渐在基础设施领域得到广泛的应用。

但是,F+EPC模式也存在以下风险。

(1)地方政府承担的风险。地方政府作为项目的发起方,负责项目的前期规划、相关合规性手续的办理等工作。作为项目实际的组织者和谋划者,地方政府操盘运作整个项目,参与项目的全部流程,承担的风险主要为合规性风险、政策法规风险。

(2)平台公司承担的风险。平台公司作为地方政府授权的国有企业,一般情况下为项目的业主。作为项目具体实施的主体,平台公司负责了整个项目施工方选择、支付工程款项等核心内容,因此其承担的风险主要为债务还款风险、违约信用风险。

(3)建设施工企业承担的风险。建设施工企业(投资人)作为项目落地者,负责项目的投资、融资、施工建设等项目所有的落地实施工作,确保项目按合同约定质量、约定工期完成项目的建设。主要承担的风险为回款风险和融资风险。

(4)金融机构承担的风险。对于参与F+EPC模式的金融机构而言,其承担的最大风险是无法收回贷款。采用F+EPC模式的项目,无论项目的最终还款来源是政府,还是平台公司,其实质上都是基于政府信用,而政府不可能有实质性的担保或兜底措施,对项目没有直接偿还的义务,最终可能产生还款风险,导致金融机构无法收回贷款。

6. 土地综合开发模式的优、劣势

以上述铁路项目为例,该模式有利于实现铁路用地及站场毗邻区域土地集约化开发利用,可在一定程度上实现轨道交通外部收益内部化,有助于实现铁路经营效益与站点周边城市发展的良性循环,是加快铁路投融资体制改革和铁路建设的重要举措。但是该模式也存在2个劣势:其一,该模式对综合开发地块的规划和出让要求较高,土地前期整备及审批流程较长,土地落实时间不可控,项目招标时间不可控,容易导致地块供应时间与预期严重不符,影响社会资本积极性的问题;其二,铁路项目建设及房地产开发前期均需投入大量资金,对社会资本的资金实力要求较高。

第 2 章 投融资项目可行性研究

2.1 项目可行性研究的含义与作用

2.1.1 可行性研究的含义

可行性研究是在投资决策前,对拟建项目的市场、资源、工程技术、经济和社会等方面进行全面分析论证的科学方法和工作阶段,也是项目前期建设程序中的一个重要部分。在 20 世纪 70 年代末 80 年代初,西方的可行性研究方法开始被引入我国投资项目的决策过程,可行性研究逐步成为制度化的工作程序。

国外大型投资项目进行可行性研究基本上要经过三个阶段:投资机会研究、初步可行性研究以及详细可行性研究。

投资机会研究一般比较粗略,主要的任务是依据地区经济发展特征、行业发展特征或者市场资源条件,分析和发现新的发展或者投资机会。根据投资机会研究,当某项目具有投资条件时,就可以进行具体机会研究,即具体研究某一项目得以成立的可能性,将项目设想转变为更具体的项目建议。

初步可行性研究是在投资机会研究的基础上,对项目可行与否进行的较为详细的分析论证。对于大型复杂的投资项目而言,为了避免时间和资源的浪费,在进行详细可行性研究之前进行初步可行性研究是非常必要和科学的。

如果拟建项目通过了初步可行性研究论证,就应该进行详细可行性研究,这是最终的可行性研究,也是投资决策中比较重要的阶段。在该阶段,研究者应收集大量的基础资料,并对拟建项目方案进行全面的技术经济论证,并最终形成可行性研究报告。

可行性研究报告是投资者在项目前期准备工作阶段的纲领性文件,是其他准备工作的重要依据,其主要作用包括:①为项目投资决策提供依据;②为项目筹措资金及向银行等金融部门申请贷款提供依据;③为项目的商业谈判和签订协议及合同提供依据;④为初步设计、施工准备等工程设计提供依据;⑤为作为投资主体的企业上市提供依据;⑥为设置项目机构组织及管理等工作提供依据。

2.1.2 可行性研究的作用

投资项目可行性研究的主要作用是为项目投资决策提供科学依据,减少决策失误造成的浪费,提高投资效果。经审批后的可行性研究有以下作用。

①作为进行投资决策和编制可行性研究报告的依据。可行性研究是项目投资建设的首要环节,项目投资决策者主要根据可行性研究的评价结果,决定一个投资项目是否应该投资和如何投资。因此,它是进行投资决策和编制可行性研究报告的主要依据,是项目建设的决策性法律文件。

②作为筹集资金和向银行申请贷款的依据。在现代市场经济条件下,项目作为企业(或其他法人单位)设立的必要条件,需要从各个渠道筹集资金,包括向银行或其他金融机构申请贷款,而能向债权人或投资者展示项目前景的就是可行性研究工作及可行性研究报告。

③作为与投资项目有关各部门签订协议、意向书或合同的依据。投资项目实施需要外部条件的支持,如供电、供水、供气等,可行性研究报告被批准后,投资项目建设单位或其主管部门就可以与各方签订协作意向书等。

④作为开展初步设计工作的基础。可行性研究中对产品方案、建设规模、厂址、工艺、设备等的研究结果,可作为工程项目初步设计的依据,初步设计是可行性研究结果的具体化。

⑤作为补充地形、地质工作和补充工业试验的依据。对于项目设计,可根据可行性研究的要求,进行有关地形、地质资料的补充勘测、勘探工作,对有关技术补充工业试验,以提高技术工艺的成熟性。

⑥作为从国外引进技术、引进设备的依据。可行性研究报告被批准后,企业就可与国外厂商谈判,选择理想的合作伙伴,做好从国外引进技术和设备的前期工作。

⑦作为环保部门审查项目对环境影响的依据。投资项目对环境的影响是可行性研究必备的一个研究项目,项目的建设需要环保部门的审批认可,因而,可行性研究报告成为环保部门审查项目的重要依据之一。

⑧作为安排计划、开展各项建设前期准备工作的参考。国家各级计划部门编制固定资产投资计划时,可行性研究可作为重要依据;编制实施计划时,可行性研究报告可作为重要参考;项目开展各种建设前期准备工作时,可行性研究报告可作为参考。

2.2 项目可行性研究的内容及阶段划分

2.2.1 项目可行性研究的内容

可行性研究的内容随着建设项目行业的不同而有所差别,不同的行业虽然各有侧重,但其内容大同小异。一个工业性投资项目的可行性研究一般包括以下内容。

(1)总论。

这一部分实际上是对项目概况的综述,简要描述可行性研究的主要结论,并归纳研究报告的关键性问题及建议。这一部要阐明推荐方案论证过程中曾有的重要争论问题和不同的意见与观点,并对建设项目的主要技术经济指标进行说明。此外,总论还应说明建设项目提出的背景、投资环境、建设投资的必要性和经济意义,项目投资对国民经济的作用和重要性;提出项目调查研究的主要依据、工作范围和要求;说明项目的历史发展概况;给出项目建议书及有关审批文件。

(2)需求预测和拟建项目的规模。

在对项目产品市场的规模、特点、供求等进行经济分析的基础上,对产品市场的需求量进行预测和分析,判断项目产品的市场潜力。这一部分是可行性研究的首要环节,它不仅是项目建设必要性的前提条件,也是确定项目生产规模的依据。

(3)资源、原材料、燃料及公用设施的情况。

资源、原材料、燃料及公用设施是项目建设和生产过程中重要的基本要素及物质保证,可行性研究必须对这些基本要素的供应数量、供应质量、供应条件和经济的合理性进行细致深入的分析。它不仅是项目建设可行性的重要内容,也为进行财务数据估算提供了工作基础。

(4)建厂条件和厂址方案。

对于项目建设而言,厂址选择是一项重要的具有战略意义的具体工作,厂址选择是否科学、合理,将对项目的建设、生产和经营产生至关重要的影响。这一部分要求对项目建厂环境进行深入的分析,并以厂址选择的技术经济分析为依据选择厂址。

(5)设计方案。

工程设计的任务是设计工厂生产规定产品所必需的功能布置图和各单项工程的布置图。工艺的选择及技术的取得也是工程设计的一个必要组成部分。工艺的选择和技术的取得往往涉及工业产权问题。工程设计方案要考虑整个建筑工程的布局和设计、生产能力、生产工艺、生产设备及各项投资支出与生产运营支出等。

设计方案的制定、技术选择、设备选型、厂内平面布置等都是可行性研究的重要内容,直接影响项目的技术水平、基建投资、经营成本,对项目的综合技术经济指标起决定性的作用。

(6)环境保护。

为实现经济的健康和可持续发展,保护劳动者健康,可行性研究应考虑环境保护及劳动安全问题,对项目的建设及生产过程中可能会污染环境、危害人类及其他生物的主要污染物、污染源进行客观、细致分析,并提出相应的治理和保护防范措施。

环境保护研究指调查环境现状、预测项目对环境的影响、提出环境保护和"三废"治理的初步方案。

(7)企业组织、劳动定员和人员培训。

这一部分要求制定拟建项目的人力资源管理计划,主要涉及项目的生产组织、对人力资源的质量与数量的要求以及人员来源及培训等内容,为估算工资及其他与人员有关的成本和费用提供基础。

(8)实施进度的建议。

项目的实施是项目周期中最关键、最重要的环节,需要对从项目投资决策到运营阶段所有必需的施工现场工作进行认真规划,分析各个阶段在衔接上是否顺畅、合理、经济。工程项目越复杂,专业分工越细,就越要进行全面的综合管理,一个总体协调的工作进度计划是非常必要的。

项目的实施进度直接影响资金周转和投资效益情况,因此,企业应当采用现代化管理技术——网络计划技术,合理组织施工。

(9)投资、生产成本的估算和资金筹措。

该部分是项目可行性研究的重要组成部分。每个项目均须计算所需要的投资总额,分析投资的筹措方式,并制定用款计划。

(10)企业经济和国民经济评价。

这一部分主要是在估算投资和有关财务成本及收益等基础数据基础上编制各种财务表格,计算相应指标,进行项目财务效益分析和国民经济效益分析,并进行不确定性及风险分析。经济效果的分析评价涉及项目最终是否经济可行,是可行性研究的一个重要内容。

(11)结论。

依据以上各个部分的评价和分析,该部分归纳主要的评价结论并提出相应的建议。

可行性研究的内容可以分为三个方面。第一是市场研究。这是建设项目存在的基础。如果产品没有市场,项目也就没有存在的必要了,而且项目的生产能力、建设规模都是根据市场的供需情况和销售预测情况确定的。因此市场研究是项目可行性研究的前提和基础,其主要任务是解决投资项目的必要性问题。第二是技术研究和资金的筹措,包括投入物、厂址、技术、设备、生产组织、资金来源等。这些问题主要是解决投资项目的可行性问题。第三是投资项目的经济效益研究。这是可行性研究的重点和核心,能有效解决投资项目的合理性问题。综上所述,可行性研究的主要任务是解决投资项目的必要性、可能性和合理性问题。它为项目建设提供了必要的手段和科学依据。

2.2.2 项目可行性研究阶段划分

根据联合国工业发展组织(United Nations Industrial Development Organization, UNIDO)编写的《工业可行性研究手册》规定,投资前期的可行性研究工作可分为机会研究、初步可行性研究、可行性研究、项目评估与决策四个阶段。项目评估是对项目的可行性研究报告所做的再评价工作,故在此有必要对项目可行性研究做简单的阐述。

由于基础资料的占有程度、研究深度及可靠程度要求不同,可行性研究各阶段的工作性质、工作内容、投资成本、估算精度、工作时间与费用各不相同。项目可行性研究的阶段划分及内容深度比较如表2.1所示。

表 2.1 项目可行性研究的阶段划分及内容深度比较

工作阶段	机会研究	初步可行性研究	可行性研究	项目评估与决策
工作性质	项目设想	项目初选	项目拟订	项目评估
工作内容	鉴别投资方向,寻找投资机会,提出项目投资建议	对项目做专题辅助研究,广泛分析,筛选方案,确定项目的初步可行性	对项目进行深入细致的技术经济论证,重点分析财务效益和经济效益,做多方案比较,提出结论性建议,确定项目投资的可行性	综合分析各种效益,对可行性研究报告进行评估和审核,分析项目可行性研究的可靠性和真实性,对项目作出最终决策
工作成果及费用	提出项目建议,作为编制项目建议书的基础,为初步选择投资项目提供依据	编制初步可行性研究报告,确定是否有必要进行详细可行性研究,进一步说明建设项目的生命力	编制项目可行性研究报告,作为项目投资决策的基础和重要依据	提出项目评估报告,为投资提供最后的决策依据,决定项目取舍和选择最佳投资方案
估算误差	±30%	±20%	±10%	±10%
费用占总投资额的百分比	0.20%~1.00%	0.25%~1.25%	大项目:0.80%~1.00% 中小项目:1.00%~3.00%	—
需要时间	1~3月	4~6月	8~12月或更长	—

表 2.1 中几个阶段的内容由浅入深,工作量由小到大,估算精度由粗到细,因而研究工作所需的时间和费用也逐渐增加。另外,在可行性研究的任何一个阶段,只要得出"不可行"的结论,就不需要再继续进行下一步的研究工作。可行性研究的工作阶段和内容也可以根据项目的规模、性质、要求和复杂程度进行适当的调整。

(1) 机会研究。

机会研究是可行性研究的第一个阶段,其主要任务是寻找投资机会,为拟建投资项目的投资方向提出轮廓性的建议。它可以分为一般机会研究和项目机会研究。一般机会研究是以某个地区、某个行业或部门、某种资源为基础的投资机会研究。项目机会研究是在一般机会研究基础上以项目为对象进行的机会研究。项目机会研究将项目设想落实为项目投资建议,以引起投资者的注意和兴趣,并引导其作出投资意向。

这一阶段的工作内容相对比较粗略,一般根据类似项目的投资额及生产成本估算本项目的投资额与生产成本,初步分析投资效果。如果投资者对该项目感兴趣,则可转入下一步的可行性研究工作,否则就停止研究工作。

(2) 初步可行性研究。

对于一般项目,我们仅靠机会研究尚不能进行取舍,还需要进行初步可行性研究,以进一步判断其寿命。初步可行性研究介于机会研究和可行性研究的中间阶段,是在机会研究的基础上进一步厘清拟建项目的规模、厂址、工艺设备、资源、组织机构和建设进度等情况,以判断是否有可能和有必要进行下一步可行性研究工作。其研究内容与可行性研究基本相同,只是在深度和广度上有一定差距。

这一阶段的主要工作:分析投资机会研究的结论;对关键性问题进行专题的辅助性研究;论证项目的初步可行性,判定有无必要继续进行研究;编制初步可行性研究报告。

初步可行性研究对项目投资的估算,一般可采用生产能力指数法、因素法、比例法或类比法等。估算误差一般控制在±20%,所需时间为 4~6 个月,所需费用约占总投资额的 0.25%~1.25%。

(3) 可行性研究。

这一阶段的可行性研究亦称详细可行性研究,是对项目进行详细深入的技术经济论证的阶段,是项目决策研究的关键环节。以工业项目为例,其研究内容主要有以下几个方面:①实施要点,简单说明研究的结论和建议;②项目背景和历史;③市场销量和项目的生产能力,列举市场预测的数据、估算的成本、价格、销售收入及利润等;④原材料投入;⑤项目实施的地点或厂址;⑥项目设计,说明生产工艺最优方案的选择、工厂的总体设计、建筑物的布置、建筑材料和劳动力的需要量、建筑物和工程设施的投资估算;⑦工厂的管理费用;⑧项目人员编制,根据工厂生产能力和工艺过程,得出所需劳动力的构成、数量及工资支出等;⑨项目实施设计,说明项目建设的期限和建设进度;⑩项目的财务情况和国民经济评价。

(4) 项目评估与决策。

项目评估与决策是在可行性研究报告的基础上进行的,其主要任务是对拟建项目的可行性研究报告提出评价意见,最终决定项目投资的可行程度并选择合适的投资方案。

2.3 项目可行性研究报告的编制

2.3.1 可行性研究报告的内容及可行性研究的工作程序和研究机构

(1)可行性研究报告的内容。

可行性研究工作完成后,要编写出反映其全部工作成果的"可行性研究报告"。就报告内容来看,国际上还没有统一的要求,但可概括为以下三个方面:首先,进行市场研究,以解决项目建设的必要性问题;其次,进行工艺技术方案的研究,以解决项目建设的技术可能性问题;最后,进行财务和经济分析,以解决项目建设的合理性问题。

(2)可行性研究的工作程序。

国际上典型的可行性研究工作程序分六个步骤。在整个程序中,业主和咨询单位必须紧密合作。

第一步:开始阶段。此阶段要讨论研究的范围,限定研究的界限,明确业主的目标。

第二步:进行实地调查和技术经济研究。每项研究要包括项目的主要方面,需要量、价格、工业结构和竞争条件等将决定市场机会;同时,原材料、能源、工艺要求、运输条件、人力和工程技术等又影响工艺技术的选择。这些都是相互关联的,但是每个方面都要分别评价,只有到下一阶段,才能得出最后的结论。这一步还要进行技术研究和经济环境研究。

第三步:选优阶段。此阶段将项目的不同方面设计成可供选择的方案并从中选优。这里咨询单位的经验是很重要的,它能用较多的有代表性的设计组合制定出少数可供选择的方案,便于获得最优方案。

第四步:对选出的方案进行更详细的编制,确定具体的范围,估算投资费用、经营费用和收益,并作出项目的经济分析和评价。为了达到预定目标,可行性研究必须论证选择的项目在技术上可行,建设进度能满足要求。

第五步:编制可行性研究报告。可行性研究报告的结构和内容常常有特定的要求(如各种国际贷款机构的规定)。这些要求在项目的编制和实施中对业主有利。

第六步:编制资金筹措计划。项目的资金筹措在比较方案时已经过详细的考察,其中一些潜在的项目资金会在贷款者进行可行性研究时出现。实施中的期限和条件的改变也会导致资金来源改变,这些都可以根据可行性研究的财务分析进行相应的调整。作出最终决策,以便项目根据协议的进度及预算实施。

(3)可行性研究机构。

可行性研究机构必须是具有法人资格的咨询单位或设计单位:第一,必须经过国家有关机关的资质审定,取得承担可行性研究的资格;第二,必须对可行性研究报告的质量负责;第三,未经资质审定确认的单位或个人不得承担可行性研究工作;第四,如果有多个单位共同完成一项可行性研究工作,必须有一个单位负总责。

建设单位在可行性研究中的工作包括三个方面:①提供依据,在进行可行性研究时,建设单位要准备或提供已有的各种基础资料;②委托有资格的设计或咨询单位进行可行性研究工作并签订有关合同;③合同签订后,建设单位要协作,监督工程项目建设的进度和质量。

2.3.2 项目可行性研究报告的编写

1. 编写可行性研究报告的依据和要求

(1)编写可行性研究报告的依据。

对一个拟建项目进行可行性研究,必须在国家有关的规划、政策、法规的指导下完成,同时还要有相应的技术资料(表2.2)。

表2.2 政府投资项目预(决)算审计提交资料总表

投资项目名称(盖章)						
序号	资料名称	份(套)	盖章	期中	决算	备注
1	发改委立项批文(或资金统筹部门计划)		√	√	√	
2	承诺书		√	√	√	
3	规划设计要点		√	√	√	
4	规划设计许可证		√			
5	开工证明书			√		
6	投资许可证			√		
7	开工许可证			√		
8	项目建议书		√			
9	可行性研究报告		√			
10	环境影响评价报告		√			
11	地质勘探报告		√			
12	经审批的工程图纸(全套:土建、安装)		√			
13	经批准的项目概算或项目资金分配表		√			
14	招、投标书(按招标规定内容提交)		√	√		
15	工程预决(结)算书(加盖送审、编制单位公章)			√	√	
16	工程量计算书(表)			√	√	
17	材料分析表			√	√	
18	材料预算价差调整及调整依据文件、证明			√	√	

续表

	投资项目名称（盖章）				
19	定标书			√	
20	设备预算价依据文件、证明		√		
21	工程设计、施工、监理合同、补充合同及协议书			√	
22	已审批的施工组织设计方案			√	

可行性研究报告的主要依据有以下几方面。

①国家经济和社会发展的长期计划，部门与地区规划，经济建设的方针、任务、产业政策、投资政策和技术经济政策，以及国家和地方法规。

②批准的项目建议书和项目建议书批准后签订的意向性协议等。

③国家批准的资源报告，国土开发整治规划、区域规划、工业基地规划。对于交通运输项目要有相关的江河流域规划与路网规划等。

④国家进出口贸易和关税政策。

⑤拟选厂址当地的自然、经济、社会等基础资料。

⑥有关国家、地区和行业的工程技术、经济方面的法令、法规、标准定额资料。

⑦国家颁布的建设项目经济评价方法与参数，如社会折现率、行业基准收益率、影子价格换算系数、影子汇率等。

⑧市场调查报告。

(2) 编写可行性研究报告的要求。

由于可行性研究工作对整个项目建设过程以及整个国民经济都有极其重要的意义，为了保证它的科学性、客观性和公正性，有效防止错误和遗漏，编写可行性研究报告有下列要求。

①必须站在客观、公正的立场上进行调查研究，做好基础资料的收集工作。

②内容深度一定要达到国家规定的标准（如误差不超过10%），基本内容要完整，应占有尽可能多的数据资料。在做法上要掌握以下四个要点：第一，坚持先论证，后决策；第二，要把握好项目建议书、可行性研究、评估这三个阶段的关系，哪一个阶段发现不可行都应停止研究；第三，调查研究要贯彻始终，要掌握切实可靠的资料，保证资料选取的全面性、重要性、客观性和连续性；第四，坚持多方案比较，择优选取。

③为了保证可行性研究质量，应保证咨询设计单位必需的工作周期，防止草率行事。具体的工作周期由委托单位与咨询设计单位在签订合同时商定。

2. 可行性研究报告的编写规范

以工业项目可行性研究报告为例，可行性研究报告的编写一般包括11项内容。

(1) 总论。

总论具体内容有如下4个方面。

①项目背景。项目背景包括项目名称、项目的承办单位、项目的主管部门、项目拟建地区和地点、承担可行性研究工作的单位和法人代表、研究工作依据、研究工作概况等。

②可行性研究结论。在可行性研究中,对项目的产品销售、原料供应、生产规模、厂址技术方案、资金总额及筹措、项目的财务效益和国民经济、社会效益等重大问题,都应给出明确的结论。可行性研究结论:市场预测和项目规模,原材料、燃料和动力供应,厂址、项目工程技术方案,环境保护,工厂组织及劳动定员,项目建设进度,投资估算和资金筹措,项目财务和经济评价,项目综合评价结论等。

③主要技术经济指标表。在总论中,可将研究报告中各部分的主要技术经济指标汇总,列出主要技术经济指标表,使审批和决策者对项目全貌有一个综合的了解。

④存在的问题及建议。对可行性研究中提出的项目的主要问题进行说明并提出建议。

(2)项目背景和发展概况。

这一部分主要应说明项目的发起过程、提出的理由、前期工作的发展过程、投资者的意向、投资的必要性等可行性研究的工作基础,为此,需对项目的提出背景与发展概况进行系统介绍,说明项目提出的背景、投资理由、在可行性研究前已经进行的工作情况及其成果、重要问题的决策和决策过程等情况。

相关内容:国家或行业发展规划,项目发起人以及发起缘由;已进行的调查研究项目及其成果、试验试制工作(项目)情况、厂址初勘和初步测量工作情况、项目建议书(初步可行性研究报告)的编制、提出及审批过程;投资的必要性。

(3)市场分析与建设规模。

市场分析在可行性研究中较重要。因为任何一个项目,其生产规模的确定、技术的选择、投资估算甚至厂址的选择,都必须建立在对市场需求情况有充分了解的基础上。而且市场分析的结果,还可以决定产品的价格、销售收入,最终影响项目的盈利情况和可行性。在可行性研究报告中,要详细阐述市场需求预测、价格分析,并确定建设规模。

①市场调查。市场调查包括项目产出物用途调查、产品现有生产能力调查、产品产量及销售量调查、替代产品调查、产品价格调查、国外市场调查等。

②市场预测。市场预测是市场调查在时间和空间上的延续,是根据市场调查所得到的信息资料,对项目产品未来市场需求量及相关因素所进行的定量与定性的判断与分析。

相关内容:国内市场需求预测,如产品消耗对象、产品的消费条件、产品更新周期的特点、可能出现的替代产品、产品使用中可能产生的新用途;产品出口或进口替代分析,如出口可行性分析、出口替代性分析;价格预测。

③市场推销战略。在商品经济环境中,企业要根据市场情况,制定正确的销售战略,争取扩大市场份额,稳定销售价格,提高产品竞争能力。因此,可行性研究要包括市场推销战略方面的内容。

相关内容:推销方式、投资者分成、企业自销、国家部分收购、经销人代销及代销人情况分析;推销措施、促销价格制定、产品销售费用预测等。

④产品方案和建设规模。产品方案要列出产品名称和产品规格标准,确定的项目建设规模。

⑤产品销售收入预测。根据确定的产品方案和建设规模及预测的产品价格,可以估算出产品销售收入。

(4)建设条件与厂址选择。

这一部分按建议的产品方案和规模来研究资源、原材料、燃料等需求和供应的可靠性,并对可供选择的厂址作进一步的技术和经济分析,来确定新厂址的方案。

①要详述原材料及主要辅助材料供应情况,如原材料、主要辅助材料需要量及供应情况;燃料动力

及其他公用设施的供应情况;主要原材料、燃料费用估算;需要做生产试验的原材料。

②选择建设地区,除须符合行业布局、国土开发整治规划,还应考虑资源、区域地质、交通运输和环境保护四要素。

③厂址多方案比较:地形、地貌、地质的比较;占用土地情况比较;拆迁情况的比较;各项费用的比较。厂址推荐方案:绘制推荐厂址的位置图;叙述厂址地貌、地理、地形的优缺点和推荐理由;环境条件的分析;占用土地种类的分析;推荐厂址的主要技术经济数据。

(5)工厂技术方案。

工厂技术方案包括主要研究项目应采用的生产方法、工艺和流程,重要设备及其相应的总平面布置,建构筑物形式等,并在此基础上,估算土建工程量和其他工程量。这一部分除文字叙述外,还应将一些重要数据和指标列表说明,并绘制总平面布置图、工艺流程示意图等。

①项目组成。项目由本项目投资的所有单项工程、配套工程,生产设施、后勤、运输、生活福利设施等组成。

②生产技术方案。生产技术方案指产品生产所采用的工艺技术、生产方法、主要设备、测量自控装备等的技术方案,包括产品标准(叙述项目主要产品和副产品的质量标准)、生产方法、技术参数和工艺流程,主要工艺设备选择,主要原材料、燃料、动力消耗指标,主要生产车间布置方案等。

③总平面布置和运输。该项包括总平面布置原则、厂内外运输方案、仓储方案、占地面积及分析。

④土建工程。该项包括主要建(构)筑物的建筑特征及结构设计、特殊基础工程的设计、建筑材料及土建工程造价估算。

⑤其他工程。其他工程有给排水工程、动力及公用工程、生活福利设施工程等。

(6)环境保护与劳动安全。

在项目建设中,相关单位必须贯彻执行国家有关环境保护和职业安全卫生方面的法律、法规,对项目可能对环境造成的近期和远期影响,对影响劳动者健康和安全的因素,都要在可行性研究阶段进行分析,提出相应措施,并对其进行评价,推荐技术可行、经济且布局合理,对环境影响较小的方案。按照国家现行规定,凡从事对环境有影响的建设项目都必须执行环境影响报告书的审批制度,同时,可行性研究报告对环境保护和劳动安全要有专门论述。

环境保护研究指调查环境现状,预测项目对环境的影响,提出环境保护和"三废"治理的初步方案,包括下列内容:分析拟建项目"三废"的种类、成分、数量及对环境影响的程度;治理方案的选择和综合利用情况;对环境影响的评价。

(7)企业组织和劳动定员。

在可行性研究报告中,根据项目规模、项目组成和工艺流程,研究提出相应的企业组织机构、劳动定员总数、劳动力来源及相应的人员培训计划。这一部分要求制定拟建项目的人力资源管理计划,主要涉及项目的生产组织、对人力资源的质量与数量的要求以及人员来源及培训等内容,为估算工资及其他与人员有关的成本与费用提供基础。相关的内容如下:全厂生产管理体制、机构设置的论述;劳动定员的配备方案;人员培训规划和费用估算。

(8)项目实施进度安排。

项目实施进度安排是可行性研究报告中的一个重要组成部分。这一时期包括项目实施准备、资金筹集安排、勘察设计和设备订货、施工准备和生产准备、试运转直到竣工验收和交付使用等各工作阶段。

这些阶段的各项投资活动和各个工作环节,有些是相互影响、前后紧密衔接的,也有些是同时开展、相互交叉进行的,因此,在可行性研究阶段,需将项目实施时期各个阶段的各个工作环节进行统一规划、综合平衡,作出合理又切实可行的安排。

项目的实施进度直接影响资金周转和投资效益情况,因此,企业应当采用现代化管理技术,如网络计划技术,合理组织施工。

实施进度的内容如下:勘察设计、设备制造、工程施工、安装、试生产所需的时间和进度要求;整个工程项目的实施方案和进度的选择方案;论述最佳实施计划方案的选择,并用一般图表和网络表示。

(9)投资估算与资金筹措。

建设项目的投资估算和资金筹措分析是项目可行性研究的重要组成部分。每个项目均需计算所需要的总投资额,分析投资的筹措方式,并制定用款计划。一个建设项目所需要的投资资金,可以从多个渠道获得。在项目可行性研究阶段,资金筹措工作是根据对建设项目固定资产投资估算和流动资金估算的结果,研究落实资金的来源渠道和筹措方式,从中选择条件优惠的资金。可行性研究报告中应对每一种渠道的资金及其筹措方式进行逐一论述,并附必要的计算表格和文件。

(10)财务、经济和社会效益评价。

在建设项目的技术路线确定以后,必须对不同的方案进行财务、经济效益评价,判断项目在经济上是否可行,并比选出优秀方案。本部分的评价结论是建设方案取舍的主要依据,也是对建设项目进行投资决策的重要依据。本部分需要就可行性研究报告中财务、经济与社会效益评价的主要内容作出概要说明。

①生产成本和销售收入估算。该部分包括生产总成本、单位成本、销售收入估算。

②财务评价。财务评价是考察项目建成后的获利能力、债务偿还能力及外汇平衡能力等财务状况,以判断建设项目在财务上的可行性。财务评价采用静态分析与动态分析相结合,以动态为主的办法,并用财务评价指标分别与相应的基准参数——财务基准收益率、行业平均投资回收期、平均投资利润率、投资利税率比较,以判断项目在财务上是否可行。

③国民经济评价。国民经济评价是项目经济评价的核心部分,是决策部门考虑项目取舍的重要依据。建设项目的国民经济评价采用费用与效益分析的方法,运用影子价格、影子汇率、影子工资和社会折现率等参数,计算项目对国民经济的净贡献,评价项目在经济上的合理性。国民经济评价采用国民经济盈利能力分析和外汇效果分析,以经济内部收益率作为主要的评价指标。

④不确定性分析。在对建设项目进行评价时,所采用的数据多数来自预测和估算。由于资料和信息有限,将来的实际情况可能与此有出入,从而会为项目投资决策带来风险。为避免或尽可能减少风险,应分析不确定性因素对项目经济评价指标的影响,以确定项目的可靠性,这就是不确定性分析。根据分析内容和侧重面不同,不确定性分析可分为盈亏平衡分析、敏感性分析和概率分析。在可行性研究中,是否要进行盈亏平衡分析、敏感性分析和概率分析,可视项目情况而定。

⑤社会效益和社会影响分析。在可行性研究中,除对以上各项指标进行计算和分析,还应对项目的社会效益和社会影响进行分析,也就是对不能定量的效益和影响进行定性描述。

(11)可行性研究结论与建议。

①结论与建议。根据前面的研究分析结果,对项目在技术上、经济上进行全面的评价,对建设方案进行总结,提出结论性意见和建议。其主要内容如下:对推荐的拟建方案建设条件、产品方案、工艺技

术、经济效益、社会效益、环境影响等提出结论性意见;对主要的对比方案进行说明;对可行性研究中尚未解决的主要问题提出解决办法和建议;对应修改的主要问题进行说明,提出修改意见;对不可行的项目,提出不可行的主要问题及处理意见;提出可行性研究中主要争议问题的研究结论。

②可行性研究报告附件。凡属于项目可行性研究范围,但在研究报告以外单独成册的文件,均需列为可行性研究报告的附件,所列附件应注明名称、日期、编号。附件的内容如下:项目建议书(初步可行性报告)、项目立项批文、厂址选择报告书、资源勘探报告、贷款意向书、环境影响报告、需单独进行可行性研究的单项或配套工程的可行性研究报告、市场需求调查报告、引进技术项目的考察报告、引用外资的各类协议文件、其他主要对比方案说明及其他。

③附图。附图包括厂址地形或位置图(设有等高线)、总平面布置方案图(设有标高)、工艺流程图、主要工程布置方案简图及其他。

第3章 投融资项目财务评价

3.1 资金时间价值

3.1.1 与时间价值有关的基本概念

无论是投资项目的评估,还是企业资金运作管理,都存在考察资金使用效果的问题,这就需要比较资金使用效果。不同时间点发生的资金出入,我们不能够对其进行简单相加,因为资金存在时间价值,此处主要介绍与时间价值有关的一些基本概念。

1. 利息与利率

(1)利息。

利息是指占用资金所付的报酬(或放弃使用资金所得的补偿)。若将本金存入银行,经过一段时间之后,存款用户可在本金之外得到一笔利息,作为存款的报酬。其计算公式为式(3.1)。

$$R = Pi \tag{3.1}$$

式中:R 为利息;P 为本金;i 为利率。

(2)利率。

利率又称报酬率,是指一个计息周期内所得的利息与本金之比,即单位本金经过一个计息周期后的增值额,通常用百分数表示。如果用 i 表示利率,则其表达公式为式(3.2)。

$$i = \frac{R}{P} \tag{3.2}$$

①名义利率(r)。

以一年为计息基础时,名义利率是按每一计息周期的利率乘以每年计息期数。它实际上是按单利法计算的年利率。例如,存款的月利率为4‰,则名义利率为4.8%,即4‰×12=4.8%。名义利率是实际计息时不用的利率,只在金融活动中或贷款合同文件上出现。

②实际利率(i)。

实际利率是实际计算利息时使用的利率,如上面的月利率4‰就是实际利率,不过我们这里所说的实际利率是以年为计息周期表达的年利率,即按复利法计算换算的年利率。如果计息周期为1年,则名义利率就是实际利率。但计息期不是1年时,名义利率就不是实际利率。

在经济分析中,由于项目多为长期投资,一般以年计算复利次数,即每年计息1次,多数情况下,$i=r$。但如果 $i \neq r$,则不能用名义利率来评价,必须换算成实际利率进行评价。

③名义利率与实际利率的换算。

名义利率为 r,1年中计息 m 次,则每次计息的利率为 r/m,若本金为 P,则年末本利和 F 见式(3.3)。

$$F = P\left(1 + \frac{r}{m}\right)^m \tag{3.3}$$

所以,1年的利息 R 见式(3.4)。

$$R = F - P = P\left(1 + \frac{r}{m}\right)^m - P \tag{3.4}$$

则实际利率 i 见式(3.5)。

$$i = \frac{R}{P} = \left(1 + \frac{r}{m}\right)^m - 1 \tag{3.5}$$

当 $m=1$ 时,即 1 年计息 1 次,此时 $i=r$;当 $m>1$ 时,即 1 年计息若干次,此时 $i>r$。

④连续利率。

连续利率表达为 i_s,为计息周期趋于无限小或计息次数 m 趋于无限大时的实际利率,即连续不断进行利息计算的利率。其计算式见式(3.6)。

$$i_s = \lim_{m \to +\infty}\left[\left(1 + \frac{r}{m}\right)^m - 1\right] = e^r - 1 \tag{3.6}$$

式中:$e=2.7183$。

2. 现金流量

(1)现金流量的含义。

在投资项目的经济分析中,将所考察的项目作为一个独立的经济系统,现金流量反映项目在建设和生产服务年限内流入和流出系统的现金活动。

项目所有的货币支出,叫作现金流出;项目所有的货币收入叫作现金流入。同一时间点上的现金流入与现金流出之差称为净现金流量。对组成项目现金流量的基本要素进行分析与估算,是项目经济分析的基础。现金流量预测的准确与否,直接关系到投资项目评估是否可靠。

现金流量运算只能在同一时点进行,不同时点上的现金流量不能直接相加和相减,因为时点不同,其时间价值是不等的。

(2)投资项目评估中现金流量的基本内容。

①现金流入。

投资项目中的现金流入主要是项目建成后该项目的收入资金,主要包括以下四项。

a. 营业收入。投资项目建设期过后,主要的现金流入就是营业收入,营业收入包括项目销售产品或提供服务取得的收入。在实际生产销售过程中,可能会存在赊欠等应收应付的非现金流状态,但项目评估为了简化,就不再考虑这种复杂的情况,而是简单计算为销售(服务)量与销售(服务)价格的乘积。

b. 补贴收入。补贴收入主要是指几种存在政府补贴的项目的收入。对于适用增值税的经营性项目,除营业收入外,其可得到的增值税返还应该作为一项补贴计入现金流入;对于非经营性项目,现金流入的补贴项目应包括可能获得的各种补贴收入。

c. 固定资产余值。固定资产的余值有残余价值和折余价值两个概念。残余价值是投资形成的固定资产在寿命结束后仍然会有的一些残余的价值(如钢铁制品会因为其属于金属而具有价值等)。折余价值则是未折旧完的价值。这些余值应该是固定资产丧失使用价值时才会发生的,每一个固定资产的使用寿命都不一样,其残余价值也不一样,但在投资项目评估时,如果对每个固定资产都进行这样的精确处理,就不是项目评估,而是项目运作了。此外,项目的固定资产虽然使用寿命不同,但我们在进行项目设计时一般都假设固定资产能够实现简单再生产,而对寿命进行了统一化处理,即忽略了寿命的不同。因此,我们在进行投资项目评估时,一般都统一在项目结束时将所有固定资产残余价值一次性回收。不过要注意的是,这种残余价值应该是回收的净值,即扣除处理拆迁费后的净残(余)值。

d. 流动资金。投资项目在运行过程中需要流动资金,流动资金的特点就是在项目建成之后的项目运行过程中资金的周转,项目寿命期满时,流动资金就将退出项目的运行过程,全部还原成货币资金。

与固定资产余值一样,流动资金也是在项目活动结束时的一笔一次性收入。要注意的是,我们在估计项目的流动资金数额时,是假设项目各个正常生产年份所需要的流动资金是一样的,与实际经营单位变化的流动资金数额是不一致的。

②现金流出。

a. 项目总投资。项目的总投资包括建设投资、固定资产投资方向调节税、建设期投资贷款利息及流动资金。

建设投资包括固定资产投资和无形资产投资等,具体包括工程费用(建筑工程费用、设备购置费用、安装工程费用)、工程建设其他费用和预备费(基本预备费和涨价预备费)。

固定资产投资方向调节税是为了贯彻国家产业政策,控制投资规模,引导投资方向,调整投资结构,加强重点建设,而对部分投资项目征收的税金。

建设期投资贷款利息包括建设期间的银行贷款利息和债券利息等。

流动资金包括储备资金、生产资金、成品资金、结算及货币资金。

b. 经营成本。现金流量的衡量有一个不同于一般成本的概念,即经营成本。经营成本是指在项目建成投产后的运行过程中实际消耗的成本,与企业一般意义上的成本的不同在于不包括非现金流量。因此经营成本可以通过产品成本扣除基本折旧费、摊销费、流动资金借款利息等非现金流量得到。现金流出不再考虑折旧费等非现金流出,是因为投资项目评估考察的范围是投资项目实施的全寿命周期,在考虑建设期的现金流出时,已经将投资作为现金流出计算,所以在生产经营阶段的成本支出中,就不能再次计算投资形成的固定资产、无形资产、流动资金等产生的折旧费、摊销费、借款利息。它们不是经营产生的成本。

c. 销售税金及附加。我国经营单位的税金主要在两个环节被征收:流转环节和所得环节。这里所说的销售税金属于流转环节的税金,包括增值税、资源税、城乡建设维护税等,此外还有与税收类似的费用,即教育费附加。需要注意的是,现行增值税为价外税,即产品价格中并不包括增值税,因此,若产品的销售收入没有将增值税计算进去,在销售税金与附加中也不应计入,否则就会重复计税。

d. 技术转让费。投资项目肯定会发生技术转让费,但在投资过程中发生的这类费用已经作为投资计入固定资产投资或无形资产投资,不再需要单独列出。这里所说的技术转让费是指在生产期按年支付的部分。

e. 营业外净支出。每一个经营性单位或多或少地存在一些营业外的收支,但对于投资项目评估来说,这类收入和支出通常不被考虑,主要原因是其数额一般较小,且不确定性因素较多。对有些营业外收支数额较大的项目,如矿山项目等,可估计列入,同时考虑营业外收入和营业外支出。若现金流入中没有计算营业外收入,则可以将营业外收入与营业外支出的差额作为营业外净支出,列为现金流出。

③投资项目评估中的现金流量与会计核算中的现金流量的区别。

投资项目评估中的现金流量是以项目为独立系统(封闭系统),反映项目在建设和生产服务年限内现金流入和流出的活动,其计算特点是只计算现金收支,并如实记录收支发生的时间;而会计核算中的现金流量是在开放环境下进行考量的,从产品生产、销售角度对资金收支情况进行记录与核算。现金流量中无论收与支都包括现金与非现金两种形态。

(3)现金流量图。

在工程经济研究和工业项目的经济评价中,为了便于分析考察不同技术方案的经济效果,我们需要把发生在项目寿命周期内不同时间上的现金流量,利用类似坐标图的形式(图3.1)表示,即现金流量图。现金流量图表示某一特定经济系统在一定时间内发生的现金流量情况,是分析和计算各种技术经济问题的重要方法。

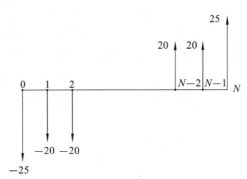

图 3.1 现金流量图

关于现金流量图的说明如下。

①图 3.1 中水平线是时间标度,自左向右表示时间的延续,每一等分的间隔代表一个时间单位,一般是年,也可是月、日等。水平线上的点,称为时点,时点通常表示该时间单位的结束,同时也是下一时间单位的开始。零时即第一个时间单位开始之时点。整个水平线可看成我们所要考察系统的有效时间。

②水平线的垂直线,表示流入或流出该系统的现金流量。垂直线的长度根据现金流量的大小按比例画出。箭头表示现金流动的方向,箭头向上表示现金流入(现金增加),箭头向下表示现金流出(现金减少)。

(3)在箭头的上方(或下方)要标明该现金流量的金额。

3. 单利法与复利法

计算利息的方法有单利法和复利法两种。

(1)单利法。

单利计算法的特点:各年的利息额仅按本金计算,各年的新增利息不加入本金计算其利息,即不计算利息的利息。这种方法的优点是计算简便,但缺点也比较明显,

这种方法属于一种静态分析方法,不太符合资金运动规律,未能反映各期利息的时间价值,因而不能完全反映资金的时间价值。其计算公式见式(3.7)。

$$F = P(1+in) \tag{3.7}$$

式中:F 为本利和;P 为本金;i 为利率(通常为年利率);n 为计息周期(通常为年)。

(2)复利法。

复利法的特点:将上期期末的本利和作为本期的本金,在新的本金基础上计算本期的利息,即计算利息的利息。这种方法的优点是考虑了资金的增值部分利息或盈利的时间价值,能完全反映资金的时间价值,缺点是计算相对复杂。其计算公式见式(3.8)。

$$F = P(1+i)^n \tag{3.8}$$

3.1.2 资金时间价值的含义与计算

1. 资金时间价值的含义及其意义

货币时间价值是西方经济学的一个概念。它是指同一数量货币在不同时点上的不同价值,或指一定量的货币的实际价值在不同时期(如若干年内)的差额。它是由时间变化引起的货币量的变化。在项目的投资活动中,即使不考虑通货膨胀的因素,同一货币的现值要大于其将来值,即今天的1元的价值大于1年后1元的价值。

充分认识货币的时间价值的意义并发挥其积极作用,对提高投资效益极为重要。其现实意义主要表现在以下几个方面。

(1)有助于加强对价值规律和节约时间规律的认识及运用。

马克思的劳动价值论指明了劳动创造价值这一客观真理,然而无论是物化劳动的转移还是新价值的创造,都有一个渐进的过程,都离不开时间因素。特别是随着商品经济的发展,生产力水平及生产的社会化程度不断提高,原始意义上的等价交换越来越多地表现为异时、异地的商品交换方式,自然要涉及时间和时间价值。从节约时间规律看,正如马克思所说:"一切节约归根到底都是时间节约。"时间就是金钱,效率就是寿命。投资决策者有必要从更深层和更广义的范围进一步认识价值规律。由于时间的推移,货币的时间价值在不断变化。因此,人们就要以一种动态的时间价值观念对待货币在不同地点(时期)的经济效益。实质上,重视货币的时间价值也就是珍惜货币资金并重视货币资金对经济运动和生产活动的作用。在创造价值的过程和运动中,人的作用是第一位的,是最具有能动性和创造性的,但这并不否定在特定条件下,货币资金(或物)也可能转化为矛盾的主要方面。特别是在现阶段,建设资金严重短缺,劳动力供过于求,而且这种状况在相当长的时期内存在,因此我们必须重视货币资金的作用和地位,对货币资金进行科学管理,发挥其最大效益。

(2)可以加强建设资金的合理使用,使有限资金发挥更大的效益。

资金运动中的时间因素,是商品生产和商品交换的共生物,只要承认价值规律和等价交换,就必须正视货币资金的时间价值。随着投资体制和财政体制的改革,基建投资和技改投资已由国家无偿拨款改为有息贷款,并要求定期按复利还本付息。这充分体现了资金运动中时间因素即时间价值的影响作用,是非常必要的。

当前,占用资金或产生收益的时间先后、长短不同会引起资金和收益的实际值发生变化,这在工业和交通运输部门的大中型项目中已逐渐被人们重视,而在农村或农业项目中,人们对时间尚缺乏应有的认识。如不考虑时间价值,我们也是不可能正确评价投资效果的。我国农村资金短缺,因此要新上项目时尤其需要集中力量和缩短战线,争取尽快建成并投入使用,尽早发挥效益。

(3)有助于新建项目和新技术成果尽早交付使用并产生效益。

讲究时间价值,必然促使人们对建成的项目和研制成功的新技术成果采取积极有效的措施,尽快地投产或转让,使之尽早产生效益。

(4)对涉外经济工作尤为重要。

随着经济体制改革和对外开放政策的实施,对外贸易、引进技术和利用外资业务日益增多,常常遇到各种不同的计息条件、还款条件及支付结算方式。只有对西方国家极其苛刻的货币的时间价值条件有一个清醒的认识,并能熟练地进行计算,方可避免某些不应有的损失并完成有关的对外业务。

(5)对准确进行项目评估和投资决策有决定性的意义。

过去,我们在进行投资决策时不考虑货币的时间价值,在进行投资效果分析时将不同时点的收支一视同仁,常常低估资本的成本而高估预期的收益,从而使分析和评价失真。我们在进行投资项目评估决策时,在计划项目的资金筹措、安排资金的回收并核定项目的资金回收额和偿债基金时,都要将时间价值的计量和讨论放在显著位置。一些最重要的评估分析指标也大都直接或间接与时间价值相联系。可以说,除了周期很短、投资额度很小的项目,一般项目离开对时间的换算或计量,就不可能得到正确的评估结论。

总之,重视货币的时间价值,我们可以加深对价值规律的理解和认识,进而对缩短建设周期、加快资金周转、提高资金使用的经济效益,以及准确进行项目评估和投资决策产生积极作用。

2. 资金时间价值的复利计算

(1)资金时间价值的换算。

由于资金存在时间价值,相同数额的货币资金在不同时点的经济价值是不相等的;相反,在不同时点的不同数额的货币资金可能是经济等值的。对项目而言,投资往往发生在前,收支发生在后。为比较项目收支情况,我们必须将不同时间发生的收支额,以资金时间价值标准换算为统一时点的相当值,才能进行比较,这一过程称为资金时间价值的换算。这是计算项目经济效益和进行经济评价时应首先考虑的问题。

资金时间价值的换算包括以下内容。

①现值计算,即将未来时点上的收支换算为某一较早时点上的相当值的方法。

②终值计算,即把任一较早时点发生的收支换算为未来某一时点的相当值的方法。

③年值计算,即把任一时点上的价值换算为一系列相等的年值,也可把年值换算为某一时点的现值或终值。

为简化上述计算,人们推导了复利计算的基本公式,计算了常用复利系数的数值并编成表格以备查用。美国于1975年拟订了复利系数的标准名称与符号,现已被许多国家采用。下面根据该标准介绍几个常用的复利计算公式。

(2)普通复利计算公式。

在复利计算公式推导中,统一用以下符号表达现金流量:P 为现值;i 为实际利率,按计息周期计算的利率;r 为名义利率,即年利率;n 为计算复利的期数(年、季、月、日等);F 为终值(或未来值),即发生在现在或未来的现金流量相当于未来时点的价值;A 为年值或年金,即连续发生在一定周期每期期末资金的等额系列值。

为了更加清楚地表示,在推导复利公式时,我们将借助现金流量图。

①终值(F)。

将本金在约定的期限内,按一定的利率计算每期的利息,将所取得的利息加入本金再计算利息,逐期滚算到约定的期末,计算本金和利息的总值,称为复利终值。它是立足于现在的年度,计算一定量的货币将来的价值。终值示意图如图3.2所示。

复利终值的计算公式见式(3.8)。

本金 P 在第1年年末的本利和见式(3.9)。

$$F_1 = P(1+i) \tag{3.9}$$

图 3.2 终值示意图

第 2 年年末的本利和见式(3.10)。

$$F_2 = F_1 + F_1 i = P(1+i) + P(1+i)i = P(1+i)^2 \tag{3.10}$$

以此类推,第 n 年年末的本利和见式(3.11)。

$$F_n = P(1+i)^n \tag{3.11}$$

在复利终值的公式中,$(1+i)^n$ 称为复利系数,一般用 $(F/P, i, n)$ 表示。为简化计算,方便评估工作,我们一般将 $(1+i)^n$ 按照不同利率、不同期数计算得出一系列的复利值并列成表,该表称为本金 1 元的复利系数表。

复利终值的计算公式表明,在本金初始值一定的条件下,利率越高,期限越长,复利终值就越高。在应用复利终值公式时,应注意复利所指的时间应与利率所指的时间保持一致,否则就要进行相应的调整。

②现值(P)。

现值是未来一定数额的货币的现在价值,即终值的逆运算。复利现值是把未来一定数额的货币折算为现值的过程。在已知终值(F)、利率(i)和期数(n)的情况下求现值(P),现值示意图如图 3.3 所示。

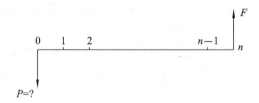

图 3.3 现值示意图

复利现值计算见式(3.12)。

$$P = F(1+i)^{-n} \tag{3.12}$$

式中:$(1+i)^{-n}$ 为现值系数,一般用 $(P/F, i, n)$ 表示。它表明在利率为 i 的前提下,n 期末终值为 1 元的现值。现值系数可按不同利率、不同期数查表求得。

复利现值的计算公式表明,在终值一定的条件下,利率越高,期数越长,现值就越小;反之,现值就越大。

③普通年金终值(F)。

普通年金终值指普通年金的复利终值总和。它是在已知等额年金(A)、利率(i)和期数(n)的情况下,求普通年金终值(F)。普通年金终值示意图如图 3.4 所示。

利用复利终值的计算公式,可以推导出普通年金终值的计算公式。假设 i 为利率,n 为期数,A 为普通年金,F 为普通年金终值,则:

第一期的年金 A 至第 n 期期末的累计数为 $A(1+i)^{n-1}$;

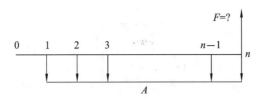

图 3.4 普通年金终值示意图

第二期的年金 A 至第 n 期期末的累计数为 $A(1+i)^{n-2}$；

第三期的年金 A 至第 n 期期末的累计数为 $A(1+i)^{n-3}$；

……

第 $n-1$ 期的年金 A 至第 n 期期末的累计数为 $A(1+i)$；

第 n 期的年金为 A。

将以上各期累计数相加得式(3.13)：

$$F = A(1+i)^{n-1} + A(1+i)^{n-2} + A(1+i)^{n-3} + \cdots + A(1+i) + A \tag{3.13}$$

将(3.13)式两边同时乘以 $(1+i)$，得式(3.14)：

$$(1+i)F = A(1+i)^n + A(1+i)^{n-1} + A(1+i)^{n-2} + \cdots + A(1+i)^2 + A(1+i) \tag{3.14}$$

用式(3.14)减式(3.13)，得式(3.15)和式(3.16)：

$$iF = A(1+i)^n - A = A[(1+i)^n - 1] \tag{3.15}$$

$$F = A\frac{(1+i)^n - 1}{i} \tag{3.16}$$

式中：$\dfrac{(1+i)^n - 1}{i}$ 为普通年金终值系数，一般用 $(F/A, i, n)$ 表示。它表示数额为 1 元的普通年金，在利率为 i 的前提条件下，累积 n 期的复利终值。依据不同的利率和期数，我们可以得到不同的普通年金终值系数。我们将普通年金乘以普通年金终值系数，可以得到普通年金终值，用以计算一系列等额货币收支的未来价值。

④偿债基金(A)。

偿债基金是指为了偿还一笔约定在若干年后归还的债务，必须分期(一般为一年)等额存入的准备金。由于每次等额存入的准备金相当于普通年金，而清偿的债务实际相当于普通年金终值，因此偿债基金是在已知将来年金终值(F)、利率(i)和期数(n)的情况下，求每年等额存入的偿债基金(A)。偿债基金等额年金示意图如图 3.5 所示。

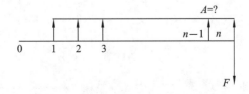

图 3.5 偿债基金等额年金示意图

偿债基金的计算公式可以从普通年金终值公式中推导得出，见式(3.17)。

$$A = F \frac{i}{(1+i)^n - 1} \tag{3.17}$$

式中：$\frac{i}{(1+i)^n - 1}$ 为偿债基金系数，一般用 $(A/F, i, n)$ 表示。它表明在规定的年限内偿清 1 元的债务，在利率为 i 的条件下，而必须每年存入的等额准备金。该系数可查表求得。

⑤普通年金现值(P)。

普通年金现值是指普通年金现在价值的总和。它是在已知等额年金(A)、利率(i)和期数(n)的情况下，求普通年金现值(P)。普通年金现值示意图如图 3.6 所示。

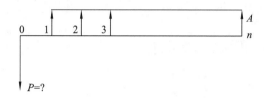

图 3.6 普通年金现值示意图

普通年金现值的计算公式见式(3.18)。

$$P = A \frac{1 - (1+i)^{-n}}{i} \tag{3.18}$$

普通年金现值与普通年金终值的推导过程类似，利用贴现的计算公式，同样可以得出普通年金现值的计算公式。

第一期的年金 A 的现值为 $A(1+i)^{-1}$；

第二期的年金 A 的现值为 $A(1+i)^{-2}$；

第三期的年金 A 的现值为 $A(1+i)^{-3}$；

……

第 $n-1$ 年的年金 A 的现值为 $A(1+i)^{-(n-1)}$；

第 n 年的年金 A 的现值为 $A(1+i)^{-n}$。

将以上各期的现值相加，得式(3.19)：

$$P = A(1+i)^{-1} + A(1+i)^{-2} + A(1+i)^{-3} + \cdots + A(1+i)^{-n} \tag{3.19}$$

将(3.19)式两边同时乘以 $(1+i)$，得式(3.20)：

$$(1+i)P = A + A(1+i)^{-1} + A(1+i)^{-2} + \cdots + A(1+i)^{-(n-1)} \tag{3.20}$$

用式(3.20)减式(3.19)式，得式(3.21)、式(3.22)：

$$iP = A - A(1+i)^{-n} = A[1 - (1+i)^{-n}] \tag{3.21}$$

$$P = A \frac{1 - (1+i)^{-n}}{i} \tag{3.22}$$

式中：$\frac{1-(1+i)^{-n}}{i}$ 为普通年金现值系数，一般用 $(P/A, i, n)$ 表示。它表示利率为 i、期数为 n 的 1 元普通年金的现值。在不同的贴现率和期数的条件下的普通年金现值系数可编列成表。我们运用该系数乘以普通年金，可以得到普通年金现值，用以计算一系列等额货币收支的现在价值。

⑥资本回收(A)。

资本回收是指在规定的年限内等额回收或清偿初始投入的资本或债务。由于等额回收或清偿的债务相当于普通年金,而初始投入的资本或债务相当于普通年金现值,因此,资本回收是在已知初始投入的资本或债务现值(P)、利率(i)和期数(n)的情况下,求得等额年金A。资本回收等额年金示意图如图3.7所示。

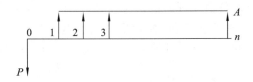

图 3.7 资本回收等额年金示意图

资本回收的计算公式可以从普通年金现值的计算公式中推导得出,见式(3.23)。

$$A = P \frac{i}{1-(1+i)^{-n}} \tag{3.23}$$

式中:$\frac{i}{1-(1+i)^{-n}}$ 为资本回收系数,一般用 $(A/P,i,n)$ 表示。它表示1元的债务分n期偿还,在利率为i的条件下,每期(通常为1年)应偿付的固定金额。评估人员可以运用该系数计算项目单位等额分期偿还贷款的额度。

3.1.3 资金等值的计算与运用

1. 资金等值计算的概念

资金的时间价值表明,在不同的时间付出或得到同样数额的资金,其经济价值是不等的;也就是说,一笔数额确定的资金,其经济价值随着时间的不同而不同。同样,数额不等的资金在不同的时间可能会具有相同的经济价值。例如,在年利率为2.52%的条件下,今年的100元钱与明年的102.52元是等值的,即$100×(1+2.52\%)=102.52$(元)。而今年的100元钱又与去年的97.54元等值,即$100/(1+2.52\%)=97.54$(元)。

资金等值是指在不同时期(时点)绝对值不等而价值相等的资金,如上例中,可以认为在年利率为2.52%的情况下,现在的100元与明年的102.52元是等值的。同样,还可以说,现在的100元与一年前的97.54元是等值的。

在比较工业项目或技术方案时,应该对项目或方案的各项投资与收益进行对比,而这些投资或收益往往发生在不同的时期,于是就必须将其按照一定的利率折算至某一相同时点,进行等值计算,使之具有可比性。等值计算是投资项目评价中的一个重要内容。

2. 资金的等值计算

在投资项目评价中,资金时间价值的等值是一个非常重要的概念。由于资金时间价值的存在,不同时刻发生的资金支出或收入不能直接相加,为了达到支出或收入的时间可比性要求,要进行资金的等值计算。资金等值是考虑了资金时间价值后的等值。

决定资金等值的因素有资金数额、资金发生的时刻和利率。其中,利率是关键性因素。在考察资金等值的问题中通常都以相同利率作为依据进行比较计算。利用等值的概念,把在不同时点发生的资金金额换算成同一时点的等值金额,这一过程叫作资金等值计算。把将来某一时点的资金金额换算成现在等值金额的换算过程称为"折现"或"贴现"。将来时点上的资金折现到现在时点资金的价值称为"现值"。与现值等价的将来某时点的资金价值称为"终值"或"未来值"。现值是指资金的现在瞬时价值,而当对未来某时点发生的资金折现到现在时,所得到的等值资金就是未来那个时点上资金的现值。终值则是资金现值按照一定的利率、经过一定时间后所得到的资金新值。

资金等值计算,是以资金时间价值原理为依据,以利率为杠杆,结合资金的使用时间及增值能力,对投资项目和技术方案的现金流量进行折算,以期找出共同时点上的等值资金额来进行比较、计算和选择。资金等值计算要借助于复利利率进行,计算公式与复利公式也是相同的,下面分一次支付和等额分付两种类型进行介绍。

(1) 一次支付类型。

一次支付是指在分析经济系统现金流量时,现金流入或流出均在一个时点发生。在考虑资金时间价值的情况下,现金流入与现金流出相等,则 P 与 F 是等值的。

① 一次支付终值计算公式。

一次支付终值是指期初投资的资金为 P,利率为 i,在第 n 年年末一次偿还本利和 F,则计算公式见式(3.24)。

$$F = P(1+i)^n \tag{3.24}$$

在等值计算中,F 为第 n 年年末的终值,P 为现值,i 为折现率,n 为计息周期,系数 $(1+i)^n$ 称为一次支付终值系数,记为 $(F/P, i, n)$,其数值可以从复利表中查到,其中,斜线右边的字母表示的是已知参数,左边表示的是待求的等值现金流量。

② 一次支付现值计算公式。

一次支付现值公式是已知终值 F 求现值 P 的等值公式,它是一次支付终值的逆运算。计算公式见式(3.25)。

$$P = F\left[\frac{1}{(1+i)^n}\right] \tag{3.25}$$

式中:系数 $\frac{1}{(1+i)^n}$ 称为一次支付现值系数,记为 $(P/F, i, n)$,是一次支付终值系数的倒数。

(2) 等额分付类型。

一次支付类型的现金流量研究的只是发生在一个时点上的情况,而现金流量还可以发生在多个时点,其数额可以是相等的,也可以是不相等的,下面从等额分付的几个类型进行讨论。

① 等额分付终值计算公式。

一个投资项目,在每一个计息周期期末均支付相同的数额 A,在年利率为 i 的情况下,求与 n 年内项目的总现金流出等值的项目现金流入,即求项目 n 年后一次支付总的终值。这就是等额分付终值计算问题。

如图 3.8 所示,如果在每年年末投资 A,A 的系列支付本利和为 F,F 与 A 之间的关系如表 3.1 所示。

图 3.8　等额分付终值现金流量图

表 3.1　等额系列本利和

年份	等额年金	累计本利和(F)
1	A	A
2	A	$A+A(1+i)$
3	A	$A+A(1+i)+A(1+i)^2$
…	…	…
n	A	$A+A(1+i)+A(1+i)^2+\cdots+A(1+i)^{n-1}$

由表 3.1 可以得到，n 年后的本利和 F 见式(3.26)。

$$F = A + A(1+i) + A(1+i)^2 + \cdots + A(1+i)^{n-1} = A\left[\frac{(1+i)^n-1}{i}\right] \quad (3.26)$$

式中：$\frac{(1+i)^n-1}{i}$ 称为等额分付终值系数，记为 $(F/A,i,n)$。

等额分付终值计算公式应满足每期支付金额相同、支付间隔相同、每次支付都在对应的期末并且终值与最后一期支付同时发生等条件。

②等额分付偿债基金公式。

如果已知未来需提供的资金 F，给定利率 i 和计息周期 n，把第 n 年年末的资金 F 换算为与之等值的 n 年中每年年末的等额资金，则为等额分付偿债基金公式。该公式为等额分付终值计算的逆运算，见式(3.27)。

$$A = F\left[\frac{i}{(1+i)^n-1}\right] \quad (3.27)$$

式中：$\frac{i}{(1+i)^n-1}$ 称为等额分付偿债基金系数，又称为基金储蓄系数，记为 $(A/F,i,n)$。

在利用上面两个公式进行等值计算时，只适用于从第一年年末开始有现金流入或流出的情况。若是从第一年年初就有现金流入或流出的情况，则需将每一年年初的发生值折现到年末进行计算，将本金当年的时间价值计入，折算成年末的资金额，即在公式右边的项乘以 $(1+i)$。

③等额分付资金回收公式。

设某项目当年一次投资额为 P，当工程竣工投产后用逐年的利润偿还投资，按规定的利息率 i，在 n 年内本利全部还清，求每年等额偿付的资金。

由当年的一次投资额 P 可得，一次支付终值本利和为 $F = P(1+i)^n$，那么：

$$A = F\left[\frac{i}{(1+i)^n-1}\right] = P(1+i)^n\left[\frac{i}{(1+i)^n-1}\right] = P\left[\frac{i(1+i)^n}{(1+i)^n-1}\right] \quad (3.28)$$

式中：$\frac{i(1+i)^n}{(1+i)^n-1}$ 称为等额分付资金回收系数，记为 $(A/P,i,n)$。

④等额分付现值公式。

已知某项目 n 年内每年年末等额偿付额为 A，年利率为 i，求现值 P。

由等额分付资金回收公式，即式(3.28)，可得到现值计算公式，见式(3.29)。

$$P = A\left[\frac{(1+i)^n-1}{i(1+i)^n}\right] \tag{3.29}$$

式中：$\frac{(1+i)^n-1}{i(1+i)^n}$ 称为等额分付现值系数，它是一次支付现值系数和等额分付终值系数的乘积，可表示为 $(P/A,i,n)$，见式(3.30)。

$$(P/A,i,n) = \frac{(1+i)^n-1}{i(1+i)^n} = \frac{(1+i)^n-1}{i} \times \frac{1}{(1+i)^n} = (F/A,i,n)\times(P/F,i,n) \tag{3.30}$$

常用资金等值计算公式见表3.2。

表 3.2 常用资金等值计算公式

类型	名称	已知	求解	公式
一次支付	终值	现值 P	终值 F	$F=P(1+i)^n$
	现值	终值 F	现值 P	$P=F\left[\frac{1}{(1+i)^n}\right]$
等额分付	终值	年值 A	终值 F	$F=A\left[\frac{(1+i)^n-1}{i}\right]$
	偿债基金	终值 F	年值 A	$A=F\left[\frac{i}{(1+i)^n-1}\right]$
	资金回收	现值 P	年值 A	$A=P\left[\frac{i(1+i)^n}{(1+i)^n-1}\right]$
	现值	年值 A	现值 P	$P=A\left[\frac{(1+i)^n-1}{i(1+i)^n}\right]$

3.2 项目财务评价

3.2.1 财务评价指标体系与基本报表

投资项目财务评价是指在估算投资项目的各项财务数据的基础上，根据国家现行财税制度和市场价格，从项目财务的角度出发，分析估算项目的效益和成本，编制基本财务报表，计算评价指标，以考察项目的获利能力，判断投资项目的财务可行性。财务评价是项目投资决策和贷款决策的重要依据，是进一步进行国民经济评价的基础。

1. 财务评价的内容

项目决策主要分为投资决策和融资决策两个层次。投资决策着重考察项目投资价值的大小，融资决策重在分析资金筹措方案能否满足投资要求。根据不同决策的需要,财务评价可分为融资前分析和融资后分析。

(1)融资前分析。

融资前分析是指在考虑融资方案前就可以开始进行的财务分析,即不考虑债务融资条件下进行的财务分析。可见,融资前分析仅仅是从项目全部投资的角度考察项目本身的盈利能力,而并不考虑投资的资金来源,与融资条件无关,因此分析所需的数据少,报表编制简单。融资前分析能够对项目本身的盈利水平作出判断,其分析结论可以满足初步投资决策的需要。如果分析结果表明项目盈利能力符合要求,可再考虑融资方案,继续进行融资后分析;反之,则修改、调整方案,或放弃项目。通常,财务评价应先进行融资前分析。

由于不涉及融资条件,融资前只进行盈利能力分析,即通过编制项目投资现金流量表,计算相应的动态和静态指标,来考察项目的盈利能力。

(2)融资后分析。

在融资前分析满足要求的情况下,即可设定融资方案,进行融资后分析。融资后分析是指以设定的融资方案为基础进行的财务分析。融资后分析的内容主要有财务盈利能力分析、财务清偿能力分析以及财务生存能力分析。

财务盈利能力分析是通过运用静态的或动态的分析方法,计算一系列反映项目财务盈利水平的静态指标或动态指标,据以考察项目建成投产后的盈利水平。在市场经济条件下,每年都会有上千亿计的投资活动通过项目单位以项目方式来完成。这些资金不仅直接影响项目单位未来多年的经营状况,还会对整个国家的经济发展产生重大影响。因此,评价一个项目是否值得兴建,首先要考察它建成投产后的盈利能力。

财务清偿能力分析主要是考察项目计算期内各年的财务状况以及固定资产投资借款本金及利息偿还情况。项目的清偿能力分析包括以下内容。一是项目资金的流动性分析,即项目在营运过程中所面临的财务风险程度及偿债能力,这是项目有关各方都非常关心的问题。二是项目的清偿贷款和利息能力。项目在营运过程中所面临的财务风险程度及偿债能力、项目的还本付息能力等都是项目有关各方非常关心的问题。在市场经济条件下,项目偿债能力既是银行贷款发放决策的依据,也是投资者通过财务杠杆实现迅速发展的基础。

财务生存能力分析主要考察在项目营运期间,能否确保从各项经济活动中得到足够的净现金流量使项目得以持续生存。在财务评价中,应通过编制财务现金流量表,综合分析项目计算期内各年的投资活动、融资活动和经营活动所产生的净现金流量能否维持项目的正常运营。现金流量是项目周转的血液,财务生存能力是项目正常运转并实现盈利的基础。

2. 财务评价的方法、指标体系与基本报表

(1)财务评价的方法。

项目财务评价有多种方法,按是否考虑资金的时间价值,项目财务评价的方法可分为静态分析和动态分析两种方法。

静态分析又可称作非贴现分析方法,一般包括投资回收期、投资报酬率等方法。这类方法不考虑货币的时间价值,易于计算和理解,在实际应用中有其独到之处,不失为一种较好的辅助分析方法。

动态分析亦可称作贴现的分析。这种方法是将项目寿命周期内不同时间出现的各种收益及成本均作贴现处理,并在现值基础上对其进行分析。这类方法可以较好地解决由于各种收益及成本发生的时间不同而在比较分析时出现的各种偏差。常见的动态分析方法包括净现值法、内部报酬率法和动态投资回收期法等。

(2)财务评价的指标体系。

为了全面、准确地对项目的财务状况作出评价,就有必要针对财务评价的内容设置相应的评价指标体系。其中,项目财务盈利能力分析的主要评价指标有全部投资回收期、财务内部收益率、财务净现值、总投资收益率、资本金净利润率等。项目财务清偿能力分析的主要评价指标有资产负债率、流动比率、速动比率、借款偿还期、偿债备付率、利息备付率等。项目财务生存能力分析的主要评价指标有累计盈余资金。在这些指标中,全部投资回收期、财务内部收益率、资产负债率为必做指标,其他指标可根据具体情况取舍。

(3)财务评价的基本报表。

为了客观、公正、科学地进行盈利能力、清偿能力等的分析与评价,得出正确结论,选出最优项目及方案,在财务评价中,通常要通过编制一套基本计算表,并在此基础上计算一系列评价指标,用静态和动态分析相结合的方法,对一系列相互联系、相互补充的指标进行综合分析,确定项目的财务盈利水平、清偿能力等。

项目财务评价的基本报表有现金流量表、利润与利润分配表、财务计划现金流量表、借款还本付息计划表、资产负债表等。为编制这些报表,还需要有一系列的辅助报表,如总成本费用估算表、营业收入与营业税金估算表等。

目前,国内各有关咨询部门、专业银行等在项目评价中所采用的基本报表和指标体系有所差别,但大同小异。国家发改委和建设部(现住房和城乡建设部)联合制定的《建设项目经济评价方法》《建设项目经济评价参数》中提出的财务基本报表和指标评价体系,具有很好的代表性,在国内项目评价中普遍采用,基本财务报表与评价指标体系的关系见表3.3。

表3.3 基本财务报表与评价指标体系

融资阶段	评价内容	基本财务报表	财务评价指标	
			静态指标	动态指标
融资前分析	盈利能力分析	项目投资现金流量表	全部投资回收期	项目投资财务内部收益率、项目投资财务净现值
融资后分析	盈利能力分析	项目资本金现金流量表		资本金财务内部收益率、资本金财务净现值
		投资各方现金流量表		投资各方财务内部收益率、投资各方财务净现值
		利润与利润分配表	总投资收益率、资本金净利润率	

续表

融资阶段	评价内容	基本财务报表	财务评价指标	
			静态指标	动态指标
融资后分析	清偿能力分析	借款还本付息计划表	借款偿还期、偿债备付率、利息备付率	
		资产负债表	资产负债率、流动比率、速动比率	
	生存能力分析	财务计划现金流量表	累计盈余资金	

3. 财务评价基本报表的编制

财务评价基本报表主要有现金流量表、利润表、财务计划现金流量表、资产负债表及借款还本付息计划表。

1) 现金流量表

(1) 现金流量表的概念。

现金流量表用于记录项目在计算期内实际发生的流入、流出系统的现金活动及其流动数量。按照国家规定,投资项目的现金流量应从3个角度来衡量。第一是对项目投资现金流量的分析,形成项目财务现金流量表,用于计算项目财务内部收益率及财务净现值等评价指标。第二是对资本金的现金流量进行分析,编制资本金财务现金流量表,用于计算资本金收益率指标。第三是对投资各方的现金流量进行分析,编制投资各方财务现金流量表,用于计算投资各方收益率。

现金流量表中所反映的资金活动分为现金流出和现金流入。项目对外支出的现金称为现金流出,用 CO 表示;项目取得的现金称为现金流入,用 CI 表示;同一时点的现金流入与现金流出之差(CI−CO)即为净现金流量。

① 现金流入。

投资项目的现金流入是指投资项目增加的现金收入额或现金支出的节约额,包括以下内容。

a. 营业收入,即每年实现的全部现销收入。

b. 固定资产残值变现收入以及出售时的税赋损益。如果固定资产报废时残值收入大于税法规定的数额,就应上缴所得税,形成一项现金流出量;反之则可抵减所得税,形成现金流入量。

c. 垫支流动资金的收回,主要指项目完全终止时因不再发生新的替代投资而收回的原垫付的全部流动资金额。

d. 其他现金流入量,指以上3项指标以外的现金流入项目。

② 现金流出。

投资项目的现金流出是指投资项目增加的现金支出额。

a. 固定资产投资支出,即厂房、建筑物的造价,设备的买价、运费,设备基础设施及安装费等。

b. 垫支流动资金,是指项目投产前后分次或一次投放于流动资产上的资金增加额。

c. 付现成本费用,是指与投资项目有关的以现金支付的各种成本费用。

d. 各种税金支出。

③净现金流量。

投资项目的净现金流量是同一时期的现金流入数量与现金流出数量之差,反映了投资该时期内净增加或净减少的现金及现金等价数额。计算公式见式(3.31)。

$$净现金流量 = 现金流入 - 现金流出 \tag{3.31}$$

净现金流量能够在一定程度上反映企业盈利能力和盈利水平,是计算投资项目的财务净现值、内部收益率、投资回收期等指标的基础数据。

(2)现金流量表的构成。

按照投资计算基础的不同,现金流量表一般分为以下内容。

①项目投资现金流量表。

项目投资现金流量表(表3.4)不分投资资金来源,以全部投资作为计算基础,用以计算全部投资所得税前及所得税后财务内部收益率、财务净现值及投资回收期等评价指标的表格。其目的是考察项目投资的全部盈利能力,为各个方案进行比较建立共同基础。

表3.4 项目投资现金流量表(单位:元)

序号	项目	合计	计算期				
			1	2	3	…	N
1	现金流入					…	
1.1	营业收入					…	
1.2	回收固定资产残值					…	
1.3	回收流动资金					…	
1.4	其他现金流入					…	
2	现金流出					…	
2.1	建设投资					…	
2.2	流动资金					…	
2.3	经营成本费用					…	
2.4	营业税金及附加					…	
2.5	维持运营投资					…	
2.6	所得税					…	
3	净现金流量					…	
4	累计净现金流量					…	

计算指标

(1)项目投资财务内部收益率(%):

(2)项目投资财务净现值(元):

(3)项目投资回收期(年):

②项目资本金现金流量表。

资本金是项目投资者拥有的资金。项目资本金现金流量表(表3.5)是从投资者角度出发,以投资者的出资额作为计算基础,把借款本金偿还和利息支付作为现金流出,用以计算资本金的财务内部收益率、财务净现值等分析指标的表格。项目资本金现金流量表主要考察资本金的盈利能力和向外部借款对项目是否有利。

表3.5 项目资本金现金流量表(单位:元)

序号	项目	合计	计算期				
			1	2	3	…	N
1	现金流入					…	
1.1	营业收入					…	
1.2	回收固定资产残值					…	
1.3	回收流动资金					…	
1.4	其他现金流入					…	
2	现金流出					…	
2.1	项目资本金					…	
2.2	借款本金偿还					…	
2.3	借款利息支付					…	
2.4	经营成本					…	
2.5	营业税金及附加					…	
2.6	维持运营投资					…	
2.7	所得税					…	
3	净现金流量					…	
4	累计净现金流量					…	

计算指标

(1)资本金财务内部收益率(%):

(2)资本金财务净现值(元):

(3)资本金投资回收期(年):

③投资各方现金流量表。

该表以投资各方的出资额作为计算基础,用以计算投资各方财务内部收益率、财务净现值等评价指标,反映投资各方投入资本的盈利能力。

当项目同时由多个投资者进行投资时,就应编制投资各方现金流量表(表3.6)。

表 3.6 项目投资各方现金流量表(单位:元)

序号	项目	合计	计算期				
			1	2	3	…	N
1	现金流入					…	
1.1	应得利润					…	
1.2	回收固定资产残值					…	
1.3	回收流动资金					…	
1.4	其他现金流入					…	
2	现金流出					…	
2.1	建设投资出资额					…	
2.2	经营资金出资额					…	
3	净现金流量					…	
4	累计净现金流量					…	

计算指标
  (1)投资各方财务内部收益率(%):
  (2)投资各方财务净现值(元):
  (3)投资各方投资回收期(年):

2)利润表

利润表(表 3.7)反映投资项目在生产期内各年利润额及其分配情况。通过该表提供的投资项目经济效益静态分析的信息资料,可以计算投资利润率、投资利税率、资本金利润率、资本金净利润率等指标。

表 3.7 利润表(单位:元)

序号	项目	合计	计算期				
			1	2	3	…	N
1	营业收入					…	
2	营业税金及附加					…	
3	总成本费用					…	
4	利润总额(1—2—3)					…	
5	所得税					…	
6	净利润(4—5)					…	

续表

序号	项目	合计	计算期				
			1	2	3	…	N
7	可供分配利润(6)					…	
7.1	提取法定盈余公积金					…	
7.2	应付利润					…	
7.3	未分配利润					…	
8	息税前利润 (利润总额＋利息支出)					…	
9	息税折旧摊销前利润 (息税前利润＋折旧费＋摊销费)					…	

计算指标
(1)投资利润率(%)：
(2)投资利税率(%)：

3)财务计划现金流量表

投资项目的生存能力通过财务计划现金流量表来反映。财务计划现金流量表由经营活动净现金流量、投资活动净现金流量和筹资活动净现金流量构成,具体内容见表3.8。

表 3.8 财务计划现金流量表(单位:元)

序号	项目	合计	计算期				
			1	2	3	…	N
1	经营活动净现金流量					…	
1.1	现金流入					…	
1.1.1	营业收入					…	
1.1.2	增值税销项税额					…	
1.2	投资活动现金流量					…	
1.2.1	经营成本					…	
1.2.2	增值税进项税额					…	
1.2.3	营业税金及附加					…	

续表

序号	项目	合计	计算期				
			1	2	3	…	N
1.2.4	增值税					…	
1.2.5	所得税					…	
2	投资活动净现金流量					…	
2.1	现金流入					…	
2.2	现金流出					…	
2.2.1	建设投资					…	
2.2.2	流动资金					…	
2.2.3	维持运营投资					…	
3	筹资活动净现金流量					…	
3.1	现金流入					…	
3.1.1	项目资本金投入					…	
3.1.2	建设投资借款					…	
3.1.3	流动资金借款					…	
3.1.4	短期借款					…	
3.2	现金流出					…	
3.2.1	各种利息支出					…	
3.2.2	偿还债务本金					…	
3.2.3	应付利润					…	
4	净现金流量(1+2+3)					…	
5	累计净现金流量					…	

4) 资产负债表

资产负债表(表3.9)反映的是项目在某一个特定时点,通常是某日(如年末、半年末、季度末、月末等)的全部资产、负债及所有者权益的状况,反映项目投资的资产价值情况(资产方)和投资回报的索取权价值(负债和所有者权益方)。

资产负债表是根据"资产=负债+所有者权益"的会计平衡原理编制的,它为项目的经营方、投资者和债权人等不同的报表使用者提供了各自所需的资料。

表 3.9 资产负债表(单位:元)

序号	项目	合计	计算期				
			1	2	3	…	N
1	资产					…	
1.1	流动资产总额					…	
1.1.1	货币资金					…	
1.1.2	应收账款					…	
1.1.3	存货					…	
1.2	在建工程					…	
1.3	固定资产净值					…	
1.4	无形资产及其他资产净值					…	
2	负债及所有者权益					…	
2.1	流动负债总额					…	
2.1.1	短期借款					…	
2.1.2	应付账款					…	
2.1.3	预收账款					…	
2.1.4	其他					…	
2.2	建设投资借款					…	
2.3	流动资金借款					…	
2.4	负债小计					…	
2.5	所有者权益					…	
2.5.1	资本金					…	
2.5.2	资本公积					…	
2.5.3	累计盈余公积					…	
2.5.4	累计未分配利润					…	

5)借款还本付息计划表

借款还本付息计划表(表 3.10)用于反映项目计算期内各年借款的使用、还本付息以及偿债资金来源,可以用来计算偿债备付率、利息备付率等指标。

表 3.10　借款还本付息计划表(单位:元)

序号	项目			合计	计算期				
					1	2	3	…	N
1	借款 1							…	
1.1	期初借款余款							…	
1.2	当期还本付息							…	
	其中	还本						…	
		付息						…	
1.3	期末借款余款							…	
2	借款 2							…	
2.1	期初借款余款							…	
2.2	当期还本付息							…	
	其中	还本						…	
		付息						…	
2.3	期末借款余款							…	
3	债券							…	
3.1	期初债券余款							…	
3.2	当期还本付息							…	
	其中	还本						…	
		付息						…	
3.3	期末债券余款							…	

3.2.2　项目财务盈利能力分析

盈利能力是反映项目财务效益的主要标志,在财务评价中,应当考察拟建项目建成投产后是否盈利,盈利能力是否足以使项目可行。财务盈利能力分析的目的是考核投资的盈利水平,但仅通过现金流量还不能将投资项目的盈利水平表现出来,因为现金流量之间缺乏可比性,需要进一步进行分析和计算,把现金流量用几个简单明了的数量指标反映出来。项目财务盈利能力分析方法按是否考虑资金的时间价值、考核项目盈利水平可分为静态分析和动态分析方法,相应的评价指标也分为静态指标和动态指标。根据投资决策的阶段,财务盈利能力分析包括融资前分析和融资后分析。

1. 融资前分析

融资前分析排除了融资方案变化的影响,从项目投资总获利能力的角度考察项目的经济合理性。融资前分析应以动态分析为主,以静态分析为辅。

(1)静态指标。

衡量项目融资前财务盈利水平的静态指标主要有全部投资回收期(P_t)指标。

全部投资回收期是指以项目净收益来抵偿项目全部投资所需要的时间。该指标(通常以年为单位)一般从项目建设开始年进行计算。其表达式见式(3.32)。

$$\sum_{t=1}^{P_t} = (CI - CO)_t = 0 \qquad (3.32)$$

式中:P_t 为全部投资回收期;CI 为现金流入量;CO 为现金流出量;$(CI-CO)_t$ 为第 t 年的净现金流量。

上式只是计算全部投资回收期的理论表达式。在项目评价实际操作中,可按照如下程序和方法计算该指标并进行投资决策。

①根据每期预期现金流入和现金流出情况计算每期的净现金流量。

②根据每期的净现金流量计算累计净现金流量。

③运用累计净现金流量数列,计算求得投资回收期。计算公式见式(3.33)。

$$P_t = (累计净现金流量开始出现正值年份数 - 1) + \frac{上年累计净现金流量的绝对值}{当年净现金流量} \qquad (3.33)$$

④运用计算所得的投资回收期进行投资决策。运用此法进行投资决策时,需要将投资项目的回收期同投资者主观上既定的期望回收期或该行业基准回收期相比较。如果投资项目回收期小于等于期望回收期或该行业基准回收期,则投资项目;反之,则拒绝投资项目。通常,项目的投资回收期越短,则项目的财务效益越好。

全部投资回收期用"项目投资现金流量表"(表 3.4)中的累计净现金流量一行数据进行计算。

(2)动态指标。

在项目评估中,动态分析指标主要计算财务净现值和财务内部收益率两个指标。进行融资前财务分析时,需要根据项目投资现金流量表分别计算项目所得税前财务净现值、项目所得税前财务内部收益率、项目所得税后财务净现值、项目所得税后财务内部收益率 4 个指标。

①净现值(net present value,NPV)。

净现值是指将项目寿命周期内各年所发生的增量净现金流量按照相应的贴现率换算成现值所得的现值之和。它是考察项目在计算期内盈利能力的一个绝对指标,其数学表达式见式(3.34)。

$$NPV = \sum_{t=1}^{n} (CI - CO)_t (1+i)^{-t} \qquad (3.34)$$

式中:i 为项目的贴现率;其他符号意义同上。

根据上述表达式可知,净现值指标的计算步骤如下。

第一步,根据估测的投资项目的现金流量编制项目财务现金流量表,并求项目的净现金流量。

第二步,用适当的贴现率将净现金流量折算成现值,得到贴现净现金流量。

第三步,将所有的净现金流量的现值相加得到总和,就是投资项目的净现值。

一般说来,项目财务净现值大于等于零的投资,在经济上都是可行的。

对于融资前分析来说,财务净现值要计算两个指标,即项目投资税前财务净现值和税后财务净现值,用于考察项目投资的盈利水平。项目投资税后财务净现值、税前财务净现值可利用"项目投资现金流量表"(表 3.4)计算。

②内部收益率(internal rate of return, IRR)。

a. 定义。

内部收益率,定性地说,它是指客观存在于项目内部固有的投资报酬率;定量地讲,它是指项目的净现值等于零时的贴现率。内部收益率不同于净现值,本身并不受项目所选贴现率的影响,完全取决于项目的现金流量,反映了项目固有的内在特性,这也是其被称为"内部收益率"的原因所在。项目内部收益率本身相当于一个利率,易于被理解,因而应用相当普及,是一个重要的动态指标。其数学表达式见式(3.35)。

$$\text{NPV} = \sum_{t=1}^{n}(\text{CI}-\text{CO})_t(1+\text{IRR})^{-t} = 0 \qquad (3.35)$$

式中:IRR 为项目的内部收益率;其他符号意义同上。

对于内部收益率的含义,可通过项目贴现率和净现值之间的关系来进一步阐述。如图 3.9 所示,图中的横坐标表示贴现率,纵坐标表示净现值,曲线 W 代表净现值曲线。

由图 3.9 可知,贴现率越低,净现值越大;贴现率越高,则净现值越小。曲线 W 与横坐标交于 C 点,此点的净现值为零,而处于此点的贴现率即内部收益率。所以,内部收益率也可以说是一个特殊的贴现率,按此贴现率对投资项目的现金流出和现金流入进行贴现,则现金流出现值之和等于现金流入现值之和,而项目的净现值为零。当一个项目的内部收益率与按资本的机会成本所确定的贴现率(或基准收益率)相等时,说明该项目达到了所允许的盈利水平。如果内部收益率大于这一贴现率,则说明项目的盈利能力较强。

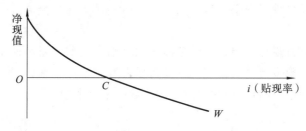

图 3.9 净现值和贴现率的关系图

因此,投资者运用内部收益率法进行项目投资决策的理论根据是,如果某一投资项目的内部收益率超过其资金成本率,则在扣除该项目的投资成本后,它还会给投资者带来超额利润,故接受该项目可以增加其财富。相反地,若投资项目的内部收益率比其资金成本还低,则接受该项目就会使投资者入不敷出。所以,对于投资者来说,凡是内部收益率大于或等于基准收益率的独立项目都可以接受。

b. 内部收益率的计算方法。

计算内部收益率的基本方法是累试加插值法,即通过多次试算,并运用插值法求得项目的净现值为零时的贴现率。其步骤如下。

第一步,确定初始估算值。确定初始估算值的目的在于使得开始试算时使用的贴现率比较接近内部收益率,这样就可以减少试算次数及工作量。一般初始值从规定的贴现率开始,试算结果(净现值)如果出现较大的正值,则可较大幅度提高贴现率再试算。

第二步,在初试基础上采用不同贴现率累试,求出项目净现值为最小正值和最大负值时的贴现率,最小正值和最大负值都是比较接近零的,因此,这两个贴现率都比较接近内部收益率,且内部收益率必然位于这两个贴现率之间的某一点。

第三步,用插值法求得内部收益率。按插值法原理,其计算公式为式(3.36)。

$$IRR = i_1 + \frac{NPV_1}{|NPV_1| + |NPV_2|} \times (i_2 - i_1) \tag{3.36}$$

式中:i_1为较低贴现率;NPV_1为i_1时的净现值,为接近零的最小正值;NPV_2为i_2时的净现值,为接近零的最大负值;i_2为较高贴现率。

与财务净现值一样,通过项目投资现金流量表的所得税前和所得税后净现金流量可分别计算项目投资的所得税前、所得税后内部收益率,用于考察项目融资前的盈利能力。一般地,项目投资的内部收益率高于基准收益率的投资,在经济上都是可行的投资。

2. 融资后分析

如果融资前盈利能力分析表明项目可行,则进一步做融资后盈利能力分析。融资后分析包括动态分析和静态分析。

(1)静态指标。

衡量项目融资后财务盈利水平的静态指标主要包括总投资收益率和资本金净利润率两个指标。

①总投资收益率(ROI)。

总投资收益率表示总投资的盈利水平,系指项目达到设计生产能力后正常年份的年息税前利润或运营期内年平均息税前利润(EBIT)与项目总投资(TI)的比率。计算公式为式(3.37)。

$$ROI = \frac{EBIT}{TI} \times 100\% \tag{3.37}$$

式中:ROI为总投资收益率,表示总投资的收益水平,当其高于同行业的总投资收益率参考值时,表明用总投资收益率表示的项目盈利能力满足要求;EBIT为项目正常年份的年息税前利润或运营期内年平均息税前利润;TI为项目总投资,为建设投资、建设期利息和流动资金之和。

如果项目生产期较短,且年息税前利润额波动较大,可以选择运营期的平均年息税前利润额;若项目生产期较长,年息税前利润在生产期又没有较大的波动,可选择正常生产年份的年息税前利润额。

②资本金净利润率(ROE)。

资本金净利润率是指项目达到设计生产能力后的一个正常年份的年净利润总额或项目生产期内的年平均净利润总额与资本金的比率。该指标从项目投资者所投入资本金的角度反映了项目盈利能力的大小。其计算公式为式(3.38)。

$$ROE = \frac{NP}{EC} \times 100\% \tag{3.38}$$

式中:ROE为资本金净利润率;NP为项目正常年份的年净利润或运营期内年平均净利润;EC为项目资本金。其中,净利润是指所得税后净利润。

显然,对于项目投资者而言,资本金净利润率更好地反映了项目资本金的增值能力是否能够满足投资者追求利润最大化的要求。在进行财务评价时,应该将投资项目的资本金净利润率同投资者主观上预定的期望平均报酬率相比,以判别项目投资盈利能力能否达到预期水平。如果投资项目资本金净利润率大于等于期望平均报酬率,则接受投资项目;反之,则拒绝投资方案;如果有若干投资项目可供选择,应该选择平均报酬率最高的投资项目。

(2)动态分析。

衡量项目融资后财务盈利水平的动态指标主要包括项目资本金净现值和项目资本金内部收益率两个指标。

①净现值。

对于融资后分析来讲,根据"项目资本金现金流量表"的净现金流量计算出的财务净现值反映了投资者在获得借款和还本付息以后所期望得到的盈利水平。对于企业而言,项目资本金净现值能够更好地衡量项目上马后对企业贡献的大小,因而这一指标对投资者的最后决策具有决定性影响。

如果项目为合资项目,则以投资各方出资额为基础编制"项目投资各方现金流量表",并根据表中的净现金流量数据,用出资方期望实现的最低收益率作为贴现率,分别计算项目有关各方的财务净现值,考察投资各方可能获得的收益水平,并据此判断项目是否满足投资各方的获利要求。

②内部收益率。

与财务净现值相同,通过项目资本金现金流量表的净现金流量可以计算项目资本金的内部收益率。与项目投资内部收益率相比,资本金财务内部收益率是对企业更有意义的一个指标。

一般地,项目投资的内部收益率高于基准收益率的投资,在经济上都是可行的投资。当项目投资的内部收益率大于借款利率时,则资本金的内部收益率主要取决于借款在投资总额中的比例。当没有借款时,资本金的内部收益率等于项目投资的收益率;当借款比例增加时,资本金的内部收益率相应增加;当借款比例接近100%时,资本金的内部收益率趋于无穷大。因此,资本金内部收益率一方面反映资本金的报酬水平,另一方面也反映项目的融资情况。

如果项目为合资项目,则同样需要编制"项目投资各方现金流量表",并根据表中的净现金流量数据分别计算项目有关各方的财务内部收益率,考察投资各方可能获得的收益水平。投资各方的财务内部收益率应与出资方期望实现的最低收益率比较,以判断项目是否满足投资各方的获利要求。

3.2.3 投资项目的不确定性分析

1. 投资项目不确定性分析概述

(1)项目不确定性分析的概念。

在计算投资项目的财务和经济费用效益时,所使用的数据都是由预测和估算得到的,这些预测的数据在后来的实际投资中,可能因以前的一系列假设条件发生变化而发生变化,也可能因为估算方法本身存在缺陷导致预测数据与实际数据不符合,因而使用这些预测和估算的数据进行拟建项目效益的测算时,可能造成测算结果与事实存在偏差的状况,一旦发生了不利的偏差和变化,项目所确定的净现值等指标表达的效益就相应发生变化,有时会使项目变得不可行。

为了分析这些因素对项目财务效益和费用效益的影响,就必须在投资效益评估的基础上,进行不确定性分析,以判断投资项目可能出现的风险及其大小,提出项目风险的预警、预报和相应的对策,进一步确定项目在经济上的可靠性,为投资决策服务。

(2)影响项目投资效益的不确定性因素。

影响项目投资效益的不确定性因素主要如下。

①价格的变动。产品的价格或原材料的价格是影响投资效益的基本因素,它通过投资费用、生产成本和产品售价反映到投资效益指标中,而在项目计算期内难免会发生变动。

价格是影响投资效益重要的不确定性因素。

②生产能力利用率的变化。生产能力利用率的变化是指生产能力达不到设计要求对项目的收入和经营成本的影响,进而影响项目的投资效益。生产能力达不到设计要求的原因有原材料、能源、动力的供应保证程度低等以及市场销路差。

③工艺技术的变化。当引进新工艺、新技术、新设备时,原先使用的基础参数也将随之变化。

④投资费用的变化。项目的总投资额估算有误、建设期和投产期的延长、建设材料的价格变化将引起投资费用的变化,导致总成本费用和利润总额等的变化。

⑤项目寿命期的变化。随着科技的发展,项目所采用的一些工艺、技术、设备等可能提前老化,从而使项目的技术寿命期缩短,许多指标都将相应发生变动。

⑥经济形势的发展。随着经济形势的发展,现行经济法规也会有所变化,必然使财务预测的基本经济数据发生变化,从而使项目的效益发生变化。

(3)不确定性分析方法。

传统的不确定性分析主要包括盈亏平衡分析、敏感性分析和风险分析(概率分析)。盈亏平衡分析法只适用于财务分析,其他方法可同时适用于财务分析和费用效益分析。

净现值评估方法本身必然存在着这些不确定性因素,因而传统方法只是一种治标不治本的不确定性分析方法。20世纪70年代后,陆续出现了一些其他的不确定性分析方法,其中实物期权和期权博弈等方法得到广泛运用。

2. 传统的不确定性分析

(1)盈亏平衡分析。

①盈亏平衡分析概述。

盈亏平衡分析法又称保本分析法、损益临界分析法,是指根据项目正常生产年份(即达到设计生产能力)的产量、成本、产品售价和税金等数据,计算使项目生产经营活动的成本与收益平衡时的生产水平(盈亏平衡点 break-even-point,BEP),以分析项目承受风险能力的一种方法。盈亏平衡点是项目的盈利与亏损的转折点,即在这一点上,销售(营业、服务)收入等于总成本费用,正好盈亏平衡。盈亏平衡分析就是要找出盈亏平衡点,用以考察项目对产品变化的适应能力和抗风险能力。盈亏平衡点越低,表明项目适应产品变化的能力越大,抗风险能力越强。

盈亏平衡点有多种表达方式,如以实际产量(或销售量)、生产能力利用率、年销售收入、销售单价表示盈亏平衡点。较常用的是以实际产量(或销售量)、生产能力利用率表示的盈亏平衡点。

②盈亏平衡分析的假设条件。

盈亏平衡分析分为线性盈亏平衡分析和非线性盈亏平衡分析。投资项目评估一般只进行线性盈亏平衡分析。运用线性盈亏平衡分析,需要进行一些假设。

a. 产品产量等于产品销售量。

b. 变动成本与产量成正比例变化,因而,总成本是产量的线性函数。

c. 在所分析的产量范围内,固定成本不变。

d. 按单一产品计算,当生产多种产品时,应换算为单一产品,不同产品的生产负荷率的变化应保持一致。

e. 销售收入是销售量的线性函数。

f. 采用的计算数据是项目正常年份的,即达到设计生产能力时的数据。

③盈亏平衡点的计算。

a. 公式法。

根据盈亏平衡分析的基本原理,这种方法是将盈亏各因素之间的关系用数学模型表示,然后根据模型确定盈亏平衡点的分析方法。

设:S 为年销售收入;C 为年总成本;F 为年总固定成本;P 为产品单价;Q 为年产量;V 为单位产品变动成本;M 为销售税率;R 为生产能力利用率。

如果以实际产量表示盈亏平衡点,则可得式(3.39)和式(3.40)。

$$S = PQ \tag{3.39}$$

$$C = F + VQ \tag{3.40}$$

根据盈亏平衡点的基本含义,可得式(3.41)。

$$S = C + PQM \tag{3.41}$$

将式(3.39)和式(3.40)代入式(3.41),可得。

$$PQ = F + VQ + PQM \tag{3.42}$$

$$\mathrm{BEP}_Q = \frac{F}{P - V - PM} \tag{3.43}$$

类似地,可以计算出:

以生产能力利用率表达的盈亏平衡点,见式(3.44)。

$$\mathrm{BEP}_R = \frac{F}{Q(P - V - MP)} \times 100\% \tag{3.44}$$

以年销售收入表示的盈亏平衡点,见式(3.45)。

$$\mathrm{BEP}_S = P \cdot \mathrm{BEP}_Q = P \times \frac{F}{P - V - PM} \tag{3.45}$$

以产品单价表示的盈亏平衡点,见式(3.46)。

$$\mathrm{BEP}_P = \frac{F}{Q(1 - M)} + \frac{V}{1 - M} \tag{3.46}$$

以单位产品变动成本表示的盈亏平衡点,见式(3.47)。

$$\mathrm{BEP}_V = P - T - \frac{F}{Q_0} \tag{3.47}$$

式中:T 为单位产品销售税金及附加;Q_0 为年设计生产能力。

b. 图示法。

图示法就是用图的形式来表示盈亏平衡点的方法(图3.10)。线性盈亏平衡分析图示法的步骤如下。

第一步,建立年产量与年销售收入(年生产成本)关系的坐标。

第二步,画出年固定成本线。

第三步,画出年变动成本线。

第四步,画出年总生产成本线。

第五步,画出年销售收入线。

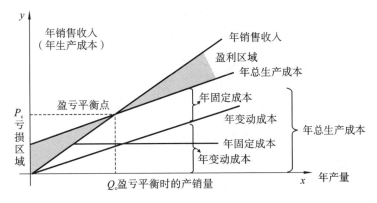

图 3.10 盈亏平衡点画图

年销售收入线与年总生产成本线的交点就是所求的盈亏平衡点。

(2) 敏感性分析。

①敏感性分析概述。

敏感性分析是投资建设项目评估中应用十分广泛的一种技术,通过分析、预测项目涉及的各种不确定性因素对项目基本方案评估指标的影响,找出敏感性因素,并估计敏感程度,粗略预测项目可能承受的风险,为进一步的风险分析打下基础。

在选择方案时,进行敏感性分析可淘汰不确定性较大的方案;在选定的方案中,对敏感性因素可以采取适当的措施加以防范,对不敏感性因素则不必过分担心。

②敏感性分析步骤。

第一步,确定敏感性分析对象。确定敏感性分析对象,也称确定敏感性分析指标。投资项目的种类很多,不同项目有不同的特点,因此,并不需要对项目全部的投资效益指标进行分析,可以针对不同项目的具体情况,选择某些最能反映项目效益的指标作为分析对象。净现值、内部收益率等动态指标往往成为分析对象。

第二步,选取不确定性因素。各个不确定性因素的内容,随项目的不同而不同,实际上也不需要对全部可能出现的不确定性因素逐个分析,只需分析那些在成本、收益的构成中占比较大、对效益指标有重大影响,并且在建设期和经济寿命期最有可能发生变动的因素。通常就工业项目而言,共同的不确定性因素有产品产量(生产能力)、产品价格、可变成本或主要原材料与动力价格、固定资产投资、建设工期及汇率等。选取不确定性因素时,一定要结合不同项目的具体特点。

第三步,设定不确定性因素的变化率,并计算动态效益指标。设定不确定性因素的变化率,就是假定不确定性因素的上涨率或下降率。如假定产品销售价格提高 10%,固定资产投资额减少 10% 等,因为不确定性因素发生了变化,必然导致动态效益指标发生相应变化,所以,有必要在原方案的基础上计算动态效益指标,以此类推,把上述结果列表进行分析,可初步得知敏感性因素。

第四步,作敏感性分析图,确定敏感性因素及其变化的极限值。在上一步的基础上,把各种计算结果画在坐标图(图 3.11)中,该图称作敏感性分析图,从图中可以发现哪个因素是敏感性因素。最先接触基准线的因素即敏感性因素,或者说,斜率最大的因素即敏感性因素。

第五步,计算敏感度系数并对敏感因素进行排序。敏感性因素的数值发生较小的变动就能使项目

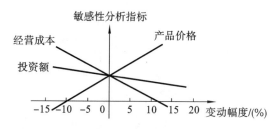

图 3.11 敏感性分析图

经济评价指标出现显著改变。敏感度系数的计算公式为式(3.48)。

$$S_{AF} = \frac{\Delta A/A}{\Delta F/F} \tag{3.48}$$

式中:S_{AF} 为评价指标 A 对不确定性因素 F 的敏感度系数;$\Delta A/A$ 为不确定性因素 F 发生变化时,评价指标 A 的相应变化率(%);$\Delta F/F$ 为不确定性因素 F 的变化率(%)。

(3)概率分析法。

①概率分析概述。

概率分析是指运用概率方法研究计算各种不确定性因素的变动情况,估计基本参数和变量可能值的发生概率,然后经过数理统计处理对项目指标的概率进行衡量,进而估计出每一个不确定性因素对项目效益影响程度的一种定量分析方法。

②概率分析的一般步骤。

第一步,列出各种要考虑的不确定性因素。

第二步,设定各不确定性因素可能发生的情况。

第三步,分别确定每种情况出现的可能性(即概率),各种不确定性因素可能发生情况的概率总和必须等于1。

第四步,计算净现值的期望值,并计算显示期望值稳定性的标准差。

第五步,求出净现值大于0或等于0的累计概率,并画出累计概率图。

③期望值的计算。

a. 期望值的计算公式。

期望值也称数学期望,它是随机事件的各种变量与相应概率的加权平均值。它代表了不确定性在实际中最有可能出现的值。

随机变量可分为离散型随机变量和连续型随机变量。投资项目分析中,不确定性因素的变化一般为有限次数,因此在分析计算期望值时一般使用离散型随机变量。

期望值的计算公式为式(3.49)。

$$E(X) = \sum_{i=1}^{n} X_i P_i \tag{3.49}$$

式中:$E(X)$ 为随机变量的期望值;i 为随机变量的序数,$i=1,2,3,\cdots,n$;X 为随机变量值;P 为随机变量发生的概率。

b. 期望值的计算步骤。

第一步,列出项目各种状况的指标值以及在不确定性因素作用下各随机变量的概率分布。

设某一投资项目在市场需求变化情况下的概率分布如表3.11。

表 3.11 概率分布

市场需求	大	中	小
概率(P)	0.3	0.5	0.2
盈利(X)	360	200	100

第二步,根据概率分布计算项目指标的期望值。

$$E(X) = \sum_{i=1}^{n} X_i P_i = 0.3 \times 360 + 0.5 \times 200 + 0.2 \times 100 = 228$$

第三步,计算显示期望值稳定性的标准差和变异系数。标准差的计算公式为式(3.50)。

$$\sigma = \sqrt{\sum_{i=1}^{n} [X_i - E(X)]^2 P_i} \tag{3.50}$$

式中:σ 为标准差;X_i 为第 i 次事件发生的变量值;P_i 为第 i 次事件发生的概率。

标准差表示事件发生的变量与数学期望值的偏离程度。指标越小,说明实际可能发生的情况与期望值越接近,项目风险就越低。一个好项目应该具有较高的期望值和较小的标准差。标准差是一个绝对值指标,它适用于具有相同期望值的不同项目的风险的分析。

如果不同项目具有不同的期望值,就要利用变异系数进行分析。变异系数的计算公式为式(3.51)。

$$V = \frac{\sigma}{E(X)} \times 100\% \tag{3.51}$$

变异系数的实质是每单位期望值所承担的标准差。变异系数越小,项目的相对风险就越低。

3. 基于实物期权的不确定性分析

投资项目具有投资额大、投资成本不可逆的特点,而在项目分析评价阶段又存在巨大的不确定性,包括投资收益、投资成本、技术水平、国家政策、宏观环境等在内的各项数据和条件都不是一成不变的,都存在不确定性,这可以借助实物期权模型进行不确定性分析决策。

(1)实物期权不确定性分析概述。

实物期权的概念最初是由 Stewart Myers(1977)在麻省理工学院时提出的,他指出,一个投资方案其产生的现金流量所创造的利润,来自截至目前所拥有资产的使用,再加上一个对未来投资机会的选择。也就是说,企业可以取得一个权利,在未来以一定价格取得或出售一项实物资产或投资计划。同时又因为其标的物为实物资产,故将此性质的期权称为实物期权。

实物期权隐含在投资项目中,有的项目期权价值很小,有的项目期权价值很大。这取决于项目的不确定性,不确定性越大,则期权价值越大。

实物期权方法主要适用于以下几种情况:当投资项目存在或有决策时;当投资项目的不确定性高、影响因素多时;当投资项目的价值不是由当前现金流决定而是由未来期权价值决定时;当投资项目存在管理柔性时;当投资项目在运行过程中需要对发展战略进行调整时。

实物期权投资的不确定性模型主要有两类:离散型和连续型。离散型的二叉树模型和三叉树模型操作简单、易于理解,便于计算机实现,所以运用最广。连续型中的解析法假设条件严格、应用范围较窄,但计算过程简化;连续型中的随机微分方程法模型灵活、计算准确,但运算复杂;连续型中的模拟方法应用范围较广,对模拟条件要求较高。

实物期权具有以下四个特性。①非交易性。实物期权与金融期权本质的区别在于非交易性,不仅作为实物期权标的物的实物资产一般不存在交易市场,而且实物期权本身也不大可能进行市场交易。②非独占性,许多实物期权不具备所有权的独占性,即它可能由多个竞争者共同拥有,因而是可以共享的。对于共享实物期权来说,其价值不仅取决于影响期权价值的一般参数,而且还与竞争者可能的策略选择有关系。③先占性。先占性是由非独占性所导致的,它是指抢先执行实物期权可获得的先发制人的效应,结果表现为取得战略主动权和实现实物期权的最大价值。④复合性。在大多数场合,各种实物期权存在着一定的相关性,这种相关性不仅表现在同一项目内部各子项目之间前后相关,而且表现在多个投资项目之间相互关联。

实物期权也是关于价值评估和战略性决策的重要思想方法,是战略决策和金融分析相结合的框架模型。它是将现代金融领域中的金融期权定价理论应用于实物投资决策的分析方法和技术。

(2)实物期权识别及模型假设。

用实物期权方法评价项目投资不确定性时的价值,首先需要对投资项目中的实物期权进行识别。

根据实物期权的内容,实物期权可划分为延迟期权、持续期权、增长期权、扩张期权、收缩期权、放弃期权和转换期权等。

在项目投资前,决策者可以根据投资环境来决定是否马上投资项目,即项目具有延迟期权;一旦项目开始投资,管理者具有继续进行项目投资的权利,即持续期权;在项目持续进行的背景下,企业也可以获得增长的机会,这是增长期权;在项目投资的过程中,管理者可以执行改善期权,即当市场形势有利时,决策者拥有扩张期权,即扩大投资规模;当市场形势不好时,决策者拥有缩减期权,即缩减项目投资规模;当市场形势非常糟糕时,放弃项目得到的项目残余价值大于项目存续所带来的收益,则执行放弃期权;项目需要转向时具有转换期权。

据此,在投资项目运行中,可以对项目进行期权调整。设在风险中性世界里,r 为无风险利率,设项目收益 X 是不确定的,在项目投资过程中能够对项目进行定期评估,根据环境的变化改变现有的投资策略,通过定期评估可以充分利用相机权益。设项目存续期为 T,投资者可以对投资策略进行 N 次调整,$\Delta t = T/N$,Δt 为投资评价周期。项目初始投资为 I,当项目价值小于 I 时,执行等待期权。为简单起见,决策者按照以下规则执行扩张期权和缩减期权,当项目收益较高时,决策者将追加投资至 $(1-a)I$,此时项目的价格 X 变为 $(1-\theta)X$;当项目收益较低时,决策者将缩小投资规模至 $(1-a)I$,由于投资的不可逆性,缩小规模时,将获得投资返回值 $\lambda a I$,此时项目的价格 X 变为 $(1-\mu)X$,其中 $a>0,\lambda<1$,根据投资的边际报酬递减规律,令 $\theta \geqslant 0, \mu \leqslant a$。决策者还可以执行放弃期权,收回项目残余价值 βI。

(3)项目期权价值评价。

动态规划方法是解决如何在当前决策影响未来收益的情况下作出最优决策。这种方法罗列出实物期权有效期内标的资产的可能价值,然后返回未来最优策略的价值。动态规划方法的核心是贝尔曼法则,即无论过去的状态和决策如何,对未来的决策所决定的状态而言,未来的决策必须构成最优决策。这种方法将未来价值和现金流折现返回到当前决策点,用反向递推方式解决最优决策问题。解决单期最优决策问题后返回,这种方式保证了整个问题的最优化。

动态规划方法是解决实物期权定价的一个很有用的方法,因为它透明地处理各种实物资产和实物期权。中间环节的价值和决策是可视的，这使管理者对实物期权的价值来源有更直观的认识。动态规划方法能够处理决策结构（包括有约束决策）、期权价值和标的资产价值的复杂关系。这些优点均体现在二叉树期权定价模型中。

二叉树模型是计算实物期权的基本方法，该方法假设标的物（此处指项目的价格）波动只有向上和向下两个方向，且假设在整个考察期内，项目收益每次向上（或向下）波动的概率和幅度不变。模型将考察的存续期分为若干阶段，根据项目收益的历史波动率模拟出项目在整个存续期内所有可能的发展路径，并对应每一路径上的每一节点项目的价值，最后可以得到期权价值。若投资的预期收益大于期权价值，则可以投资；否则保持该期权，直到投资的预期收益等于投资的期权价值。

①递延期权的投资分析实例。

递延期权是指赋予投资者推迟一段时间对项目进行投资的权利，通常用于受专利或许可证保护的项目。递延期权使得决策者在推迟的这段时间可以观察市场的变化，当市场情况有利时则进行投资；如果许可证或专利到期时市场情况仍未好转，则可放弃该项目。因此递延期权相当于美式看涨期权，用 C 表示。

例如，有一个投资项目，如果企业现在投资，将在第二年年初为该投资项目支付 115 万元，由于不确定性因素的存在，该投资项目可能产生现金流入量 170 万元或 65 万元，两者概率均为 50%，无风险利率 $R_f=8\%$，风险报酬率 $K=17.5\%$，该项目不含实物期权的 $\text{NPV}=-115/(1+R_f)+(170\times50\%+65\times50\%)/(1+K)\approx-6.48$ 万元，企业将否决这个投资项目。

但是在实物期权分析下，投资决策将完全不同。这个投资项目可能产生的现金流用二叉树结构表示如图 3.12 所示。

$$\text{投资项目期望实现值}V_0=\frac{170\times0.5+65\times0.5}{1.175}=100 \begin{cases} V_u=170 \\ V_d=65 \end{cases}$$

图 3.12　投资项目现金流的二叉树结构

注：u 代表 up，表示上涨，V_u 表示投资产生的上涨现金流现值；d 代表 down，表示下跌，V_d 表示投资产生的下跌现金流现值。

二叉树模型通过复制投资组合方法对实物期权进行定量分析。复制投资组合方法是在一价定律规定下，通过复制一个投资组合来拟合投资项目的现值或净现值。套利是一价定律的形成过程，它是指以某个价格买入资产，同时以更高的价格卖出该资产以实现价差收益。一旦套利机会出现，职业投资者就立刻将资金转移到套利资产上，使供求关系发生急剧变化，从而填补套利价差，因此套利机会很少且转瞬即逝。所以在一价定律下，可以实现复制投资组合与投资项目现值或净现值完全正相关。复制投资组合可由 m 单位不含实物期权的投资项目现金流现值和 B 单位无风险债券（每单位债券现值是 1）组成，以不含实物期权的投资项目现金流现值作为投资项目的标的风险资产。用复制投资组合方法表示的不同状态下的投资项目净现值，如图 3.13 所示。

$$C_0=m100+B \begin{cases} \text{上涨时}C_u=m170+B(1+R_f) \\ \text{下跌时}C_d=m65+B(1+R_f) \end{cases}$$

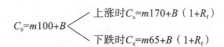

图 3.13　投资项目的复制投资组合示意

注：C_u、C_d 分别代表上涨、下跌后实物期权价值，$B(1+R_f)$ 表示 B 单位无风险债券在一年后的价值。

递延投资产生的损益如表 3.12 所示。

表 3.12 递延投资产生的损益

状态	现金流入	投资支出	递延投资产生的项目净现值
上升(u)	170	115	max[(170−115),0]=55
下跌(d)	65	115	max[(65−115),0]=0

不同状态下的复制投资组合价值等于投资项目在相应状态下的净现值,见式(3.52)。

$$\begin{cases} m170 + B(1+R_f) = 55 \\ m65 + B(1+R_f) = 0 \end{cases} \tag{3.52}$$

由式(3.52)计算得 $m=0.52381, B=-31.53$。

含递延期权的投资项目 NPV = 实物期权价值 $C_0 = mV_0 + B = 20.86$,所以企业应在年底根据现金流入量作出决策,使投资项目净现值高于立即投资的净现值。

② 使用实物期权原理分析投资项目应注意的问题。

实物期权的分析框架揭示出管理的未来灵活性价值在不确定性环境中将会更大,这种管理价值在具有充分投资机会的经济环境中达到最大值。虽然高利率、更多的不确定性、更长的投资期会降低一个项目的静态价值,但这些因素也提高了投资项目内含实物期权的价值,特别是管理灵活性价值,它能根据不确定性环境的变化对投资项目作出相应的决策(递延、放弃、收缩、扩张、转换等),从而使实物期权价值提高,并超过上述负效应。

实物期权有两类成长性期权,即独有型和共享型期权。独有型期权有更高的价值,因为它给予持有者独自享有的权利去执行它。这种独有型期权来自专利、专有知识或特定优势,而这些是竞争对手所不能得到的。共享型成长期权价值相对低一些,它代表由产业界集体共同享有的机会,它们能由竞争对手采纳并实施。

企业应把需立即作出决策的项目和将来存在决策灵活性的项目区分开。企业应考虑是否能实现实物期权带来的收益,这些收益是否也能被竞争对手取得。当实物期权能提供持续的竞争优势时才有较高价值。这种竞争优势取决于竞争对手内在情况和竞争优势自身。如果竞争对手实力强大且竞争激烈,那么竞争优势的持续性就会被削弱,这时实物期权可能为竞争对手同时享有,从而削弱实物期权价值,在极端时可能为零。如果竞争优势体现在稀缺的自然资源上(土地、石油、矿产),则优势的持续性将会很强,它的价值也就很高。

从实物期权的角度来评价投资项目时,管理人员很容易发现:常规净现值法由于没考虑投资自身包含的实物期权价值,往往低估投资项目价值;管理者使用实物期权原理能定量地分析出投资在多大程度上超过了净现值法得出的结论,也能知道净现值法在多大程度上低估了投资项目的价值。

4. 基于期权博弈的不确定性分析

(1) 期权博弈不确定性分析概述。

由于实物期权在绝大多数情况下不具有金融期权的排他性,这从本质上决定了不能简单地用标准金融期权定价公式为投资决策进行评估。事实上,许多投资领域都存在着激烈的竞争,当一个投资机会出现的时候,它往往由市场内各个竞争主体所共有,而不是由某一投资主体独自占有,也就是说大多数投资项目是具有非排他性的。一个投资机会的柔性价值不能被一个投资者全部占有,投资期权为共享期权。在这种情况下,投资项目的价值会因为竞争对手抢先执行期权而降低。因此,企业在投资决策时,除了面对各类不确定因素,还必须考虑来自竞争对手的不确定因素。当投资者发现欲投资项目的未来收益率高于社会平均水平时,都可能会对该项目进行投资,从而使得之前在"独占性"假设下所做的各种分析和评估结论失去准确性。

期权博弈的不确定性分析是同时将不确定性、竞争和信息不完全性等因素纳入同一分析框架,在期权定价理论方法的基础上,利用博弈论的思想、建模方法对包含实物期权的项目投资进行评价,对项目进行更加科学、准确、高效的评估。其主要思想基础如下。

①对未来客观世界不确定性的认识,主要包括对金融市场,特别是利率、生产技术、产品价格、市场需求等不确定性因素的识别和分析研究。

②克服传统理论方法忽视项目投资过程中对管理灵活性和时间影响因素认识的弊端,在投资管理过程中,对投资项目的管理柔性及期权特征加以认真考虑,改进项目价值评估过程中的因素分析。

③在科学地评估投资价值的基础上,企业在项目投资决策过程中,必须考虑市场结构、市场竞争和投资决策情况等,针对不同的市场结构和竞争者决策状况作出科学决策。

(2)投资项目不确定性的期权博弈方法主要步骤。

期权博弈投资决策理论的基本思想:使项目未来收益价值最大化和选择最优的投资时机,投资项目期权博弈投资分析可以分为以下三个步骤。

第一步,确定建设项目投资的影响因素。影响因素可分为主体的不确定性因素和具体项目的因素,也就是自身的经济实力条件、竞争因素和市场结构变化的影响。

第二步,模型解析和参数假设。比如对影响项目价值的变量——竞争对手、产品成本及市场结构等变量的设定和基本假设的描绘。

第三步,分析投资项目的价值函数。项目价值函数和最佳投资时机随着期权博弈投资模型的变化而发生改变。在双寡头垄断市场中,每个项目的投资主体根据其所选择的投资顺序和投资时机被赋予三种角色:领导者、追随者和共同投资者。

3.3 项目评价

3.3.1 项目评价的概念

项目评价是指由投资决策部门、提供贷款的银行对项目可行性报告进行全面审核和再评价的理论与方法。其主要任务是根据国家有关部门颁布的政策、法规、方法、参数和条例等,从项目(或企业)、国民经济和社会的角度出发,在投资决策前由有关部门对拟建投资项目建设的必要性、建设条件、生产条件、产品市场需求、工程技术、财务效益、经济效益和社会效益等进行深入细致的比较、分析和论证,提出评价意见,编写项目的评价报告。

项目评价过程可以分为信息收集、方案设计、方案评价、方案选择四个相互联系的阶段。这四个阶段相互交织、循环往复,贯穿整个评价过程。

根据不同的分类标志,项目评价可划分为不同的类型:①根据评价对象的不同,可以分为投资评价、融资评价、营销评价等;②根据评价目标的数量,可以分为单目标评价和多目标评价。

3.3.2 项目评价的产生和发展

投入有限的资源,取得尽可能多的收益,是投资者的普遍预期。因此自投资活动存在起,就有了投资决策分析,只是最初的投资决策分析往往凭个人的经验进行。随着社会经济的发展,统计学、会计学等定量方法开始在投资项目管理中得以应用。投资项目评价的理论与方法目前已日臻成熟,项目评价学已成为一门比较系统、完整的应用型技术经济学科。

1. 国外项目评价的产生和发展

在社会生产力发展水平相当高的条件下,巨额投资是必不可少的,而可利用的投资资源是十分有限的,投资决策对投资者至关重要,对提供贷款的银行也举足轻重。社会实践在客观上需要建立一套科学的对投资项目进行分析、论证和评价的理论及方法体系,项目评价应运而生。

现代意义上的项目评价基本原理产生于 20 世纪 30 年代。20 世纪 30 年代的世界性经济大萧条使得西方发达国家的政府施行新经济政策,兴办公共建设工程,于是出现了公共项目评价方法。随着政府对公共工程投资力度的加大以及对经济事务的关心,经济学家开始关心社会效用、生产与消费水平、资源配置以及一般社会福利问题,由此为项目评价提供基本概念、原理、福利准则和一般性理论框架的福利经济学得以产生。凯恩斯鼓励政府积极干预国民经济的理论,对促进项目评价理论的发展起到了重要的作用。而 20 世纪 50 年代发展经济学的崛起,对发展中国家项目评价的发展起到了巨大的推动作用,使项目评价不仅仅只关注微观经济,还要放在宏观背景下加以考察,最终确定项目的效益。

现代意义上的项目评价系统方法产生于 20 世纪 60 年代末期,一些西方发展经济学家致力于发展中国家项目评价的理论研究,其研究成果得到发展中国家政府和经济学界的普遍好评。1968 年,由牛津大学著名福利经济学家 I. M. D. Little 和经济数学教授 James Mirrlees 为经济合作与发展组织编写的《发展中国家工业项目分析手册》中第一次系统地阐述了项目评价的基本理论和基本方法,即所谓的"新方法论";1972 年,联合国工业发展组织出版的重要著作《项目评价指南》提出了新的方法;1974 年,I. M. D. Little 和 James Mirrlees 又联合发表了《发展中国家项目评价和规划》,对新方法论进行了补充;1975 年,世界银行的经济学家 Lyn Squire 和 Herman G. Vander Tak 在《项目经济分析》中协调了上述两个组织的方法,介绍了影子价格的推导和估算;1980 年,联合国工业发展组织和阿拉伯国家工业发展中心针对新方法的局限性,发表了《工业项目评价手册》,提出了以增加价值作为判断项目的价值标准。这些新方法大大促进了项目评价理论和方法的发展。

项目评价的内容也随着经济的发展发生一些明显的变化。在 20 世纪 60 年代以前,国际上项目评价的重点主要是财务分析,以财务分析的好坏作为评价项目成败的主要指标。到 20 世纪 70 年代前后,世界经济的快速发展带来了严重的污染问题,引起了人们的广泛关注,于是发达国家和发展中国家纷纷颁布了环保法,根据立法的要求,项目评价增加了环境评价的内容。到了 20 世纪 80 年代,世界银行等金融组织非常关心其援助项目对接受援助地区的社会文化和持续性发展产生的影响,社会影响评价也被引入了项目评价之中。

20 世纪 80 年代之后,项目评价工作越来越受到各国,特别是广大发展中国家政府的重视,成为银行确定是否向投资项目发放贷款的重要依据。应当指出,在项目评价理论和实践的发展过程中,世界银行发挥了积极的作用。该组织规定,不论哪个会员国,要取得世界银行的长期贷款,所有项目都要经过评价,评价的结论是审批贷款的主要依据。为了提高各会员国的项目评价水平,世界银行组织出版了一

2. 我国项目评价的产生和发展

我国项目评价方法萌芽于20世纪50年代。早在"一五"时期,我国就开始对一些大型建设项目进行技术经济论证。当时中央人民政府政务院财政经济委员会发布了《基本建设工作程序暂行办法》,对项目管理做了"先设计,后施工"等规定,并借鉴苏联的经验,起到了一定的经济效果。当时所采用的方法是一些极为简单的静态分析方法,尚不够全面和完善。到20世纪70年代末期为止,我国一直沿用这种传统的方法评价项目。尽管这种方法对当时的经济建设曾起过一定积极的作用,但随着经济的发展,这种方法已远不能满足项目投资决策的需要。

1980年,我国在世界银行的合法席位得到了恢复。1981年,我国成立了以转贷世界银行贷款为主要业务的中国投资银行。1983年,中国投资银行推出了《工业贷款项目评价手册》(试行本),之后曾多次加以修订,并被译成多种外文在国外出版发行,受到世界银行和许多发展中国家的好评。投资银行关于项目评价的研究与实践在我国起到了极好的探索与示范作用。1983年2月,国家有关部委联合颁布了《关于建设项目可行性研究的试行管理办法》,该办法把可行性研究正式列入基本建设程序,要求项目审批手续分为项目建议书、可行性研究报告、设计任务书、初步设计、开工报告5个步骤。同时,国内学术界对项目评价的理论和方法进行了热烈的探讨,为建立具有中国特色的项目评价理论和方法体系起到了积极的作用。在总结经济建设经验教训的基础上,我国积极学习国外项目评价方法,政府部门也给予高度重视。20世纪80年代中期以后,有关部委、中国建设银行总行、中国国际工程咨询公司先后公布了不同类型的项目评价方法。特别是国家计划委员会(简称"国家计委",现为国家发改委)于1987年9月首次正式发布了《建设项目经济评价方法与参数》(第一版)、《关于建设项目经济评价工作的暂行规定》和有关国家参数以及部分外贸货物的影子价格(或转换系数),对我国项目评价理论和方法的完善、项目评价业务的发展起到了极大的推动作用。1993年,由建设部和国家计划委员会联合编制和修订了《建设项目经济评价方法与参数》(第二版),进一步明确了投资项目的建设程序、内容,规范了建设项目经济评价中的具体方法和基本参数,推动了我国投资决策科学化的进程。随着我国经济体制改革和投资体制改革的不断深入,国家发改委和建设部组织专家深入调查研究,2006年颁布了《建设项目经济评价方法与参数》(第三版)。修订后的方法和体系更加符合我国社会主义市场经济的发展和投资体制改革的要求,对提高各类投资主体的项目科学决策水平起到重要作用,至此,基本形成我国较为完整的项目评价的标准和规范。中国投资者、决策机构和金融机构更加深刻地体会到在社会主义市场经济环境中,开展项目评价在投资项目决策中所发挥的不可替代的作用。

3.3.3 项目评价的原则、依据和内容

1. 项目评价的原则

项目评价是投资决策的重要手段。投资者、决策机构、金融机构以项目评价的结论作为实施项目、决策项目和提供贷款的主要依据,所以,要保证项目评价结论的客观性,项目评价需要坚持以下原则。

(1)评价方法的科学性。科学决策要求决策者按照科学的决策程序,采用科学的方法和先进的技术手段,调查研究项目建设的客观条件,依据国家有关政策、技术发展趋势和客观需求的状况,选择科学合理的分析和评价的方法,既要考虑定性方法,又要考虑定量方法,更要考虑定性和定量相结合的方法。

(2) 考察因素的系统性。决定一个投资项目是否可行的因素包括诸多方面,从大的方面讲,取决于市场因素、资源因素、技术因素、经济因素和社会因素等。另外,项目是否可行,不但涉及项目内部因素,如项目的技术水平、产品质量、产出物和投入物的价格等,而且还涉及外部因素,如项目所需的外部配套条件、国家的金融政策、税收政策和一定时期的区域规划等。所以,在进行项目评价时,必须全面、系统地考虑,综合分析、评价项目的可行性。

(3) 实施方案的最优性。投资决策的实质在于选择最佳投资方案,使投资资源得到最佳使用。项目评价应该符合投资决策的要求,进行投资方案的比较和选择。在进行项目评价时,应根据项目的具体情况(如生产规模、可利用的资源、投资的时间等)拟订若干个有价值的方案,并运用科学的方法分析、比较,选择最佳的实施方案。

(4) 选择指标的统一性。判断项目是否可行,或者选择最佳实施方案需要一系列的技术经济指标,而这些指标是经过多年的潜心研究和实践验证而得以确定的,指标体系是科学合理的。当然,在进行项目评价时,可以根据侧重点的不同,选择不同的指标,但应力求选择指标统一。如可以选择《建设项目经济评价方法与参数》(第三版)所确定的指标体系。

(5) 选取数据的准确性。项目评价实际上是对有关拟建项目的各方面信息资料进行综合加工、分析和评价的过程。数据来源的可靠性、准确性,直接决定着项目评价结论的客观性和公正性。所以,在进行项目评价时,一定要选取来源可靠、数据准确的信息。数据来源可靠是指所用数据来自正常渠道,如来自国家统计部门、外贸部门、商业部门和经济信息中心等单位的统计资料和预测数据。数据准确是指所用数据要符合客观情况,不可人为地使用扩大或缩小的数据。

(6) 评价过程的独立性。项目可行性研究报告编制完成后,应由另一家符合资质要求的工程咨询单位对项目可行性研究报告所做结论的真实性和可靠性进行复核和评价。在评价的过程中,评价人员不受投资人或委托单位任何人意志的影响,按事物的规律和实际情况办事,确保项目评价过程的客观、公正和可信。

2. 项目评价的依据

在现阶段,可作为项目评价主要依据的有有关部门颁布的项目评价方法;国家发改委和建设部发布的《建设项目经济评价方法与参数》(第三版);项目可行性研究报告、规划方案等;各有关部门的批复文件,如项目建议书、可行性研究报告的批复;投资协议、合同、章程等;有关的方针、政策、法规、办法等;其他有关信息资料。

3. 项目评价的内容

项目评价的目标是为投资决策提供科学的依据。项目的类型很多,其规模、性质和复杂程度各不相同,因而其评价的内容与侧重点也有一定的差异,但其基本内容大同小异,主要包括以下几个方面。

(1) 项目与企业概况评价。首先,对项目实施的背景进行简要分析;其次,对各类项目的基本概况进行简要分析。对于基本建设项目,主要评价项目的投资者、建设性质、建设内容、产品方案、项目隶属关系以及项目得以成立的依据(如立项批复文件、选址意见书)等。对于更新改造项目,除上述内容外,还要评价现有企业的基本概况、历史沿革、组织机构、技术经济水平、资信程度、经济效益等。对于中外合资项目,还要分别评价合资各方的基本概况。

(2) 项目建设必要性评价。主要从宏观和微观角度论述项目建设的必要性,如项目的建设是否符合国家的产业政策,是否符合国民经济发展规划与地区发展规划,是否有助于优化城市总体布局等。

(3) 项目市场需求分析。主要分析项目所生产的产品(或所提供的服务)的市场现状、未来发展趋势以及产品(或服务)在市场上的竞争能力等。

(4) 项目生产规模与厂址确定。在必要性评价与市场需求分析的基础上,结合项目的具体情况(如厂址情况、资金筹措能力、技术和管理水平、规模经济等),确定项目的最佳生产规模。

(5) 项目建设生产条件评价。主要评价项目的建设施工条件能否满足项目正常实施的需要,项目的生产条件能否满足正常生产经营活动的需要。

(6) 项目工程与技术评价。主要评价项目工程设计是否合理,项目所采用的工艺是否具备先进性、经济性、合理性和安全性。

(7) 投资估算与资金筹措。主要估算项目总投资额(包括建设投资、流动资金投资与建设期利息等),并制定相应的资金筹措方案和资金使用计划。

(8) 财务效益分析。从企业或项目的角度出发,根据收集和估算出的财务数据,以财务价格为基础,编制有关表格,计算相应的技术经济指标,据此判断项目的财务盈利能力和清偿能力。

(9) 经济效益分析。从国民经济的角度出发,根据收集和估算出的经济数据,以影子价格为基础,编制有关表格,计算相应的技术经济指标,据此判断项目对国民经济的贡献。

(10) 社会效益分析。从社会的角度出发,以社会影子价格为基础,编制社会评价表格,计算相应的技术经济指标,据此判断项目对实现社会发展目标的贡献。

(11) 不确定性分析。通过运用有关方法,计算有关指标,考察项目抵御风险的能力。

(12) 项目总评价。在上述各项评价的基础上,得出项目评价的结论,并提出相应的问题和建议。在实际评价中,可根据项目的性质、规模、类别等对上述内容加以调整。

3.3.4 项目评价与可行性研究的关系

项目评价与可行性研究都是项目投资前期的两项重要工作,都是以分析和论证项目可行与否为工作,两者关系密切,有许多共同之处,也各有特点。

1. 项目评价与可行性研究的联系

(1) 均处于项目投资建设的前期。项目评价与可行性研究均处于项目投资前期。可行性研究是在机会研究批准之后,对项目可行与否进行的全面分析论证;项目评价则是对项目的可行性研究进行审查与分析,进而判断其是否可行。两者都是重要的前期准备工作。这两项工作的质量如何,对项目投资决策都会产生极大影响。

(2) 工作的内容基本相同。这两项工作无论是从经济评价指标计算的基本原理、分析对象、分析依据来看,还是从分析内容来看,都是相同的。就同一个投资项目而言,从经济评价的角度看,无论是项目评价还是可行性研究,它们计算评价指标的基本原理是相同的,都是通过比较计算期的费用与收益,计算一系列技术经济指标,得出可行与否的结论;其分析的对象是一致的,都是投资项目;其分析的某些依据是相同的,都是国家的有关规定和有关部门为拟建项目下达的批复文件等;其所分析的内容均包括建设必要性、市场条件、资源条件、工程技术、财务、经济效益等。

(3) 最终工作目标及要求相同。为拟建项目进行评价和开展可行性研究的最终工作目标是一致的,都是通过分析论证,判断项目可行与否,实现投资决策的科学化、程序化和民主化,提高投资效益,使资源得到最佳配置。两者的要求也是相同的,都是在调查研究的基础上进行分析和预测,得出公正、客观的结论。

2. 项目评价与可行性研究的区别

项目评价与可行性研究存在诸多相同之处,从理论和实践方面来看,两者也有明显的区别,主要表现在以下几个方面。

(1)行为主体不同。可行性研究工作是由建设单位(即投资者)负责组织委托的,而项目评价则是由贷款银行或有关部门负责组织委托的。一般来讲,这两项活动均须委托有关工程咨询机构进行,但其所代表的是不同的行为主体,即咨询机构要对不同的行为主体负责。

(2)立足点不同。可行性研究是站在直接投资者的角度来考察项目的,而项目评价则是站在贷款银行或有关部门的角度来考察项目的。角度不同,可能导致对同一问题的看法不同,结论也可能有差异。

(3)侧重点不同。由于立足点不同,两者考察项目的侧重点也可能不同:可行性研究往往侧重项目必要性与技术方面的论证;项目评价则主要侧重考察项目建设的可能性与借款的偿还能力。

(4)所起的作用不同。两者都是进行投资决策的重要依据,但可行性研究是投资主体进行投资决策和计划部门审批项目的重要依据,项目评价则是银行审批贷款的重要依据,两者不可能也无法相互替代。

(5)所处的阶段不同。尽管两者同处项目建设的前期,但在此时期内,可行性研究在先,项目评价在后,这一工作顺序是不能颠倒的。可行性研究是投资决策的首要环节,但仅有这一环节是不够的,还必须在此基础上进行项目评价。项目评价人员要充分利用可行性研究的成果,进行周密的调查研究与分析论证,独立地提出决策性建议。可行性研究为项目评价提供工作基础,而项目评价则是可行性研究的延伸、深化和再研究,可促使项目可行性研究人员努力做好可行性研究工作,另一方面可以通过项目评价的反馈信息,及时纠正项目可行性研究中存在的问题,从而提高项目决策的科学化水平。

3.4 项目评价结果的应用

3.4.1 评价结果的分析

项目的评价指标体系应较为全面地反映方案的基本特征。根据项目的目的、任务,对技术要求进行分析,确定反映方案特征的技术经济指标体系。该指标体系应包含技术指标、经济指标、其他因素指标。其中,技术指标是反映技术方案的技术特征和工艺特征的指标,用于说明方案适用的技术条件和范围,经济指标是用于反映方案的经济性和经济效果的指标,其他因素指标是指除了技术指标和经济指标,项目还需考虑的因素或指标。评价指标体系的选择要从整体上考虑,既要有所侧重,又要适中。

项目的评价分析要全面、客观。在建立较为全面的技术经济指标体系的基础上,对各个指标的计算分析应采用不同的策略。对于不同方案中可计量的数量指标分别计算和分析,得出定量的结果,对不同方案中不可计量的指标也要通过分析和判断得出定性分析的结果。要根据评价的目的,将方案中的指标分为主要指标和一般指标,采用不同的权重,通过分析对比指标排出方案的优劣顺序,并提出推荐方案。

项目的评价分析在于对未来的不确定性的评价和分析。项目的评价论证主体是项目本身而不是其最终的具体运作情况,所有的数据都要在已知的前提下,对未来进行猜测和推算。考虑到工程项目投资周期普遍较长,资金量大,不确定性因素多,因此,在分析中要准确考虑资金的时间价值,否则得出的结果可能与现实相去甚远。多方案的分析、评价、选择要充分考虑各种因素,突出主要评价指标,分清主次,权衡其重要性程度。

3.4.2 可行性缺口补助

1. PPP项目付费机制的分类

PPP项目的特征是政府与社会资本进行长期合作提供公共产品或服务,社会资本与政府共同组建项目公司,由项目公司承担PPP项目的建设运营,拥有项目资产,承担项目风险。虽然PPP项目服务于社会公众,但PPP项目公司本质上仍是以营利为目的的市场经济主体,有投资就意味着有相应的回报机制。因此PPP项目合同通常会设置合理的付费机制,来规范和调节项目风险分配和收益回报。

根据《政府和社会资本合作模式操作指南(试行)》(以下简称《合作指南》),"付费机制是PPP项目合同中的核心条款"。PPP项目中常见的付费方式包括使用者付费、政府付费和可行性缺口补助。其中使用者付费加政府补贴的付费模式又称为可行性缺口补助。

(1)使用者付费。

使用者付费机制是指由最终消费用户直接付费购买公共产品和服务。项目公司直接从最终用户处收取费用,以回收项目的建设和运营成本并获得合理收益。在此类付费项目中,项目公司一般会承担全部或者大部分的项目需求风险。

使用者付费机制一方面最大程度将需求风险转移给项目公司,减轻政府的财政支出负担,并通过与需求挂钩实现对项目公司的激励;然而,除非需求量可预测且较为明确或者政府提供其他的补助或承诺,否则使用者付费项目的可融资性相对较低,可能会导致项目无法实施。

使用者付费机制常见于公共交通项目以及一些具有盈利性的公共项目中,例如桥梁、高速公路、地铁、供水、供热等项目中。设计使用者付费机制时,需要根据项目的特性和具体情况进行详细的评估,重点考虑使用者付费的适用性、使用者付费的确定方法、项目公司的最低收入保障以及调整等问题。

(2)政府付费。

政府付费的付费机制是指由政府直接付费购买公共产品或服务。其与使用者付费的最大区别在于付费主体是政府而非项目的最终使用者。根据项目类型和风险分配方案的不同,政府付费机制下,政府通常会依据项目的可用性、使用量和绩效中的一个或多个要素的组合向项目公司付费。

PPP项目中的政府和社会资本具有差异较大的利益诉求,政府更关注公众需求的满足,而社会资本更关注通过参与项目的建设和运营可获取的经济收益。因此,PPP项目的付费机制是吸引社会资本进入公共领域的关键因素。PPP项目的成功实施需要以伙伴关系思维为基础,打破原有基于零和博弈的对抗性思维,建立基于合作博弈的共赢关系,使社会资本充分发挥每种回报机制的特点,实现盈利的最大化。

(3)可行性缺口补助。

可行性缺口补助作为一种折中方案,介于政府付费机制与使用者付费机制之间,实际为一种"补缺口"的方案。当社会资本无法通过使用者付费来获取合理收益甚至无法回收完全覆盖项目的建设和运营的成本,使项目具备商业上的可行性的,政府可提供一定的补助,以弥补使用者付费之外的缺口部分。该方案并不能使社会资本获取超额利润。就目前而言,国际上对于可行性缺口补助的定义、适用范围和补贴方式尚无统一的界定。而在我国实践中,可行性缺口补助可以是价格补贴、投资补助和其他补助等。

3 种付费机制比较如表 3.13 所示。

表 3.13　3 种付费机制比较

付费机制	付费主体	付费方式	适用项目
政府付费	政府	政府直接付费	非经营性项目
使用者付费	最终消费用户	最终用户直接付费	经营性项目
可行性缺口补助	最终消费用户＋政府	最终用户直接付费＋政府补贴	准经营性项目

2. 可行性缺口补助的必要性

(1)社会资本方。

设置合适的付费机制有利于保证项目公司获得合理的利润,从而激励项目公司履行其建设、运营、管理等合同义务。可行性缺口补助作为政府付费与使用者付费之间的一种折中选择,能弥补单一的付费方式的不足,具有一定的灵活性,有利于适应长周期的 PPP 项目开发运营。它在融资上也具备可行性,有利于吸引融资方。可行性缺口补助在使用者付费不足以覆盖项目公司的投资运营成本时提供一定的政府补贴,不同于政府付费机制下的直接付费,补贴形式包括土地划拨、贷款贴息等政策性优惠。这不仅为 PPP 项目的建设运营提供了便利,更有利于吸引社会资本在相应领域进行投资。

(2)政府方。

在可行性缺口补助机制下,项目公司首先从使用者处收取费用,缺口部分再由政府承担,相较于政府付费机制有利于减轻政府的财政负担。此外,缺口补助可采取多种方式,不仅给予了政府自由选择与衡量的便利,也有利于推动政府职能从监管型向服务型转变。

3. 可行性缺口补助的考虑因素

《合作指南》对可行性缺口补助的概念进行了说明,即使用者付费不足以满足社会资本成本回收和合理回报,而由政府以财政补贴、投资入股、优惠贷款和其他优惠政策的形式,给予社会资本的经济补助。由此可见,可行性缺口补助的研究需要综合考量使用者付费和政府补贴两个部分。针对两种机制下的不同特点和需求,作出相应的调整。

由于以使用者付费机制为基础,可行性缺口补助需要符合使用者付费机制下的以下适用条件。

(1)项目使用需求量可测。使用需求量是否可测,及需求量大小决定了社会资本是否愿意进行项目投资,是否愿意承担项目风险,这也是项目论证准备过程中的重要一环。

(2)向使用者收费具有实际可操作性。例如高速公路、地铁等项目,能够向确定的使用者群体收取费用,且收费方式较为经济便捷。财政部《政府和社会资本合作项目财政承受能力论证指引》的通知(财金〔2015〕21 号)指出:"在可行性缺口补助模式下,运营补贴支出责任受到使用者付费数额的影响,而使用者付费的多少因定价和调价机制而变化。在计算运营补贴支出数额时,应当充分考虑定价和调价机制的影响。"在使用者付费部分,可行性缺口补助强调市场经济的调控作用,充分考虑定价和调价机制的影响。但实践中存在仅凭使用者付费无法使项目公司获得合理利益和回收成本的现象,例如根据相关法律和政策规定,政府可能对于某些项目实行政府定价或者政府指导价,这时就需要政府提供相应的补贴。

在政府付费机制下,政府通常会依据项目的可用性、使用量和绩效中的一个或多个要素的组合向项目公司付费。可用性是指项目公司所提供的项目设施或服务是否符合合同约定的标准和要求,使用量是指项目公司所提供的项目设施或服务的实际使用量,绩效是指项目公司所提供的公共产品或服务的质量。可行性缺口补助中的政府补贴部分与政府付费机制相似,都需要政府承担一定的财政支出,虽然可行性缺口补助中政府支出的形式更为丰富多样,但仍可参考政府付费机制下的考评依据进行衡量。

《政府和社会资本合作项目财政承受能力论证指引》对可行性缺口补助模式下,政府需承担的补贴数额给出了具体的计算公式,"对可行性缺口补助模式的项目,在项目运营补贴期间,政府承担部分直接付费责任。政府每年直接付费数额包括:社会资本方承担的年均建设成本(折算成各年度现值)、年度运营成本和合理利润,再减去每年使用者付费数额",具体见式(3.54)。

$$当年运营补贴支出数额 = \frac{项目全部建设成本 \times (1+合理利润率) \times (1+年度折现率)^n}{财政运营补贴周期(年)} +$$

$$年度运营成本 \times (1+合理利润率) - 当年使用者付费数额 \quad (3.54)$$

式中:n 为折现年数。财政运营补贴周期指财政提供运营补贴的年数。

年度折现率应考虑财政补贴支出发生年份,并参照同期地方政府债券收益率合理确定。合理利润率应以商业银行中长期贷款利率水平为基准,充分考虑可用性付费、使用量付费、绩效付费的不同情景,结合风险等因素确定。在计算运营补贴支出时,应当充分考虑合理利润率变化对运营补贴支出的影响。在可行性缺口补助模式下,运营补贴支出责任受到使用者付费数额的影响,而使用者付费的多少因定价和调价机制而变化。在计算运营补贴支出数额时,还应当充分考虑定价和调价机制的影响。

4. 可行性缺口补助的基本补贴形式

可行性缺口补助是指当项目经营收入不足以覆盖项目公司于项目合作期内支出的成本和合理利润时,由政府给予财政补贴等优惠政策形式对项目公司予以补助的投资回报机制。

根据《合同指南》,可行性缺口补助的基本形式如下。

(1)投资补助。当 PPP 项目建设投资额巨大,且运营期收入无法覆盖时,政府可于建设期内给予项目公司部分建设投资补助,用以缓解项目公司的融资压力,促进项目顺利实施。政府的投资补助一般应在设计项目融资计划以及公私双方签署 PPP 项目合同时以明确,且政府的投资补助一般于建设期内直接拨付,不作为项目公司绩效考核的支付内容。

(2)价格补贴。该补助形式常见于轨道交通、高速公路等 PPP 项目中,对应涉及民生的公共服务项目,具体有地铁票价补贴等形式。政府为调控公共服务价格水平,保障人民福利,常以政府定价或政府指导价的形式对项目服务价格予以规范。此时,因价格水平有限易造成项目公司运营收入不足以完全覆盖项目合作期内的成本支出与合理利润,因此政府将就项目服务价格水平对项目公司予以合理的价格补贴。

(3)其他补助形式。除上述两种补贴形式外,还有无偿划拨土地、税收优惠政策、放弃股东红利、优惠贷款、授予项目周边土地开发权益等补助形式。上述各种补助形式均能在一定程度上提升项目公的收益水平,保证项目公司的合理利润。

5. 可行性缺口补助实践案例

可行性缺口补助模式多适用于准经营性项目,例如城市轨道交通项目,其因建设工程量大、成本高、公益性强和票务收入不高等特点,属于典型的准经营性项目,在城市轨道交通 PPP 项目中,为了保障项目公司能够收回成本和获得合法利益,多采用可行性缺口补助的回报机制。

以北京轨道交通四号线 PPP 项目的付费机制为例,地铁总投资额较大,为 46 亿元。使用者付费部分包括地铁票务收入、地铁上及周边的广告、商铺租赁、物业管理等取得的收入。四号线作为城市轨道交通之一,与社会公共利益密切相关,因此在票务定价上不能任由项目公司自行调控。使用者付费不足以满足项目公司的成本回收与合理回报要求,这其中的缺口需要由政府部门进行补贴。

对于四号线项目,政府按建设期与运营期对其进行了"前补偿"和"后补偿"。在项目建设阶段,由于工程建设资金需求巨大,且施工期较长,为缓解社会资本的债务压力,提高社会资本积极性,政府将四号线项目在建设初期分为 A、B 两部分,A 部分由政府出资建设,B 部分由政府与社会资本共同建设完成,有效解决了项目初期资金不足的困难。

项目后期的运营阶段,由于收益仍无法完全覆盖投资成本与合理利润,政府基于公共产品和服务的市场需求预测,对项目缺口进行一定的补贴。北京地铁四号线的票价为政府定价管理,实际人均的票价不能反映地铁线路的运行管理成本和收益特征。因此设计了基于预测票价的票务补贴机制。

(1)获取"预测客流量数据"。四号线项目专门聘请了国际著名客流量预测机构 MVA 公司,出具专业预测报告,包括各运营年度客流量、客流结构等基础客流数据。

(2)预测票价。"建立折现现金流财务模型,基于项目相关成本、特许经营期、预测客流量,及政府和社会资本认可的全投资内部收益率,计算项目公司收回成本及获取合理回报下的平均人次票价。"根据四号线客流报告的预测数据,以 2004 年价格水平测算,运营起始年平均人次票价收入水平为 3.34 元。将 CPI、工资上涨等因素考虑进来,以试运营开始年份的价格水平测算,预计起始年份人均票价为 3.91 元。之后各年度人均票价收入根据客流报告中预测的客流量、客流结构等数据进行测算。

(3)确定实际票价。政府需根据当年实际的票款收入和客流量确定合理的票价。实际票价=当年实际票款收入÷当年实际客流量。

(4)计算可行性缺口补助。当年可行性缺口补助额=(当年预测客流量×预测票价+当年预测的非票务收入)—当年基准票务收入—当年实际非票务收入。当年基准票务收入=当年预测客流量×实际票价。基于预测票价的票务补贴模式,作为典型的城市轨道交通领域的可行性缺口补助方式之一,具备可预测性强、年度补贴额变化幅度小,政府预算安排相对稳定、便于监管等特点,有利于降低风险,提升效率。

除票务补贴外,政府还为四号线项目提供了政策上的优惠待遇,例如企业所得税按 15% 优惠税率计算,免缴 3% 的地方所得税等,此外还设置了票价补偿和返还机制,合理分配项目收益,有效分担风险。可行性缺口补助模式使社会资本方的经济利益和政府之间的公共利益达到了平衡,既保障了社会资本方的合理预期收益,也提升了城市轨道交通的服务质量和管理效率。

3.5 投资决策关注要点

3.5.1 项目投资决策的概念

1. 决策的含义

决策是人们为实现预期的目标,运用一定的科学理论、方法和手段,通过一定的程序,对若干个具有可行性的行动方案进行研究论证,从中选出最满意的方案的过程。决策是一些行为的出发点,其所制定的资源投入方案、执行规范标准及相关的约束条件,对行为的结果—期望目标具有决定性作用。

2. 如何定义投资决策

投资决策是指投资者为了实现其预期的投资目标,运用一定的科学理论、方法和手段,对若干个潜在投资方案的可行性、投资效益等特征进行研究论证与比较分析,基于效果最大化等投资决策原则,从中选出最满意的投资方案的过程。

投资决策在实践应用中广泛存在,可分为宏观投资决策与微观投资决策两大类。国家动用资源扶持产业发展等投资决策则属于宏观投资决策范畴;个人购房、家庭理财、企业上马新项目等的投资决策属于微观投资决策范畴。

3. 项目投资决策的定义及其特点

项目投资决策是指在项目投资活动中,为了实现预期的投资目标,在占有大量信息的基础上,运用一定的科学理论、方法和手段,通过一定的程序,对若干个具有可行性的项目投资方案进行研究论证,从中选出最满意的投资方案的过程,即对拟建工程投资项目的必要性和可行性进行技术经济论证,对不同的项目投资方案进行比较选择,并作出判断和决定的过程。

正确的项目投资决策不仅取决于决策者个人的素质、知识、能力、经验以及审时度势和多谋善断的能力,而且与了解和掌握与决策相关的理论知识、基本内容和类型,以及应用科学决策的理论方法有着密切的关系。

构成一个项目投资决策问题,必须具备以下几项基本条件。

(1)有明确的项目投资决策的目标,即要求解决什么问题。确定目标是决策的基础,决策目标应明确具体,并且是可以定量描述的。

(2)有两个或两个以上可供选择和比较的决策方案。一个决策问题往往存在多种实施方案,决策的过程也就是方案的评估和比较过程。

(3)有评估方案优劣的标准。决策方案的优劣必须有客观的评估标准,并且这些标准应当尽可能地量化。

(4)有真实反映客观实际的数据资料。客观准确的原始数据资料与科学正确的决策方法一起构成了科学决策的两个方面,二者缺一不可。

项目投资决策的特点如下。

(1)投资决策具有针对性。投资决策要有明确的目标,如果没有明确的投资目标就不存在投资决策,达不到投资目标的决策就是失策。

(2)投资决策具有现实性。投资决策是投资行动的基础,投资决策是现代化投资经营管理的核心。

投资经营管理过程就是"决策—执行—再决策—再执行"反复循环的过程。因此可以说企业的投资经营活动是在投资决策的基础上进行的,没有正确的投资决策,就没有合理的投资行动。

(3)投资决策具有择优性。投资决策与优选概念是并存的,投资决策中必须提供实现投资目标的几个可行方案,因为投资决策过程就是对投资方案进行评判选择的过程。合理的选择就是优选。优选方案不一定是最优方案,但它应是诸多可行投资方案中最令人满意的投资方案。

(4)投资决策具有风险性。风险就是未来可能发生的危险,投资决策应顾及实践中将出现的各种可预测或不可预测的变化。因为投资环境是瞬息万变的,风险的发生具有偶然性和客观性,是无法避免的,但人们没法去认识风险的规律性,只能依据以往的历史资料并通过概率统计的方法,对风险作出估计,从而控制并降低风险。

3.5.2 项目投资决策的基本要素

按决策的理论体系,一个决策系统可由四个基本要素组成,项目投资决策也不例外。

(1)决策者。项目投资决策者也是项目投资的主体,是具有资金或财源和投资决策权的法人。

(2)决策目标。项目投资决策的目标就是在项目开发经营过程中,在投资风险尽可能小的前提下,以最少的投入得到最大的产出。

(3)决策变量。决策变量是指决策者可能采取的各种行动方案,各种方案可以由决策者自己决定。这种变量可以人为地进行调控。

(4)状态变量。状态变量是指项目决策者所面临的各种自然状态。许多状态包含各种不确定性因素。项目投资者必须对项目开发过程中可能出现的不确定性因素加深了解,并利用科学的分析方法,分析不确定因素的变化可能对项目投资带来的风险,这样才能确保项目投资顺利进行。

在项目投资过程中,项目决策者应认真仔细地分析存在的各种变量,把决策思路建立在可靠的数据资料及准确分析的基础上,避免盲目决策和主观臆断,保证项目投资决策目标顺利实现。

3.5.3 项目投资决策的类型

根据项目投资决策的不同目标和不同性质,项目投资决策可划分为不同的类型。

1. 按决策问题出现次数的多少划分

按决策问题出现次数的多少,可将决策分为程序化决策和非程序化决策两种。

程序化决策是指决策过程中的每一步都有规范化的固定程序,这些程序可以重复地使用以解决同类问题,如规定的奖惩制度等。

非程序化决策是指问题涉及面广,偶发性或首次出现的,没有固定程序可遵循,只能在问题提出之后进行特殊处理的决策,如新产品的开发、新市场的开拓等。

2. 按决策使用的分析方法不同划分

按决策使用的分析方法,决策可分为定性决策和定量决策两种。

定性决策主要是决策者运用社会科学原理,根据个人的经验和判断力从决策对象的本质属性研究入手,掌握事物的内在联系及其运动规律。这种决策不依靠大量的数学运算,而是直接利用专家的经验、智慧和创造力作出。

定量决策是把决策问题的目标和因素用数学关系式表示出来,即建立数学模型,然后通过计算或推导,求得决策结果。凡可以用数据来表示决策条件的决策,应当尽量用定量决策方法来辅助决策者的决策。这样可以提高领导者的管理水平,做到心中有"数",避免一般化领导。但定量决策不能取代决策者的智慧和创造力,而事实上,很多决策问题也难以用数据描述。所以,定量决策与定性决策应当相互补充,相互结合,才可以使决策更加符合实际。

3. 按掌握的情报资料、信息的性质不同划分

按掌握的情报资料、信息的性质不同,决策可分为确定型决策、不确定型决策、风险型决策和竞争型决策四种。

(1)确定型决策,又叫肯定型决策,是指只有一种肯定性的主观要求与客观条件,但却有多种选择方案的决策,即对未来各种事件或变化趋势都作出明确决断的决策。一般情况下,决策方案中有待实现的条件是确定的,这类决策问题为确定型决策问题。

(2)不确定型决策,又称非确定型决策,这类决策存在着不可控因素。一个方案可能出现几种不同的结果。由于没有可供参考的统计资料和可供借鉴的历史经验,决策人对未来可能发生的变化不能作出预期的决策,完全要凭借决策人的主观推断、冒险精神和机遇来应付事件的发生。

(3)风险型决策,又称概率型决策。这种决策事件的未来自然状态和变化趋势是随机的,一般从历史资料中可以获得一个客观概率,并由此计算出事件发生的期望值。一般情况下,若决策方案中有待实现的条件只能作出概率的估计,但不知未来一定出现哪一状态,根据随机的状态作出的决策往往要冒一定的风险,此类决策为风险型决策。风险型决策一般具备以下条件:第一,要有一个(组)明确的决策目标;第二,要有两个以上可供选择的方案;第三,实现方案有两个或两个以上的未来状态(自然状态);第四,未来状态出现的概率可以预先估算出来;第五,不同方案在不同状态下的预期结果可以估算出来。

(4)竞争型决策是指竞争对手存在的决策。在这种情况下,由于起作用的客观条件不是一般的自然状态,而是与自己同样运用智谋的竞争对手,因此,决策者以击败竞争对手为处理这类决策问题的基本出发点和原则,具体运用对策论方法解决。

了解决策的分类,对决策者很有好处,它可以使决策者更好地理解决策问题的性质、作用和地位,可以帮助决策者选择相应的决策方法和技术,从而提高经营决策水平。

3.5.4 项目投资决策的工作程序

按照国家规定,大中型项目投资决策程序主要分如下四大步骤。

(1)投资机会研究与项目初选。

要按照抓住机遇、慎重决策、加快发展的思路进行投资机会研究与项目初选。投资机会研究又可分为一般投资机会研究和企业投资项目机会研究两种。

一般投资机会研究,通常由国家机关和上级主管部门进行。其目的是提供投资的方向性建议,包括地域性投资机会,如西部大开发、高新技术开发区等;还有主管部门的投资机会,如本行业发展规划中所提供的投资项目;最后还有资源利用性的投资机会,如矿藏资源、水力资源、农业资源开发等投资机会。先经过一般投资机会研究,再进行具体项目的投资机会研究。

对企业或个人投资者而言,投资机会研究就是通过市场需求与供给调查,为企业选择最有利于获得利润的投资领域和投资方向,寻找最有市场发展前景的投资机会。

投资机会研究的主要内容:投资项目选择;投资的资金条件、自然资源条件和社会地理条件;项目在国民经济中的地位和对产业结构、生产力布局的影响;拟建项目产品在国内外市场上的需求量、竞争力及替代进口产品的可能性;项目的财务收益和国民经济效益的大致估算预测等。

(2)提出项目建议书。

项目建议书由投资主体的企业或行业管理部门提出。项目建议书的主要内容如下:①建设项目提出的必要性和依据,若要引进国外技术和进口设备,还要说明国内外技术差距以及引进的理由;②产品方案、拟建规模、建设地点初步设想;③资源情况、建设条件、协作关系,引进国别、厂商情况初步分析;④投资估算和资金筹措设想;⑤项目的进度安排;⑥经济效果和社会效益初步估算。

(3)技术部门的可行性研究。

根据项目建议书和委托书,委托有资质的工程咨询公司或设计单位进行项目的可行性研究。

(4)项目评估。

项目业主、银行贷款单位、外商投资商、环境保护等有关部门进行项目评估,作为投资决策的依据。项目评估,也就是项目评价,它包括技术评估、经济评估和社会评估三方面。项目评估主要由项目业主、项目主管部门或主要投资方(如外商)以及贷款银行或专门评估机构,在项目可行性研究的基础上,从项目技术工艺、企业财务、国民经济和社会效益的角度,对拟建项目进行全面的经济技术论证和评审,为投资者作出是否投资和贷款的决策。

3.5.5 项目投资决策的可行性分析

可行性分析是为提高投资的有效性、避免盲目性、减少投资风险而设计的一套科学、系统的投资管理制度和风险防御机制,是投资决策的核心内容。根据决策理论,项目投资的决策过程可分为发现机会、确定目标、分析论证、优选方案、实施方案和跟踪决策六个阶段。借鉴国际项目投资的可行性研究模式,决策分析的程序可按阶段和内容分为投资机会研究阶段、初步可行性研究阶段、详细可行性研究阶段和评价阶段。

(1)投资机会研究阶段。

投资机会研究阶段的主要任务是对投资提出立项提议,在投资市场中选择最有利的投资机会,或开拓新的投资市场,创造新的投资机会。这个时期研究的重点是根据企业自身拥有的资源状况,以及资源配置能力和企业发展目标,提出企业投资的设想。投资决策者对于机会的选择,通常是在掌握和占有大量资讯的前提下,进行项目机会的判断和分析。投资资讯分为两部分:一部分称为资源信息,是有关企业内外部投资环境、经营状况、资源占有条件和配置能力的现状及发展趋势的信息;另一部分称为动因信息,即企业发展的问题与机会的对比。投资机会研究一般比较粗略,主要是通过对项目投资预期收益的分析,提出一个或若干个备选项目,通过对机会成本和机会收益的分析,进行最初的投资机会的筛选和鉴别。投资机会研究的时间大约在2个月以内(大中型项目),研究的成本费用约占总投资的0.1%～1%。投资机会研究可细分为一般机会研究和具体项目机会研究。

一般机会研究是对某地域、行业或部门潜在的市场机会进行分析和识别。这种识别通常包括对潜在机会市场转化为现实市场的可能性和概率的分析、投资机会生成的环境和诱因分析、投资的机会成本和机会收益的分析、现有市场和相关市场的竞争强度及未来发展趋势的分析,以及市场进入壁垒和难度系数的分析等。一般机会研究可分为地区机会研究、产业机会研究和以相关联产业部门的资源为基础的机会研究。

具体项目机会研究是在一般机会研究的基础上,对某一特定的具体项目的投资机会进行分析。分析所涉及的内容包括:该项目投资机会存在的背景和环境支持的分析;国家目前的投资政策和管理方式对该项目投资选择的自由度的影响;项目的技术支持能力和预期发展前景;项目进入和退出的成本分析等。这种分析旨在为项目的优化决策提供思考的路径和参数依据。

(2)初步可行性研究阶段。

初步可行性研究也称为预可行性研究。当机会研究不能提供较为充分的决策分析的数据或资料时,就需要在可行性研究之前再设计一个程序,即初步可行性研究。初步可行性研究的主要任务:分析机会研究的结论的客观性和可靠性;确定可行性研究的具体内容;提出可行性研究中重要的专项研究的方向和内容;对可行性研究的技术支持和环境条件给予说明。初步可行性研究的时间一般为4~6个月,所需费用为总投资额的0.25%~1.25%。

(3)详细可行性研究阶段。

详细可行性研究又称为最终可行性研究,简称可行性研究,是投资决策的基础和依据。可行性研究的内容随行业的不同而有所差别。就一般工业项目而言,可行性研究可涉及八个方面的内容:项目提出的背景及立项的必要性;市场分析和拟建项目的规模;项目设计方案;环境保护和劳动安全;企业组织与劳动定员;投资估算与资金筹措;经济效益和社会效益的评价;可行性研究分析的结论与建议。这八个方面的研究内容与总论共同构成了项目投资可行性研究报告。

(4)项目的评价阶段。

可行性分析是指项目决策的论证过程、分析的结论是否正确,提出的预期目标能否实现,都依赖实践的检验。因此,项目评价阶段的任务就是要通过评价可行性研究方案,对项目的整体性进行评价检验。投资决策是一个依赖时空变量和环境变量的复杂的动态过程,因此对项目的实施要建立即时跟踪系统,以便随时发现问题,进行调整,或在证明决策有重大失误时,能够即时终止,以避免更大的损失。

可行性研究是投资决策的基础。可行性研究可以为项目投资决策提供大量的数据、资料及有关政策和法律信息,而对可行性研究成果的检验要通过投资决策的效果来体现。从这个意义上讲,可行性研究既是投资决策的基础和先导,又是投资决策程序中的重要组成部分。

3.5.6 项目投资决策的意义

简而言之,项目投资决策的意义包括以下几点。

(1)有利于规避企业发展中的风险。好的项目投资决策可以有效地释放因资源占用而对企业其他经营造成的不良影响,并可借助项目的实施帮助企业实现其发展战略。这对于企业稳健经营、控制风险具有积极意义。

(2)有利于控制企业项目投资中的风险。科学的投资决策能够考虑到项目投资过程中可能出现的风险情况,并制定相应的防控措施。这一点在进行项目方案选择的过程中反映得最为明显。

(3)有利于避免资源无效占用与浪费。对企业而言,资源关系到其寿命与市场竞争力。一个项目投资将长时间占用大量的企业资源,其中投资可行性与预期绩效是投资决策考虑的重中之重。如果决策失误,在市场条件恶化趋势出现时,项目投资所占用的大量企业资源将难以及时回收,企业的生存风险将因可用资源不足而被激化。此外,一个占用大量资源而效益极差的项目投资活动也会增加企业不必要的机会成本。

(4)有利于提升企业的价值与竞争力。每个投资项目都是有预期目标的。对企业而言,价值最大化是其经营的根本目标,因而好的投资决策是有助于提升企业价值的一种策略。同时,企业选择项目进行投资往往是为了追求项目的独特性或高收益性,并期望借此提升企业的竞争力。

(5)为项目投资实践工作提供参考和约束。一项投资活动涉及人、物、钱、环境等多方面因素。好的项目投资决策可对这些因素作出分析与应对措施。这对项目的实施者而言,既是一种执行参考,也是一种约束。

3.5.7 提升企业项目投资决策水平的策略

(1)加强投资调研意识。

据了解,目前诸多企业在投资过程中,并非一帆风顺的。投资失败的案例比比皆是,之所以出现投资失败问题,大多是因为投资前未全面调研市场,投资人员未掌握真实的投资数据、信息,最终影响其投资决策。因此,企业在日后展开投资行为时,需要完善投资调研的观念,准备充裕的资金,并且指派专业的人员,负责调研任务,全方位掌握市场发展动态。同时,企业应在内部承建专业投资部门,并配备专业人员,为其提供充足的设备、人力及资金支持,促使其通过多元方式有效收集市场资料以及与项目投资相关的材料。最后,要增加专业技术人员培养力度,在项目投资过程中,需要项目投资人员保持敏锐的意识,严格要求自我,既要掌握金融知识、管理知识,又要具备风投意识,并端正投资态度,时刻保持冒险精神、创新精神。所以,企业要注重培养投资人员综合素质,这样才能为其制定正确的投资决策带来一定帮助,促使投资人员将个人潜力发挥在项目投资中。

(2)健全投资体系。

只要作出了投资行为,就要有承担风险的勇气和能力。很多企业在投资项目一段时间后,才能有收益与回报,所以要优化投资体系。企业在发展时,要高效应用先进投资管理方法,结合企业实际状况,优化投资管理模式,加强管理与控制市场调研、可行性论证以及投资决策各环节的力度,以保障投资项目从市场调研、决策到后期执行过程中,都能有序落实各环节任务。

(3)减少投资风险。

企业投资过程面临的投资环境是不断变化的,这不仅是因为企业自身因素而导致环境变化,更多的是外界的经济宏观环境日新月异。因此,企业在投资决策过程中,应有效分析及评估投资预算、可投资金额。所谓的投资预算,主要指企业在考虑自身发展情况和未来发展目标后,希望在某一经营项目中投入的资金数额。而可投资金额主要指企业手中可应用的资金。假如投资预算额高于可投资额,就要整合可投资额度,制定投资决策,这样才能充分应用投资资金。但是,如果可投资额超出了投资预算额,就应在充分分析投资预算额度的基础上,制定投资决策,防止过度浪费资金,减少投资风险。

(4)实施责任制。

为了全面增强企业投资决策安全性、有效性,企业应推行投资决策程序责任制,明确投资项目各环节负责人、责任内容以及具体奖励机制、惩罚机制。决策人要发挥自身职能作用,重视因各种投资决策而引发的投资问题,灵活处理滞销问题以及投资金额不足的问题。同时,每一个责任人都要遵守投资决策的标准,防止出现违反投资规则的现象,如果投资项目出现损失,就需要有人承担责任,并且及时弥补过错。严重情况下,应根据责任制对相关责任人作出惩罚。落实投资决策责任制可约束企业投资行为,保障各责任人在投资项目进行时,严格约束个人行为,对投资项目负责到底,进而提高投资成功率。

(5)夯实投资项目基础管理。

在企业评估投资行为可行性过程中,关于贴现率以及项目预期经营效益等指标的评价,需要参照行业历史数据以及项目历史数据。为了真正增强企业项目经济评价的有效性,就应从源头上加强基础项目管理工作。具体来说,一方面,应创建项目历史资料库,并优化项目实施跟踪体系,结合项目规划及具体目标,分析内外部影响因素,作出详细的报告,对比原计划,找出发展偏差,并积极研究应对措施。另一方面,要精准把握行业市场发展动态,了解市场命脉,积极搜集市场静态信息、动态信息,以保障投资决策行为更科学、更合理。此外,要关注国家经济政策以及经济调控方面的信息,遵循国家政策方针以及经济政策要求,时刻关注资源价格变动,以便为后期作出科学决策增加底气。

第 4 章 投融资项目风险管理

4.1 投融资项目风险管理概述

投融资项目风险是指项目投融资过程中损失发生的不确定性。对于项目各参与方来说,主要的挑战就是将各种损失发生的不确定性减至一个可以接受的程度,然后再将剩余不确定性的责任分配给最适合承担它的一方,这个过程构成项目投融资的风险管理。

4.1.1 项目投资与投资风险

投资者对项目的预期结果主要是希望在项目上的投资能得到足够的回报。当然,对于一些跨国大公司来说,他们还希望通过实施项目提高在当地的声誉,从而进入所在国市场。投资者所承担的风险很多,包括:投入了很大一笔前期开发经费,却可能无法达成协议;不能取得满意的投资回报;合作者出现技术问题或财政问题,甚至两者兼有;项目进行过程中出现技术或管理问题,或者两者均有;项目进行中政策和法规发生变化而造成高成本、低收入现象;市场萧条或出现意外的强劲对手等。

一个典型的项目计划通常包含项目识别和立项、预可行性研究、发起人的选择、签订特许权协议、签订融资协议、建设、运营等阶段。在项目的不同阶段,项目参与各方面临的风险是不一样的。也就是说,项目风险具有比较强的阶段性(见图 4.1)。对所有参与者来说,最大的风险出现在项目的建设开发和试运营阶段,这期间技术障碍是主要问题。但是,承担风险时间最长的是项目发起人,他们在项目的最初确定阶段就开始投入资金,在随后的计划、实施、融资、签约和建设阶段还要继续增加投入。由于投资成本的回收和取得的利润主要依靠项目获得的收益,因此发起人所承担的风险会一直持续到项目寿命周期的最后。债权人也有类似的风险,只不过风险时间比发起人短一些;一旦签约动工,债务关系就开始生效。许多项目的债务期限是十年或二十年,所以债权人要等到项目期快结束的时候才能收回贷款。承包商承担风险的时间最短,在施工完成之后或最多在基础设施开始运营后的很短一段时期内,它就不对项目负有责任了。

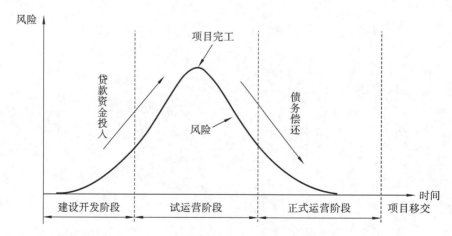

图 4.1 项目不同阶段面临的风险

4.1.2 项目风险管理的概念

项目风险管理是指通过项目风险识别、风险界定和风险度量等工作认识项目的风险,并以此为基础通过合理地使用各种风险应对措施和管理方法对项目风险实行有效的控制,以及妥善地处理项目风险事件所造成的不利结果,以最少的成本保证项目总体目标的实现等管理工作。项目的一次性使项目的不确定性比日常运营活动大得多,而且项目风险一旦形成,没有改进和补偿的机会,所以项目风险管理的要求通常要比日常运营管理中的要求高许多,而且项目风险管理更注重项目前期阶段的风险管理和预防工作,因为这一时期项目的不确定因素较多,项目风险高于后续阶段。

对于一个项目来说,究竟存在什么样的风险,一方面取决于项目本身的特性(即项目的内因),另一方面取决于项目所处的外部环境与条件(即项目的外因)。内因主要取决于项目团队成员的情况,团队成员对风险的认识能力以及团队成员之间的沟通等,不同的项目、不同的项目环境与条件、不同的团队成员与团队间的沟通会有不同的项目风险。外因主要取决于项目风险的性质和影响因素的发展变化,不同的影响因素和不同的发展变化规律决定了不同的项目风险。

4.1.3 项目风险的特征

工程项目的建设过程涉及大量的不确定因素,面临的风险也越来越多,而且这些风险因素之间的内在关系错综复杂,各种风险因素之间以及外界因素之间的交叉影响使风险呈现多层次性,风险导致的损失规模也越来越大。同时,随着项目的进行,项目所面临的风险无论是质还是量都会发生变化,有些风险会得到控制,有些风险会发生并得到处理,同时在项目的每一阶段都可能产生新的风险。特别是,某些风险的真实成本(隐藏着的风险损失)比表面上(冰山的顶端)要多,如图 4.2 所示。

项目风险呈现的显著特征如下。

(1)项目的风险具有很强的阶段性。

这种阶段性可分为相对高风险的项目建设阶段和相对低风险的项目运营阶段。根据项目发展的时间顺序,一方面,项目在不同阶段风险呈现明显的阶段性;另一方面,项目的不同阶段所面临的主要风险的种类也随着时间的推移而发生变化。有的风险存在项目的各个阶段,而有的风险只存在项目的某一些阶段。

在项目建设阶段,大量的资金用于购买工程用地、购买工程设备、支付工程施工费用,贷款的利息也由于项目还未产生任何收入而计入资金成本,因此随着贷款资金的不断投入,项目的风险也随之增加。在项目建设完工时项目的风险达到或接近最高点,这一阶段如果有任何不可控制或不可预见的因素造成项目建设成本超支,不能按预定时间完工甚至项目无法完成,那么对所有项目参与人来说损失都是巨大的。在项目的运营阶段,项目进入正常的运转,能生产足够的现金流量支付生产经营费用,偿还债务,并为投资者提供相应的收益和利润,项目的风险随着债务的偿还逐步降低。

(2)项目风险能被清楚地确定和分配。

任何一个项目都要进行风险分担,每一个主要的参与方都从自己的角度处理风险分担,但公平、公正地在参与方中分散风险是项目成功的重要条件,识别、分析、降低和分配风险对于项目计划和项目的成功都非常具有意义。通过结构安排分担风险,项目参与者可以最大可能地使项目获得成功。风险分担的原则是通过一系列的协议将项目风险分配给最有能力降低或控制风险的参与方,参与方一般根据

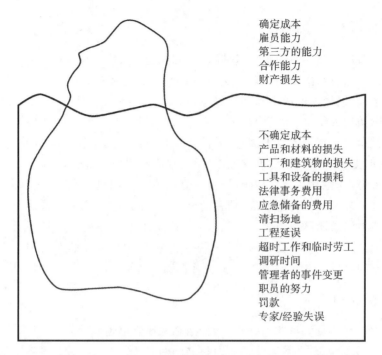

图 4.2 "冰山"风险示意图

承担的风险来调整自己的经济利益。如果项目实体承担相对较低的风险,投资收益也就相对较低。

既然项目融资是一种有限追索融资形式,股权投资者自然不愿意承担除了初始承诺的资本和有限的或有资本之外的风险。项目实体一般承担商业风险(其中部分地转移给其他的分包商、供应商或运营商);EPC承包商接受项目设施建设相关的风险;运营和管理商愿意接受与项目运营相关的风险;一般由政府承担东道国的政治风险,包括法律变更、东道国政府当局的破产或干预、货币不可兑换、罢工等劳工问题、政治不稳定等。东道国政府通常不接受商业或财务风险,除非诸如通过总购买协议等形式间接参与项目。

(3)融资方式的风险具有复杂性。

以融资方式建设的基础项目,由于其规模大,建设期和特许经营期都比较长,项目的政治经济环境变化大,结构复杂,涉及众多的参与方,特别是东道国政府的参与和政府利益的体现,使得融资方式的风险极为复杂,主要体现在风险承担对象的复杂性和风险表现形式的多样性两个方面。

虽然项目的组织结构随项目的类型、具体的项目特征、项目所在国的情况以及项目的承包商情况等诸多因素的差别而有所不同,但一个基本的融资项目至少涉及项目公司、东道国政府、总承包商、承建商、供应商、股东、债权人、运营商、保险公司以及产品或服务接受方等参与方。由此可以看出,一个项目的实施是基于一系列协议书之上的由多个参与方组合而成的商业组织,整个项目从设计、融资、建设到运营,各个环节都是由不同的参与方负责完成的。某些参与方可能同时扮演几个角色,相关的各个角色之间在项目特许期内,必须互相配合,遵守协议,并对不可预见因素的处理遵从在不严重损害自身利益的前提下互相谅解的原则,才能使项目最终得以顺利完成。这样,一方面,由于协作方众多,风险承担对象关系复杂,尤其是政府的参与更使得项目风险在各参与方之间的分担进一步复杂化了;另一方面,由于项目从设计、融资、建设直到运营都存在着各种风险隐患,有些风险只发生在项目的某个特定阶段,而有些风险则可能贯穿项目的始终,因此整个项目的风险呈现出多样化的特点。另外,项目除了有直接风险外,还存在一些间接的风险,即非项目风险。这些风险所涉及的不是项目具体的某一个内容或分项目,而是涉及所在国的所有其他经济方面的活动和政治方面的影响,以及一些不可抗力事件,如东道国通货膨胀、利率变动,以及政局不稳定、政策连续性的中断、当地政府各部门的分歧、政府主管部门的腐败等,都可能影响项目的建设与运营,甚至导致投资者的投资全部或部分国有化。

(4)存在特异性风险。

在特许权协议中,由于公共基础设施关系到社会公共利益,政府在签订协议的同时都还保留了监管权、介入权等行政特权,即当政府在认为必要的时候,有单方面终止或变更合同的权利。而在发生战争、重大自然灾害等特殊情况下,政府都保留接管 BOT 项目的权利和义务。从资金投入来看,项目的资金主要由投资者负责,东道国政府一般不参与或仅少量参与,另外由于项目在东道国主权辖区之内,而且项目又是政府的特许项目,具有一定的垄断性或独占性,政府的有关法律法规对项目的影响较大,投资方往往处于被动地位。由于投资者是项目的第一承担者,因而相比较而言,社会资本承担的风险要多于政府承担的风险。政府所承担的风险,相对于其他各方来说是比较小的。这种政府与投资者之间由于风险与收益不对称而带来的风险姑且称为项目的特异性风险。

4.1.4 项目风险管理的主要内容

(1)项目风险的识别。

项目风险识别的主要任务是找出项目风险,识别引起项目风险的主要因素,并对项目风险后果作定性和定量的估计。在识别项目风险时需要将一个综合性的项目风险问题首先分解成许多具体的项目风险问题,再进一步分析找出形成项目风险的影响因素。在识别项目风险的影响因素时需要使用分析和分解的原则,而且对于项目风险后果的识别也需要使用分析和分解的原则。在这种分析和分解的过程中,各种树形分析方法,如故障树、风险树搜寻法等方法是常用的风险识别方法。项目风险识别在很大程度上还取决于项目决策者与风险分析者的知识与经验,因此,德尔菲法、专家会议法、情景分析法使用较多。

(2)项目风险的度量。

项目风险的度量是指对项目风险和项目风险后果所进行的评估和定量分析。项目风险度量的任务是对项目风险发生可能性大小和项目风险后果的严重程度等作出定量的估计或作出新情况的统计分布描述。项目风险是一种不确定性,即存在着会出现一定经济损失的可能性。人们之所以会冒一定风险去开展一个项目,就是因为项目风险可能发生,也可能不发生,因此,项目风险发生概率(P)是度量风险可能性的一个主要参数。其次,项目风险的大小同其风险后果的严重程度有关,所以其项目风险后果严重程度(C,损失多少)也是度量项目风险大小的一个基本参数。因此,项目风险度量(R)就可看成项目发生概率(P)与项目风险后果严重程度(C)的函数,即式(4.1)。

$$R = F(P,C) \tag{4.1}$$

要估计项目风险可能性,就需要使用统计学的方法和一些主观估计方法,因为有许多风险可能性的数据是要靠主观估计给定的。

(3)制定项目风险应对措施。

确定对项目风险的应对措施是项目风险管理中一项非常重要的工作。项目风险识别和度量的任务是确定项目风险大小及其后果,制定项目风险应对措施的任务是计划和安排对于项目风险的控制活动方案。在制定项目风险应对措施的过程中需要采用一系列的项目风险决策方法,通常使用的方法如项目风险成本与效益分析、效用分析、多因素分析和集成控制等。在制定项目风险应对措施时必须充分考虑项目风险损失和代价的关系。这里所说的"代价",是指为应对项目风险而进行的信息收集、调查研究、分析计算、科学实验和采取措施等一系列活动所花的费用。因此,一方面,要设计好项目风险应对的措施,尽量减少风险应对措施的代价;另一方面,在制定项目风险应对措施时还必须要考虑风险应对措施可能带来的收益,并根据收益的大小决定是否需要付出一定的代价去应对项目风险,避免出现得不偿失的情况。

(4) 项目风险的控制。

这是指根据项目风险识别、度量和制定的项目风险应对措施所开展的,即对于整个项目全过程中各种风险的控制工作。项目风险控制工作的具体内容包括:根据项目发展与变化的情况,不断地重新识别和界定项目的风险,不断地更新项目风险应对措施,不断地决策和实施项目风险应对措施,以最终确保项目目标的实现。确切地说,项目风险控制工作是一个动态的工作过程,在这一过程中项目风险管理的各项作业(包括项目风险识别、界定和项目风险应对措施的制定)是相互交叉和相互重叠开展的。

4.2 项目风险的识别

4.2.1 风险识别的目的与方法

1. 风险识别的目的

风险识别是风险管理的基础,项目风险管理人员在收集资料和调查研究之后,运用各种方法对潜在的以及存在的各种风险进行系统的归类和识别,其中最重要也是最困难的工作就是了解并寻找项目所有可能遭受损失的来源,也就是项目的风险因素。任何一种风险因素在识别阶段被忽略,尤其是重大风险因素被忽略,都可能导致整个风险管理的失败,从而造成不可估量的经济损失。增强风险意识,认真识别风险,是衡量风险程度、采取有效的风险控制措施以及进行风险管理、正确决策的前提条件。只有全面、正确地识别项目所面临的风险,衡量风险和选择对付风险的方法才具有实际意义。

存在于项目内部以及周围环境的风险多种多样、错综复杂,有的是静态的,有的是动态的;有的实际存在,有的是潜在的。风险识别包括识别内在风险和外在风险。内在风险指项目管理人员能加以控制和影响的风险,如人事任免和成本估计等。外在风险指超出项目管理人员控制力和影响力之外的风险,如某些市场风险或自然风险等。

风险识别的目的包括三个方面:识别出可能对项目进展有影响的风险因素、性质以及风险产生的条件,并据此衡量风险的大小;记录具体风险的各方面特征,并提供最适当的风险管理对策;识别风险可能引起的后果。

通过风险识别,应该明确以下信息:存在的或潜在的风险因素;风险发生的后果,影响的大小和严重性;风险发生的可能性、概率;风险发生的可能时间;风险与本项目或其他项目及环境之间的相互影响。风险识别直接影响风险管理的决策质量,进而影响整个风险管理的最终结果。

2. 风险识别的方法

风险识别的方法,目前主要有文献分析法、德尔菲法、头脑风暴法等,如表 4.1 所示。在实际应用中,可以对各种方法加以对比并从中选择合适的方法。

表 4.1 风险识别方法比较

方法	含义	优势	劣势
文献分析法	通过对与工作相关的现有文献进行系统性分析来获取信息,一般用于收集该工作的原始信息,编制任务清单初稿	能够比较全面地搜集到过往信息,收集的观点比较全面、准确、客观	耗时较长,需要阅读大量不同种类的资料,才能形成完整的信息,且过往文献对新事物的特点总结较少,不利于创新
德尔菲法	以背对背通信方式征求专家的预测意见,经过几轮征询和筛选,使预测意见趋于集中,得出适宜的预测结论	能够征求到各位专家的意见,观点比较全面、准确,也能看到专家观点的分歧,可以扬长避短,各取所需	时间长、成本高,组织者需要参与结果分析,会加入组织者的主观因素,不利于产生新思想,新思想产生的过程比较复杂
头脑风暴法	集中有关专家召开专题会议,提出尽可能多的方案,并汇总出来	便于集中众人的智慧,把不常见的风险因素罗列出来	对参与其中的各成员素质和专业能力要求比较高
访谈法	是以口头形式,根据被询问者的回答搜集客观的、不带偏见的事实材料,以准确地说明样本所要代表的总体的一种方法	运用面广,能够收集多方面的分析资料,具有较好的灵活性和适应性	访谈人员需要接受专门训练,掌握方式方法,访谈过程比较费时费力,成本较高
因果分析法	是层层找出结果和原因,逐步深入研究和讨论当前存在问题的方法	便于寻找风险因素及其之间的关系,不容易遗漏风险	管理者需具备非常丰富的实际工作经验,且耗时耗力
SWOT 法	通过调查列举,把各种因素集中,详细分析,按类别得出一系列相应的结论	可以结合外部的威胁与机会,对内部劣势和优势进行综合全面的分析	需要大量类似项目中有关风险方面的资料,资料获取难度较大
故障树法	分析特定事故和故障,逐层分析其发生的原因	利于全面、系统地分析事故原因,具有较好的发挥经验	不适合应用于大的系统和复杂的流程

续表

方法	含义	优势	劣势
流程图法	采用系统的信息流、观点流或部件流的图形代表	对技术风险和非技术风险都可以进行有效识别	容易有遗漏风险现象,时间较长,缺乏细节展示,缺少定量分析
专家评审法	是在已有因素的情况下,以打分评审等方式作出评价,其结果具有数理统计的特性	评审打分具有较好的专业性,便于统计分析	存在挑选专家的权威性和专家小组组成合理性的质疑
ABC分类法	是根据事物主要特征,进行分类排队,分清主要和次要矛盾,有区别地制定应对措施的分析方法	方法使用简单,便于分清主次,抓住主要矛盾和重点,大大提高工作效率	不适用于比较复杂的决策分析

4.2.2 项目风险的划分

1. 按照项目风险的阶段性划分

按照项目风险的阶段性划分,项目风险包括项目建设开发阶段风险、项目试生产阶段风险和项目生产经营阶段风险。

(1)项目建设开发阶段风险。项目正式开工前有一个较长的预开发阶段,这个阶段的风险是由投资者承担的,不包括在项目融资风险之中,真正的项目建设开发阶段风险是从项目正式动工建设开始计算的。这一阶段需要大量资金购买工程用地、设备,且贷款利息也开始计算成本,因此项目风险较大,需要有强有力的信用支持来保证项目的顺利完成。

(2)项目试生产阶段风险。这是风险仍很高的一个阶段,如不能生产出合格的产品,就意味着对项目现金流的分析和预测是不正确的。这里引入了"商业完工"的概念,即在指定的时间内按一定技术指标生产出了合格产量、质量和消耗定额之产品。

(3)项目生产经营阶段风险。这是一个标志性的阶段,表示从现在起,项目进入正常运转,正常情况下也应该产生出足够的现金流支付生产经营费用并偿还债务。

2. 按照项目风险的表现形式划分

按照项目风险的表现形式划分,项目风险包括信用风险、完工风险、生产风险、市场风险、金融风险、政治风险和环境保护风险。

(1)信用风险。有限追索的项目融资是依靠有效的信用保证结构支撑的,各个保证结构的参与者能否按照法律条文在需要时履行其职责,提供其应承担的信用保证,就是项目的信用风险。这一风险贯穿整个项目。

(2)完工风险。这是项目融资的主要核心风险之一,具体包括以下方面:项目建设延期、项目建设成本超支、项目迟迟达不到"设计"规定的技术经济指标,极端情况下,包括项目迫于停工、放弃。无论在发展中国家还是发达的工业国家,项目建设期出现完工风险的概率都是比较高的。

项目的"商业标准"是贷款银行检验项目是否达到完工条件的依据,具体包括:完工和运行标准;技术完工标准;现金流量完工标准;其他形式的完工标准。

(3)生产风险。项目的生产风险是在项目试生产阶段和生产运行阶段存在的技术、资源储量、能源和原材料供应、经营管理等风险因素的总称,是项目融资的另一个主要的核心风险,主要表现形式有技术风险、资源风险、能源和原材料供应风险及经营管理风险。①技术风险。贷款银行为避免更大风险,项目技术选择应为经市场检验成熟的生产技术项目。②资源风险。对于依赖某种自然资源的生产项目,一个先决条件是要求项目的可供开采的已证实资源总储量与项目融资期间所计划采取或消耗的资源量之比要保持在风险警戒线之下。③能源和原材料供应风险。能源和原材料成本在整个生产成本中所占的比重很大,因此其价格波动和供应可靠性成为影响项目经济强度的一个主要因素。长期的能源和原材料供应协议将是减少项目能源和原材料供应风险的一种有效办法。由于能源和原材料供应价格指数化对各方面都有一定好处,因此特别受到项目融资者的欢迎。④经营管理风险。经营管理风险主要用来评价项目投资者对所开发项目的经营管理能力,而这种能力是决定项目的质量控制、成本控制和生产效率的一个重要因素,它包括三方面:一是项目经理是否具有该领域的工作经验和资信;二是项目经理是否为项目投资者之一;三是除项目经理的直接投资外,是否具有利润成本或成本控制奖励等鼓励机制。

(4)市场风险。市场风险包含价格和市场销售量两个要素,大多数产品都有这两种风险。

(5)金融风险。金融风险主要表现在利率风险和汇率风险两个方面。

(6)政治风险。投资者与所投项目不在同一个国家,或贷款银行与贷款项目不在同一个国家都有可能面临着由于项目所在国家的政治条件发生变化而导致项目失败、项目信用结构改变、项目债务偿还能力改变等风险,这类风险统称为项目的政治风险。政治风险可分成两类:第一类是国家风险,即项目所在国政府由于某种政治原因或外交政策上的原因,对项目实行征用、没收,或者对项目产品实行禁运、联合抵制,中止债务偿还的潜在可能性;第二类是国家政治经济法律稳定性风险,即项目所在国在外汇管理、法律制度、税收、劳资制度、劳资关系、环境保护、资源主权等与项目有关的敏感性问题方面的立法是否健全,管理是否完善,是否经常变动。

(7)环境保护风险。鉴于在项目融资中,投资者对项目的技术条件和生产条件比贷款银行更了解,所以一般环境保护风险由投资者承担,包括:对所造成的环境污染的罚款、改正错误所需的资本投入、环境评价费用、保护费用以及其他的一些成本。

3.按照项目的投入要素划分

按照项目的投入要素划分,项目风险包括人员风险、时间风险、资金风险、技术风险和其他风险。

(1)人员风险。人员风险包括:人员来源的可靠性,技术熟练程度,流动性;生产效率;工业关系、劳动保护立法及实施;管理素质、技术水平、市场销售能力;质量控制;对市场信息的敏感性及反应灵活程度;公司内部政策,工作关系协调。

(2)时间风险。时间风险包括:生产计划及执行;决策程序、时间;原材料运输;原材料短缺的可能性;在建期间购买项目土地、设备延期的可能性,工程建设延期的可能性;达到设计生产水平的时间;单位生产效率。

(3)资金风险。资金风险包括:产品销售价格及变化;汇率变化;通货膨胀因素,项目产品购买者、项目设备使用者的信用;年度项目资本开支预算;现金流量;保险;原材料及人工成本;融资成本及变化;税收及可利用的税务优惠;管理费用和项目生产运行成本;土地价值;项目破产以及破产有关的法律规定。

(4)技术风险。技术风险包括:综合项目技术评价(选择成熟技术是减少项目融资风险的一个原则);设备可靠性及生产效率;产品的设计或生产标准。

(5)其他风险。其他风险包括:产品需求、产品替代可能性、市场竞争能力;投资环境(立法、外交政治环境、外汇管制);环境保护立法;项目的法律结构和融资结构;知识产权;自然环境;其他不可抗力因素。

4. 按照项目的可控制性划分

按照项目的可控制性划分,项目风险包括项目的核心风险和项目的环境风险。

(1)项目的核心风险。项目的核心风险是指与项目建设和生产经营管理直接有关的风险,包括:①完工风险;②生产风险;③技术风险;④市场风险。这类风险也称为"可控制风险"。

(2)项目的环境风险。项目的环境风险是指项目的生产经营由于受到超出企业控制范围的经济环境变化的影响而遭受到损失的风险,包括:①项目的金融风险;②项目的部分市场风险;③项目的政治风险。这类风险也称为"不可控制风险"。

4.2.3 风险核对表与风险清单

(1)风险核对表。

近些年来,项目融资作为建设基础产业和基础设施项目筹集资金的方式越来越受到人们的重视。国际上一些有项目融资经历的专家和金融机构从以往这类业务活动中总结出了丰富的经验和教训。对于项目融资的风险,经有关专家研究已经形成了一套核对表,表4.2为其中主要部分的总结。该核对表是针对项目融资风险而提出的,可以作为项目融资风险识别的重要依据。该核对表将项目融资的风险分为项目失败的原因和项目成功的必要条件。

表4.2 项目融资的风险核对表

项目失败的原因	项目成功的必要条件
(1)政府过多干预,项目所在国政府无财务清偿能力	(1)主权风险令人满意,国家法律、税收风险令人满意,稳定友善的政治环境,已办妥有关的执照和许可证
(2)项目产品或服务在市场上没有竞争力	(2)项目产品或服务要有市场
(3)对于担保物价值的估计过于乐观	(3)项目本身的价值足以充当担保物
(4)原材料涨价或供应短缺、供应不及时	(4)价格合理的供应要有保障,项目要用的产品或材料的成本要有保障,能够以预计的价格买到相关原材料
(5)项目管理不善、工期延长、利息增加、收益推迟	(5)项目管理人员经验丰富、诚实可信,信息交流通畅,各方协议完善

续表

项目失败的原因	项目成功的必要条件
(6)成本费用超支	(6)切实进行了可行性研究,编制了财务计划,成本超支问题已经得到充分考虑
(7)技术失败、陈旧	(7)不需要未经实际考验过的新技术
(8)未向保险公司投保	(8)对不可抗力已采取了措施,已向保险公司缴纳了足够的保险费,取得了保险单
(9)承包商财务失败	(9)承包商富有经验、诚实可靠
(10)对货币、外汇、利率以及通货膨胀管理失败	(10)对于货币、外汇风险事先已有考虑,利率变化预测准确可靠,对通货膨胀已进行了预测

(2)风险清单。

风险识别的成果是进行风险分析和评估的重要基础,同时,通过风险识别可以增强风险控制的信心。但需要特别指出的是,要识别所有的风险是不可能的,对风险管理人员来说,自信能识别所有的风险会起到相反的效果,并且这本身就是十分危险的。风险识别的主要成果是列出一个风险清单。风险清单是记录和控制风险管理过程的一种方法,并且对作出决策具有不可替代的作用。风险清单最简单的作用是描述存在的风险并记录可能减轻风险的行为。

风险清单的内容包括:对风险进行详细划分和描述;对可能性(概率性)和后果的评估;风险归属权的识别;风险的重要性、成本、可接受性;风险管理的成本和归属权;风险发生的时间;残留风险的评估;采用减轻风险行动的结果对于风险的重要性、成本、可接受性的变化;成本收益的评估。

4.3 项目风险的分析与评估

4.3.1 项目风险分析与评估的概念

风险识别仅是从定性的角度去了解和认识风险因素,要把握风险,就必须在识别风险因素的基础上对其进行进一步的分析和评估。一方面,分析和评估是要对这些风险因素可能带来的后果有一个比较清楚的认识;另一方面,分析和评估的量化过程也可以帮助我们更清楚地辨识主要的风险因素,其量化分析的结果有利于管理者采取更有针对性的对策和措施,从而减少风险对项目目标的不利影响。

风险的分析与评估既有联系又有区别,分析是评估的基础,主要指的是对单一风险因素的衡量,包括估计其发生的概率、影响的范围以及可能造成损失的大小等;而评估主要指的是探讨多种风险因素对项目目标的总体影响等。当然,这二者的界线是很难严格区分的,所使用的某些具体方法也是互通的。

风险的分析和评估往往采用定性与定量相结合的方法来进行,这二者之间并不是相互排斥的,而是相互补充的。具体来说,定量分析就是在占有比较完备的统计资料的条件下,把损失频率、损失程度以及其他因素综合起来考虑,找出有关变量之间的稳定性联系,作为分析预测的重要依据。但是任何数学或统计方法的应用都是以过去的信息资料为基础的,如果某些因素出现了重大变化,或出现了过去的信息资料所没有反映的其他重要情况,则应根据新产生的因素对定量结果加以修正,这就需要运用定性的方法来进行。可见,只有将定性方法和定量方法合理地结合起来,相互补充、相互检验和修正,才能取得比较好的效果。

4.3.2 风险分析与评估的主要内容

风险分析与评估的主要内容包括:确定单一风险因素发生的概率值,通过主观或客观的方法实现量化的目的;分析各风险因素的风险结果,探讨这些风险因素对项目目标的影响程度;在单一风险因素量化分析的基础上,考虑多种风险因素对项目目标的综合影响,评估风险的程度并提出可能的措施作为决策的依据。

在风险识别的基础上,通过对收集的大量资料的分析,利用概率统计理论,对财务风险发生的概率、损失程度和其他因素进行综合考虑,估计和预测财务风险发生的可能性和相应损失的大小,得到描述财务风险的综合指标,并通过与安全指标的比较,判断是否采取应对措施。

(1)主观概率与客观概率。

风险度量结果的有效性首先决定于对风险结果的判定及对其相应概率值的确定。概率确定的方法有两种。一种是根据大量试验用统计的方法进行确定,这种概率的数值是客观存在的,不以计算者或决策者的意志为转移,因此称为客观概率。显然,这种概率值的确定需要大量的试验数据和充足的信息。还有一种是人们对根据经验结果所作出的主观判断的度量,因此又称为主观概率。在项目风险分析的过程中,人们遇到的各种风险因素是不可以重复的,而且往往是对未来可能发生的风险进行估计,所以不可能作出准确的分析,更难以计算出风险发生的客观概率。因此,在进行项目风险分析和决策时,我们可以由风险管理的决策者及相关领域的专家对某些风险因素出现的概率进行主观的估计,这是一种用较少信息作出主观估计的方法。

需要指出的是,由于每个人的主观认识能力、知识水平、工作经验、判断能力不同,对同一事件在同一条件下出现的概率,不同的人可能会提出不同的数值,而且主观概率是否正确是无法核对的。在工程项目风险管理的过程中,运用主观概率估计来度量风险十分普遍,实践证明,只要应用得当,这是一种十分有效的概率确定方法。

(2)风险的概率与概率分布。

风险事件发生的概率和概率分布是风险分析的基础,因此,进行风险分析的首要工作是确定风险事件的概率和概率分布。由于项目风险管理的独特性很强,特别是对于前所未有的新项目,只能根据经验预测风险事件的概率或概率分布。在这里,我们使用典型的可能性、概率的指数,根据风险事件发生的频率程度用0~4将其分为5个等级,得出一组离散型的概率,如表4.3所示。

表 4.3 典型的可能性、概率指数

说明	简单描述	等级指数
经常	在关注的期间很可能频繁出现	4
很可能	在关注的期间出现几次	3
偶然的	在关注的期间偶尔出现	2

续表

说明	简单描述	等级指数
极小	在关注的期间不太可能但有可能出现	1
不可能	不可能发生,所以假设它不会出现或不能出现	0

(3)风险的重要性评定。

确定一个具体的风险因素的结果评估和概率值,除了需要发挥专家的经验及结合有关统计数据外,也需要对项目所处的具体条件及其内、外部环境作详细的考察。为了帮助确定风险结果,我们可以采用主观判断和客观判断相结合的方法。客观判断的风险结果及其概率值主要通过大量的统计数据收集和案例调查得出,而主观判断主要靠风险分析专家或决策者凭借自己的经验而给予的假设值。

然而实际情况是,除了经济上的损失是可以计算的外,其他后果都很难做到准确的量化预测,而且对于不同的风险源来说,基本上无法提供可靠的数据。这里采取的方法是按照后果的严重程度将其划分为几个等级,如表4.4所示。

表4.4 风险的后果

严重程度	简单描述	等级指数	成本
灾难性的	人员死亡、项目失败、犯罪行为、破产	4	
关键的	人员严重受伤、项目目标无法完全达到、超过风险准备费用	3	
严重的	时间损失、意外耗费费用、需要保险索赔	2	
次重要的	需要处理的人员损伤或疾病、能接受的工期拖延、需要部分意外费用或保险费过多	1	
可忽略的	损失很小,可认为没有损失	0	

利用表4.3和4.4二者评定的综合结果,可以对风险的重要程度进行评定。表4.5给出了重要性评定结果,表中评分值在8分以上的风险因素表示风险重要性较高,是不可以接受的风险,需要给予重点关注。

表4.5 风险的重要性

可能性	等级	后果				
		灾难性的	关键的	严重的	次重要的	可忽略的
		4	3	2	1	0
经常	4	16	12	8	4	0
很可能	3	12	9	6	3	0
偶然的	2	8	6	4	2	0
极小	1	4	3	2	1	0
不可能	0	0	0	0	0	0

4.3.3 风险评估的方法

随着风险管理理论的发展,人们已经发展出了一系列评估风险因素的方法。评估项目的风险总体效果可以为决策者提供项目的总体风险是否能接受的重要决策信息,决策者也因为同时了解风险总体效果与单个风险效果而更全面地掌握项目的风险环境。影响项目的各种风险存在既互相影响又相互联系的关系,因此评估项目风险总体效果不能简单地把各单个风险因素的效果相加。在工程实践中,评估项目风险总体效果的方法有定性及定量方法。定性方法是决策者凭借主观判断,参考对主要风险因素的识别,判断这些主要风险可能产生的后果是否可以被接受,从而对项目整体风险作出判断。如认为主要风险因素可能产生的严重后果是无法接受的,则该项目的整体风险就很大。

项目整体风险的分析与评估,目前也有了一系列的定量方法可供采用。工程风险分析应用领域常用的几种方法包括调查打分法、层次分析法、决策树法、模糊评估方法、蒙特卡洛模拟、敏感性分析法、模糊数学、影响图及神经网络模型。这些方法并不是适用于所有项目,也不是适用于项目所有阶段,在实际应用时需要考虑项目的规模、类型、项目目标的性质。

在工程项目的建设过程中,有时风险发生的概率和发生的时间可以初步确定,在确定了风险发生的概率后,可以通过经验或历史资料来对未来的不确定性进行判断,从而知道风险发生所造成的损失。确定型的风险评估相对容易,评估的工具和方法也比较成熟。但也有些风险因素发生的概率事先很难估计,或者我们能够估计到发生的概率,但发生的时间和造成的损失事先是难以估计的,这一类风险被称为不确定型风险。不确定型风险的评估相对困难一些,必须借助于和概率统计相关的一些数学工具才能完成。

需要特别指出的是,无论采用什么样的风险识别和评估技术,要想识别所有的风险是不可能的,无须对风险评估得过分精确,否则会劳而无功。从组织的角度来说,所有风险中最大的风险是缺乏沟通,最大的不可预见的风险是人为因素。以下介绍几个常用的风险评估方法。

1. 调查打分法

调查打分法,又称为综合评估法或主观评分法,是一种最常见、最简单且易于应用的风险评估方法,既可以应用于确定型风险,也可以应用于不确定型风险。该方法主要包括三部分工作内容:一是识别出工程项目可能遇到的所有风险,并列出风险表;二是将列出的风险表提交给有关专家,利用专家的经验,对可能的风险因素的重要性进行评估;三是收集专家对风险的评估意见,对专家评估结果作计算分析,综合整个项目风险分析概况并确定主要的风险因素。

2. 决策树法

决策树法是一种直观运用概率分析的图解方法,它具有层次清晰、不遗漏、不易错的优点。一个工程项目可能会发生各种各样的情况,在已知各种情况发生概率的条件下,通过决策树来评估项目风险、判断项目的可行性是十分有效的。决策树法还被广泛应用于不同方案的决策中,它不仅可以用来解决单阶段的决策问题,而且可以解决多阶段的决策问题。利用决策树将不同的风险因素分解,逐项计算其概率和期望值,就可以容易地进行风险评估和不同方案的比选。

3. 模糊评估方法

模糊数学是近30年来发展起来的一门新兴学科,是使用数学方法来研究和处理模糊现象的科学。它以崭新的理论和独特的方法,突破了精确数学的局限,巧妙地处理了客观世界中存在的模糊现象,发挥其在方法论上的指导作用。它不仅扩充了经典数学的内容,而且被广泛地应用于实践中。近年来,在建设项目风险管理方面,也得到了非常广泛的应用,成为该研究领域中的热点之一。

工程项目具有相对明确的质量、进度、造价、安全控制的系统综合目标,而实现这一综合目标所需的时间是漫长的。重大工程建设项目(特别是 BOT 项目)往往经历几年甚至几十年的建设周期,在这个周期内,大量的不确定性因素或者说风险因素会出现。而这些不确定的风险因素往往难以用准确的定量方法来描述。可以说,绝大多数工程的风险都是模糊的,难以准确定义。因此,非常适宜于用模糊方法对其进行分析和评估。

4.4 项目风险的管理

针对不同来源的项目风险以及项目融资风险管理中存在的问题,应采用积极的防范和管理措施。

4.4.1 项目风险管理过程及主要策略

一般来说,项目风险管理过程包括:确认和定义所察觉到的风险;所有参与方通过交流信息,能对什么是"真正的"风险达成一致的意见;确定哪种真正的风险是能控制的,哪种是不能控制的;决定应采取什么样的策略对付能被控制和不能被控制的风险。

项目风险管理的主要策略包括:①避免或确保消除某些风险;②将风险降至最低点,制定能降低某些风险可发性和严重性的方案;③将不可避免的风险转移给第三方,这经常是通过风险定价和付保险费给承受风险的第三方(比如保险公司)实现的;④接收剩余风险并把它分配给计划参与者中最有能力且对项目造成最低损失的一方承担,合作方签订各种项目文件和信用担保协议,使项目风险在参与者之间得到合理的分配。

4.4.2 可控制风险与不可控制风险的管理

可控制的风险是那些可以自行控制和处理的风险,包括投资人的承诺、合作者的信用状况、有效的市场需求、竞争、项目准备、获准风险、完工风险、成本超支、技术失败、建设和运行期间产生的伤亡以及运行的性能质量。不可控制的风险是那些不能自行控制和处理的风险,包括不可抗力风险、强制收购风险、法规变更风险、违约风险、投标和谈判风险、利率变化风险、供应价格变动风险、通货膨胀风险、偿还期限风险、货币风险以及当地资产评估风险等。

这两种风险的划分不是绝对的,有时不可控制风险也可以通过一定的手段予以减少,而有时可控制风险却无法避免。随着信息交流程度的加深和现代金融市场的发展,有效控制各种风险的方法越来越多,各类风险呈现出越来越强的可控性,不可控制风险与可控制风险的划分也变得更加模糊。

1. 可控制风险的管理

有关可控制风险的管理,我们将放在4.4.3"与项目融资有关的风险管理"中讨论,这里只列出可控制风险的具体内容,而非管理策略和方法。

(1)贷款方面临的信用风险。

信用风险不仅是对借款方而言的,对项目其他的参与方同样适用。它主要表现为两种情况。第一,对方无力履行承诺或合同。第二,对方拒绝履行承诺或合同。譬如,借款方的信用风险就有两种:一种是借款方由于市场下滑、收入减少等而无力偿还债务;另一种是借款方虽然还得起贷款,却有意拒付、拖欠。

从贷款方的角度看,考察信用风险时应该包括以下几方面:借款方及其担保人在项目的建设和运营阶段,一旦出现资金不足,它们是否有办法筹集到应急资金以渡过难关;在建设失败的情况下,承建商是否有担保银行赔偿它的损失;项目发起方是否积极介入项目的管理,权益投资是否已经到位,是否还有别的资金来源;产品买主或取或付合同或其他相似的长期销售合同是否已签订;原材料供应商是否提供协议或其他长期供应合同来保证稳定的原材料供应;项目经营者是否具备项目所需要的技术水平和先进的经营管理方法;担保机构和保险经纪人是否有能力按照保险协议中的有关条款支付保险赔偿金。

(2)市场风险。

项目的投资效益取决于其产品在市场中的表现,除非项目公司在项目建成前就能在一个确定的价位上卖出它的全部产品,否则它就必须直接面对市场风险。因此,投资人要对其产品所面临的市场情况"尽职调研",对市场需求风险进行分析。市场需求分析不仅要分析国内的市场需求,还要分析国外的市场需求;不仅要分析现在的市场需求,而且要预测将来的市场需求。具体来说,市场风险分析的关键在于回答两个问题:第一,能卖出多少产品?第二,能以什么价格卖出?要回答这两个问题,就要针对以下问题进行研究:项目的产量有多大;还有多少家企业生产此类产品;产品的市场占有率和市场渗透力如何;项目产品有无其他的代用品;顾客的消费习惯是否会有变化;未来的通货膨胀率大致是多少;等等。

市场风险不只存在于产品销售过程中,还存在于项目原材料及燃料的供应中。如果在项目投产后原材料和燃料价格的涨幅超过了项目产品价格的增长,那么项目的收益势必会受到不利影响。

原材料及燃料供应协议的主要目的是确保项目能够持续稳定地生产经营。项目公司一般希望供应协议中的价格是固定价格或与购买协议一致,所有未来市场价格上涨的因素都由供应商来消化。原材料及燃料供应协议的细则随项目而变化,但材料的供应商和运输商通常是分开的。

如果项目公司无法得到长期固定的原材料及燃料供应协议,就采用复杂的、阶段性的供应和储藏策略。有时项目公司会投资建立自己的原材料供应来源或纵向兼并,从而彻底解除项目在原材料方面的后顾之忧。

(3)竞争性风险。

该风险是指在项目建成后,政府又提供一个类似或相同的项目,减少了有效的市场需求,例如,在离已建好的收费公路几千米内又建了平行的一条公路。为防止竞争性风险,投资人在与政府签署的协议中,寻求加上防止竞争的条款,例如只有在车流量饱和的情况下政府才可以修建新的收费公路,而且过路费应不低于现有公路。

(4)项目准备风险。

它表现在工程或设计以及对审批的确认上:一方面,项目公司抱怨当地工程和设计单位采用过时的技术,因为目前工业的发展已大大超过所在国现行的技术规范和标准;另一方面,当地设计单位抱怨外国工程公司盲目地运用外国的设计方法而无视该国独特的技术和资源条件。尽管在项目整个计划中没有太大的风险,但投资者应当承认,选择工程顾问应具备一些国家普遍的经验,不恰当的设计可能带来建设和运营期的技术风险,还可能推迟技术批准。

(5)获得风险。

开发和建设一个项目必须得到项目东道国政府的授权或许可,而获得政府的许可一般都要经过复杂的审批程序,需要花费相当长的时间。如果不能及时得到政府的批准,误工会导致整个项目无法按进度推进。发起方和贷款方应该考虑到这一点,使自己的时间表有弹性,以备在申请获准的过程中应付政府方面的拖延。政府有各种各样的原因迟发、拒发或吊销项目许可,包括设计有缺陷、环保不符合要求、地方民众反对等。

(6)建造或竣工风险。

这一风险类别的主要风险是:实际建造费用可能大大超过原来的预测额(费用超支);竣工期长于原先的预测(完工迟延);不能完成该项目的建设,或者完成的项目达不到预期设计标准。完工风险对项目公司而言意味着利息支出的增加、贷款偿还期限的延长和市场机会的错过。完工风险的大小取决于四个因素:项目设计技术要求;承建商的建设开发能力和资金运作能力;承建商所作承诺的法律效力及其履行承诺的能力;政府的干预;施工拖延一般是由不可抗力事件、审批的推延、规章条例要求的变化、材料和设备或劳力未按时到达;承包商的技术或管理不善。

(7)成本超支风险。

管理这种风险的主要手段是固定价格的施工承包合同,但来自承包商的压力很可能是施工过程中连续"追加"费用,投资者可以通过聘用一名独立的施工经理或顾问监督工程,使费用超出的风险程度最小。另外,提供适当的应急费、备用股本、备用信贷、支持性贷款和其他附加的条件,补充施工合同中的惩罚性条款,都可以控制成本超支风险。贷款者可以要求投资者提供竣工保证书,担保整个项目债务直到施工完成和设施交付运营。贷款者还可以要求投资者以一种待完成的担保代理人的形式,为固定价格施工合同准备一笔充足的资金。

(8)技术故障、设施故障风险。

已竣工的设施在交付使用后的任何时间都有可能发生技术故障。由承包商造成的故障可部分得到履约保证担保,履约保证一般可延续到完工后的几个月甚至几年,同时可将惩罚性条款写进固定价格合同中。设施故障一般由被担保人补偿。但上述这两种手段会随项目的到期而迅速终止,且技术维修和更新风险一般由负责该项目运营的公司通过运营应急费、备用信贷和支持贷款来承担。投资者也可以把一定的更新补贴条款写进承购合同,并将更多的应急费加到其整个项目的寿命周期价格中。

风险管理需要强调两点:首先,可控制风险管理的有效性取决于各方对相关信息的了解程度和相互之间的沟通;其次,可控制风险管理分配手段是合同的有效履行。严格的合同比"安慰信""保证书"或其他任何非正式的承诺重要。因此,在起草、谈判、草签各种协议时,必须非常仔细地准备特许权协议、购买协议、供应协议、承包合同、运营合同等,这些合同应得到各方的全面理解。由于项目涉及的领域非常广泛和复杂,诸如金融、法律、技术、程序上的各种关系,项目实体应寻求咨询专家、法律顾问的有力帮助,以便有效地了解项目中的风险,制定管理这些风险的策略,并利用各种手段去消除风险。

2. 不可控制风险的管理

(1)不可抗力风险。

不可抗力风险包括因火灾、洪水和地震等引起的伤亡损失以及由罢工、战争、民众动乱引起的非伤亡损失,这些风险是项目参与者所无法控制的。对付不可抗力风险的主要方法是使风险商业化,通过提供保险费将风险转移到第三方。许多国家的出口信贷机构提供保险,担保部分或全部不可抗力风险,担保范围包括没收、战争和民众滋事在内的政治风险。世界银行的多边投资担保机构同样提供战争、民众滋事和没收保险。

(2)强制收购风险。

强制收购风险是指没收风险、征收充公风险或者国有化风险。在很多情况下,外方发起人将这些风险视作不可抗力。管理这种风险的主要办法是投保。这也是一项开支。另外应对该风险的一种方法是整体项目的产权布局,基本途径是促使国内的一个强大合作者参与项目,或促使多边机构,如世界银行的国际金融公司参与该基础设施项目。贷款者认为,如果一个活跃的多边机构掌握一个项目的部分产权,那么这种强制收购风险就会小得多。

债务安排是另一种用来降低风险的方法。如果一个项目是由友好国家的发起人投资的,那么商业贷款者就会认为这种风险能降低。其他应对这种风险的方法是由政府机构提供担保,担保不实行强制收购。如果这种收购不可避免,那么政府机构会以市场价格补偿项目公司。如果没有担保,投资者会要求表明政府支持项目的"安慰信",但是"安慰信"通常没有法律义务。

(3)法规变更风险。

在有些国家,开发商和贷款者面对的一个很大风险是政府机构有可能出人意料地对某些法规和政策进行调整,这种变化会对运行中的项目产生影响,可能会增加成本、降低收入、产生误期,从而可能会导致项目资金短缺。例如,国家环保部门和当地环保部门为了提高处理水的质量,会制定某项法规,要求使用更先进的或者其他水处理设备,从而增加项目的开支。法规变更包括环境的、劳力的、税收的和收入的调整,这些调整都会影响项目的资金运用。

因为项目公司很难对付这种调整变化,所以投资者会设法把这些风险转让给当地合作伙伴或政府。例如,在购电协议中规定购电价应能用来补偿不可预料的法规变化而引起的成本超出,并以提高电价或延长特许期的方式予以补偿。

(4)违约风险。

违约风险是指项目参与方因故无法履行或拒绝履行合同所规定的责任与义务。违约有多种表现形式,如在规定的日期前承建商无法完成项目的施工建设;借款方无力偿还到期债务或拒绝偿还债务;发起方无法按其权益得到分红;有时,项目公司由于不可抗力或其他特殊原因而延缓投产计划;等等。

项目融资的基本特点是有限或无追索权融资,各种项目合同的履行是最重要的。例如,当外方项目发起人对本国参与者的信用状况信心不足时,会要求出具履约担保。有时,发起方和贷款方会要求东道国政府允许在发生纠纷的情况下,通过中立的第三方进行仲裁,以保证仲裁结果的公正、客观。但是,仲裁需要注意法律适用性的问题。发起方和贷款方从一个外国高级法院得到的判决结果,有可能不被东道国政府承认,更无法在东道国得到执行。发起方和贷款方在草拟、签订各种项目文件的过程中,也需要注意法律的适用性问题。

(5)投标和谈判风险。

这个风险是由项目投资人和当地政府共同承担的,项目投资人首先要为落实一个机会准备标书或聘用法律、技术以及财务方面的咨询专家,这样的花费占项目成本的3%~5%。在竞争投标中,投资商会遇到这样的风险:不合理而必须服从的要求或者某一特定竞争者受到偏爱。就是说,在投标竞争中输给了其他投标人,无法签订特许权协议,造成开发费用损失。对大型的项目来说,开发和投标费用很高,因为项目需要进行初步设计,全面规划,编写长篇标书,并进行漫长的谈判。

以项目融资的方式建设基础设施越来越受到各国政府的青睐,这就意味着各国政府之间吸引有经验的发起人投资本国的基础设施项目的竞争将会日益激烈,大多数的外国投资人不会把金钱和时间浪费到没有建立在公正、公平、高度透明度之上的投标程序之上,对这些风险,政府可以通过执行国际标准来设计合理的投标程序和结构,并增加透明度。

(6)利率变化风险。

利率变化风险是指在项目的经营过程中,由利率变动直接或间接地造成项目收益受到损失的风险。如果投资方利用浮动利率融资,一旦利率上升项目生产成本就会攀升;如果采用固定利率融资,日后万一市场利率下降,机会成本就会提高。

在中国国内投资基础设施的外商,会试图组织尽可能多的人民币借款,因为大多数的资本要在当地花费。外方的项目借款人可以从银行以多种货币方式借款。多种货币有各自不同的利率,投资商及其顾问需要在决定外币组合方式上以及同银行合作方面作出努力,来降低利率变动风险。合理的利率估计对于正确的项目投资决策很关键,投资商用来降低利率变动风险的方法包括利率掉期交易等。

(7)供应价格变动风险。

以水处理项目为例,该类项目主要的供应价格变动是原水、建材和劳动力。为了控制原水价格变动的风险,投资商会设法与当地政府和水利部门达成一个长期的固定价格供水合同。另外,他们为了补偿意外水质原因使成本超支,会努力通过谈判达成调整价格或延长项目特许期条款。

(8)通货膨胀风险。

最近几年,无论中国还是其他国家,通货膨胀率普遍较高,有关投资人将设法在与政府签署最终特许权协议时提出一些条款,以便于以后能够定期对价格进行核查,然后再按公认的通货膨胀率进行调价,或者延长特许期限,例如,在协议中以与零售物价指数相联系的封顶价格为依据。

(9)偿还期限风险。

基础设施投资的主要风险是投资回收期,电力项目的标准偿还年限常常是 10~20 年,供水工程则要 15~30 年。制定特许期要考虑产品和服务的价格,如果是低价格,则相应延长特许期;反之,特许期可以缩短。如果人为地将投资回报率定在某一水平上,如 12% 或 15%,将难以吸引到投资者,也不能鼓励他们降低成本,操作上也是没有把握的。

(10)货币风险。

货币风险通常包括三个方面:东道国货币的自由兑换问题、经营收益的自由汇出问题以及汇率波动所造成的货币贬值问题。项目融资的各参与方都十分关心外汇风险问题。国外的项目发起人希望将项目产生的利润以本国的货币汇回国内,并且不至于因为东道国货币贬值而蒙受损失。同样,贷款方也希望项目能以同种货币偿还贷款。

项目收入的自由兑换和自由汇出问题主要应该依靠外国投资者同东道国政府之间的协议来解决。东道国政府吸引外资,一般不应拒绝国外投资者将收入兑换后汇出,有时也可采用灵活机动的方式间接达到汇兑出境的目的。譬如,项目发起方可以把收入转交给东道国政府,以换取等价的商品(如石油),然后再到国际市场上出售商品(如石油)以换回硬通货。但是项目公司在避免汇兑风险的同时却要承担市场风险,因为商品在国际市场上出售之前有可能已经贬值。

汇率波动问题并非简单地通过掉期等衍生工具可以解决,因为东道国既然有自由兑换风险,就说明它的货币不是国际硬通货,而掉期大都是在硬通货之间进行的。在这种情况下,最好的办法当然还是同东道国政府或结算银行签订远期兑换合同,事先把汇率锁定在一个双方都可以接受的价位上。但东道国政府或银行一般都不愿意承担这个风险。

(11)当地资产评估风险。

总的来说,这个风险是项目发起人无法控制的。在项目建设中,需要评估的主要资产是项目所需的土地使用权。由于进度上的敏感性,在融资结束后对固定资产进行评估可能会严重影响工程的存活。处理评估风险的最有效手段是将资产评估包含到合同中,以便使固定资产再评估所产生的附加费用可以通过调整买价得到弥补,或将特许期限予以延长。而且,无论是地方政府或外方发起人,在拟订项目协议草签之前,应先寻求中央政府对固定资产评估的认可。

4.4.3 与项目融资有关的风险管理

1. 项目融资风险管理的分类

项目融资风险管理是项目风险管理的一个重要组成部分,项目融资风险分析是项目风险识别和评价工作的自然延续。项目融资风险分析涉及与项目融资密切相关的各种风险要素以及这些风险要素可能对融资结构产生的影响。项目融资风险的分析不仅要有定性的判断,更重要的是要作出系统性的定量分析,将各种风险因素对项目现金流量的影响数量化,在此基础上确定项目的最大融资能力,设计出为借贷各方都能接受的共同承担风险的融资结构。

项目融资风险管理可分为项目融资的核心风险管理和环境风险管理两大类。项目融资的核心风险管理,即项目的完工风险、生产风险、技术风险等一系列与项目建设和生产经营有着直接关系的风险要素的管理,是项目投资者和经营者日常管理工作的一个重要组成部分。从代理银行的角度看,这些风险属于项目的投资者和经营者可以控制的风险。项目融资的环境风险来源于项目的核心风险,但又有别于核心风险,这主要是因为项目融资的环境风险超出了项目公司的控制范围,并且很难预测,所以大大增加了其风险管理的难度,需要采用一整套与管理项目核心风险不同的方法和思路来规避。

2. 项目融资的核心风险管理

项目发起方和贷款方除了对风险进行评估并安排风险的分担外,还会通过其他途径努力化解某些风险(见图4.3)。降低风险的措施一般是在项目发起人、贷款人和其他第三方之间进行谈判。具体风险如下。

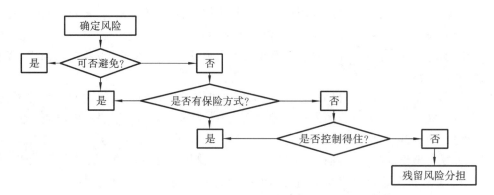

图 4.3 项目发起方和贷款方对项目风险的分担和安排

(1)完工风险。

完工风险包括如下情形:根本完不成项目;建设延误和(或)成本超支;项目没有达到既定的技术标

准,导致预期的生产能力、产出、效率不足;预期的资源(储备)不足;不可抗力事件导致建设延误或成本超支;找不到合格的人员、管理者和可靠的分包商。

完工风险是项目发起人面对的最重要的风险,降低风险的措施包括:要求承包商、供应商和分包商提供履约保函或第三方担保;购买足够的商业保险;通过谈判确定一个因延误或执行出现问题时必须赔偿的金额。

(2)信用风险。

理解项目实体的信用风险会对项目的融资能力产生重要影响。信用风险是使得借款人不能支付贷款人债务的风险,为了准确评估风险,对项目收入来源相关的风险进行评估是必要的。这些评估包括:是否发生由于包销商不能或不愿意付款而产生支付中断的情况;是否由于缺乏照付不议协议,从公众消费者那里得到的收入总额低于预期。

降低信用风险的措施:项目发起人进行详细的市场调研,使自己在风险分担安排中具有优势。

(3)市场和操作风险。

项目完工交付使用后,项目发起人必须着手解决与产品销售相关的风险。市场风险在靠收费作为项目收入来源的交通行业中显得非常重要。发起人必须面对如下风险:对服务的实际使用或需求低于预期值;非预期的竞争;关税壁垒比估计的强而影响到进口成本和出口能力;由于政府管制或类似因素导致物理进入(如交通条件)或商业进入(如市场准入)困难;技术过时;项目应用的新技术失败导致项目延误,成本增加。另外,项目在执行过程中还会面临相关风险,例如,项目能否按照与包销商约定的数量生产。项目发起人可以通过聘用经验丰富的管理者和员工(有经验的运营商)、使用强有力的运营和管理规划,以提高运营效率的方式来降低这种风险。

降低这类风险的措施:通过谈判确定一个长期的照付不议协议(电厂、资源开发项目)、吞吐量协议(管道项目)、影子收费协议(收费公路)或最低缺口保证(交通项目)。在没有上述合同安排时,需要通过一些其他的发起人支付方式来满足银行贷款的要求。

(4)金融风险。

项目控制能力以外的金融因素对项目的潜在影响,对项目贷款人和发起人来说都是一个风险。这些因素包括:汇率变化;利率变化;国际市场商品价格的变化反过来对能源供应和原材料的影响;项目产品世界价格的降低;通货膨胀;关于贸易、关税和贸易保护主义等方面的世界趋势。

降低这类风险的措施:货币互换、利率互换、商品远期或期货合同、混合债务结构、通过谈判确定关税指数化或规避机制、远期销售或期货合同。

(5)政治风险。

政治风险包括:现有的税收、进口关税、海关程序、产权、外汇法律和环境保护方面的管制政策可能会发生变化,从而对项目产生不利的影响;没收、征用或国有化项目设备;政府的许可、批准或其他同意事项不能及时落实、不能得到或持续;对利润返还和利息支付的限制;对项目储备的使用比例的控制或限制;战争、革命或政治暴乱将影响项目绩效;本币贬值导致股息价值降低。

降低政治风险的措施:通过与政府签订项目执行协议来规避法律变更的风险;政治风险保险可作为一种附加的规避风险方式;支付的其他承诺,如许可、批准等可以及时兑现并可以在项目实体资不抵债时转让给贷款人,可以得到进口关税或类似担保权利的弃权材料。

(6)法律风险。

法律风险包括:不能执行担保安排;对知识产权缺乏足够的保护;不能执行国外裁决;缺乏适用的法律选择;出现争端时不能仲裁,或者在仲裁规则、仲裁地点或使用语言等方面存在争议。

解决这些风险的方法比较难以寻找,所以通过合同进行风险分配是非常关键的。

(7)环境和社会风险。

环境和社会风险是指项目没有遵循政府部门制定的环境和拆迁的标准或规划,不遵循这些标准和规划一般会导致公众的抗议,项目延误、诉讼和(或)受到惩罚或罚款,从而增加项目的负担,引起贷款人更多的关注。

降低这类风险的措施:由一个有资质的、国际认可的公司进行环境影响评估并作出拆迁安置行动计划;准备一个方案针对环境影响评估和拆迁安置行动计划中关注的事项采取降低风险的措施,成本由项目来支付。

(8)不可抗力风险。

这种风险是潜在的、合同所影响的经济实体不能理性控制的外部事件,而且这些事件也不能通过好的行业实践或实施合理的技能或判断来避免。就不可抗力风险而言,一个典型的项目融资交易,一般会有专门条款,使受风险影响的主体免予执行合同,尽管合同仍然在执行期间。但是,这种条款可能会对项目的财务产生逆向的影响。

3. 项目融资的环境风险管理

(1)掉期。

掉期就是用项目的全部或部分现金流量交换与项目无关的另一组现金流量。

①利率掉期。

利率掉期是指在两个没有直接关系的借款人(或者投资者)之间的一种合约性安排,在这个合约中一方同意直接地或者通过一个或若干个中介机构间接地向另一方支付所承担的借款(或投资)的利息成本。利率掉期可以是一种固定利率和一种浮动利率之间的安排,也可以是两种浮动利率之间的安排。一般的利率掉期在同一种货币之间进行,不涉及汇率风险因素。

在项目融资中,利率掉期的作用可以归纳为以下两个方面:第一,根据项目现金流量的特点安排利息偿还,减少因利率变化造成项目风险的增加;第二,根据借款人在市场上的位置和金融市场的变化,抓住机会降低项目的利息成本。这方面的做法包括:首先,将固定利率转为浮动利率;其次,先安排浮动利率贷款,然后再将其转为固定利率,从而降低直接安排固定利率贷款的成本;最后,先安排固定利率贷款,然后再将其转为浮动利率,从而降低直接安排浮动利率贷款的成本。

②货币掉期。

货币掉期是一种货币交易,交易双方按照事先确定的汇率和时间相互交换两种货币。项目融资经常使用的货币掉期工具是交叉货币掉期,特别是对于采用类似出口信贷作为主要资金来源的项目融资结构,交叉货币掉期提供了一种灵活的机制,有效地将项目资产或项目债务的风险从一种货币转为另一种更为合理的货币。交叉货币掉期在项目融资风险管理中能够发挥的作用有降低项目的汇率和利率风险,从事项目的资产、债务管理。

④商品掉期。

商品掉期与利率掉期相似,是在两个没有直接关系的商品生产者和用户之间(或者生产者之间以及用户之间)的一种合约安排。这种安排使双方在一个规定的时间范围内针对一种给定的商品和数量,相互之间定期地用固定价格付款来交换浮动价格(或市场价格)的付款。

商品掉期只适用于具有较强流通性并且已建立有公认国际商品市场的产品,如石油、天然气、铜、铝等有色金属及贵金属等。商品掉期不是一种实际商品的交换,在执行商品掉期合约过程中,只有商品价格的差额由一方支付到另一方,而没有任何实际商品的交割。

(2)期权。

期权是其持有人的一种权利(而不是一种义务),即期权的持有人有权利在未来的一个特定时间(或时间段内),按照一个预先确定的价格(称为期权结算价格或执行价格)和数量买入或者卖出一种特定的商品。这个商品的定义是广义的,可以包括利率、汇率、股票市场的股价指数和其他金融产品,也可以包括实际的商品。期权持有人要获得一种期权需要付出一定的代价,这个代价包括两个组成部分:期权的内在价值以及它的时间价值。期权持有人在买入一个期权合约时需要将这个代价(通常称为期权费)支付给予期权的卖出者,以此换取执行期权的权利,但是,期权持有人并没有义务执行这个期权。然而,对于期权的卖出者来说,期权合约构成了一种义务,如果期权持有人(即买入者)决定执行这个期权,期权的卖出者就必须履行合约,卖出或者买入这种商品。

(3)远期合约和期货合约。

这两种工具在本质上是一样的,即为合约的买卖双方在未来的某一个时间点上完成一项(或者若干项)其条件(如数量、质量、价格、交货地点等)预先确定好的交易。两者的区别在合约的形式上:远期合约是通过合约双方根据各自需求谈判确定的,因而是一种交易条件(如数量、质量、时间、交货地点等)可以变化的非标准合同形式;而期货合约则是一种标准的合同形式,买卖双方都需要按照这种标准合约的交易条件从事交易。远期合约和期货合约的期限均比较短(期限多数不超过两年,少数可以到三年),而项目融资期限往往又以中长期为多,所以限制了远期合约和期货合约在项目融资风险管理中的应用范围。

①远期合约。

远期合约是合约双方之间的一种协议,该协议规定了在未来的一个确定日期合约双方将按照一个确定的价格买卖确定数量和种类的实物产品或金融产品(如某种货币)。远期合约一经确定,即对合约双方构成法律约束力。理论上,远期合约适用于任何一种实物产品或金融产品的交易;实际上,最发达的远期合约市场有两大种类,即远期外汇合约和远期商品合约(如黄金、有色金属、咖啡等)。

a.远期外汇合约。远期外汇合约根据合约签署日确定的汇率购买或出售某种外汇,但是实际付款和交割则发生在未来的某一指定日期。远期外汇合约在国际金融市场中的"柜台交易市场"上交易非常活跃。银行的交易员在各种国际主要流通货币的大量频繁的交易中营造了这一市场,并直接从银行客户手中接受订单购买或者出售某一种外汇。这时银行是以自营商的身份出现,直接承担合约中的信用风险和其他风险。大多数货币都是根据其兑换美元的汇率为基础报价的,但是也有一些银行可以直接在其他两种主要货币(如英镑对德国马克)之间报价。远期外汇合约的结算条款具有标准形式,例如,美元对英镑是一天交割,德国马克对加拿大元是两天交割等。

远期外汇合约不是一种带有投机性质的合约。远期汇率的报价以现期汇率加上一个贴水或者减去一个折扣计算,其计算的依据是两种货币的现期汇率之差、利率之差和到期时间。

b.远期商品合约。远期商品合约按照合约议定的价格在未来一个指定的时间出售或购买一种商品。在合约签署日,商品的数量、质量、交货的时间和地点均需确定。

远期合约的优点如下。

项目(或企业)的经营者可以使用远期市场来保值或锁定一种商品的价格,从而可以较好地对其生产计划作出安排,排除价格变化的不确定性因素。例如,一个农户知道在六个月后的收获季节他必须出售300吨小麦,那么他就可以通过远期合约形式在当天将小麦出售并把价格确定下来。

与期货市场上的标准合约不同,远期合约在形式上比较灵活,可以针对具体客户的需要加以设计。

远期合约一般不需要合约方在进入合约时支付一定的费用,如保证金、期权费等。这一点与期货合约、期权合约等不同。

远期合约又有以下缺点。

远期合约的一个主要风险是合约一旦签订就很难解除,即使合约价格(如商品价格和汇率)朝着合约一方有利的方向变化,由于远期合约的存在,该方也不可能获得任何的潜在附加利润,这就形成了该合约方的"机会损失"。为了解决这个问题,远期外汇合约已开始向一种混合型合约方向发展,既可以保护银行客户不受到汇率向不利方向运动的影响,又可以通过支付一定期权费获取保护潜在利润的期权,如果未来汇率变化是向有利的方向运动的话。

合约双方一旦进入远期合约就要承担合约责任不能履行的风险。特别是合约价格朝着不利于一方的方向变化,其潜在损失有时是很大的。

对于远期商品合约,由于其市场流动性较差,如果合约一方希望提前结束合约,例如通过一笔现货交易来对冲其远期合约责任,该方也许会发现很难在市场上找到相应的交易条件和交易伙伴。

②期货合约。

期货交易是商品生产者为规避风险,从现货交易中的远期合同交易发展而来的。期货合约是由交易所设计,经国家监管机构审批上市的标准化的合约。期货合约可借交收现货或进行对冲交易来履行或解除合约义务。

期货合约的优点如下。

企业(项目)经营者可以通过期货市场对其产品、货币、利率等进行保值和价格固定,避免其价格波动带来的影响。

期货合约只要求支付一个初始保证金,因而初始资金占用会比类似的期权合约少。

期货合约的市场流动性好,很容易计算期货合约在不同时期的市场价格,期货合约的购买者可以根据市场变化,决定是否提前结束合约,赚取利润或减少风险。

中央清算公司担保合约的履行,降低了合约的信用风险。

期货合约也有以下缺点。

与远期合约相似,使用期货合约对未来的生产或收入进行保值将面临未来生产或收入不能兑现的风险。使用期货合约进行保值和风险管理也同样会面临损失潜在利润、增加机会成本的问题。

期货合约是一种标准化协议,只对特定的商品、货币和金融产品有效,并且合约条款也有其局限性,限制了期货合约的使用范围。

随着期货市场的波动,对于一笔期货交易,期货合约的当日市场价格可能比其购入价格高很多(潜在利润),但也可能比其购入价格低很多(潜在亏损)。当出现后一种情况,如果其潜在亏损超出期货合约购买者的给定信用额度,交易商和中央清算公司可能会要求期货合约的购买者支付其潜在亏损的差额,以减少合约执行的信用风险。这种做法,不仅将给期货合约购买者带来现金流量上的困难,也会给期货合约的日常管理带来困难,特别是对那些不经常使用期货市场的企业。

4.4.4 各种商业保险

1. 保险中的主要问题

(1)贷款人就保险问题制定的指导原则。

保险是项目融资中非常重要的资信增级工具,项目实体和贷款人之间就保险协议进行的谈判往往被安排在债务谈判的末期。项目中没有管理的但可以通过一定的价格进行管理的风险都可以通过保险来进行管理。对某些特定的双方认可的比较小的风险也有进行自我保险的可能。

贷款人就购买保险方面制定的指导原则至少包括以下几个方面:①保险覆盖全面;②保险的折扣水平符合实际;③最低的自我保险水平并不影响项目的偿债现金流;④公司的最低资信和经营稳健性要求;⑤在贷款期间对保险的适当控制。

私人为基础设施项目融资的保险在项目的不同阶段是不同的,需要对每个阶段购买的保险作出不同的安排。有些保险是贷款人一揽子要求的一部分,而有些保险是东道国国家法律提出的要求。

(2)保险购买时可能遇到的问题。

项目实体和贷款人在购买保险时会遇到一些实际的问题。在有些发展中国家,保险只能通过政府来购买,政府对此是垄断的。另外,对于有些必要的保险(如开工延期险和业务中断险)而言,市场根本就没有这种险种。即使有的话,其保险范围也小于国际标准。在这种情况下,保险受益人仍然面临许多风险,而这些风险又超过了其自我保险的能力。还有一些困难来自对当地保险商在国际保险和再保险市场上进行再保险的业务限制。当地保险公司的承保额大于自己的财务承受能力时,项目实体和贷款人实际上就承受了不愿意承担的支付风险。执行协议可能豁免项目实体的上述责任,贷款人及其雇用的顾问可能会担心豁免的合法性。当这样的问题出现时,只能个案加以解决。

(3)主要保险人。

项目融资市场上的主要保险人包括私人、多边和双边机构。私人保险人提供的商业风险保险大部分或全部覆盖了自然不可抗力风险。项目实体可以控制这些风险并分配给商业保险人来承担。政治风险由私人保险商、多边和双边机构提供。政治风险的保险范围与执行协议下东道国政府提供项目实体的承诺部分重叠。

2. 自然不可抗力的商业保险

(1)建设阶段。

在建设阶段,项目实体要投保以下保险。

①建设阶段完全险:在项目完工前,保险范围覆盖整个合同金额和合同工程的物理损失或损害。完全险保单承担除了战争、工艺缺陷以及正常磨损和破损之外的所有自然风险。

②延期开工险:保险长达 24 个月的固定支出(包括偿债)及预期净利润损失,如果该损失是由建设阶段完全险规定的风险造成的(如果损失是由未保险的风险造成的则不适用)。

③海运完全险:保险工厂和设备由供应商处运往项目建设场地过程的风险。

④海运延期险:如果延迟是由海运期间受保的损失或损害造成的,则保险包括完工延期造成的、长达 24 个月的固定支出(包括偿债)及预期净利润损失。

⑤法律责任险:保险范围包括对第三人造成的损失或损害、财产损失、死亡或身体伤害,以及包销协议或特许权协议规定的范围。

保险范围还包括一些受保领域。重要的额外保险范围包括:由设计、工艺和材料等导致(特别是)电气和机械设备安装不合格所造成的损坏;"无意或不是出于内心的掩盖、违反保单条款或错误解释"所造成的对受保内容的破坏。

(2)运营阶段。

在运营阶段,项目实体要投保以下保险。

①运营商所有风险,保险资产的物理损失或损害,依据重置价值计算。

②突发机械和电力中断所导致的机器停工风险,主要针对电厂及其他类似的复杂设施。

③经营中断险,包括由一切保险范围内的一个或多个风险造成的对合同工程的物理损失或损害所导致的、事先约定时间的、持续的固定支出及预期净利润损失。

④法律责任险,保险范围包括对第三人造成的损失或损害、财产损失、死亡或身体伤害,以及包销协议或特许权协议规定的范围。

(3)贷款人对保险的要求。

贷款人没有统一的模式要求,因为每个项目都需要量身定做,但有些基本因素贷款人是愿意加入项目保险合同中。

①目业主或业主方控制的风险。在建设期和运营期,由项目实体而不是承包商来安排和控制风险方面的事宜。业主必须保证保险符合融资协议的要求,而承包商并不是该融资协议的直接参与方。在贷款人许可的范围内,项目业主应有权选择保险人及保险性质和保险范围。业主控制的保险一般价值不菲,但容易管理。指定一个独立保险购买人可以避免由许多参与方都购买保险造成的潜在冲突。如果建设承包商安排建设阶段的风险保险,那么业主将很难或不可能单独安排针对开工延迟风险的保险。即使对于交钥匙协议而言,业主也要参与保险安排。

②广义保险单结构。保险条款应根据国际而不是国内标准设计。特别提款比现有的格式条款更好。在许多发展中国家保险市场还不够成熟,可能难以满足贷款人对项目融资保险的需求。

③当地保险商提供小额保险或不参与保险安排。这种情况意味着国际保险市场将承担项目的大部分风险。当地保险人的参与也是必要的,选择保险商的标准应该是其规模和实力。同时,在国际市场上的再保险人的身份和承担金额也要进行监督。

3. 政治风险保险

政治保险与前面讨论过的部分风险担保很相似。可以提供政治保险的公共部门包括多边投资担保机构、日本的国际合作银行、美国的海外私人投资公司、出口信贷机构以及私人保险,人如美国国际集团等。在许多情况下,政治风险保险涉及四个方面:第一,没收、征用、国有化和剥夺风险,统称为CEND (confiscation, expropriation, nationalization and deprivation)风险;第二,汇率风险;第三,政治暴力;第四,合同失效。

保险人并不是为所有的政治风险都提供同样的保险,或者对以上四种风险都提供保险。另外,保险可以单独或联合购买,政治风险保险狭窄,理赔程序复杂漫长。不过,当商业保险人提供的保险和东道国政府依据执行协议向项目实体提供的承诺交叉时,很常见的一种做法是贷款人使用现有的政治风险保险来增加东道国政府履行执行协议承诺的能力。

(1) CEND 风险。

除了直接的没收、征用、国有化和剥夺风险,逐步的征收风险也可以防范。根据保险人的不同,保险范围只包括部分没收(如没收资金或有形资产),而东道国政府行使立法权带来的无歧视措施不属于保险范围。如果没收所有的股本投资,保险人支付被保投资的账面价值。对于没收的资金来说,则只是支付被保险的部分。对于贷款来说,承销人保险保证已发放的本金和所有到期但尚未支付的利息。

(2) 汇率风险。

汇率风险有三种:不可兑换风险、转移风险和贬值风险。不可兑换风险来自无公开外汇市场国家,无法将当地货币收益换成"硬外汇";转移风险是指虽然可以将当地货币收益转换成"硬外汇",但东道国政府限制将外汇转移到境外;贬值风险是指虽然可以将当地货币收益换成"硬外汇",并可以将外汇转移到境外,但当地货币对某一外币贬值。

一般情况下,私人保险公司、多边和双边保险人提供的保险只保护投资者面临的不可兑换和转移风险,而不保护贬值风险,具体来说是保护投资者因为不能将当地货币(资本、利息、本金、利润、佣金和其他外汇)换成外汇并转移出东道国所造成的损失。该保险还担保在获得外汇方面的过分拖延。这是因为当外汇管制法律或法规发生不利变化以及本国货币兑换和转移的条件恶化时,支付就会采取某些行动或不采取某些行动并导致上述拖延。

(3) 政治暴力。

这种情况下的保险保护东道国发生的战争或民众暴动所造成的有形资产损失、破坏和丧失,包括解放、起义、颠覆和恐怖主义等。对于股本投资,保险人只支付投资人下列三者之中较小的金额:资产账面价值、重置成本和维修成本。对于贷款,当战争和民众暴动对项目资产造成直接损害时,保险人只支付本金和利息中被保险的部分。这种商业中断如果导致投资全部损失,投资人将被支付所有被保险的股本投资的账面价值。

(4) 对抗合同。

这种风险包括东道国政府或它的附属公司不履行项目合同下的义务。有些项目中东道国政府根据执行协议承担着非常重要的责任,如果政府不履行义务将是灾难性的。

4. 政治风险保险提供人

(1) 多边投资担保机构。

多边投资担保机构为债务和股本投资提供长期的政治风险保险。不过,只有当发起人通过合同获得同样的股本保险时,项目实体才能获得债务资金的政治风险保险。

有资格获得保险的公司必须来自任意一个成员国,而且必须用于发展中国家。发展中国家的资金投资于同一个发展中国家时没有资格获得保险。不过,一个发展中国家在资金投资于另一个发展中国家时有资格获得保险。

(2) 双边机构。

双边机构位于工业化国家,比如出口信贷机构和投资促进机构,它们也提供政治风险保险。这些机构大部分都是信贷和投资保险人联盟(波恩联合会)的成员。波恩联合会的主要目标是促进国际合作,创造有利的环境,开发和维持健康的出口信贷规则,并就信贷提供国际贸易保险制定和实施规范。

出口信贷机构和投资促进机构提供不同的保险服务:货币兑换和转移;CEND风险保险;大部分和

全部的政治风险保险。不是所有的出口信贷机构都提供违约风险保险。出口信贷机构的政治风险保险比部分风险保险、多边投资担保机构、海外私人投资公司或美国进出口银行等提供的保险范围狭窄。

(3) 私营保险人。

政治风险保险领域的两个最著名的私营部门保险人是伦敦劳德公司和美国国际集团。劳德公司的全部或有债务超过了25亿美元,其优势在于可以为单笔交易提供10亿~20亿美元的保险。其他私营保险人如美国国际集团,为每笔交易提供的最大保险只有1.5亿美元。私营保险人的政治风险保险时间只有3~5年,有些公司最近延长到15年。目前大部分私营政治风险保险公司保险期较短,且大部分担保股本交易。

4.5 以PPP模式下的高速公路项目为例进行分析

4.5.1 PPP模式下高速公路项目投融资风险识别

风险识别是PPP模式下投融资项目风险管理的基础,主要是通过文献资料、调查研究、专家评审等,采用一种或者多种方法,将客观存在的风险和尚未发生的潜在风险进行系统归类。风险识别的方法多种多样,每种方法都有优点和不足,要根据具体情况选取合适的方法,才能保证风险识别的科学性、合理性。PPP投融资涉及的风险因素复杂多样,对其进行全面的风险识别的重要性不言而喻。

1. 初步识别风险清单

风险管理贯穿PPP项目的整个实施过程,风险遵循由"最适宜承担风险的一方"来承担,"利益共享、风险分担"是政府和社会资本合作的原则,其中风险识别是PPP项目风险管理的关键和难点。

由于PPP模式高速公路项目具有相对特殊性及复杂性,基于常见的风险识别方法的比较和分析,本节采用比较客观的文献分析法进行风险因素识别。采用PPP模式建设的高速公路项目主要是经营性项目,项目一般分为项目前期、项目建设期、项目运营期、项目移交期四个阶段。按照其寿命周期的四个阶段,识别出与总承包投资方投融资有关的风险因素如下。

(1) 项目前期。

项目前期是整个项目管理运作的基础。在项目前期,项目的产生、立项、招投标,直到抽调人员组建项目公司,每一个环节都关系到项目后期能否成功。社会资本方以部分自有资本投进项目资本金。项目公司依靠自有资产和政府的担保,以项目的未来收益作为还款来源进行融资。项目前期阶段的主要参与者是政府、社会资本方、项目公司、银行、保险、基金等,主要的风险因素如下。

①预期收益风险:PPP项目主要提供公共服务产品,政府确定了"盈利但不暴利"的原则,当前政府默认8%左右的收益率,这决定了收益不可能过高。总承包参与投融资,对PPP项目的未来收益预期过于乐观,市场定位和目标客户群定位不明确或者不准确,协议约定的固定回报率过高或者过低都会带来风险。

②银行融资风险:PPP项目作为贷款主体,以其自身的资产和未来收益为抵押,银行对PPP项目的审核条件颇为严格,社会资本方必须投入一定比例的资本金保证PPP项目达到银行的贷款要求。而大多数项目公司都是在建项目,本身的优质固定资产不足、信用等级不够、项目前景不佳,无法抵押或者政府的担保未得到银行的认可,项目难以在规定期限内完成融资,难以满足项目建设的资金需要,造成融

资风险。

③政府工作效率不高风险:项目的准备阶段是一个不确定的过程,社会资本方在准备阶段已经开始付出相应的成本。在这个阶段,从项目立项、可行性研究,到招投标,项目需要得到政府多个部门的审批。如果政府工作效率不高,审批程序过于复杂,审批时间过长,总承包方的投融资成本会大幅度增加,积累一定的风险。

④资产评估不准确风险:资产评估,是评估人员以资产现状为基础,根据其功能状态及直观使用价值,遵循公允原则和标准,按照法定程序,运用科学方法,对某项资产的价值进行评定和估算。总承包投资方对资产评估的不准确会导致对项目的判断失准,也是影响投资收益的风险因素。

⑤项目定位风险:总承包投资方对项目的市场定位、目标客户群定位不明确或者不准确,影响未来收益的测算,进而影响投资回报。

⑥对项目书研究不足风险:总承包投资方针对 BOT 项目建议书的研究不足,导致对政府政策、规定或者项目风险的理解不到位,会增加后期投融资谈判的难度,带来的隐性融资风险。

⑦投标过程风险:大型 BOT 项目对投标过程有着严格的要求,总承包投资方在投标过程中,容易出现投标文件和招标文件的要求不一致等问题,如报价编制不准确、标书不规范、投资者报价和投标函所示不一致等问题,最终导致废标或者流标,造成投资失败。

(2)项目建设期。

项目进入建设期,项目公司需要开始偿付贷款利息并支付工程进度款,所以项目按时、保质、保量地完成,涉及投资资金的安全、利息支出、贷款期限等,对总承包投资方来说非常重要。主要风险有完工风险、新技术风险、工程质量风险、安全事故风险、环境保护风险、成本超支风险、管理决策风险、监理风险和设计风险。

①完工风险:完工风险是指由于投资方资金不到位等,造成项目无法完工、延期完工或者完工后达不到运行标准而带来的风险。出现完工风险意味着项目将不能按计划运营、利息支出增加、贷款偿还期限延长和项目成本增加,可能导致项目投融资失败。

②新技术风险:可能因施工工艺落后,或者对新技术、新工艺的运用不成熟,或者原来的技术已经无法满足新产品的规格需要所导致的风险,会导致投融资成本增加。

③工程质量风险:由于质量不合格,工程质量出现缺陷或者建成后达不到设计标准造成项目必须返工或增加投入,影响投资收益等。

④安全事故风险:如施工人员缺乏安全生产意识,或者培训、管理不到位,出现违章操作机械、高空作业等保护措施不当造成人员伤亡、财产损失等,造成额外的成本,影响项目的投资收益。

⑤环境保护风险:指按照环保法规要求,需要增加资产投入,或者环保不达标项目必须停产等风险。随着国家对环保的日益重视,环保法规的要求越来越严,环保措施的标准越来越高,项目融资期内有可能出现的环境保护方面的风险,将导致项目的成本大幅度增加。

⑥成本超支风险:因工程投资追加、原材料上涨、管理费等成本控制不到位或者设计变更变大等导致建设成本高于预算成本、投资收益下降。

⑦管理决策风险:项目班子人员和关键岗位配置不到位,信息沟通传递、组织、各方协调等难度加大,导致管理不善、执行不严、协调不力、决策失误等造成较大的风险,增加投入,影响投资收益。

⑧监理风险:监理工作能力、职业道德、责任心不强,执行不严,协调不力等,造成项目质量、安全等

事故,成本增加。

⑨设计风险:设计不合理,技术规范错误,变更设计引起的质量不达标、返工、安全事故等成本增加的风险。

(3)项目运营期。

项目运营期是PPP融资项目的核心阶段,是项目收回资金、取得效益的重要阶段,关乎社会资本的投资成败。主要风险有运营维护超支风险、产品价格变化风险、运营管理体制风险。

①运营维护超支风险:项目公司在运营期的成本预算和成本控制不好,设备维护费用较高,管理不够精细,可能存在运营维护费用超过支出、达不到预期投资回报的风险。

②产品价格变化风险:如果政府在临近区域提供了新的竞争项目,或者项目服务收费不合理,不符合市场需求等可能会引起项目产品的价格发生变化,导致项目陷入收益不足、回收资本困难的危险境地。

③运营管理体制风险:PPP投融资项目中,参与主体的政府、社会资本方运营体制、管理理念和方法不一致,造成运营不顺畅、投资回报达不到预期的风险。

(4)项目移交期。

项目移交期是项目寿命周期的最后一个阶段。在这个阶段,PPP项目公司要将PPP项目无偿移交给所属政府,并保证项目功能的完整性。此阶段移交给政府,存在未达到移交条件风险:项目运营期内未注意维护保养,或者维护保养频次不够,导致硬件设施质量下降,未达到移交给政府的约定条件,要给政府赔偿损失,造成投资收益下降。

(5)贯穿全寿命周期的风险。

贯穿整个寿命周期的风险包括:政治稳定性风险、政府信用风险、税收调整风险、利率风险、通货膨胀风险、政策风险、不可抗力风险。

①政治稳定性风险:因国内或国际政治局面的不稳定,国家对PPP政策进行调整,或者政治原因影响了经济发展的大环境,造成PPP项目中断等,导致项目融资失败。

②政府信用风险:政府在协议签订时考虑不周到,鉴于某些条件的限制,发生了高额的合同履行成本,或者合同条款不符合当时经济社会发展的需要,导致合同条件无法履行,或者政府盲目扩张,财政支付力不够,导致财政违约行为,造成社会资本方投融资失败。

③税收调整风险:因国家宏观政策需要的税收调整,将直接影响到项目增值税、所得税等增加或减少的风险,造成项目成本增加,影响投资收益。

④利率风险:利率风险是一种直观的投融资风险。国家对利率的宏观调控,导致金融市场利率变化,直接影响到项目的投融资成本。利率的变化可能造成银行的收益、项目公司的成本增加或减少的风险。

⑤通货膨胀风险:在国家宏观经济政策变化的大环境下,通货膨胀会导致货币的购买力下降,项目人员工资增加,原材料价格上涨,项目材料购置、建设、运营等成本会增加,投资收益下降。

⑥政策风险:当前政府为了解决地方政府债务问题,激活大量的民间投资,全力推出PPP模式。PPP不仅是一种融资模式,也是有助于提高公共产品和服务质量的新型合作方式。PPP项目基本上都是长期投资,很大程度上受政府政策的影响,新的政策也可能否定之前的政府承诺、财政补贴等,存在一定的政策风险。各地方政府也在不断出台PPP项目操作指引,地方之间的操作指引容易引发矛盾,有

着一定的随意性和差异性,造成事实上的政策不一致的风险。

⑦不可抗力风险:因自然灾害、重特大事故、战争、当事人不能预见且不能克服的社会事件等对项目造成的影响和损失,影响投资收益和融资。按照项目寿命周期,通过文献分析,风险因素初步归结为27个,见表4.6。

表4.6 项目风险因素清单

	项目阶段	风险指标
PPP模式下高速公路项目投融资风险管理研究	项目前期	预期收益风险
		银行融资风险
		政府工作效率不高风险
		资产评估不准确风险
		项目定位风险
		对项目书研究不足风险
		投标过程风险
	项目建设期	完工风险
		新技术风险
		工程质量风险
		安全事故风险
		环境保护风险
		成本超支风险
		管理决策风险
		监理风险
		设计风险
	项目运营期	运营维护超支风险
		产品价格变化风险
		运营管理体制风险
	项目移交期	未达到移交条件
	贯穿项目寿命周期的风险	政治稳定性风险
		政府信用风险
		税收调整风险
		利率风险
		通货膨胀风险
		政策风险
		不可抗力风险

2. 二次识别风险清单

经过文献分析法初步识别风险清单之后,通过头脑风暴法进行风险因素二次识别。此处组织了PPP相关领域的专家、高速公路PPP项目公司的中高层管理人员7名。本访谈选择的有关人员标准需符合以下的一种。

(1)从事PPP投融资相关领域或专业研究不少于6年,职称为副教授以上的学者。

(2)在PPP投融资平台公司从事投融资工作不少于6年,且级别为副总经理以上的中高层管理人员。

参与头脑风暴的专家信息见表4.7。

表4.7 专家信息表

专家	工作单位	年龄/岁	从事与项目投融资有关的工作时间/年
专家A	首都经贸大学	39	8
专家B	对外经贸大学	38	6
专家C	中国交通建设集团投资事业部	30	6
专家D	重庆高速集团有限公司	38	10
专家E	中交第四公路工程局有限公司	49	10
专家F	中交第四公路工程局有限公司	41	7
专家G	重庆三环铜永项目有限公司	35	6

首先把研究主题(PPP模式高速公路项目投融资风险)和目的在会前进行了简明扼要的讲解,然后按照头脑风暴的程序和方法,请7位专家思考并发言。因7位专家大多数来自不同的单位,虽然从事高速公路PPP项目投融资的业务领域,但相互之间尚不熟悉,主持人邀请专家发言。各位专家分别提出了与高速公路PPP项目投融资相关的风险因素并进行了诠释。部分专家虽然在发言和争论中对相互之间提出的风险因素与高速公路PPP项目投融资的关系密切度意见不一致,但相互之间并未进行当面批评和评价。按照专家的意见整理后,7位专家又对整理的风险因素进行了补充,列出了不常见的风险因素,进一步完善补充之后,综合7位专家头脑风暴的意见,得出了18个与PPP项目投融资有关的风险因素,见表4.8。

表4.8 头脑风暴产生的危险因素

序号	风险因素	序号	风险因素
1	国有化风险	10	预期收益风险
2	征地拆迁风险	11	银行融资风险
3	对风险评估不足风险	12	完工风险
4	新型融资方式风险	13	产品价格变化风险
5	投资回报风险	14	政府信用风险

续表

序号	风险因素	序号	风险因素
6	财政可承受能力的风险	15	政策风险
7	民众诉求风险	16	利率风险
8	未达到投资收益风险	17	通货膨胀风险
9	合同契约风险	18	不可抗力风险

如表4.8所示，18个风险因素中的9个在文献分析中已经列出：预期收益风险、银行融资风险、完工风险、产品价格变化风险、政府信用风险、政策风险、利率风险、通货膨胀风险、不可抗力风险。另外9个风险因素中，3个是高速公路PPP项目基本风险因素，6个是高速公路PPP模式投融资特有的风险因素。

其中3个基本风险因素如下。

①国有化风险：由于宏观调控需要，政府在特许期许经营期未结束的情况下，强制收回经营权、控制权，给社会资本方带来投资风险。

②征地拆迁风险：政府征地拆迁计划落后于实际需要，造成工期延长、费用增加、贷款利息增加的风险。

③对风险评估不足风险：总承包方作为PPP项目中的重要合作伙伴，需要对项目进行风险评估，根据风险的大小决定是否投标谈判或调整投标方案，风险评估不足容易带来投资失败的风险。

另外，6个PPP投融资特有的风险因素如下。

①新型融资方式风险：当前政府力推的PPP模式下，金融机构除了银行还有保险公司、证券公司、信托、PPP产业基金等，出现了信托贷款、明股实债、有限合伙基金、项目收益债、夹层融资、资产证券化等新型融资方式，有些机构和融资方式的投资回报要求较高，与社会资本的合理利润目标不一致，非专业人士容易陷入创新性融资方式的陷阱，造成融资风险。

②投资回报风险：政府推出的高速公路PPP项目有的在偏远地区，缺乏良好的现金流和车流量，社会资本参与PPP项目必须获得合理利润回报，对投资项目的选择和研判，也是较大的考验和风险。

③财政可承受能力的风险：地方政府每一年度全部PPP项目通过政府预算才能支出，且有一定的支出比例限制。某些地方政府为抑制经济下行的趋势，可能存在盲目扩大投资，招商引资，超出当地财政可承受能力，致使社会资本方承担连带风险。

④民众诉求风险：社会公众是高速公路产品的购买者和终极付费者，更多以社会弱势群体的身份出现，容易对政府施压，包括非理性的大规模停止付费行为，进而打破政府、社会资本和社会公众的平衡，成为项目投资失败的风险。

⑤未达到投资收益风险：PPP项目投资规模大，资本回收时间长，未来收益随着社会经济形势的发展，存在特许期结束后总承包投资方不能达到约定投资收益的不确定性风险。

⑥合同契约风险：在PPP项目庞大、复杂的合同体系中，最为核心的是政府与社会资本（或社会资本为主组建的项目公司）之间的授权协议，这是PPP模式中其他诸多相关协议存在的前提和基础。但对授权协议的法律定性，究竟是民事合同，还是一种行政协议，存在着本位博弈，缺乏统一的监管。这一博弈直接影响到总承包投资方的地位及权利救济，进而直接影响到社会资本方的投资安全。

经头脑风暴法二次识别，在初步确定的27个风险因素基础上新增9个风险因素，二次识别的风险因素增加至 36 个,见表 4.9。

表 4.9　风险清单

	项目阶段	风险指标
PPP 模式下高速公路项目投融资风险管理研究	项目前期	预期收益风险
		银行融资风险
		新型融资方式风险
		投资回报风险
		财政可承受能力的风险
		政府工作效率不高风险
		资产评估不准确风险
		项目定位风险
		对项目书研究不足风险
		投标过程风险
		对风险评估不足风险
	项目建设期	完工风险
		新技术风险
		工程质量风险
		安全事故风险
		环境保护风险
		成本超支风险
		管理决策风险
		监理风险
		设计风险
		征地拆迁风险
	项目运营期	运营维护超支风险
		产品价格变化风险
		民众诉求风险
		运营管理体制风险
		项目国有化风险
	项目移交期	未达到移交条件风险
		未达到投资收益风险
	贯穿项目寿命周期的风险	政治稳定性风险
		政府信用风险
		合同契约风险

续表

	项目阶段	风险指标
PPP模式下高速公路项目投融资风险管理研究	贯穿项目寿命周期的风险	税收调整风险
		利率风险
		通货膨胀风险
		政策风险
		不可抗力风险

3. 最终识别风险清单

再组织业内专家、高校教授、PPP项目公司中高层管理人员对36个风险因素参与问卷调查,通过专家评审法进行风险因素的最终识别。

(1)问卷设计。

为各位专家设计了一个问卷,目的是搜集专家对上述36个风险因素的重要性评价,检验风险因素构成的科学性。问卷第一部分是专家的基本概况。第二部分是风险因素重要性评估,采用7分制共7个等级的打分法,见表4.10。第三部分是每个风险因素含义的解释,以便专家可以参阅解释。

表4.10 重要性评分表

重要性等级	评分	指标描述
极其重要	7分	是高速公路PPP项目投融资极其重要的风险因素
非常重要	6分	是高速公路PPP项目投融资非常重要的风险因素
重要	5分	是高速公路PPP项目投融资重要风险因素
一般	4分	是高速公路PPP项目投融资一般重要的风险因素
重要性低	3分	是高速公路PPP项目投融资较低级的风险因素
重要性很低	2分	是高速公路PPP项目投融资很低级的风险因素
可以忽略	1分	是高速公路PPP项目投融资可以忽略的风险因素

(2)本问卷调查选择的人员标准。

①从事PPP投融资相关领域或专业研究不少于6年,职称为副教授以上的专家学者。

②在国家发改委或财政部等相关部门从事BOT招标等工作经验不少于6年,行政级别为副处级以上的工作人员。

③在PPP投融资平台公司从事投融资工作不少于6年,且级别为副总经理以上的中高层管理人员。

通过广讯通办公软件/电子邮件发出电子问卷16份,除1位因出国未填写外,成功收回有效问卷15份。从表4.11可以看出,专家的年龄结构、工作年限、工作经验、工作单位的构成相对合理。

续表

表4.11 专家信息表

专家	工作单位	年龄/岁	从事与项目投融资有关的工作时间/年
专家1	首都经贸大学	39	8
专家2	对外经贸大学	38	6
专家3	重庆市发改局	42	12
专家4	重庆市发改局	35	6
专家5	中国交通建设集团投资事业部	36	9
专家6	中国交通建设集团投资事业部	30	6
专家7	重庆高速集团有限公司	38	10
专家8	重庆高速集团有限公司	41	8
专家9	中交第四公路工程局有限公司	49	10
专家10	中交第四公路工程局有限公司	41	7
专家11	中交第四公路工程局有限公司	35	7
专家12	中交第四公路工程局有限公司	45	8
专家13	重庆三环铜永项目有限公司	29	6
专家14	重庆三环铜永项目有限公司	33	6
专家15	重庆三环铜永项目有限公司	35	7

(3)风险因素的重要性排序。

表4.12显示了专家评价法的风险因素重要性排序,平均分经过四舍五入得出。

表4.13 风险因素重要性排序

风险因素	专家1	专家2	专家3	专家4	专家5	专家6	专家7	专家8	专家9	专家10	专家11	专家12	专家13	专家14	专家15	平均分	排序
政府信用风险	7	6	7	7	7	7	7	6	7	7	7	7	7	6	7	1
合同契约风险	7	7	7	7	6	6	7	7	7	7	6	7	7	6	7	2
政策风险	6	6	6	7	7	7	7	5	7	7	7	6	7	7	7	3
银行融资风险	6	6	7	5	5	6	7	6	6	6	6	7	7	7	6	4
投资回报风险	5	7	7	7	5	7	7	6	6	5	6	7	7	5	6	5
利率风险	6	6	6	7	7	5	6	6	5	6	7	6	6	6	6	6
通货膨胀风险	6	5	6	6	6	6	7	6	6	6	7	7	6	7	7	7
财政可承受能力的风险	7	6	6	6	7	5	5	6	6	6	6	6	6	5	6	8

続表

风险因素	专家1	专家2	专家3	专家4	专家5	专家6	专家7	专家8	专家9	专家10	专家11	专家12	专家13	专家14	专家15	平均分	排序
新型融资方式风险	6	6	5	6	6	5	5	5	6	6	6	6	6	6	5	6	9
成本超支风险	5	6	6	5	5	5	6	6	6	5	6	4	6	6	5	5	10
预期收益风险	6	5	6	6	5	5	5	6	6	4	6	6	5	5	5	5	11
管理决策风险	5	5	4	6	6	5	5	5	5	4	5	5	4	6	5	5	12
税收调整风险	5	4	5	4	4	4	5	6	5	6	5	5	4	5	5	5	13
未达到投资收益风险	6	5	5	4	4	4	4	5	5	4	5	5	5	5	5	5	14
完工风险	4	4	5	5	5	5	4	5	5	4	4	4	5	4	3	4	15
民众诉求风险	4	4	4	3	4	5	4	4	4	5	5	4	5	4	4	4	16
产品价格变化风险	4	5	4	4	3	4	5	4	4	4	4	4	5	4	4	4	17
运营维护超支风险	5	4	4	4	5	3	4	4	4	4	4	3	5	4	4	4	18
环境保护风险	4	4	4	4	4	3	5	4	3	5	4	3	4	4	4	4	19
不可抗力风险	3	3	4	4	4	4	5	2	4	3	3	4	4	4	4	4	20
新技术风险	3	3	3	3	4	4	2	2	3	3	4	4	3	4	3	3	21
未达到移交条件风险	2	3	2	3	3	4	3	2	3	3	3	2	3	3	3	3	22
工程质量风险	2	2	3	1	3	3	3	2	3	3	3	3	2	3	3	3	23
政治稳定性风险	2	3	2	1	2	2	2	2	2	2	2	2	2	3	2	2	24
安全事故风险	2	1	2	2	2	3	3	2	2	3	3	2	2	2	2	2	25
政府工作效率不高风险	2	3	2	2	1	3	2	1	3	3	3	2	2	2	2	2	26
项目定位风险	2	2	2	3	1	1	1	3	2	2	2	2	2	2	2	2	27
项目国有化风险	3	3	3	2	2	2	1	2	1	2	2	1	1	1	2	2	28
设计风险	2	2	1	2	2	2	1	1	3	2	1	2	1	2	2	2	29
对风险评估不足风险	2	1	2	1	2	2	1	2	2	2	1	2	1	2	2	2	30
运营管理体制风险	1	2	1	2	1	1	1	2	2	2	2	1	1	1	1	1	31
对项目书研究不足风险	1	2	1	2	2	1	2	1	2	1	1	1	1	2	1	1	32
监理风险	1	2	1	1	1	1	2	2	1	1	1	2	1	1	1	1	33
投标过程风险	1	1	1	1	1	2	2	1	1	1	1	1	1	1	1	1	34
征地拆迁风险	1	1	1	2	2	1	1	1	1	1	1	1	1	1	1	1	35
资产评估不准确风险	1	1	1	1	1	1	1	2	1	1	1	1	1	1	1	1	36

按照评分等级设定,得分 4 分以上的风险因素对高速公路 PPP 项目投融资有一般性重要性以上的影响,一共有 20 个风险因素符合一般重要性等级。科学和理论研究也有一定的合理范围和限度,相关度太低的风险因素不纳入本科学研究的范围。

根据 15 位专家的评审意见,将这 20 个风险因素作为识别出来的最终风险清单,如表 4.13 所示。

表 4.13 风险清单专家识别的 20 个风险因素

	项目阶段	风险指标
PPP 模式下高速公路项目投融资风险管理研究	项目前期	预期收益风险
		银行融资风险
		新型融资方式风险
		投资回报风险
		财政可承受能力的风险
	项目建设期	完工风险
		环境保护风险
		成本超支风险
		管理决策风险
	项目运营期	运营维护超支风险
		产品价格变化风险
		民众诉求风险
	项目移交期	未达到投资收益风险
	贯穿项目寿命周期的风险	政府信用风险
		合同契约风险
		税收调整风险
		利率风险
		通货膨胀风险
		政策风险
		不可抗力风险

再将以上 20 个风险因素再按照市场经济构成的分类,整理风险类别清单,如表 4.14 所示。

表 4.14 按照市场经济构成整理的风险类别清单

	风险类别	风险因素
PPP 模式下高速公路项目投融资风险管理研究	政治风险	政府信用风险
		政策风险
	金融风险	投资回报风险
		银行融资风险
		新型融资方式风险
		财政可承受能力风险
		利率风险
	市场风险	预期收益风险
		税收调整风险
		通货膨胀风险
		合同契约风险
		未达到投资收益风险
	建设风险	完工风险
		环境保护风险
		成本超支风险
		管理决策风险
	运营风险	运营维护超支风险
		产品价格变化风险
		民众诉求风险
	不可抗力风险	不可抗力风险

4.5.2　PPP 模式下高速公路项目投融资风险应对

1. PPP 模式下高速公路项目投融资风险应对方法

风险应对是指针对不同类型、不同规模、不同阶段、不同概率的风险,采取相应的措施,降低风险因素对企业生产经营活动的影响。常用的方式有风险预防、风险回避、风险自留、风险控制和风险转嫁。

(1) 风险预防。

风险预防是指在风险损失发生前,针对具体风险采取有针对性的处理方式或措施,旨在消除或减少风险因素的影响。风险预防主要让风险发生的条件不产生作用,或者降低风险发生的频率。如果风险发生的频率高,但损失不大或者可以忽略的情况下,最适宜采取风险预防的手段。

(2) 风险回避。

风险回避是指风险发生的可能性较大,或者在风险发生后造成难以承受的损失,风险承受方无力承担的情况下,可以采取风险回避。回避风险是为了避免更大的损失,这也是一种常见的处理风险措施。

(3) 风险自留。

风险自留是在风险因素难以避免,也无法转嫁给他人的情况下,自己主动把风险留存下来,主动提前应对。风险自留同样也是为了避免更大的损失,以积极的心态去应对,将预期将要发生的困难留给自己,提前准备好解决问题的措施。风险自留不会影响财务稳定。

(4) 风险控制。

风险控制是指在风险发生较小或可控的情况下,采取应对措施。伴随风险发生的将是损失,风险发生也有其自身的规律,有其自身的频率,有其风险危害度预测。风险无法避免或者转嫁,最好的办法就是控制,让风险损失降到最低,甚至让风险转化为有利的因素。

(5) 风险转嫁。

转嫁风险是指风险承担方为避免承担风险损失,有意识地将损失或与损失有关的不利后果转嫁给第三方承担的一种风险管理方式。这种方式一般是该风险自身无力承担,但其他第三方可以承担,这也是PPP项目投融资过程中风险分担的方法之一。比如基建项目的责任险、农民工的意外伤害险,都可以由保险机构承担,风险可转嫁到保险公司。

2. PPP模式下高速公路项目投融资风险响应机制

响应机制,就是风险发生或可能发生时立即触发应对措施的机制。投融资风险按照重要性建立五级风险触发响应机制,如表4.15所示。

表 4.15 风险触发响应机制

风险级别	响应机制	相应资源
特别重大风险	一级响应机制	公司处置,必要时由公司上报集团协调应对
重大风险	二级响应机制	报公司同意后处置
中等风险	三级响应机制	项目经理处置
一般风险	四级响应机制	项目分管领导全权处置
低风险	五级响应机制	项目责任人员有权处

按照可能发生的风险重要性等级,一旦风险触发,立即启动响应机制,明确权责主体和响应级别,调动人力、物力及相关资源进行应对。

3. PPP模式下高速公路项目投融资风险应对措施

高速公路PPP项目投融资的20个风险因素,按照评估出来的风险级别,启动响应机制,采用本文的五种方法进行应对,具体措施如下。

(1) 特别重大风险。

①政府信用风险。

采用一级响应机制,选择转嫁应对方法。

政府信用风险对总承包投资方来说都具有强烈不可控性,PPP项目中政府信用风险高居榜首。由于政府信用、政府换届、政府行为对项目投融资具有较大影响,根据"风险由最适宜的一方来承担"的原则,政府对该类风险负有较大的责任。总承包投资方一方面利用特许经营权,在PPP合同中明确当事人双方的权利和义务,确定合理的权责边界,将风险更多的固化为政府担保,明确由政府承担违约责任,将风险转嫁给政府方;另一方面,总承包投资方可以从当地产业结构、财政实力、市场化程度、过往资信记录等多方面进行考量,在投资区域上优先考虑沿海经济发达地区、内地省会城市和财政实力较强地级市参与经营性高速公路项目,以规避可能遇到的风险。

②政策风险。

采用一级响应机制,选择转嫁应对方法。

对于政府因旧法律法规的过时或者不完善,新修订法律引起的政策风险等,总承包投资方可以通过前期谈判的各种协议明确政策风险的应对。政策风险通常转嫁给政府部门。比如在谈判中增加约束政府的协议条款,确保市场准入的流程透明、信息公开,确保投资方在特许期内专有性的权利长期有效,对特许经营权因政策变化和公共利益被收回时造成的损失予以补偿。

③投资回报风险。

采用一级响应机制,选择控制应对方法。

PPP项目建设资金有多种来源渠道,而且大多是长期性的资金。总承包投资方主要做好可行性研究报告,对合同期内该高速公路区域的经济发展水平、经济发展潜力、财政能力、车流量、周边的产业布局、公众生活水平和习惯等做好调研分析,本着"盈利但不暴利"的原则,商谈合理的利润回报,以项目公司的未来收益和优质资产获得各类金融机构的融资支持。

(2)重大风险。

①银行融资风险。

采用二级响应机制,选择控制应对方法。

高速公路PPP项目动辄几十亿的投资,且还贷期限最长可达30年,总承包投资方最主要的融资渠道还是银行。银行顺利放贷是项目融资成功的最主要因素。总承包投资方要积极针对银行的要求进行应对。总承包投资方通过项目公司将高速公路所在区域增长潜力以及项目公司本身的固定资产、投资收益、还款来源、资产负债率、实收资本、现金流、价格机制等提供详细资料给银行,同时,尽可能依靠项目公司和总承包投资方的资产和信用进行担保,以使用者付费的收入全体覆盖贷款本息,打消银行的顾虑,从而进行融资。总承包投资方还可以通过谈判,投入最低限度的资本金(一般不低于30%,信用高的可降低至25%),盘活自身资金存量,降低风险,争取到长期、优惠而又放贷及时的贷款。

②产品价格变化风险。

采用二级响应机制,选择转嫁应对方法。

高速公路通行费等在人工成本上升、通货膨胀等情况下需要提高价格时,政府出于维稳目的或坚持公共服务的公益性质,而不予调整等造成的投资收益降低风险,应将风险转嫁给政府,约定补偿救济机制和可调节机制,在法定条件下保证社会资本的投资收益。

③合同契约风险。

采用二级响应机制,选择预防应对方法。

契约精神在PPP合作中至关重要,理论上政府和社会资本是平等的民事主体。总承包投资方可以在谈判阶段采取预防措施,签订详细的法律合同,约定补偿机制,降低地方政府毁约的风险概率。

(3)中等风险。

①新型融资方式风险。

采用三级响应机制,选择控制应对方法。

传统的PPP项目融资通常有债券融资和股权融资两种主要方式，过高的负债比例将加大项目公司破产的风险，资产负债率过高也会对公司的再融资能力产生影响。国家鼓励项目主体拓宽新型融资渠道和方式。总承包投资方可在多方社会资本进入而又不了解整个PPP市场的时候，快速配置熟悉新型融资方式的专业金融人才，来降低传统融资难度，让项目主体在资本市场通过发行公司债券、企业债券、中期票据、定向票据等市场化方式融资。项目公司可以发行项目收益债券、项目收益票据等进行融资。另外，PPP产业基金提供的资金可以作为项目融资的启动资金，优化PPP项目的融资结构。固定收益的基础产业类信托业可以进行此类融资。吸纳社保机构、保险机构的资金等进行融资也是一种选择。总承包投资方了解新型融资模式，可以帮助产业基金、社保等投入资本，改善PPP项目融资结果，再通过股权转让、回购、上市等多种方式退出，实现其他投资方的稳定"获利退出"。这样不仅避免了传统融资渠道的风险，而且化解了新型融资方式的风险，把风险机制控制在自己手中。

②财政可承受能力风险。

采用三级响应机制，选择预防应对方法。

总承包投资方需密切关注项目所在地特定地区的（尤其是地方性政府债务风险进行预警的地区）的财政收支状况，密切跟踪各级财政部门的税收收入、财政支付能力等，同商业银行等金融机构联合，确保参与的高速公路项目的财政支出控制在一定比例之内，保障项目公司不会因为超过财政10%的可支出比例而不能融资，提前做好预防措施，降低风险。

③未达到投资收益风险。

采用三级响应机制，选择自留应对方法。

总承包投资方作为特许经营的一方，按照风险分担的原则有盈利或者亏损的可能，对经营性高速公路特许经营期结束未达到投资收益的风险，适应于自留措施。同时，总承包投资方还遵循"盈利但不暴利"的原则，在合同中约定补贴机制，如果因客观条件造成严重偏离收益情况下，应约定政府作为公共服务提供方，应给予一定的补贴，减少亏损，降低风险。

④利率风险。

采用三级响应机制，选择控制应对方法。

PPP项目一般是长期债券融资，利率变动在整个债券周期内甚至在确立债券前（即融资交割前），都是一个主要的项目风险。通常情况下，总承包投资方可通过采用设定利率变动上限的方式来控制损失，或者使用其他的金融工具；还可以通过项目公司将利率变动的风险转嫁给公共部门，比如可以在合同中约定，当利率超出一定范围时，项目公司可以提高相应的单方收费价格；或者选择对冲方式来控制利率变动，比如在向金融机构进行融资时，可以选择多种利率的金融产品，通常在一定周期内（如每年）做一次利率选择上的变动，通过这种对冲方式降低风险，达到控制风险的目标。

⑤通货膨胀风险。

采用三级响应机制，选择预防应对方法。

总承包投资方可采取预防措施，通过项目公司与政府、贷款人签订协议，根据风险分担方式，由政府、贷款人和项目公司共同分担通货膨胀风险。项目公司应充分考虑发生通货膨胀的可能性，可以在特许权协议中约定具体的调价条款，来应对物价过快上涨、通货膨胀超过一定幅度给投资方带来的损失，来主动抑制风险。同时，在项目运营阶段，项目公司还可以提前以合同协议方式约定原材料价格，与供应商签订长期的能源和原材料供应协议，预防市场价格变动风险，保障项目的正常运营，应对通胀风险。

⑥完工风险。

采用三级响应机制,选择控制应对方法。

总承包方在PPP模式高速公路项目融资建设过程中的风险,可以自我控制。项目的完工风险是项目融资的重要风险之一。总承包方加强自身的管理水平,以管理创效益,优化工期流程,保质保量的按期完成,通过自身的风险防控机制,将项目不能按期完工带来的利息支出增加、贷款偿还期限延长和项目成本增加的风险降到最低。建设风险完全可由总承包投资方自行控制,并顺利实施,来降低由此造成的融资风险。

(4)一般风险。

①预期收益风险。

采用四级响应机制,选择预防应对方法。

总承包方参与高速公路PPP项目的目的是获得预期投资回报,并能够安全适时地获利退出,而非充当政府财政加杠杆的工具角色。总承包方可在法律允许的范围内,采取预措施,与政府约定一个保底条款。保底条款的实质在于项目产出最低需求风险的承担,在明确最低需求由政府承担的原则下,最大限度地降低投资回报率的风险。比如车流量,在签订合同时,项目要想获得基本的收益需要有一定的车流量,当流量低的时候政府给予一定的补贴。例如,假定该高速公路每天通过2000辆车,项目公司才能实现最基本的收益,如果车流量不足2000辆,政府可以给予补贴。

②环境保护风险。

采用四级响应机制,选择控制应对方法。

公众预期和环保成为新时代发展的焦点,环境保护的风险越来越成为普遍性的风险,总承包投资方可以及时研究环保法律法规的新标准,研究高速公路项目所在地的环保要求,采取必要的环境保护措施,加大资源和设备的投入,降低环保引起的风险。

③成本超支风险。

采用四级响应机制,选择控制应对方法。

开展精细化管理,降低非生产性开支,开源节流,提质增效,通过签订大宗材料采购协议等控制成本,降低成本超支的风险。

④税收调整风险。

采用四级响应机制,选择回避应对方法。

政府税收政策的宏观调控,则不可避免地会影响到项目公司的投资收益。关键要看政府调控的税收是增加还是减少,是刺激经济发展的,还是抑制经济过热。PPP项目的税费,包括各种税收、行政事业性收费、政府性基金及个别相关费用等。其中,税收又包含企业所得税、契税、增值税等。依法缴税是企业应尽的义务,但是如果在协议中规定可以享受减免税或者政府鼓励发展的项目有税收优惠,就可以合理合法地少缴纳税收。当前深化改革的情况下,税收调整发生的可能性较大,总承包方应通过项目公司及时与政府税务部门沟通,依法缴纳税收,积极研究国家支持公共基础设施服务事业的税收优惠政策回避风险。

⑤运营维护超支风险。

采用四级响应机制,选择控制应对方法。

在特许经营期内,总承包方可以通过内部优化程序,加强维护服务质量,延长运营维护的周期,提高人力资源利用率,降低成本,提高高速公路服务区等周边产品的质量和开发效益,开源节流,降低维护超支的风险。

⑥民众诉求。

采用四级响应机制,选择预防应对方法。

如因公众反对高速公路通行费上涨,政府迫于压力作出收回项目的决定,影响了社会资本方的投资收益,应采取预防措施,在合同中约定补偿机制,保证社会资本方的合理利益,降低公众风险。

⑦不可抗力风险。

采用四级响应机制,选择转嫁应对方法。

地震、洪水、泥石流等自然灾害或战争等不可抗力风险是总承包投资方和政府都无法预测和应对的。在建设期或运营期内发生不可抗力风险,将造成融资困难和投资失败。对于频率发生较低、破坏性很大的不可抗力风险,必须进行风险转嫁,通常是由项目公司向第三方保险公司投保,将风险转嫁给适合承担此类风险的保险公司,来应对风险。

(5)低风险。

管理决策风险属于低风险。采用五级响应机制,选择控制应对方法。

此类风险完全可以控制,通过开展领导班子建设活动,强化人力资源培训,优化人力资源配置,提升全员职业素养,实施效能监察,夯实薄弱环节,提升管理者的领导、决策能力,来降低决策风险。

第 5 章　投融资项目建设管理

5.1 工程项目管理目标策划

目标是个人、部门或整个组织所期望的成果,就是期望达到的成就和结果,也是行为的导向。人们的行为总是为了实现某种目标。目标的实现使人的需要得到满足,从而结束一个行为过程。目标的实现既是行为的结果,又是满足需要的条件。

在目标一定的情况下,人们估计自己实现目标的可能性越大,积极性就越高。一方面要合理设置目标,目标既要有挑战性,又要有可行性,目标过低或过高,都会影响目标实现的可能性。做项目也必须有一定的目标,同样,项目目标是项目实现的基础,也是项目实施过程的动力。项目管理的目标则是达到项目目标。

5.1.1 正确理解和确立项目目标

1. 项目目标

项目目标:简单地说就是实施项目所要达到的期望结果,即项目所能交付的成果或服务。

项目的实施过程实际就是一种追求预定目标的过程,因此,从一定意义上讲,项目目标应该是被清楚定义,并且是可以最终实现的。项目目标包括可测量的项目成功标准,项目可能有各种各样的经营、费用、进度、技术和质量目标。项目目标可能还包括费用、进度和质量指标。

2. 项目目标特点

项目目标的特点:多目标性、优先性、层次性。

(1)多目标性。

对一个项目而言,项目目标往往不是单一的,而是一个多目标系统,希望通过一个项目的实施,实现一系列的目标,满足多方面的需求。但是很多时候不同目标之间存在冲突,实施项目的过程就是多个目标协调的过程,有同一个层次目标的协调,也有不同层次总项目目标和子目标的协调,项目目标和组织战略的协调等。

项目目标基本表现为三方面,即时间、成本、技术性能(或质量标准)。实施项目的目的就是充分利用可获得的资源,使得项目在一定时间内在一定的预算基础上,获得期望的技术成果。然而这三个目标之间往往存在冲突。例如,通常时间的缩短要以成本的提高为代价,而时间及成本的投入不足又会影响技术性能的实现,因此三者之间要进行一定的平衡。

(2)优先性。

项目是一个多目标的系统,不同目标在项目的不同阶段,根据不同需要,其重要性也不一样,例如在启动阶段,可能更关注技术性能,在实施阶段,主要关注成本,在验收阶段关注时间进度。对于不同的项目,关注的重点也不一样,例如单纯的软件项目可能更关注技术指标和软件质量。

当项目的三个基本目标发生冲突的时候,成功的项目管理者会采取适当的措施进行权衡,进行优选。当然项目目标的冲突不仅限于三个基本目标,有时项目的总体目标体系之间也会存在协调问题,都需要项目管理者根据目标的优先性进行权衡和选择。

(3)层次性。

项目目标的层次性是指对项目目标的描述需要有一个从抽象到具体的层次结构。一个项目目标既要有最高层次的战略目标,也要有较低层次的具体目标。通常明确定义的项目目标按其意义和内容表示为一个递阶层次结构,层次越低的目标描述得越清晰、具体。

3. 项目目标确定过程

(1)项目情况分析。对项目的整个环境进行分析,包括外部环境、上层组织系统、市场情况、相关干系人(客户、承包商、相关供应商等)、社会经济和政治、法律环境等。

(2)项目问题界定。对项目情况分析后,发现是否存在影响项目开展和发展的因素和问题,并对问题分类、界定。分析得出项目问题产生的原因、背景和界限。

(3)确定项目目标因素。根据项目当前问题的分析和定义,确定可能影响项目发展和成败的明确、具体、可量化的目标因素,如项目风险大小、资金成本、项目涉及领域、通货膨胀、回收期等。具体应该体现在项目论证和可行性分析中。

(4)建立项目目标体系。通过项目因素,确定项目相关各方面的目标和各层次的目标,并对项目目标的具体内容和重要性进行表述。

(5)各目标的关系确认。哪些是必然(强制性)目标,哪些是期望目标,哪些是阶段性目标,不同的目标之间有哪些联系和矛盾,确认清楚后便于对项目进行整体把握和推进项目发展。

从项目的定义看,项目必须有明确的目标,显然,项目必须围绕目标进行有效的管理,可以说,能够实现项目目标的项目管理才是成功的项目管理,项目的成功与否关键在于项目管理。

5.1.2 明确项目管理目标内涵,合理把握项目管理目标

1. 项目管理目标内涵

项目管理的目标可以说是将项目需求中的所有要求都完成。这是最基本的目标,不过如果仅仅是着眼于这个目标,那么项目管理者就与产品加工者没什么分别,不能把项目管理的目标仅仅放在实现合同规定的项目需求上。

敏捷方法论提出的观点是,要为客户创造价值,以提高客户的竞争力为出发点,这比仅仅完成合同更进了一步。客户是整个项目的发起者,从这一个角度来讲,客户的满意才是项目管理的目标。

2. 项目管理目标特点

项目管理目标是项目完成的基础。只有在项目目标的指引下,我们才能有效实施项目管理,顺利完成项目。做好项目管理,必须了解项目管理目标的特点。

(1)项目管理目标的明确性。

项目必须有明确的目标,有了目标,才有方向,所有的项目管理都要朝着预定的目标进行。项目目标是项目管理的指向灯,指引着项目管理的有效进行。项目目标要在项目之初就要明确下来,而且,在整个项目管理过程中,项目目标是不可以改变的,如果项目目标随着项目的进行而偏离,那么,项目肯定不能如期完成,也可以说项目管理失控。

项目管理目标明确性的另一个体现是目标要合理,我们在做项目之前要对项目有正确的预估,科学的确定,在项目过程中有效控制,不断地进行项目管理过程中的偏差纠正,朝着预定的目标进行有效的科学管理。可以说,能够实现项目目标的项目管理才是成功的项目管理。

每个项目参与人都要有明确的目标。

①业主方项目管理的目标。

业主方项目管理服务于业主的利益,其项目管理的目标包括项目的投资目标、进度目标和质量目标。其中投资目标指的是项目的总投资目标。进度目标指的是项目动用的时间目标,即项目交付使用的时间目标。质量目标包括满足相应的技术规范和技术标准的规定,以及满足业主方相应的质量要求。

项目的投资目标、进度目标和质量目标之间既有矛盾的一面,又有统一的一面,它们之间的关系是对立统一的关系。

②设计方项目管理的目标。

设计方项目管理的目标包括设计的成本目标、设计的进度目标和设计的质量目标,以及项目的投资目标。

设计方的项目管理工作主要在设计阶段进行,但也涉及设计前的准备阶段、施工阶段、动用前准备阶段和保修期。

③供货方项目管理的目标。

供货方项目管理的目标包括供货方的成本目标、供货的进度目标和供货的质量目标。

供货方的项目管理工作主要在施工阶段进行,但它也涉及设计准备阶段、设计阶段、动用前准备阶段和保修期。

④建设项目工程总承包方项目管理的目标。

建设项目工程总承包方作为项目建设的一个重要参与方,其项目管理的目标应符合合同的要求,包括:工程建设的安全管理目标;项目的总投资目标和建设项目工程总承包方的成本目标;建设项目工程总承包方的进度目标;建设项目工程总承包方的质量目标。

建设项目工程总承包方项目管理工作涉及项目实施阶段的全过程,即设计前的准备阶段、设计阶段、施工阶段、动用前准备阶段和保修期。

⑤施工方项目管理的目标。

项目的整体利益和施工方本身的利益是对立统一的关系,两者有其统一的一面,也有其矛盾的一面。

施工方项目管理的目标应符合合同的要求,它包括施工的安全管理目标、施工的成本目标、施工的进度目标、施工的质量目标。

按国际工程的惯例,当采用指定分包商时,不论指定分包商与施工总承包方,或与施工总承包管理方,或与业主方签订合同,由于指定分包商合同在签约前必须得到施工总承包方或施工总承包管理方的认可,因此,施工总承包方或施工总承包管理方应对合同规定的工期目标和质量目标负责。

(2)项目管理目标的多阶段性。

任何项目,特别是建设项目,不是一蹴而就的,都需要一个复杂、或长或短的过程。习惯上我们会把项目划分成若干个阶段,分阶段完成项目。把一个复杂的项目分解成多个部分,每个部分可以看成子项目,这样大事化小更有利于进行项目管理。

国际上普遍流行的项目阶段划分是把项目分为两个阶段,即前期阶段[又称定义阶段、FEL(front-end loading)或FEED(front end engineering design)和实施阶段[又称EPC(engineering procurement construction)阶段,即设计、采购、施工阶段]。

前期阶段指详细设计开始之前的阶段,前期阶段包含了详细设计开始前所有的工程活动,该阶段工作量虽仅占全部工程设计工作量的20%~25%,但该阶段对整个项目投资的影响却高达70%~90%,

因此该阶段对整个项目十分重要。在项目前期阶段,总承包商的任务是代表业主对项目进行管理,主要负责以下工作:项目建设方案的优化;对项目风险进行优化管理,分散或减少项目风险;提供融资方案,并协助业主完成融资工作;审查专利商提供的设计文件,提出项目统一遵循的标准、规范,负责组织或完成基础设计、初步设计和总体设计;协助业主完成政府部门对项目各个环节的相关审批工作;提出设备、材料供货厂商的名单,提出进口设备、材料清单;提出项目实施方案,完成项目投资估算;编制 EPC(或 EP)招标文件,对 EPC(或 EP)投标商进行资格预审,完成招标、评标。项目设计优化可实现项目寿命周期成本最低。总承包商会根据项目所在地的实际条件,运用自身的技术优势,对整个项目进行全方位的技术经济分析与比较,本着功能完善、技术先进、经济合理的原则对整个设计进行优化。

国外对前期都非常重视,一般认为前期阶段工作的完成是项目有效进行的前提。

在项目实施阶段,由中标的总承包商负责执行详细设计、采购和建设工作。总承包商在这个阶段代表业主负责全部项目的管理协调和监理,直到项目完成,主要负责以下工作:编制并发布工程统一规定;设计管理、协调技术条件,负责项目总体中某些部分的详细设计;采购管理并为业主的国内采购提供采购服务;同业主配合进行生产准备、组织装置考核、验收;向业主移交项目全部资料。在完成基础设计之后通过一定的合同策略,选用合适的合同方式进行招标。首先需要把项目分解成若干个工作包,分包时应遵循如下原则:由地域来划分(布置较接近的装置放在一个包内);减少及简化接口;每个包限定一定的投资,以化解或减少 EPC 带来的风险。合同的主要形式为 EPC、EP+C、E+PC 三种,此外其他还有固定单价合同(包括服务合同)、租赁合同等。总承包商会根据不同工作包设计深度、技术复杂程度、工期长短、工程量大小等因素综合考虑采取哪种合同形式,从而从整体上为业主节约投资。总承包商的多项目采购协议及统一的项目采购策略有利于降低投资。多项目采购协议是业主就一种商品(设备/材料)与制造商签订的供货协议。与业主签订该协议的制造商在该项目中是这种商品(设备/材料)的唯一供应商。业主通过此协议获得价格、日常运行维护等方面的优惠。各个 EPC 承包商必须按照业主所提供的协议去采购相应的设备。多项目采购协议是总承包商项目采购策略中的一个重要部分。在项目中,要适量选择商品的类别,以免对 EPC 承包商限制过多,影响其积极性。总承包商还应负责促进承包商之间的合作,以达到业主降低项目总投资的目标,包括获得合理出口信贷数量和全面符合计划的要求。总承包商可通过其丰富的项目融资和财务管理经验,并结合工程实际情况,对整个项目的现金流进行优化。而且,业主同总承包商之间的合同形式基本是一种成本加奖励的形式,如果总承包商的有效管理使投资节约,总承包商将会得到节约部分的一定比例作为奖励。

建设项目的工作阶段一般划分为四个主要的工作阶段。

①项目的定义与决策阶段。在这一阶段中,人们提出一个项目的提案,并对项目提案进行必要的机遇与需求分析和识别,然后提出具体的项目建议书。在项目建议书或项目提案通过以后,需要进一步开展不同详细程度的项目可行性分析,最终作出项目方案的抉择和项目的决策。

②项目的计划和设计阶段。在这一阶段中,人们首先要为已经决策要实施的项目编制各种各样的计划(针对整个项目的工期计划、成本计划、质量计划、资源计划和集成计划等),同时,还需要进行必要的项目设计工作,以全面设计和界定项目,提出有关项目产出物的全面要求和规定。

③项目的实施与控制阶段。在这一阶段中,项目开始实施。同时,各种各样的控制工作也在开展,以保证项目实施的结果与项目设计、计划的要求和目标相一致。

④项目的完工与交付阶段。项目还需要经过一个完工与交付的工作阶段才能结束。在项目的完工与交付阶段，人们要对照项目定义和决策阶段提出的项目目标和项目计划与设计阶段所提出的各种项目要求，首先由项目团队全面检验项目的整个工作和项目的产出物，然后由项目团队向项目的业主或用户进行验收和移交工作，直至项目的业主或用户最终接受了项目的整个工作和工作结果，项目才算最终结束。

正是由于建设项目的多阶段划分，在进行项目管理时，每个阶段都有必要确定各自的目标，并且每个阶段的目标都要与预定的项目目标相符合，都要受到预定目标的约束。

(3) 项目管理目标的统一性。

一个项目有众多的参与者，每个参与者都是项目利益相关者，他们的需求是多种多样的。通常需求分为两类：必须满足的基本需求和附加获取的期望要求。做项目管理就要弄清楚项目参与人的真实需求，还要清楚不同参与人各自的需求都是什么，以及众多需求之间的关系。

项目活动是一项很复杂的活动，干系人众多，直接参与人就包括政府部门、投资商、顾主、承包商、设计方、监理方、咨询方、供应商等。这些干系人都要聚集在统一的项目中，每一方都在进行着各自的项目管理活动，显然每个参与人都有自己的目标。

政府需要一个能给地方带来效益的项目，投资商要通过项目投资获取收益，顾主希望项目如期、有效运营，承包商想通过建造产品获取报酬，等等。不同的参与人目标不同，每个参与人都要为实现自己的目标而努力，但是，不管参与人的目标如何不同，都要统一在同一个项目中。

业主是整个项目的核心，业主的目标是所有项目参与人的目标，如果业主的目标不能达到，其他参与人的目标也很难实现，所以，在项目管理活动中，项目参与人在制定自己的目标时，必须明确业主的项目目标，并在制定自身目标时，以业主的项目目标为基础。

(4) 项目管理目标的冲突性。

对于建设项目，基本需求包括项目实施的范围、质量要求、利润或成本目标、时间目标以及安全、风险、环境和必须满足的法规要求等。在一定范围内，质量、成本、进度三者是互相制约的：当进度要求不变时，质量要求越高，则成本越高；当成本不变时，质量要求越高，则进度越慢；当质量标准不变时，进度过快或过慢都会导致成本的增加。

不管是业主，还是承包商，在项目管理过程中都要有管理目标，可以是质量、成本和工期目标，也可以是一个分目标的统一体。但是，目标因素的相互制约使得很难形成一个理想的统一体，甚至一些在项目中不占主要地位的目标因素也会在某种情况下变得重要，比如安全目标，一旦出现重大安全事故，就会带来投资或成本的巨大增加，有时承包商可能因此破产，为了达到安全目标，就必须进行成本投入，势必会影响其他目标。项目中的目标因素相互冲突或者矛盾更使得加强项目管理的重要性变得突出。有效的项目管理可以把所有的目标因素统一到一个合理的项目管理目标中。

(5) 项目管理目标的层次性。

这里谈的项目管理目标的层次性体现在我们看待项目的角度上。我们已经了解，项目管理实质上是业主的项目管理，所有的参与人，所有项目环节的项目管理，都要围绕业主的项目管理进行相应的项目管理工作。

业主是建设项目的经营者或称为顾主，也可以说业主是项目产品的接受者，业主的满意是项目顺利完成的标志,整个项目管理的目标就是要让业主满意。这也是项目管理成功的最低层次。

另外,在项目管理活动中我们还要认识到业主对项目真正的需求。业主做项目,要在项目上获取利益,在原有价值上增值。这就是业主在项目活动中的更高层次的需求,也是所有的项目管理活动更高层次的管理目标。

5.1.3 工程项目管理目标的基本概念

1. 工程项目管理目标的组成

项目目标是指实施项目所要达到的期望结果。工程项目管理的基本目标就是在限定的时间内,在限定的资源条件下,以尽可能快的进度、尽可能低的成本圆满完成项目任务。所以,工程项目管理的基本目标有三个最主要的方面——进度目标、成本目标和质量目标。这三者互相联系,互相影响,共同构成了项目管理的目标系统。如图 5.1 所示。

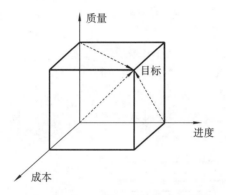

图 5.1 工程项目管理目标系统的组成

2. 工程项目管理三大目标之间的关系

进度、成本和质量是工程项目管理的三大目标,三者之间相互依存、相互影响,形成了一个辩证的统一体。工程项目进度、成本和质量三大目标之间的关系如图 5.2 所示。

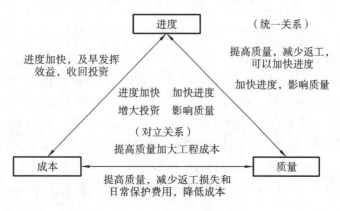

图 5.2 三大目标之间的关系

在图 5.2 中,三角形的内部表现为三个目标的对立关系,外部表现为三个目标的统一关系。在通常情况下,当进度要求不变时,如果对工程质量要求越高,则成本越高;当成本不变时,质量要求越高,则进度越慢;当质量标准不变时,进度过快或过慢都会导致成本的增加。所有这些都表明,工程项目三大目标之间存在着对立的一面。在通常情况下,适当地加快工程的施工进度,不仅可以避免因意外而必须采取的赶工,保证工程的建设质量和进度,而且有可能使项目提前完工或提早交付使用,从而尽早发挥项目的经济效益;严格地控制工程的质量,可以减少或避免工程返工,保证项目的建设进度,还可以减少项目的维护费用,提高项目的整体效益;严格地控制工程的成本,可以避免建设项目的费用超支,使得项目的资金按计划供应,从而保证工程的进度和施工质量。所有这一切都说明,三大目标之间存在着统一性。由此可见,三个目标之间,表现对立统一的关系,其中任意一个目标的变化既影响另外两个目标,又受另外两个目标的制约。

5.1.4 业主方工程项目管理目标策划

此处以业主方为例,阐述项目管理目标的策划。

1. 项目管理目标的层次性分析

业主项目管理的目标是对业主投资意图的体现,在实施阶段,具有一定的层次性(如图5.3所示)。这些目标无法用一个固定的参数来表达,虽然在初始阶段,可将项目的目标进行简单的量化,但是随着项目的推进,影响项目的因素出现变动时,就必须要对之前的目标进行调整。而且,项目的各个子目标之间有可能是相互排斥的,不可能达到所有的最优,只能在目标之间尽量协调,达到一种比较满意的结果。

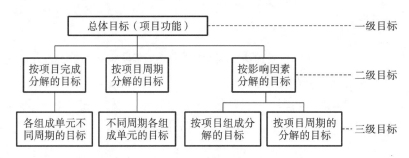

图5.3 业主方项目管理目标结构层次

2. 项目管理目标分解

业主方工程项目管理目标策划是在深入调查项目内、外环境的基础上作出的,这是一个不断深化的过程,如果有必要,在项目实施过程中还需对环境调查进行补充。项目功能的实现是项目管理最终要实现的目标,功能确定之后,就需要对项目的目标进行分解,以确定功能。项目目标设计的分解如图5.4所示。对于项目分解的目标,在项目实施过程中,同样要根据项目环境的变化及时调整。项目目标的分解,应能够满足后续策划中的组织管理、时间估计、资源估算及进度安排等要求。

为了有利于项目总体策划的落实,在工程实际操作中,需要结合项目的实际情况,将项目分解的管理目标按表5.1落实。

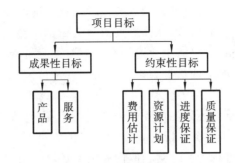

图 5.4 项目目标构成关系

表 5.1 工程项目管理目标分解

单位工程名称	进度目标	成本目标	质量目标
1			
2			
3			
…			

5.2 筹融资渠道与方式

5.2.1 企业筹资概述

1. 企业筹资的概念

企业筹资就是根据其对资金的需求,通过筹资渠道,运用筹资方式,筹措企业生存和发展所需资金的行为。长期筹资是指企业筹集资金的使用期限在一年以上资本的行为,主要用于购置固定资产、对外长期投资、取得无形资产和优化资本结构等。企业在初创阶段,首先必须筹措一定的初始资本,以开展和维持正常的生产经营活动。企业在生存发展过程中,除了需要维持一定的资本规模,还常常需要根据市场需求的变化,扩大企业经营规模,调整生产经营结构,以及开展必要的对外投资活动,这往往也需要追加筹资,以满足企业发展对资金的需求。另外,企业根据内外部理财环境的变化,适时采取调整资本结构的策略,同样需要筹措资本。

2. 企业筹资的目的

筹资与投资是相互关联、相互依存的两项重要的财务管理活动。但是,这两项活动并不是平行的,筹资只是手段,投资才是目的,筹资是为了投资。从根本上看,企业筹资的目的是以较低的成本为企业具有较高投资回报的投资项目筹措到足够的资金。具体而言,企业筹资的目的有以下四种。

(1) 设立企业。组建企业需要进行筹资。任何企业的设立或创建,都是以筹措一定数量的资本金为基础的。根据有关规定,股份公司在设立时,必须有法定的资本金,并且不低于国家规定的限额。为此,要建立企业,就必须通过不同的方式筹措一定数量的股本,这是企业最基本的筹资动机。

(2)扩张和发展企业。企业因扩大生产经营规模或增加对外投资而需要进行的追加筹资,即扩张性筹资。企业在其产品寿命周期的成长阶段,往往需要筹集大量的资金,尤其是长期资金,用于生产经营规模的扩大、设备更新和技术改造。此外,企业追加有利的对外投资规模、开拓有发展前途的对外投资领域等也需要筹集一定的资金。企业的这种为扩大经营规模或范围不断寻求发展而进行的筹资,是企业最为普遍的筹资动机。

(3)偿还企业债务。企业为了偿还到期债务而需要进行的筹资,即偿债筹资。大多数情况下,这是企业在没有足够的现金用于支付或财务状况恶化时而采取的筹资行为。一般而言,企业为了获得财务杠杆利益,可以利用一定的负债进行生产经营。但债务到期必须偿还,如果企业的现有支付能力不足以清偿到期债务,那么企业必须通过一定的方式筹集资金,以偿还到期债务。但有时企业的债务到期了,尽管有能力偿付,但为了保持一定的负债规模,企业可能采取借新债偿还老债的措施。

(4)调整企业资本结构。企业因调整现有的资本结构而进行的筹资,即调整性筹资。资本结构是指企业各种资本的构成及其比例关系。当企业的资本结构不合理时,可以通过采用不同的筹资方式对其进行调整,使之趋于合理。例如当企业的债务资本较多时,企业可以通过增加权益资本使资本结构趋于合理;反之,当企业的债务资本较少时,可以通过增加债务资本来使资本结构趋于合理。

3. 筹资的原则

企业筹集资金的原则是要研究影响筹资的多种因素,讲求资金筹集的综合经济效益。其具体可归纳为以下几点。

(1)合理确定资金需要量,努力提高筹资效果。不论通过什么渠道,采取什么方式筹集资金,都应该预先确定资金的需要量,既要确定流动资金的需要量,又要确定固定资金的需要量。筹集资金固然要广开财路,但必须有一个合理的界限,要使资金的筹集量与需要量相适应,防止筹资不足而影响生产经营或者筹资过剩而降低筹资效益。

(2)周密研究投资方向,大力提高投资效果。投资是决定是否筹资和筹资多少的重要因素之一。投资收益与筹资成本相权衡,决定要不要筹资,而投资规模决定筹资的数量。因此,必须确定有利的资金投向,才能作出筹资决策,避免不顾投资效果的盲目投资。

(3)适时取得所筹资金,保证资金投放需要。筹集资金要按照资金投放使用的时间来合理安排,使筹资与用资在时间上相衔接,避免取得资金滞后而贻误投资的有利时机,同时也要防止取得资金过早而造成投放前的闲置。

(4)认真选择筹资来源,力求降低筹资成本。企业筹集资金可以采用的渠道和方式多种多样,其难易程度、资本成本和财务风险也各不相同。因此,企业要综合考察各种筹资渠道和筹资方式,研究各种资金来源的构成,求得最优的筹资组合,以便降低组合的筹资成本。

(5)合理安排资金结构,保持适当偿债能力。企业的资金结构一般是由权益资金和债务资金构成的。企业负债所占的比率与权益资金和偿债能力相适应。合理安排资金结构,既要防止负债过多导致财务风险过大,偿债能力不足,又要有效地利用负债经营,借以提高权益资金的收益水平。

(6)遵守国家有关法规,维护各方合法权益。企业的筹资活动影响着社会资金的流向和流量,涉及有关方面的经济权益。因此企业筹集资金时必须接受国家宏观指导和调控,遵守国家有关法律法规,实行公开、公平、公正的原则,履行约定的责任,维护有关各方的合法权益。

4. 企业筹资的类型

企业通过各种筹资渠道和采用各种筹资方式所筹措的资本,因具体的属性、期限、范围和机制的差异,可以分为不同类型,按照不同角度通常可分为权益资本和债务资本、长期资本和短期资本、内部筹资和外部筹资、直接筹资和间接筹资。

(1)权益资本和债务资本。

企业的全部资本,按照属性不同可以分为权益资本和债务资本两大类。这是由企业资本的所有权决定的。

权益资本又称股权资本,是企业依法取得并长期拥有、自主使用的资本,是企业最基本的资金来源。根据我国有关法规制度,企业的权益资本由股本、资本公积、盈余公积和未分配利润组成。按照国际惯例,权益资本通常包括股本和留存收益两部分。

权益资本具有以下属性。①权益资本的所有权属于企业的所有者。企业所有者具有参与企业经营管理的权利和剩余求偿权,同时对企业债务承担有限或无限责任。②企业对权益资本依法享有经营权。在企业经营期内不需要归还,属于企业的永久性资本,筹资风险小。权益资本代表了企业自身的资本实力,是企业组织经营活动和举借债务的基础。

债务资本又称债权资本,是企业借入的并承诺按期还本付息的资本。

债务资本具有以下属性。①债务资本是企业的债务,同时是债权人的债权,体现了企业与债权人的债务与债权关系。②企业对持有的债务资本在约定期限内享有经营权,并承担按期还本付息的义务。③一般而言,债权人拥有债权本息索取权,但没有选举权。借入资金有一定的风险,如果企业借入资金过多,可能会陷入债务危机而导致破产。

企业的权益资本与债务资本应具有合理的比例关系,企业在负债时除了要考虑负债带来的利益,同时也应考虑负债导致企业财务失败的可能性,合理安排权益资本与债务资本的比例关系是企业筹资管理的一个核心问题。

(2)直接筹资与间接筹资。

企业的筹资活动按是否通过金融机构,分为直接筹资和间接筹资两种。

直接筹资是指企业不经过金融机构直接从最终投资者手中筹集资金的行为。在直接筹资中,企业与投资者通过建立直接的借贷关系使资金从所有者手中转移到企业。直接筹资主要有投入资本、发行股票、发行债券和商业信用等。直接筹资具有筹资范围广、筹资方式多等特点,但存在筹资费用高、程序烦琐等不足。近年来随着金融工具的不断创新,直接筹资发展很快。

间接筹资是指企业借助银行等金融机构进行的筹资活动。在间接筹资中,企业与投资者不直接发生借贷关系,而是投资者以存款等方式投资于银行等金融机构,再由这些金融机构集中起来以贷款方式投放给需要筹资的企业,这时银行等金融机构发挥着中介作用。间接筹资的主要形式有银行借款、非银行金融机构借款、融资租赁等。间接筹资是传统的筹资类型,它具有筹资效率高、筹资期限较为灵活等特点,但存在筹资范围窄、筹资方式较少等不足。

(3)长期资金筹集与短期资金筹集。

企业的全部资金按期限的长短可分为长期资金和短期资金两种。

长期资金是企业使用期限在1年以上的资金,通常包括权益资金和长期债务。长期资金是企业长期生存与发展所必须持有的资本,其一般用于投资固定资产和无形资产、进行对外长期投资、垫支企业的营运资金等。

短期资金是指企业使用期限在1年以内的资金,通常是指企业的短期债务。短期资金是企业在生产经营过程中进行资金周转调度所必须持有的资金,一般用于短期流动资产的投资。

企业长期资金与短期资金的比例关系构成企业全部资本的期限结构。资本的期限结构对企业的风险与收益会产生影响,企业应合理安排长短期资金的比例,在风险与收益之间进行很好的权衡。

(4)内部筹资与外部筹资。

企业的全部资本按照来源的范围,可分为内部筹资和外部筹资两种。

内部筹资主要是指企业通过留用利润而形成的资本来源。留用利润包括盈余公积和未分配利润。留用利润将增加企业的资金总量,它的数量由企业的可分配利润政策或股利政策决定。此外,计提折旧和企业职工持股也是企业的内部资金来源。某一特定经营期间折旧资金来源的数量取决于当期企业折旧资产的规模和折旧政策;职工持股数额的多少取决于公司内部职工持股计划的有关限定。

外部筹资是指企业从外部筹资而形成的资本来源。外部筹资的方式较多,常用的外部资金来源主要是发行股票、发行债券、银行借款、租赁和商业信用等,一般都需要支付筹资费用。

企业应首先充分利用内部筹资,然后再考虑进行外部筹资。

5.2.2　筹资渠道与筹资方式

企业筹资活动要通过一定的渠道并采用一定的方式来完成。不同的筹资渠道和筹资方式各有其特点和适用性,两者既有联系,又有区别。同一筹资渠道的资本往往可以采用不同的筹资方式,同一筹资方式又常常可以适用于不同筹资渠道的资金。

1. 筹资渠道

筹资渠道是指企业取得资金的来源或途径,即从哪里取得资金,体现资金的源泉和流量。确定筹资渠道是筹资的必要前提。筹资渠道主要由社会资金的提供者及数量分布所决定。随着经济体制改革的深入发展和资本市场的建立,我国企业的资金来源发生了巨大的变化,由单一渠道向多渠道发展,由纵向渠道为主逐步向横向渠道为主转变。目前,我国社会资金的提供者众多,数量分布广泛,为企业筹资提供了广泛的资金来源。认识企业筹资渠道的种类及其特点和实用性,有利于企业充分开拓和利用筹资渠道,实现各种筹资渠道的合理组合,经济有效地筹集资金。我国企业的筹资渠道主要有以下几种。

(1)国家财政资金。

国家对企业的投资是国有企业主要的资金来源,特别是国有独资企业,其原有资本由国家投资形成。现在国有企业的资本金来源大部分是由过去财政直接拨款形成的,国家财政资金为国有大中型企业的发展奠定了基础。国家制定了不断加大扶持基础性产业和公益性产业的长远发展规划,财政今后为改善基础产业和关系国计民生的大型企业的发展环境继续提供财力支持。

(2)银行信贷资金。

银行对企业的各种贷款是我国目前各类企业最为重要的资金来源。我国银行分为以营利为目的从事信贷资金投放的商业性银行和以产业政策扶持为目的的政策性银行两种。商业性银行主要有中国工商银行、中国农业银行、中国建设银行、中国银行以及交通银行等,其为各类企业提供商业性贷款;政策性银行主要有国家开发银行、农业发展银行和中国进出口银行,其为特定企业提供政策性贷款。我国政策性银行目前正抓紧改革,不断增加市场化的运作方式。银行信贷资金拥有居民储蓄、单位存款等经常性的资金来源,贷款方式灵活多样,可以适应各类企业债务资金筹集的需要。

(3) 非银行金融机构资金。

非银行金融机构资金可以为一些企业提供一定的筹资来源。非银行金融机构是指除了银行以外的各种金融机构及金融中介机构,主要有信托投资公司、保险公司、租赁公司、证券公司、企业集团的财务公司以及城乡民间金融组织、信用社等。这些机构资金力量虽然不及专业银行,融通资金的范围也有一定的限制,但其资金供应比较灵活方便,并可提供其他方面的服务,因而可作为企业补充资金来源渠道,具有广阔的发展前景。

(4) 其他企业和单位资金。

企业间的相互投资和商业信用的存在,使其他企业和单位资金也成为企业资金的重要来源。企业在生产经营过程中,往往形成部分暂时闲置的资金,这些闲置资金既可以在企业、单位之间相互调剂使用,也可以为一定的目的而进行相互投资;另外,企业间的购销业务一般可以通过商业信用方式来完成,从而形成企业间的债权债务关系,形成债务人对债权人的短期信用资金占用。这些都为企业筹资提供了一定的资金来源。

(5) 民间个人资金。

民间资金亦可以为企业直接提供筹资来源。民间资本主要是社会个人暂时闲置的资金,企业可以通过发行股票、债券等筹资方式将其筹集起来,为企业所用。目前我国城乡居民个人持有大量的货币资金,是企业不可忽视的资金来源。

(6) 企业内部资金。

企业内部资金是指企业在生产经营活动中积累形成的属于企业自有的资金,主要包括计提折旧、税后利润中提取的公积金、未分配利润等。企业通过内部积累筹集资金,既有利于满足扩大企业生产经营规模的资金需求,又能够减少债务资本,降低财务风险。

上述有关渠道来源的资金既可以是境内资金,也可以是境外资金。境外资金是指国外及我国香港、澳门、台湾地区的投资者向企业提供的资金,是外商投资企业的重要资金来源。企业通过吸引外资,不仅可以筹集到必要的资金来满足生产经营的需要,而且能够引进国外先进技术和管理经验,促进企业技术进步和管理水平的提高。

筹资渠道除了上述具体渠道以外,还可以划分为企业内部筹资与外部筹资。

2. 筹资方式

筹资方式是指企业筹资时所采取的具体方法和形式,体现着资金的属性。筹资渠道属于客观存在,筹资方式则属于企业主观能动行为。目前,我国企业资金的组织形式多种多样,金融工具得到比较广泛的开发和利用,为企业筹资提供了便利。因此,研究各种筹资方式,有利于企业开发和利用各种筹资工具。企业筹资管理的重要内容是如何针对客观存在的筹资渠道,选择合理的筹资方式,有效地进行筹资组合,以降低筹资成本,提高筹资效益。

目前,我国企业可以利用的筹资方式主要有以下七种。

(1) 吸收直接投资。吸收直接投资是指企业以协议(如共同投资、共同经营、共担风险、共享利润)等形式吸收国家、其他法人单位、个人和外商直接投入的资金,形成企业资本金的一种筹资方式。这种筹资方式不以股票为媒介,主要适用于非股份制企业,是非股份制企业取得权益资本的基本方式。

(2) 发行股票。股票是股份制企业为筹措股本而发行的有价证券,是持有人拥有公司股份的凭证。这种筹资方式是股份有限公司筹措股权资本的主要方式。

(3)发行债券。债券是企业为筹集债务资本而发行的、约定在一定期限内向债权人还本付息的有价证券。这种筹资方式是企业负债经营时筹集借入资金的重要方式。

(4)银行或非银行金融机构借款。银行或非银行金融机构借款是指企业向银行或非银行金融机构借入的、按规定期限还本付息的款项。这种筹资方式也是企业负债经营时常采用的主要筹资方式之一。

(5)融资租赁。融资租赁又称资本租赁,是出租人按照承租企业的要求融资购买资产,并以收取租金为条件,在契约或合同规定的期限内,将资产租借给承租人使用的一种经济行为。融资租赁直接涉及的是物而不是钱,但它在实质上具有借贷属性,是承租企业筹借长期资金的一种特殊方式。

(6)商业信用。商业信用是指商品交易中的延期付款或预收货款所形成的借贷关系,是企业之间的一种直接信用关系。它产生于银行信用之前,但银行信用出现之后,商业信用仍然得到广泛的发展和运用,适用于各类企业。这种筹资方式比较灵活,成为企业筹措短期资金的重要方式之一。

(7)可转换债券。可转换债券又简称可转债,是指由公司发行并规定债券持有人在一定期限内按约定的条件可将其转换为发行公司普通股的债券。从筹资企业的角度看,可转换债券具有债务与权益筹资的双重属性,是一种混合性的筹资方式。可转换债券是企业筹措长期资本的一种特殊的筹资方式。最后指出的是,可转换债券不同于可交换债券,两者不要混淆。可交换债券不再赘述。

除上述各种筹资方式外,还有用于短期资本筹集的短期融资券等,用于长期资本筹集的优先股、认购权证等。

3. 筹资渠道与筹资方式的关系

筹资渠道与筹资方式有着密切的联系,筹资渠道解决的是资金来源问题,筹资方式解决的是通过什么方式取得资金的问题。同一筹资渠道的资金往往可以采用不同的方式取得,如非银行金融机构资金,既可以采取吸收直接投资、发行股票的方式取得,又可以采取借款、债券、融资租赁等方式取得。一定的筹资方式也可以适用于不同的筹资渠道,如发行股票筹资方式,除银行信贷资本外,几乎所有的资金渠道都适用。企业在进行筹资决策时,应认真分析各种筹资渠道和筹资方式的特点及适用性,寻求两者的合理配合。

一般而言,企业常用筹资渠道与筹资方式的对应关系见表5.2。

表5.2 筹资渠道与筹资方式的对应关系

渠道	方式						
	吸收直接投资	发行股票	发行债券	借款	融资租赁	商业信用	可转换债券
	配合						
国家财政资金	√	√					
银行信贷资金				√			
非银行金融机构资金	√	√	√	√	√	√	√
其他企业和单位资金	√	√	√		√	√	√
民间个人资本	√	√	√				√
企业内部资金	√	√					

5.2.3 筹资数量的预测

企业在筹资之前,应当采用一定的方法,科学合理地对企业在未来一定时期的资金需求量进行预测。只有这样,筹集来的资金才能既保证满足生产经营的需要,又不会产生不合理的闲置。下面介绍预测筹资数量常用的方法。

1. 销售百分比法

销售百分比法是根据资产负债表有关项目与销售收入比例关系,预测短期资金需要量的方法。

具体的计算方法有两种:一种是根据销售总额预计资产、负债和所有者权益的总额,然后确定筹资需求;另一种是根据销售的增加额预计资产、负债和所有者权益的增加额,然后确定筹资需求。

例如,某公司2017年销售收入为8000万元,2018年在不增加固定资产的情况下销售收入预测数为1亿元。该公司2017年12月31日经整理后的资产负债表如表5.3所示。

表5.3 资产负债表(2017年12月31日)(单位:万元)

资产	金额	负债及所有者权益	金额
货币资金	200	短期借款	100
应收账款	300	应付账款	200
		应付费用	200
存货	1500	长期借款	1000
		实收资本	3000
固定资产	3000	资本公积	200
		留存收益	300
合计	5000	合计	5000

注:表中"应付费用"为预提费用、应付职工薪酬、应交税费等。

(1)根据销售总额确定筹资需求。

预测筹资需求的步骤如下。

①区分敏感项目与非敏感项目。随销售额变动的资产称为敏感资产,包括货币资金、应收账款、存货等项目;随销售额变动的负债称为敏感负债,包括应付账款、应付费用等项目。两者统称为资产负债表的敏感项目。不随销售额变动的资产、负债项目即非敏感项目。

②确定销售百分比。根据上年有关数据确定销售额与资产负债项目的百分比:某敏感资产或负债额/销售额。具体计算见表5.4。

表 5.4 筹资需求表(单位:万元)

资产	上年实际	销售百分比/(%)	本年计划	负债及所有者权益	上年实际	销售百分比/(%)	本年计划
				短期借款	100	—	100
				应付账款	200	2.5%	250
				应付费用	200	2.5%	250
货币资金	200	2.50%	250	长期借款	1000	—	1000
应收账款	300	3.75%	375	负债合计	1500	5%	1600
存货	1500	18.75%	1875			—	3000
固定资产	3000	…	3000	实收资本	3000		200
				资本公积	200		500
				留存收益	300		3700
				所有者权益合计 筹资需求	3500	200	
合计	50000	25%	5500	合计	5000	5%	5500

$$货币资金/销售收入 = 200/8000 \times 100\% = 2.50\%$$
$$应收账款/销售收入 = 300/8000 \times 100\% = 3.75\%$$
$$存货/销售收入 = 1500/8000 \times 100\% = 18.75\%$$
$$应付账款/销售收入 = 200/8000 \times 100\% = 2.50\%$$
$$应付费用/销售收入 = 200/8000 \times 100\% = 2.50\%$$

可见,该公司每 100 元销售收入占用现金 2.5 元,占用应收账款 3.75 元,占用存货 18.75 元;形成应付账款 2.5 元,形成应付费用 2.5 元。

③计算预计销售额下的资产和负债。资产(或负债)=预计销售额×各项目销售百分比。

$$货币资金 = 10000 \times 2.50\% = 250(万元)$$
$$应收账款 = 10000 \times 3.75\% = 375(万元)$$
$$存货 = 10000 \times 18.75\% = 1875(万元)$$
$$应付账款 = 10000 \times 2.50\% = 250(万元)$$
$$应付费用 = 10000 \times 2.50\% = 250(万元)$$

假定生产能力未充分利用,非敏感项目与上年相同。在此基础上预计总资产和总负债(无关项目按上年数计算):

$$总资产 = 250 + 375 + 1875 + 3000 = 5500(万元)$$
$$总负债 = 100 + 250 + 250 + 1000 = 1600(万元)$$

总负债为不增加借款情况下的总负债。

④预计留存收益增加额。留存收益是公司内部的筹资来源。只要公司有盈利并且不是全部支付股利,留存收益会使股东权益自然增长。这部分资金的多少,取决于收益的多少和股利支付率的高低。计

算公式见式(5.1)。

$$留存收益增加额 = 预计销售额 \times 销售净利率 \times (1-股利支付率) \quad (5.1)$$

假设公司预计销售净利润为1000万元,股利支付率为80%,则:

$$留存收益增加额 = 1000 \times (1-80\%) = 200(万元)$$

⑤计算外部筹资需求。

外部筹资需求额=预计总资产-预计总负债-预计所有者权益=5500-1600-3700=200(万元)

该公司为完成销售收入1亿元,需要增加资金500万元,即5500-5000=500(万元),负债的自然增长提供100万元,即250+250-200-200=100(万元),留存收益提供200万元,本年应再从外部筹资200万元,即500-100-200=200(万元)。

(2)根据销售增加额确定筹资需求。

具体方法见式(5.2)。

$$\begin{aligned}外部筹资需求 &= 资产增加额 - 负债自然增加额 - 留存收益增加额 \\ &= 新增销售额 \times 资产销售百分比 - 新增销售额 \\ &\quad \times 负债销售百分比 - 留存收益增加额\end{aligned} \quad (5.2)$$

将数据代入公式,得:

$$外部筹资需求 = (10000-8000) \times 25\% - (10000-8000) \times 5\% - 200 = 200(万元)$$

销售百分比法的优点是能为企业提供短期预计的财务报表,以适应进行外部筹资的需要。但它是以预测年度敏感项目与销售收入的比例为前提,如果有关比例发生了变化,那么据此进行预测就会对企业产生不利的影响。

2. 线性回归分析法

线性回归分析法是假定资金需要量与营业业务量之间存在线性关系,建立数学模型,然后根据有关历史资料,用线性回归方程确定参数预测资金需要量的方法。其预测模型见式(5.3)。

$$y = a + bx \quad (5.3)$$

式中:y为资金需要量;a为不变资金;b为单位产销量所需要的变动资金;x为产销量。

按照资金习性,资金可分为不变资金、变动资金和半变动资金。不变资金是指在一定的营业规模内不随业务量变动的资金。变动资金是指随业务量变动而同比例变动的资金。半变动资金可以通过一定的方法分解为不变资金和变动资金两部分。

运用以上预测模型,在利用历史资料确定a、b数值的条件下,即可预测一定产销量x所需要的资金总量。

例如,某公司产销量和资金变化情况如表5.5所示。2018年预计销售量为40万件,试计算2018年的资金需要量。

表5.5 2012—2018年产销量与资金需要量的关系表

年度	销售量x_i/万件	资金平均占有量y_i/万元
2012年	20	8
2013年	16	7.5
2014年	18	8

续表

年度	销售量 x_i/万件	资金平均占有量 y_i/万元
2015 年	19	9
2016 年	21	10
2017 年	25	12
2018 年	30	13

资金需要量的预测步骤如下。

①根据表 5.5 的资料计算整理出表 5.6 的资料。

表 5.6 线性回归方程数据计算表

n	x	y	xy	x^2
2012 年	20	8	160	400
2013 年	16	7.5	120	256
2014 年	18	8	144	324
2015 年	19	9	171	361
2016 年	21	10	210	441
2017 年	25	12	300	625
2018 年	30	13	390	900
n=7	$\sum_{i=1}^{n} x = 149$	$\sum_{i=1}^{n} y = 67.5$	$\sum_{i=1}^{n} xy = 1495$	$\sum_{i=1}^{n} x^2 = 3307$

②将表 5.5 的数据代入下列方程,见式(5.4)。

$$\begin{cases} \sum_{i=1}^{n} y_i = na + b\sum_{i=1}^{n} x_i \\ \sum_{i=1}^{n} x_i y_i = a\sum_{i=1}^{n} x_i + b\sum_{i=1}^{n} x_i^2 \end{cases} \tag{5.4}$$

求出 a、b 值,见式(5.5)。

$$\begin{cases} 7a + 149b = 67.5 \\ 149a + 3307b = 1495 \end{cases} \tag{5.5}$$

解得:$a=0.49, b=0.43$。

③将 $a=0.49, b=0.43$ 代入式(5.3)中,得到式(5.6)。

$$y = 0.49 + 0.43x \tag{5.6}$$

④将 2018 年预计销售量 $x=40$ 代入上式,求得资金需要总量或占用总量为:$y=0.49+0.43×40=17.69$(万元)。

5.2.4 筹资计划编制方法

1. 什么是筹资计划

筹资计划是指企业根据生产经营、对外投资和调整资本结构的需要,通过筹资渠道,运用筹资方式,筹措所需资金的财务活动的计划。

2. 编制筹资计划的意义

生产经营资金筹资量和筹资方式,确定了固定资金和流动资金在计划期内的筹集数量及筹资的渠道和方式,就可以编制资金筹集计划。资金筹集计划反映了筹资量的来源渠道,它是筹资量和筹资方式决策的具体化和进一步落实,是企业财务计划必不可少的重要组成部分。编制资金筹集计划的意义如下。

(1)为企业正常生产经营活动创造起码的条件。资金筹集计划为有计划地筹措计划期需要增加的固定资金和流动资金提供依据,是筹资的行动方案,使领导和有关职能部门做到心中有数,取得组织指挥资金运动的主动权,为保证企业生产经营的正常进行提供必要的固定资产和流动资金。

(2)进一步做好综合平衡编制资金筹集计划,不是简单地通过一些筹资方式凑足固定资金和流动资金的计划需要量,而应在充分挖掘资金利用潜力,进一步平衡资金需要和来源的基础上编制筹集计划。整个计划的编制过程是具体、仔细分析问题,解决问题、提高资金使用效益的过程。

(3)加强企业管理,反映了生产经营活动的状况。编制资金筹集计划,就为资金运动的良好运转打下了基础。资金周转顺畅、迅速,资金利用效果提高,会促使企业加强其他方面的管理,不断提高企业素质和管理水平。

3. 筹资计划的编制方法

编制固定资金和流动资金筹集计划的方法也不一样。为了确保企业所需要的固定资金和流动资金都能如数筹措到,因此,要分别编制固定资金筹集计划和流动资金筹集计划。

(1)固定资金筹集计划和流动资金筹集计划。

固定资金筹集计划要预先确定企业在计划期需要增加的固定资金的来源渠道和方式,根据固定资金筹资量和筹资方式决策所确定的资金筹措数量及其来源渠道和方式,编制固定资金的筹集计划。固定资金的来源多种多样,根据现行财务制度规定,工业企业固定资金的来源渠道和方式主要有专项拨款、基建借款、专用借款、发行债券、发行股票、动用企业更新改造资金和生产发展基金、利用外资等。

(2)流动资金筹集计划的编制。

流动资金筹集计划预先确定计划期需要增加的流动资金的来源渠道和方式。按照现行财务制度,流动资金的来源渠道和方式主要有银行借款、企业自补、商业信用、基建转入、外来投资、发行股票。企业根据流动资金筹资量和筹资方式的决策,就可以编制流动资金筹集计划。

5.2.5 企业融资概述

1. 企业融资的概念

中国对企业融资的研究是从20世纪90年代开始的。

融资是资金融通的简称,是资金从剩余(超额储蓄)部门流向不足(超额投资)部门的现象。融资有广义和狭义之分。广义的融资是指资金在供给者与需求者之间的流动,这种流动是双向互动的过程,既包括资金的融入,也包括资金的融出。融入指资金的来源,即常说的企业通过各种渠道筹集资金;融出指资金运用,即用筹措来的资金投资于长期资产与短期资产。狭义的融资仅指资金的融入,指企业为了重置设备、引进新技术、进行技术和产品开发,为了对外投资、兼并其他企业,为了资金周转和临时需要,为了偿付债务和调整资本结构等,通过筹资渠道和资金市场,运用各种筹资方式,经济有效地筹措和集中资金。企业的资金融通既包括企业与外部环境(国内的和国外的)间的资金供求转换,也包括企业内部自我组织与自我调剂资金的活动。前一种方式称为外源融资,后一种方式称为内源融资。

研究发现,人与人之间的借贷、企业与企业之间的合资合作、国家与国家之间的经济交往,其基础是借贷双方或合作双方都有相对的资源优势,包括自然资源优势、人力资源优势、生产技术优势、货币资本优势和市场潜力方面的优势等。但是,优势资源是相对的,如果不加以运用,就无所谓资源优势。闲置资源不会给资源所有者带来任何好处。货币所有者之所以愿意将拥有的货币交付给缺钱的人,是因为缺钱的人能给货币所有者带来利益;缺钱的人之所以敢于借钱,是因为他具有生产经营的盈利能力或者获取投资收益的能力。发达国家的企业或个人之所以愿意将自己的先进技术和有限的外汇投向发展中国家,是因为发展中国家具有广阔的市场,能为自己带来巨大的利润。而发展中国家通过引进技术和外资,能够充分开发和利用现有的资源优势,快速发展本国经济。

长期以来,在社会生产过程中人们依据现有法律和金融法规的规定,以平等的精神,通过借贷、证券买卖、租赁、合资合作等方式实现优势互补,使闲置的资金得以利用,使丰富的资源和广阔的市场得以开发,使生产技术水平的距离和贫富差距逐渐缩小,实现了经济的共同发展、社会的共同进步、生活水平的共同提高。因此,我们认为所谓企业融资是指社会经济各个方面为实现优势互补和达到互利互惠的目的,依法通过或借助金融市场并运用货币借贷、证券买卖、合资合作、并购紧缩、保险、租赁等手段调节配置其拥有资源的金融活动。

融资与筹资既有联系,也有区别。筹资是使用时间已经比较长的一个概念,它是指资金需求方(如企业)通过各种途径和相应手段取得资金的过程。筹资是借贷者以取得货币使用权或占有权为目的、为特征的活动,是单方面的行为。融资这一概念在我国的使用并不长,其目的是实现融资交往双方的优势互补和互利互惠。筹资把货币借贷、证券买卖等活动视为转瞬即逝的交易。融资则将货币借贷、证券买卖、合资合作视为一种长期存续的经济关系。融资过程不仅包括资源使用权的让渡,而且包括资源开发运用、资源使用权的归还及收益的分配。

融资与投资也既有联系,又有区别。投资是一定经济主体为了获取预期不确定的收益而将现期一定的资源或经济要素转化为资本的行为或过程,其包括实物投资、金融投资和人力投资。实物投资主要是指将资金用于购置固定资产和流动资产,所以融资是实物投资的前提条件。金融投资是指股票、债券、基金和外汇的买卖,所以金融投资是融资的一种方式。人力投资是指居民或社会在人才的培育方面所发生的开支,所以融资也是人力投资的重要前提条件。

2. 融资的动机和原则

不同企业往往具有不同的融资动机。

(1)融资的创建动机。资金是企业持续从事生产经营活动的基本前提。任何企业开始经营活动前首先必须筹集足够的资本金。

(2)融资的发展动机。任何企业的发展,都是以资金的不断投放作保证的。因为企业要发展,就需要不断扩大生产经营规模、不断更新设备和不断进行技术改造等,所有这些都离不开资金的支持。

(3)调整资本结构动机。资本结构,是指企业各种资金的构成及比例关系。任何企业都希望具有合理和相对稳定的资本结构,但由于在资本结构中任何项目及其数额(绝对额、相对额)的变化都可能会引起资本结构的变动,进而引发资本结构的不合理,企业就需要采用不同的融资方式筹集资金以调整其资本结构,使之趋于合理。

(4)外部环境变化。外部环境的任何变化都可能影响企业的经营。比如通货膨胀引起企业原材料价格上涨造成资金占用量的增加,从而增加资金需求等,因此,企业必须筹集资金来满足这些环境因素变动引起的资本需求。

3. 融资的基本原则

企业融资是企业的基本财务活动,是企业扩大生产经营规模和调整资本结构必须采取的行动。为了做好融资决策,经济有效地筹集资本,提高融资的综合效益,企业融资必须遵循下列基本原则。

(1)效益性原则。企业融资与企业投资在效益上应当相互权衡。企业投资是决定企业是否要融资的重要因素。投资收益与资本成本相比较,决定了是否要追加融资;而一旦采纳某项投资项目,其投资数量就决定了所需融资的数量。因此,企业在融资活动中,一方面需要认真分析投资机会,讲究投资效益,避免不顾投资效益的盲目融资;另一方面,不同融资方式的资本成本不同,企业需要综合研究各种融资方式,寻求最优的融资组合,以便降低资金成本,经济有效地筹集资本。

(2)合理性原则。企业融资必须合理确定所需融资的数量。企业融资不论通过哪些融资渠道,运用哪些融资方式,都要预先确定融资的数量。企业融资固然应当广开财路,但必须要有合理的限度,使所需融资的数量与投资所需数量达到平衡,避免因融资数量不足而影响投资活动或融资数量过剩而影响融资效益。

企业融资还必须合理确定资本结构。合理地确定企业的资本结构,主要有两方面的内容:一方面是合理确定股权资本与债权资本的结构,也就是合理确定企业债权资本的规模或比例问题,债权资本的规模应当与股权资本的规模和偿债能力的要求相适应。在这方面,企业既要避免债权资本过多,导致财务风险过高,偿债负担过重,又要有效地利用债务经营,提高股权资本的收益水平。企业应合理确定长期资本与短期资本的结构,也就是合理确定企业全部资本的期限结构问题,这要与企业资产所需持有的期限相匹配。

(3)及时性原则。企业融资必须根据企业资本的投放时间安排来予以筹划,及时地取得资本,使融资与投资在时间上相协调。企业投资一般都有投放时间的要求,尤其是证券投资,其投资的时间要求非常重要,融资必须与此相配合,避免融资过早而造成投资前的资本闲置或融资滞后而贻误投资的有利时机。

(4)合法性原则。企业的融资活动,影响着社会资本及资源的流向和流量,涉及相关主体的经济权益。为此,企业必须遵守国家有关法律法规,依法履行约定的责任,维护有关各方的合法权益,避免非法融资行为给企业及相关主体造成损失。

5.2.6 企业融资方式和融资渠道

1. 影响企业融资方式的因素

企业经营活动、投资活动的开展都离不开资金。对于财务管理人员来说,确定筹集到企业所需资金的方式是一项非常重要的工作内容。筹集资金可以选择的融资方式非常多,为了选到合适的融资方式,财务管理人员必须充分了解可能影响企业选择融资方式的因素。

(1) 外部因素。

对融资方式选择产生影响的外部因素包括外部法律环境、经济环境、金融环境等。外部环境会直接影响到企业融资方式的选择。企业在选择融资方式时必须遵循税收法规的相关要求,充分考虑税率变动可能给融资方式选择带来的影响。持续调整的金融政策会给企业融资、利润分配、资金运营活动产生直接影响,而且会使融资风险、融资成本发生一定的改变。

经济环境指的是企业理财活动所处的宏观经济环境。在经济快速发展阶段,企业需要通过增发股票或者发行负债筹集资金,享受经济快速发展带来的红利。随着经济发展态势不断改变,政府政策会作出相应的调整,企业的融资方式也要有所调整。

(2) 内部因素。

内部因素主要包括企业发展前景、盈利能力、经营状况、财务状况、行业竞争力、资本结构、控制权、企业规模、信誉等。受市场机制的影响,这些内部因素不断改变,企业要对融资方式作出灵活调整,以满足融资需求。

2. 企业融资方式

融资方式是融资双方实现资源优势互补所采取的手段和途径。随着经济金融的发展,以及政府、企业和银行等的融资活动的不断增加,融资方式不断创新,融资手段也日益多样化、复杂化。企业在融资时也要对融资方式进行分析,了解各种融资方式的法律限制和金融限制,各种融资方式的资本成本及其对企业资本结构的影响等,以便企业选择正确的融资方式并进行融资组合。

融资方式按照不同的分类标准,可以分为以下若干种类。

(1) 直接融资和间接融资。

融资方式按照融入和融出资金双方在融资过程中互相接触和联系方式的不同,分为直接融资和间接融资。

直接融资是指拥有暂时闲置资金的单位、个人与资金短缺、需要补充资金的单位,相互之间直接进行协议,或者在金融市场上,前者购买后者发行的有价证券,将资金提供给需要补充资金的单位使用,从而完成资金融通的过程。常见的直接融资形式有债券融资、股票融资和海外投资基金。

间接融资是指拥有闲置资金的单位、个人通过存款形式或购买金融机构发行的有价证券,将闲置资金先提供给金融机构,然后由这些金融机构以贷款、贴现等形式,或者金融机构通过购买需要资金单位发行的有价证券,把资金提供给这些单位使用,从而实现资金的融通过程。在这种融资关系中,最初的资金所有者(即存款人)与最终的资金使用者(即借款人)不发生直接联系,而要通过商业银行等信用中介机构,换言之,最初的存款人将货币存入银行,存款人与银行之间发生第一重债权债务关系;然后银行再把货币资金贷给最终的借款人,于是银行与借款人之间发生第二重债权债务关系。这样,在这种借贷关系中,最终的存款人与最终的借款人之间,存在着一种理论上的债权债务关系,这是一种间接的债权债务关系,故称其为间接融资。

(2) 短期融资、中期融资和长期融资。

融资方式按照资金可使用期限或资金可融入、融出期限的长短,可以分为短期融资、中期融资和长期融资。

短期融资是指期限在1年以内的资金融通活动,如银行短期贷款、短期债券、短期贸易融资、应收账款融资、存货融资等。

中期融资是指期限在1年以上、5年以内的资金融通活动,包括中期贷款、中期债券和相应的实物性融资(如租赁融资)。

长期融资是指期限在5年以上的资金融通话动,包括长期债券和股票融资、BOT融资等。

(3)国内融资与国际融资。

融资方式按照融资是否涉及国外经济主体,分为国内融资和国际融资。

国内融资是指在国内金融市场由国内各经济主体(政府、企业、个人)之间所进行的资金融通。国内融资的主体双方均为同一国家的法人或自然人;客体为本位币和与本位币同处一国领土之内的资产;国内融资不涉及国际清算或跨国清算,其资金从贷出到偿还的两个过程全部发生在境内。一家在国外设有分支机构的本地银行对居民发放外汇贷款,或一家跨国银行的分支机构对当地居民发放外汇贷款,这项融资虽然涉及外汇,但贷款银行的注册登记在境内,借款人是居民,交易中的外汇也在境内流转,受国内法律管辖,也属于国内融资。

国际融资是指在国际金融市场上不同国籍的经济主体之间所进行的资金融通。国际融资的对象为外汇,主要是可以自由兑换的货币,如美元、日元、英镑等。国际融资的渠道包括国际金融机构贷款融资、海外上市融资、项目融资、政府贷款融资、国际债券融资、租赁融资、BOT融资等。国际融资助活动范围一般超越一国的领土界限。在国际融资中,其主体至少有一方为外国人,或者虽然主体双方都在同一国家境内,但融资关系所指的钱物、权利在国外。总之,从国际司法的角度看,只要融资关系中的主体、客体和内容中至少有一个具有涉外因素,受外国法律管辖或依照国际惯例和习惯办理,属于国际金融市场业务,就是国际融资。如果某国的一家私人企业向其国内的某家银行借得一笔数额巨大的项目贷款,该贷款的真正来源是在国外由一些外资银行组成的、受到国外法律管辖的银团贷款,该国内银行仅仅是国外银团贷款的转贷银行,故这笔贷款自然属于国际融资。

(4)资信融资、抵押融资、担保融资和投资融资。

融资方式按照融资的保证方式,分为资信融资、抵押融资、担保融资和投资融资。

资信融资是指凭资金需求者的资信向其提供所需资金的一种资金融通话动。这种融资方式不需要资金需求者提供任何具体的资产作为融资或获取资金的保证,作为融资保证的是资金需求者的信誉。因此,该融资方式较适合于融资双方都熟悉和了解,并彼此信任的融资活动,如股本融资、短期债务融资。

抵押融资是指在债务融资中,要求借款人有相应的财产或有价证券作为抵押,以抵押品作为负债保证,债务人融入资金后如果不能按期还本付息,债权人有权处理作为抵押品的财产或有价证券,以收回贷款本息的一种融资方式。此种融资方式能够降低债权人所面临的违约风险,但手续较复杂、需要耗费时间对抵押品进行评估等。此外,抵押品也并不能消除风险,因为对抵押品质量评估的正确性和拍卖的可能性,都会影响债权的安全。

担保融资是指在债务融资中,债务人应提供给资金供给方认可的、具有偿还能力的经济实体作为担保,以担保人的资信或资产作为融资保证,如果债务人到期不能还本付息,由担保人负责清偿的一种融资方式。其优点是可以降低违约风险,但由于涉及关系较复杂,容易出现欺诈。

投资融资是指资金融出者通过金融投资活动,从而将资金提供给资金需求方的活动。这里的金融投资活动,主要是指购买资金需求方发行的有价证券。资金融出方所购买的有价证券,是其所有权的象征,其有权到期收回资金本息,或在金融市场上出售变现。这种融资的保证就是资金融出者买进的有价证券。

(5)有偿融资、无偿融资和部分有偿融资。

融资方式按照偿还方式,分为有偿融资、无偿融资和部分有偿融资。

有偿融资是指融资协议中规定了到期必须归还本金并支付一定回报的融资活动,包括各种贷款融资、债券融资、租赁融资、商业信用。在该种融资方式下,资金供应者与资金需求方之间形成债权债务关系,债务人必须承担约定的利息。在法律上,债权人对资金使用效果的好坏不承担任何责任和风险,其有权按约定的时间、利率向债务人收取利息,但不能因债务人取得了较好的经营效益或收益而要求多付利息或分享收益。从资金需求方的角度看,有偿融资必须依约定期归还并支付利息,不能永久占有,且还将受到资金供应者的审查和监督,运用资金的自主权较小,因而并不是资金需求方最理想的融资方式。但从国民经济总体看,有偿融资对提高资金的使用效益具有很大的积极意义。

无偿融资是指融资协议中并未规定还本,也未规定支付固定回报的资金融通方式,如股本融资。无偿融资的特点:不存在按期归还本金的问题;无支付固定回报的问题,有利于降低经营成本;无偿性融资的信用工具的流动性强,可以自由转让买卖。无偿融资属于直接融资,其问题是资金供给分散,资金的运用容易脱离监督和管理。

部分有偿融资是指融资协议或章程中明确规定只对符合条件的资金供给方给予回报、不归还本金的融通资金方式,如彩票融资。

(6)纵向融资和横向融资。

融资方式按照融资机制,分为纵向融资和横向融资。

纵向融资是指国家借助政权的力量通过其隶属的行政系统和企业对国家的依赖关系,集中积累资金和分配、提供资金的体制。在纵向融资中政府是融资主体,企业是附属。资金实行无偿分配和使用,故也称为政府导向型融资或封闭型融资。

横向融资是通过金融机构或金融市场把资金供给方与资金需求方联系起来,实行资金余缺调剂和优势互补的资金融通的体制,也称为市场导向型融资或开放型融资。在这种融资体制中,资金供给方和资金需求方,以及政府都是融资主体,融资地位平等,实行"等价交换"。

(7)内源融资和外源融资。

融资方式按照资金是否来自资金需求内部,分为内源融资和外源融资。

内源融资是指资金需求方自行积累储蓄并利用自身储蓄的过程。

外源融资就是资金需求方动员、利用他人积累储蓄的过程,或者是资金需求方通过一定的途径获得他人积累储蓄的过程。

内源融资和外源融资的划分是美国经济学家格利(Gurley)提出来的,按照这种划分方法,我们可以把企业融资分为内部融资和外部融资。前者是指企业对利润和折旧基金的利用过程,后者是指企业通过金融市场融通资金的过程。

(8)货币性融资、实物性融资和证券性融资。

融资方式按照资金的形态,分为货币性融资、实物性融资和证券性融资。

货币性融资是以货币借贷为主要内容的融资行为,是现代融资的主要形式。

实物性融资是以实物(商品、机器、设备等)作为融通物的融资方式。商品赊销和融资租赁均为实物性融资。实物性融资具有如下特点:资金供给方提供的是实物,而资金需要者则需要归还货币;融资的对象受商品性质和用途的限制;融资的数量受资金供给方资金能力的限制;由于牵涉到实物的品种、质量、运输、安装等问题,融资手续比较复杂,且易发生纠纷。实物性融资是商品流通的客观需要,在一定意义上是货币性融资难以代替的。只要商品经济存在,实物性融资也将长期存在。

证券性融资是以发行或买卖证券为手段所进行的融资活动,如股票融资、债券融资和票据融资等。证券性融资的特点:融资权益证券化;权益的可转让性;证券发行交易价格的不确定性。

(9)本币融资与外币融资。

融资方式按照融资的计量币种,分为本币融资和外币融资。

本币融资是以本国货币计量的资金融通。本币融资与外汇融资比较,不存在外汇风险问题;同时限制较少,手续简便,但融入的资金不能用于进口商品。

外币融资(也称外汇融资)是以某种外币计量的资金融通。外币融资存在着必须归还外汇的问题,因此,外币融资一般只适用于具有创汇能力的企业或项目。外币融资有较多的限制,需要经过一定的审批手续;其融资价格(利率)一般参照国际金融利率,与国内利率的高低基本无关。

(10)股本融资与债务融资(或股权融资与债权融资)。

融资方式按照融资所形成的经济关系,分为股本融资和债务融资。

股本融资是所有权融资,是指经济主体以其所有权换取他人资源的融资活动,或者说是以资源的所有权换取企业所有权的活动,是可供企业长期拥有、自主调配使用、不需归还的一种融资方式。

股本融资一般采用吸收直接投资、发行股票、留存收益等方式融资。会计上表现为股东权益,代表着投资者对企业的所有权。

特点:提供资本者以企业所有者身份参与管理,分利担责;股权资本是企业的永久性资本,一旦提供资本,除依法转让外,不得以任何方式从企业中抽回;企业无须还本付息,财务风险较小,但投资者要求的资本收益率较高,因此资本成本高。

债务融资是企业按照约定代价和用途取得且需要按期还本付息的一种融资方式。不发生所有权变化的单方面资本使用权的临时让渡。

债务融资一般通过银行借款、发行债券、商业信用、租赁等方式融资。

特点:债权人与企业是债权债务关系,仅有权索息收本,无权参与企业经营管理,不承担责任;具有期限性,在债务合约下,出资人可退出,并享有固定收益;企业可以在约定的期限内使用债务融资,但必须履行按期还本付息的偿债责任,财务风险较高,由于债权人要求的是固定收益,因此资本成本较低。

企业的全部资本可分为债务性资本和权益性资本,对于债务性资本,企业可以采用长期借款、发行债券和租赁融资等融资方式来筹集。对于权益性资本,企业可采取发行优先股、发行普通股等融资方式筹集。

(11)扩张性融资、紧缩性融资与调整型融资。

融资方式按照融资对资金需求方的资本结构的影响,分为扩张性融资、紧缩性融资和调整型融资。

扩张性融资是指经济主体因扩大生产经营规模或扩大对外投资的需要而产生的一种融资活动。其主要方式有企业并购等。

紧缩性融资是指经济主体(主要是企业)对股本的减少。企业为了缩小生产经营规模、缩减业务范围和提高自身股票价格而减少其股本,其缩减的方式主要有公司分立、分拆上市和股票回购。

调整型融资是指经济主体（主要是企业）因调整现有资本结构的需要而进行的融资活动，其主要方式有股转债和债转股等。

(12) 保持距离型融资和控制取向型融资。

融资方式按照融资与公司治理结构的关系，分为保持距离型融资和控制取向型融资。

保持距离型融资是指出资者只有在特定情况下才能对企业的资产和现金流量行使所有权的融资方式。如债权人只有在债务人不能履行清偿债务的情况下，才能行使所有权，通过出售抵押品或申请破产，收回贷款本息。又如股东只有在无法获得预期的股息收入时，才通过出让股份（即"用脚投票"）收回投资。

控制取向型融资是指出资者享有一定控制权的融资方式。如持有股份是为了获得对企业的控制权，又如贷款银行依据贷款协议享有一定的企业控制权。在日本的主银行制度中，主银行享有对企业的控制权。

(13) 配合性融资、保守性融资和激进性融资。

融资方式按照融入资金在企业流动资金中所占比例或融入资金与企业资产的匹配情况，可以分为配合性融资、保守性融资和激进性融资。

配合性融资又称匹配性融资或正常性融资，其特点是运用临时性负债满足企业临时性流动资产的资金需求，运用长期负债和权益资本满足企业永久性流动资产和固定资产的资金需求，即短期资产由短期资金来形成，长期资产由长期资金来形成，融入资金与企业资产相匹配。

保守性融资又称稳健性融资，其特点是临时性负债只满足部分临时性流动资产的资金需求，另一部分临时性流动资产或永久性流动资产和固定资产的资金需求由长期负债和权益资本来解决。这种融资方式是指一部分长期资金用于短期资产的形成，融资成本高，但它能使企业的短期债务减少，降低借款的风险，所以其被称为保守性融资。

激进性融资又称冒险性融资，其特点是临时性负债被用于永久性流动资产甚至是固定资产的形成。该融资方式虽然可以降低企业的融资成本，但可能会增大企业按期偿还债务的风险。

3. 企业融资渠道

企业融资渠道是指企业取得资本的来源或通道。企业在融资时应对融资渠道进行分析，了解各种渠道资本的存量与流量大小，以促使企业正确、合理地利用融资渠道。常见的融资渠道如下。

(1) 国家财政资金。

财政资金作为公司融资的来源渠道，其供给方式主要包括预算内拨款、财政贷款、政策性银行贷款、财政专项建设基金和财政补贴等。它过去是国有企业自有资本的主要来源。企业改革以后，原有企业的固定基金、流动基金和专用基金中的更新改造基金转作国家资本金，因此，国家财政资金在一定时期内仍是国有企业的主要资金来源。

(2) 国内商业性金融机构的信贷资金。

商业性金融机构作为公司融资的来源渠道，其主要供给方式包括信用贷款、抵押贷款、担保贷款、贴现贷款、项目贷款、信托贷款、融资租赁和证券投资等。

(3) 其他企业单位和个人的资金。

公司获得其他企业单位或个人资金的方式，主要包括赊购商品、预收货款、企业之间资金借贷（我国法律不允许）、发行股票融资、发行债券融资、发行票据融资、合资合作融资等。

(4)国际市场。

公司通过国际市场获得所需资金的主要方式包括外国政府贷款、国际金融机构贷款、国标商业贷款、出口信贷、国际债券、国际股票、外国直接投资、国际租赁融资、国际贸易融资(如福费廷融资和保付代理融资)、国际投资基金和项目融资等。

①外国政府贷款。

外国政府贷款指一国政府利用财政资金向另一国政府提供的优惠性贷款,是友好国家经济交往的重要形式,具有优惠性质。投资国的政府贷款也常常是其实现对外政治经济目标的重要工具。政府贷款除要求贷以现汇(即可自由兑换外汇)外,有时还附带有物资采购、规定合格资源国等限制条件。国外政府贷款的期限较长,一般为20~30年,由于具有经济援助的性质,贷款利率较低,一般为3%左右,有的是无息贷款。贷款具有特定的使用范围,一般投入借款国非营利的开发项目,如城市基础设施交通、能源等项目。国外政府贷款虽然程序复杂,但利率优惠。

②国际金融机构贷款。

国际金融机构是指为了达到共同的目标,由数国联合经办的在各国间从事金融活动的机构,包括联合国的专门机构及其他地区性的金融机构,如国际货币基金组织、国际复兴开发银行(世界银行)及属于世界银行集团的国际开发协会和国际金融公司,以及亚洲开发银行等。国际货币基金组织一般只提供几种类型的中短期贷款,且利率随时间递增。世界银行的贷款必须用于一定的建设项目,如交通运输及公共建设等具体项目。贷款期限较长,平均为十几年,长的可达50年,宽限期4年左右。国际开发协会主要是向低收入水平的发展中国家提供无息贷款(仅收取0.75%的手续费),贷款期限可长达50年,主要用于电力、交通运输以及农业等建设项目。亚洲开发银行的贷款分为普通贷款和特别贷款。普通贷款主要用于较富裕的发展中国家,贷款期限为12~15年(宽限为2~7年),利率不固定;特别贷款是向年人均国民生产总值400美元以下的国家提供的无息贷款,贷款期限为25~30年(宽限期为10年)。

③国际商业贷款。

国际商业贷款是指在国际金融市场上以借款方式筹集的资金,主要指国外商业银行和除国外金融组织以外的其他国外金融机构贷款。虽然外国政府贷款和国际金融机构贷款条件优惠,但其数量有限,不易争取。因此国际商业贷款成为各国利用国外间接投资的重要形式。以国际商业贷款方式取得的贷款在使用方向上没有什么约束,不受与一定进口项目相联系的限制,也叫自由外汇。国际商业贷款利率较高,一般以国际金融市场最近需求情况浮动,货币不同,利率也不同。如美元贷款的利率一般以伦敦银行同业拆借利率为基础,再依期限长短分别加上一个附加利率,加息幅度反映了借款人的资信;其他各种货币贷款一般按国内市场利率加上加息率。在国际上,银行贷款可划分为短期贷款(期限在1年以内,金额一般在1亿美元以下)、中期贷款(1~5年,金额一般在1亿美元左右)和长期贷款(5年以上,1亿~5亿美元或更高)。中长期贷款除收取利息以外,还要收取管理费、代理费、承诺费和杂费等。国外商业银行和金融机构贷款包括两种形式:单个银行贷款和国际银团贷款。国际银团贷款(亦称为辛迪加贷款)是由一家银行牵头,多家银行和金融机构组成银团,联合向某借款人提供金额较大的长期贷款。贷款多用于购买需要巨额资金的成套设备、飞机和船舶等。银团贷款的借款人通常是各国中央或地方政府、开发银行、进出口银行或国有金融机构及大型跨国公司。

④出口信贷。

出口信贷是出口国政府对银行贴补利息并提供担保,由银行向外贸企业发放利率较低的贷款,支持和扩大本国的商品出口,增强本国产品在国际上的竞争力,特别是对工业成套设备,许多国家都提供出口信贷。出口信贷分为卖方信贷和买方信贷两种。卖方信贷是指在出口国出口商品时,为便于出口商以延期付款的方式出口商品,由出口商本国的银行向出口商提供的信贷。其程序是签订合同后,买方先支付10%~15%的定金,其余贷款在全部交货或项目投产后陆续偿还。出口商一般要把利息、保险费、管理费等加在货价上。买方信贷是指由出口方银行直接向进口商或进口方银行所提供的信贷。一般是由买方与出口商签订贸易合同,买方银行与卖方银行签订贷款合同。买卖双方以即期现汇成交。签约后,买方向卖方先付15%的定金,其余由卖方银行贷给买方银行,再由买方银行转贷给买方,买方用此贷款按现汇条件支付给卖方,买方通过买方银行分期向卖方银行还本付息。使用买方信贷,进口商容易了解商品的真实价格,便于比较选用。买方信贷是我国利用外资的一种形式。出口信贷利率通常低于国际金融市场同期利率,而且各出口国之间的竞争往往可降低企业所需主要设备的进口价格和融资成本。但出口信贷一般与出口国设备捆绑在一起,会给设备的选择带来一定的限制。

⑤国际债券。

国际债券指一国在其他国家发行的债券。其中,某国在别国发行的以该国货币为面值的债券叫"外国债券",某国在别国发行的以别国货币为面值的债券叫"欧洲货币债券"。当前在国际金融市场上主要的债券有美国美元债券、德国马克债券、日本日元债券、瑞士法郎债券、欧洲美元债券、欧洲日元债券、亚洲美元债券等。发行国际债券前,发行人首先经过国外评级机构的评级,然后委托承销团确定发行条件,包括金融、偿还期、利率、发行价格、发行费用等。发行后的债券可在二级市场上流通。发行国际债券是获取外汇资金的有效方式。发行中长期国际债券可以大大缓解我国外汇资金短缺的局面。而且国际债券融资灵活多样、市场容量大、使用方便,通常国际债券期限较长,一般以固定利率计息,是一种可以长期使用的债务资本。

(5)公司自行积累。

公司从实现的盈利中提出一部分资金用于公司未来的发展,这是公司最基本的融资来源渠道。

(6)其他来源渠道。

其他来源渠道有"天使资金"、公司职工持股等。

4. 融资渠道与融资方式关系

融资渠道解决的是资本来源的问题,融资方式解决的是通过何种方式取得资本的问题,它们之间的关系是密不可分的。同一融资方式可能适用于多种融资渠道,也可能只适用于某一特定的融资渠道;同一渠道的资本也可能采用不同的融资方式取得。因此,企业在筹集资本时,必须将两者结合在一起使用。

5.2.7 融资计划书撰写

融资计划书包含了投资决策所涉及的全部内容,例如企业商业模式、产品和服务模式、市场分析、融资需求、运作计划、竞争分析、财务分析、风险分析等内容。融资计划书,其实是一份说服投资者的证明书。

1. 融资计划书的撰写步骤

融资计划书的撰写大体分为如图5.5所示的五个大步骤。

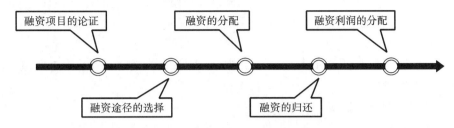

图 5.5　融资计划书的撰写步骤

(1)融资项目的论证主要是指项目的可行性和项目的收益率。
(2)融资途径的选择指作为融资人,应该选择成本低、融资快的融资方式。
(3)融资的分配指所融资金应该专款专用,以保证项目实施的连续性。
(4)融资的归还指项目的实施有期限的控制,一旦项目的实施开始回收本金,就应该开始把所融的资金进行合理的偿还。
(5)融资利润的分配指利润分配比例的设定。

2. 融资计划书的核心

编写融资商业计划书时以下五个问题应作为重点内容,以反映融资计划书的核心项目。
(1)投资资金的具体用途,需对这笔资金的具体使用方式进行详细介绍。
(2)有什么方式保证能达到业绩:具体如何达到业绩,如何保证未来业绩的增长与发展,有什么相异于其他竞争对手的、独有的企业发展手段和思路。
(3)过往的经营情况:企业成立时间多长,现有的销售网络网点有多少,过去历年的销售额和净利润是多少,公司过往的增长速度如何,公司实现了什么样的经营目标。
(4)核心竞争力:相对于同行业的其他公司,企业在市场上立足并且得以发展的长久竞争力是什么,发展至今的根本是什么。
(5)核心经营团队:谁是创始人,谁是企业的重要人物,企业是通过什么契机发展起来的,管理团队在同行中处于什么位置。

3. 融资计划书的主要内容

一般来说,融资计划书主要包括以下内容。
(1)资金规划。资金规划即指初次创业的钱从哪里来,应包括个人与他人出资的金额比例、项目投资等,这会影响整个事业的股份与红利分配。另外,整个创业计划的资金总额的分配比例,也应该记录清楚,如果希望以融资计划书来申请贷款,应同时说明贷款的具体用途。
(2)阶段目标。阶段目标是指创业后的短期目标、中期目标与长期目标,主要是让创业者明了自己事业发展的可能性与各个阶段的目标。
(3)财务预估。详述预估的收入与预估的支出,甚至应该说明事业成立后前三年或前五年内,每一年预估的营业收入与支出费用的明细表,这些预估数字可以让创业者清晰计算利润,并明确何时能达到收支平衡。
(4)行销策略。行销策略包括了解服务市场或产品市场、销售方式及竞争条件等。主要目的是找出目标市场的定位。

(5)可能风险评估。这一项目指的是在创业过程中,创业者可能遭受的挫折,如行业不景气变动、竞争对手太强、客源流失等,这些潜在的风险可能直接导致创业的失败,因此,可能风险评估是创业计划书中不可缺少的一项。

(6)其他。创业的动机、股东名册、预定员工人数、企业组织、管理制度以及未来展望等,这些都是商业计划书必须明确撰写的内容。

4. 撰写融资计划书的注意事项

融资计划书对于创业者是非常关键的文件。在撰写融资计划书时要注意以下事项。

(1)开门见山,用简练的语句描述主题,突出领导能力。

(2)重视细节,语言诚恳,尽量搜集大量的数据资料,多角度地对市场、竞争、财务等情况加以分析并总结。对于可能出现的困难和风险要有足够的了解,项目书应给出解决方法,增强投资者对产品、服务的认可。

(3)脉络清晰,条理分明。语言应简练,尽可能按照如何实现营业循环和盈利来设计创业融资计划书。

5.3 项目公司管理

投资项目要有一个强大的机构来运作资金投资、项目融资、项目建设、项目运营及维护等。很多投资项目选择成立项目公司来保障投资项目的正常运行,因为设立项目公司可以结构化融资,实现有限追索,明确权利、责任和义务。我国的投资项目有多种模式,项目公司也衍生了多种模式,这些模式由于合同中约定的责权利不同,在设置过程中可灵活处理。项目公司作为合同的签约方,是投资项目合同体系的核心履约主体,要行使管理相关参建方的职能,平衡各方关系。

5.3.1 投资项目的合同模式

投资项目模式分为非经营性、经营性、准经营性三种。投资合同合作方式主要有政府购买服务、可行性缺口补贴、使用者付费等。其中,非经营性模式主要是政府购买服务方式,经营性模式常规采用使用者付费方式,准经营性模式多采用使用者付费+政府可行性缺口补贴方式。

5.3.2 项目公司模式

投资项目的特殊性,将影响项目公司的管理职能设置,项目公司作为投资各方的桥梁,根据融资主体,主要按照社会资本的市场化运作原则出资设立。通常情况下,投资项目交易架构复杂,项目公司管理难度大,干扰因素多,一个运行良好的项目公司是投资项目履约、融资等顺利实施的保障。

5.3.3 项目公司管理要点

鉴于项目公司的特殊性,不能简单地依据《中华人民共和国公司法》或者以往成立公司的模式照搬照抄,要针对不同类型的投资项目(如高速公路、医院等项目)匹配相应的职能,确保投资项目的顺利实施,保障公共利益最大化。项目公司的主要管理要点总结如下。

1. 完善项目公司管理体系

(1)科学设置项目公司组织体系。针对保障房、医院、高速公路、水厂、市政工程等项目的特点,科学设计、统筹安排、合理规划公司性质,明确项目公司组织结构,与项目的融资、建设、运营等模式相匹配。遵循任务目标明确、管理层次科学、分工协同统一指挥、责权科学合理设置的原则,管理好相关参建方。

(2)合理匹配不同阶段的管理人员。项目公司除了各方派驻的股东,还需要有经验丰富的管理者来协调各方关系,站在公平公正的立场,服务好政府、金融机构、总承包施工单位等合作方。项目公司的管理者既要懂专业技能,又要具备沟通、管理等综合能力。在工程、技术、造价、合同、财务资金以及法律法规等方面,项目应配置相应的专业技术人员,并且在融资、施工及运营等不同阶段进行动态调整,有针对性地合理配置。

(3)规范管理制度流程。项目公司对内要根据自身的职责规范以及项目公司内部的人事、资金、成本、质量、安全、目标、合同等管理流程,妥善解决可能出现的决策效率低、管理不规范、融资成本高、风险因素多等问题。对外要加强沟通,积极对接投融资单位,引入评价机制、目标责任绩效考核机制,定期检查监督,落实奖惩,落实正向激励,落实担当精神,采取多种有效措施确保项目目标的实现。

(4)明确权利、责任、义务。形成股东会、董事会、监事会及总经理的治理结构,决策层、监督层、执行层要按照现代企业管理制度各司其职、各负其责,平衡好投资方、金融机构、总承包商、专业运营商、保险公司、设计院、监理单位、第三方检测单位等各方关系,根据责任、权利、义务对项目实施进行全过程、全方位管理;同时,加强专业技能培训,及时解决报建、融资、工期、安全、质量、成本及运营等风险事件;及时研究、密切关注政策动向,提高市场变化的预判能力,做好风险应对措施。

2. 提高投融资管理能力

(1)选择合理的融资模式。设计融资结构,明确股本资金和债务资金比例,优先选择无追索权项目融资模式,以项目公司未来运营项目的收入偿还贷款,做好"隔火墙"。合理选择银行贷款、基金、资产证券或保险等形式,以科学的方式、较低的融资利息筹集到建设资金,结合配资方式、信用担保,选择最优的资金配置方式,原则上通过银票、商票、现金等多元化方式支付,确保投资项目施工生产的顺利进行。

(2)强化项目现金流管理。合理统筹和安排资金使用计划,避免早期多投入增加融资成本、实施期间跟不上资金配套导致工作滞后等现象;配置时间、额度要与建设项目的工程进度安排、生产产值相匹配,统一管理,缩短投资时间,降低融资成本。选择信誉好的下游施工队伍,运用支付商票、承兑汇票等减少资金使用量;结合项目实施情况,如果该项目某个节点资金充裕,可以考虑提前还款,降低融资成本。

(3)完善资金封闭管理制度。完善项目公司内部的监控及评价机制,保障投资人权益和融资专款专用,尤其是资金管理的审批。投资人可委派董事对项目公司的担保、融资、负债、投资等重大事项具有一票否决权,对项目公司的营业执照、行政公章、财务专用章及其他相关证照、印签、银行账户实施共管;设置单独账户、专款专用,实行全过程资金封闭管理。

3. 提高项目管理能力

(1)加强全寿命周期的策划。项目公司具有项目管理的职能(一次性、独特性),同时兼具公司管理的职能(长期性、稳定性),要对其进行全寿命周期策划。项目公司要以合同顺利履约为前提,综合分析项目各种因素,结合技术、生产等环节,在满足质量、安全等各方面要求的前提下,形成完整项目策划方案;按照"价值创造、整体策划、动态管理、重在落实"的原则,围绕"化解风险、降本增效"和"赢利点、亏损点、分线点",深化设计,有效落实到投标、签约、实施、竣工四个阶段。

(2)加强项目实施过程管理。投资项目的全寿命周期要做好项目的组织管理、施工成本控制、项目进度安排及质量管理,工程的职业健康安全与环境等事项,加强项目履约管理,平衡好投资、进度和质量三个目标之间的关系;监理定期巡检,及时解决履约过程中出现的问题,实现项目管理规范化、标准化、信息化。

(3)加强项目运营管理。目前投资项目的主要运营方式分别是项目公司自身实施运营、外包给专业公司运营、股权转让。应结合项目公司实际情况合理地选择管控方式,对于有能力管理运营的项目公司,可以自己负责运营维护,或将项目分包给有经验的专业运营公司。同时,加强运营体系的顶层设计、中间评价及后评价,切实做好运营方案的编制、评审、决策、执行、考核等闭环机制。

4. 提高风险管理能力

(1)加强风险评估。投资项目具有多方面风险,如投资方、融资、建设、运营和维护等风险,还有收益风险、不可抗力风险、政策和法律风险、退出风险等。由于社会资本方不对等,风险分担经常处于失衡状态,项目公司要科学、全面地评判,合理选择自留、转移、规避等方法,权衡考虑将风险分配给最具有控制力的一方,或者给能够合理转移风险的一方,确保项目实施的前期风险、过程风险、运营风险等有效转移和规避,评估风险概率和可能带来的负面影响,确保风险控制在合理范围内,并制定完善的风险防控措施。

(2)加强合同履约能力。围绕投资项目订立的一系列合同确立和制约彼此的权利、责任和义务,合同中的每一个主体都希望自己尽可能不承担风险,将风险转移至对方,项目公司需要通过定性和定量研究,明确风险承担的主体、目标、原则和相关机制,合理分担风险,以便各方更好地承担责任和义务,履行其义务,实现共赢。

5.4 项目建设期过程控制管理

5.4.1 设计管理

1. 设计管理的界定和任务

(1)设计管理的界定。

项目管理是以项目为对象的系统管理方法,通过运用企业有限的资源,对项目进行高效率的计划、组织、指挥、协调、控制和评价,对项目进行全过程的动态管理和项目目标的综合协调优化,以实现顾客利益的最大化。在今天,现代项目管理体系涉及范围管理、时间管理、成本管理、人力资源管理、风险管理、质量管理、采购管理、沟通管理和集成管理九大知识领域,以及项目启动、计划、执行、控制和收尾五个过程。改革开放的四十多年里,我国工程投融资体制、建设管理体制发生了重大的变化,逐步推行"项目法"施工和建设项目监理制,提高了管理水平和经济效益、社会效益,项目管理也逐步被大家熟知,并在我国建筑行业中得到重视和应用。但设计阶段作为工程项目中相当重要的一个组成部分,人们对它的认识还有明显不足。

建设项目设计阶段是项目全寿命周期中非常重要的一个环节,它是在前期策划和设计准备阶段的基础上,通过设计文件将项目定义和策划的主要内容予以具体化和明确化,并成为下一阶段建设的具体指导性依据。可见设计阶段是一个承上启下、多环节渗透的阶段。在这个阶段里,处于构想策划阶段的概念项目会被反映在具体的设计文件中,并在其指导下把无形定为有形,把想法变成现实。在狭义上,设计阶段是从组织设计竞赛或委托方案(或设计概念)设计开始,到施工图设计结束为止的设计过程。

但在广义上,建设项目的设计工作往往贯穿工程建设的全过程,从选址、可行性研究、决策立项,到设计准备、方案设计、初步设计、施工图设计、招投标以及施工,一直延伸到项目的竣工验收、投入使用以及回访总结。项目管理全过程图如图5.6所示。本文所讨论的设计阶段的管理正是从建设项目管理角度出发的广义设计阶段的管理,简称为设计管理。

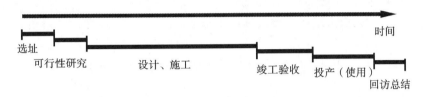

图5.6 项目管理全过程图

设计与管理是现代经济生活中使用频率很高的两个词,都是企业经营战略的重要组成部分。设计指的是把一种计划、规划、设想、问题解决的方法,通过视觉的方式传达出来的活动过程。它的核心内容包括三个方面:计划、构思的形成,视觉传达方式,计划通过传达之后的具体应用。管理则是由计划、组织、指挥、协调及控制等职能组成的活动过程,其基本职能包括决策、领导、调控。

设计管理已经发展为一个新的概念,一门新的学科,有着特定内容与规律,并且作为企业提高效率、开发新品的一件利器,越来越多地受到企业界、设计界和经济学界的研究和重视。国外学者认为,产品具有国际竞争力,在设计的应用与行销上经常创新的重要因素是掌握设计管理,强调在设计部门进行的管理,谋求设计部门活动的效率化,对设计部门的业务体系进行整理,将其组织化、制度化。

然而不管怎样,这些定义可以大致分为两类:一种基于设计师的层面,即对具体设计工作的管理;另一种则基于企业管理的层面,即对特定企业的新产品设计以及为推广这些产品而进行的辅助性设计工作所做的战略性管理与策划。

企业层面的设计管理则指的是企业领导从企业经营角度对设计进行的管理,是以企业理念和经营方针为依据,使设计更好地为企业的战略目标服务,主要包括决定设计在企业内的地位与作用,确立设计战略和设计目标,制定设计政策和策略,建立完善的企业设计管理体系,提供良好的设计环境和有效地利用设计部门的资源,协调设计部门与企业其他部门以及企业外部的关系等。

设计管理的出现,既是设计的需要,也是管理的需要。设计管理的基本出发点是提高产品开发设计的效率。对设计师来说,设计不是艺术家的即兴发挥,也不应是设计师的个性追求。在现代的经济生活中,设计越来越成为一项有目的、有计划,与各学科、各部门相互协作的组织行为。

①设计需要建立在企业的经济基础、工艺水平、生产条件之上。
②设计需要市场情报部门的支持。
③设计必须符合企业发展战略的要求。
④设计必须符合社会化大生产、市场规律及相应的指导方针、设计准则的要求。
⑤具体的设计工作,如设计方法、程序、理念等,都有必要结合企业自身的特点进行管理。

所以，在这样的背景下，缺乏系统、科学、有效的管理，必然造成盲目、低效的设计和没有竞争力的产品，从而浪费大量的时间和宝贵的资源，给企业带来致命的打击，同时设计师的思想意图也不可能得到充分的贯彻实施。因此，工程项目的设计以及为推广项目产品而进行的辅助性设计必然成为现代企业管理的重要内容之一。不了解设计规律和特点的管理，以及对设计管理的不力，都会造成企业其他各项管理工作的不力。

以建筑工程为例，设计管理是建筑工程全过程项目管理的一部分，由建筑工程项目管理公司依据国家规范及有关的技术标准，代表项目开发商对建筑工程设计活动的全过程实施监督和管理，以保证建筑工程的设计质量和设计进度，有效控制工程造价。

设计管理的突出作用是极大地提高建设单位或开发商的投资效益，在设计阶段为开发商控制项目工程造价，实现降低项目总投资的目的。设计管理的主要作用是，尽量在设计阶段及时发现问题、解决问题，避免在施工阶段出现更多设计变更，防止在施工阶段影响建筑工程的质量、进度和工程造价。

2. 设计管理的任务

设计管理基本贯穿工程项目管理的各个阶段，它的任务根据各单位的性质和分工的差异有所不同。从建设单位的角度来讲，设计管理的任务大致包括在建设项目确定后对设计单位的选定，在项目设计阶段对设计进度进行跟踪管理和对设计图纸进行审查、优化，在工程施工阶段严格合理地控制设计变更，从而实现对工程项目投资目标、进度目标和质量目标的控制。设计管理可在各个层次整合、协调设计所需的资源和活动，并对一系列设计策略与设计活动进行管理，寻求最合适的解决方法，以达成企业的目标、创造出有效的产品或实现有效沟通。

工程设计管理的目标是安全可靠、适用和经济，以保障建设项目的质量、进度和投资三大控制目标的实现。工程设计过程不仅是施工前的工作，工程设计要贯穿工程建设的全过程。因此，建设项目业主应对工程设计过程进行管理，中心任务是对设计的工程质量、进度、投资进行控制。设计管理工作的管理任务如下。

①企业设计战略管理。企业必须规划自己的设计战略，并加以良好的管理。设计战略是企业经营战略的组成部分之一，是企业有效利用产品设计这一技术资源，提高产品开发能力，增强市场竞争力，提升企业形象的总体性规划。设计战略是企业根据自身情况作出的针对设计工作的长期规划和方法策略，是设计的准则和方向性要求。设计战略一般包括产品设计战略、企业形象战略，还逐步渗透到企业的营销设计、事业设计、组织设计、经营设计等方面，与经营战略的关系更加密切。管理的目的是使各层次的设计规划相互统一、协调一致。

②设计目标的管理。设计必须有明确的目标。设计目标是企业根据设计战略的要求组织各项设计活动预期取得的成果。企业应根据企业的近期经营目标制定近期的设计目标，除战略性的目标要求外，还包括具体的开发项目和设计的数量目标、质量目标、营利目标等。作为某项具体的设计活动或设计个案，也应制定相应的具体目标，明确设计定位、竞争目标、目标市场等。管理的目的是使设计能与企业目标、市场预测吻合，以及确认产品能在正确的时间与场合设计与施工。

③设计程序管理。设计程序管理也称为设计流程管理，其目的是对设计实施过程进行有效的监督与控制，确保设计的进度，并协调产品开发与各方关系。企业性质和规模、产品性质和类型、所利用技术、目标市场、所需资金和时间要求等因素的不同，设计流程也不同。日本将设计行为分为调查（调查、分析、综合）、构思（战略、企划、构想）、表现（效果图、模型）、制作（工程设计、生产、管理）、传达（广告、销

售、评价)五个阶段。然而不管如何划分,都应该根据企业的实际情况作出详细的说明,针对具体情况实施不同的设计程序管理。

④企业设计系统的管理。为使企业的设计活动能正常进行,最大限度提高设计效率,必须对设计公司进行良好的管理,不仅包括针对单一设计组织的管理,还包括协调各相关部门及单位的关系。由于企业及其产品自身性质、特点的不同,不同的企业应根据自身的情况选择合适的设计管理模式。设计系统的管理还包括对企业不同机构人员的协调工作,以及对设计师的管理,如制定奖励政策、竞争机制等,以此提高设计师的工作热情和效率,保证他们在合作的基础上竞争。只有在这样的基础上,设计师的创作灵感才能得到充分的发挥。

⑤设计质量管理。设计质量管理是使提出的设计方案能达到预期的目标,并在施工阶段达到设计所要求的质量。在设计阶段的质量管理需要依靠明确的设计程序,并在设计过程的每一阶段进行评价。各阶段的检查与评价不仅起到监督与控制的效果,其间的讨论还能发挥集思广益的作用,有利于设计质量的保证与提高。设计成果转入施工以后的管理对确保设计的实现至关重要。在生产过程中设计公司应当与施工单位密切合作,通过一定的方法对施工过程及最终产品实施监督。

设计管理的核心并不是对设计单位工作进行旁站监督,而是通过建立一套沟通、交流与协作的系统化管理制度,帮助业主和设计方解决项目在开发、设计、实施、使用阶段中,设计单位与建设单位、政府有关建设主管部门、承包商以及其他项目参与方的组织、沟通和协作问题,实现项目建设的安全、经济、美观、技术和社会效益的平衡。设计也不再单纯地在产品创作、技术上有突破,而更加强调设计的融合,即与企业战略、消费者需求、社会背景的融合。参与项目开发的各个单位各有各的职责,各有各的优势和强项,设计管理应把设计单位的专业性优势在各个环节中发挥出来,组织相关单位论证、推敲、对比、审核,总结归纳成果文件,转化成对项目开发策略的参考和支持,以及对项目其他阶段的依据和指导。

3. 设计管理的形式

(1)设计管理的一般形式。

根据建设方自身的特点和要求,当前项目的设计管理形式基本可以分为完全业主自管式、委托式、混合式,如图 5.7 所示。完全业主自管式和混合式由建设方进行项目寿命周期各阶段的管理,委托式按建设方的授权范围,将比较专业的部分充分或部分授权于第三方专业公司来管理。

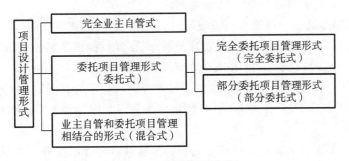

图 5.7 设计管理形式

①完全业主自管式。

完全业主自管式是由建设方直接面对设计方管理设计阶段的全部项目管理工作。这需要建设方有一批高水平的专业技术管理人才,有成熟的开发经验,有强大的配套支持。这对建设方的要求较高,增加了专业技术培养和高薪聘请人才的项目成本,但可以大大加强建设方的企业竞争力,提升建设方的行业地位。

②委托式。

a. 完全委托式。设计项目管理单位受建设方全权委托代理设计阶段的全部项目管理工作,即从提交设计任务书开始直到验收施工图设计文件为止的设计全过程的全部建设方工作(属于整个工程项目代建制中的一部分)。这时设计项目管理单位就是代表建设方。

b. 部分委托式。建设方将设计阶段的部分项目管理工作委托给设计项目管理单位,以分包形式代理建设方行使部分项目管理工作(如方案、图纸、概算审查,专业咨询等),也包括代表建设方办理委托部分的审签程序。这里设计项目管理单位虽是分包商,但也是代理建设方行使部分职权直接面对设计方开展工作。

③混合式。

混合式是由建设方及设计项目管理单位两家的工作人员组成一个统一领导的项目管理班子,共同管理设计阶段的全部项目管理工作,其工作方式与建设方直接面对设计方一样。不同点在于建设方通过直接聘用设计项目管理单位的咨询工程师组建临时性的项目管理班子,不仅大大地加强了建设方的专业技术水平和对设计工作的监管力度,也免除了建设方在招募和遣散专业人员方面的风险。

(2) PMC 项目管理的方式。

随着国外知名建筑企业进入中国,一些国际流行的建设管理模式也被陆续引进,项目管理模式(project management contract,简称 PMC)便是其中之一。该模式是指项目业主聘请一家公司(一般为具备相当实力的工程公司或咨询公司)代表业主进行整个项目过程的管理,这家公司在项目中被称作项目管理承包商(project management contractor,也简称为 PMC)。选用该种模式管理项目时,业主仅需保留很小部分的基建管理力量对一些关键问题进行决策,而绝大部分的项目管理工作都由项目管理承包商来承担。

优化项目设计以实现项目寿命期成本最低。项目管理承包商会根据项目所在地的实际条件,运用自身的技术优势,对整个项目进行全方位的技术、经济分析与比较,本着功能完善、技术先进、经济合理的原则对整个设计进行优化。具体的优化措施如下。

在完成基础设计之后,通过一定的合同策略,选用合适的合同方式进行招标。首先需要把项目分解成若干个工作包,分包时应遵循如下原则:按地域来划分(布置较接近的装置放在一个包内),减少及简化接口,每个包限定一定的投资,以化解或减少 EPC 带来的风险。主要考虑的合同形式为 EPC、EP+C、E+PC 三种,还可采用固定单价合同(包括服务合同)、租赁合同等。项目管理承包商会根据不同工作的设计深度、技术复杂程度、工期长短、工程量大小等因素综合考虑采取哪种合同形式,从整体上给业主节约投资。

项目管理承包商的多项目采购协议及统一的项目采购策略可降低投资。多项目采购协议是业主就一种商品(设备/材料)与制造商签订的供货协议。与业主签订该协议的制造商在该项目中是这种商品(设备/材料)的唯一供应商。业主通过此协议获得价格、日常运行维护等方面的优惠。各个 EPC 承包商必须按照业主所提供的协议去采购相应的设备。多项目采购协议是项目管理承包商项目采购策略中的一个重要部分。在项目中,要适量地选择商品的类别,以免限制过多,影响其积极性。项目管理承包商还应促进承包商之间的合作,以降低项目总投资。

项目管理承包商可通过其丰富的项目融资和财务管理经验,并结合工程实际情况,对整个项目的现金流进行优化。而且,业主同项目管理承包商之间的合同形式基本是一种成本加奖励的形式,如果项目管理承包商通过有效管理节约了投资,项目管理承包商将会得到节约部分的一定比例作为奖励。

项目管理承包商工作应主要集中在总体协调和工程管理方面。因为项目管理承包商作为业主的代表和延伸,主要负责项目的全面管理工作,而具体的项目实施则由 EPC 或 EP+C 总承包商来承担,因此项目管理承包商不要过多干涉总承包商的工作。

4.设计的范围管理

设计的范围管理是设计管理首要的一步,做好范围管理才能让设计管理的工作有的放矢,有章可循。范围管理规定了沟通协调管理、人力资源管理、采购管理、风险管理的界限,让设计管理工作的开展不再盲目。在此基础上,质量、成本及进度的管理工作的顺利开展将会得到保障。

设计的范围管理包括项目设计的范围和项目设计管理的范围两个方面。

(1)项目设计的范围。

在项目中,"范围"一词的含义有如下两个方面:一是产品规范,即一个产品或一项服务应该包含哪些特征和功能,以及这些特征和功能具体是怎样的;二是工作范围,即为了交付具有所指特征和功能的产品所必须要做的工作,简单地说就是项目设计做什么,如何做,才能交付该产品。产品规范就是对产品要求的度量,工作范围在一定程度上是项目计划产生的基础。项目的产品规范和工作范围应高度一致,以保证项目设计最终能够交付满足特定要求的产品。工作范围以产品范围为基础,工作范围的确定是一个由一般到具体、层层深入的过程。

产品本身包含一系列要素,有其各自的组成部分,每个组成部分又有其各自独立的范围,即使一个项目只是一个单一产品也不例外。例如,一个新的电话系统可能包含四个组成部分,即硬件、软件、培训及安装施工,其中,硬件和软件是具体产品,培训和安装施工则是服务,具体产品和服务形成了新的电话系统这一产品整体。如果项目是为顾客开发一个新的电话系统,要确定这个项目的工作范围,首先就要确定这个新的电话系统应具备哪些功能,然后具体定义系统的各组成部分的功能和服务要求,然后明确项目需要做些什么工作才能实现这些功能。确定了项目设计的范围也就定义了项目设计的工作边界,明确了项目设计的目标和主要的项目设计可交付成果。项目设计的可交付成果往往又被划分为较小的、更易管理的不同组成部分。

确定项目设计的范围,需要编写正式的项目设计范围说明书,并以此作为将来项目决策的基础。确定项目设计目标与确定项目设计范围结合起来形成项目设计参考条款。项目设计参考条款包括项目设计目标、定义项目设计所应交付的产品(包括中间产品和最终产品)、项目设计的基本内容等。随着项目的进展,这份文件可能需要修改或细化,以反映界限的变化。

设计范围说明书应该包括三个方面的内容:①项目的合理性说明,解释为什么要进行这一项目;②项目目标;③项目可交付成果。

确定项目的设计范围对项目设计管理的作用如下。①可提高项目费用、时间和资源估算的准确性。项目设计的工作边界定义清楚了,项目的具体内容明确了,这就为准确估算项目所需的费用、时间、资源打下了基础。②提供了衡量和控制项目进度的基准。项目计划是项目组织根据项目目标的规定,对项目实施工作进行的各项活动的具体安排。要做好计划,就要明确有哪些具体的内容,应达到什么要求,也就是要确定项目设计的范围。可以说项目设计的范围是项目计划的基础,项目设计的范围确定了,就为衡量和控制项目进度提供了基准。③有助于清楚地分派责任。项目任务的分派需要明确项目包括哪些具体的内容,具体有哪些要求,完成的产品应达到什么水准等内容,也就要明确项目范围。确定项目设计范围有助于确定项目的具体工作任务,为清楚地分派任务提供必要的条件。

确定项目设计的范围对项目非常重要。如果项目设计的范围不确定,会导致设计变动、局部修改、意外变更,甚至设计全盘推倒重来,从而打断项目的实施节奏,造成返工,延长项目完成时间,降低劳动生产率,影响项目组成员的干劲。

(2)项目设计管理的范围。

项目设计管理的范围是对项目设计应该包括什么和不应该包括什么进行定义和控制。按照范围管理的过程,项目设计的范围管理包括启动、范围计划、范围定义、范围核实、范围变更控制5个方面的内容,见图5.8。

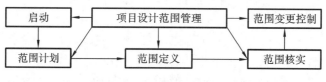

图5.8 项目设计范围管理

启动就是正式承认一个新项目的存在或一个已有项目进入下一个阶段的过程。在某些组织中,一个项目只有在可行性研究或初步计划完成之后才能正式启动。项目一般是由于市场需要、经营需要、顾客需求、技术进步、法律要求等而启动的。

范围计划的核心工作是编写正式的项目设计范围说明书和范围管理计划。一份正式的项目范围说明书对项目及其子项目都是必要的。

范围定义就是把项目的主要可交付成果(如范围说明书中所定义的)划分为较小的、更易管理的单位。范围定义的工具主要是工作分解结构样板。工作分解结构是由项目设计管理各部分构成的面向成果的"树",该"树"定义并组成了项目设计管理的全部范围。一个组织过去所实施的项目设计管理的工作分解结构常常可以作为新项目设计管理的工作分解结构的样板。虽然每个项目都是独一无二的,但仍有许多项目的设计管理彼此之间存在相似之处。许多应用领域都有标准的或半标准的工作分解结构可以用作样板。

范围核实是项目的利益相关者(如项目发起人、客户等)对项目范围进行最终确认和接受的过程。核实过程要求重新审查项目设计产品和设计工作结果,以确保正确无误。如果项目被提前终止,范围核实过程应确定项目设计完成的层次和程度,并将其形成文件。

范围变更控制即对项目范围的变化进行控制,它的工作内容主要如下:①对造成范围变化的因素施加影响,以保证变化是有益的;②判断范围变化已经发生;③当实际变化发生时对变化进行管理。范围变更控制必须与其他控制过程(如进度控制、成本控制、质量控制等)结合起来。

在项目的开发阶段,一方面,对项目的范围进行描述、规划和确定,针对项目的过程和需求编制项目计划书,继而形成在设计阶段进行项目管理的依据;另一方面,则是针对项目的范围制定项目设计管理的范围。

(3)设计范围管理的精益原则。

设计范围管理的精益原则具体有以下几点。

①恰好及时原则。在精益生产中,该原则引申为"只在需要的时候,按需要的量,生产所需的产品"。在设计范围管理中可引申为项目设计的产品功能刚刚好,设计管理的工作内容刚好符合实现这些功能的需要。明确设计的范围,确定项目价值目标,尽量不做、少做无目的的设计工作。

②系统化原则。系统化原则就是项目的设计工作和项目的进展要形成系统性的结构,这些设计工作和设计成果要配合项目的进度,要与项目的进展有机联系,可实现项目的系统性目标。设计要充分为项目整体考虑,不纸上谈兵,要实用,可操作。

③无缝化原则。无缝化原则就是指项目设计范围的各管理部门之间、各工作任务之间、前一阶段的工作和后一阶段的工作之间应是连贯和一体的,要处理好设计工作在整个项目周期中的连贯性和一致性。

④专注于项目的使命。设计的范围管理一定要专注于项目的使命。只有与项目使命一致的设计功能才是有价值的。设计出工程师自己喜欢但与项目使命不一致的功能就是负价值活动。从设计、材料采购到工程施工的所有活动,必须将焦点统一放在项目的使命上。

⑤简化。简化就是尽量使设计工作顺利进行,设计成果简单易行,方便实际操作。简化是项目成功的关键,项目设计应易于施工、安装及维修。

5. 设计管理的进度控制

在工程项目的设计管理中,质量、成本及进度的管理工作是设计管理的核心工作,由范围管理、沟通协调管理、人力资源管理、采购管理、风险管理的多头促进来实现,是设计管理中应时刻注意的核心内容。设计管理中的进度管理是其他管理工作进行的时间规划和保证,也是设计成果是否能够按期完成、项目是否可以按期实现的管理保障。

工程项目的进度不仅受施工进度的影响,也受设计阶段的工作影响。如土建与设备各专业之间因缺乏协调而出现矛盾时,施工单位很难按图施工,只得催业主找设计单位几经周折才能解决,影响了工程进度和工序的正常开展。还有设计变更、设计质量也对工程进度有重要影响。此外,由于业主没有足够的工程经验积累,在设计初期不能提出高质量的设计任务书,影响设计质量,在施工过程中还需要经常修改设计,给工程项目的进度控制带来困难,从而影响工程进度目标的实现。项目设计管理所要控制的进度主要是指设计阶段和设计变更的进度控制。这里主要阐述设计阶段的进度控制。

(1)影响设计进度的因素。

建设工程设计工作属于多专业协作配合的智力劳动,在工程设计过程中,影响其进度的因素有很多,具体如下。

①建设意图及要求改变的影响。建设工程设计是本着业主的建设意图和要求而进行的,所有的工程设计必然是业主意图的体现。因此,在设计过程中,如果业主改变其建设意图和要求,就会引起设计单位的设计变更,必然会对设计进度造成影响。

②设计审批时间的影响。建设工程设计是分阶段进行的,如果前一阶段(如初步设计阶段)的设计文件不能顺利得到批准,必然会影响到下一阶段(如施工图设计阶段)的设计进度。因此,设计审批时间在一定条件下将影响到设计进度。

③设计各专业之间协调配合的影响。建设工程设计是一个多专业、多方面协调合作的复杂过程,如果业主、设计单位、监理单位等各单位之间,以及土建、电气、通信等各专业之间没有良好的协作关系,必

然会影响建设工程设计工作的顺利实施。

④工程变更的影响。当建设工程采用分段设计、分段施工的项目运作方法时,如果在已施工的部分发现一些问题而必须进行工程变更,则会对整体项目进度产生影响。

⑤材料代用、设备选用失误的影响。材料代用、设备选用失误将会导致原有工程设计失效而重新进行设计,这也会影响设计工作进度。

(2)设计单位的进度控制。

进度管理贯穿项目管理的全过程。设计阶段进度控制的方法是规划、控制和协调。为了履行设计合同,按期提交施工图设计文件,设计单位应采取有效措施,控制建设工程设计进度。

①建立计划部门,负责设计单位年度计划的编制和工程项目设计进度计划的编制。

②建立健全设计技术经济定额,并按定额要求进行计划的编制与考核。

③实行设计工作技术经济责任制,将职工的经济利益与其完成任务的数量和质量挂钩。

④编制切实可行的设计总进度计划、阶段性设计进度计划和设计进度作业计划。在编制计划时,加强与业主、监理单位、科研单位及承包商的协作与配合,使设计进度计划可靠。

⑤认真实施设计进度计划,力争设计工作有节奏、有秩序、合理地进行。在执行计划时,要定期检查计划的执行情况,并及时对设计进度进行调整,使设计工作始终处于可控状态。

⑥坚持按基本建设程序办事,尽量避免进行"边设计、边准备、边施工"的"三边"设计。

⑦不断分析总结设计进度控制工作经验,逐步提高设计进度控制水平。工程设计的周期直接影响项目效益的发挥。进度管理的主要辅助手段是网络计划方法。网络计划以网络图为基础。网络图是反映项目各工作或活动间逻辑顺序关系的图,它既能反映项目工期,又反映各工作间的相互关系、前后次序,通过对关键线路的分析,找出关键工序,合理统筹安排主次要工作和各项资源,有效控制设计周期,这是在保证质量的前提下,缩短设计周期的有效辅助手段。

⑧对于建设方自身因素(如建设方未向设计方及时明确设计要求并提供设计所需的参数和条件,未及时对设计文件进行决策和认可,设计意图的改变和反复较多)对进度造成的影响,项目管理人员应尽早发现问题,并提出可供参考的解决方案。

6. 设计管理的投资(成本)控制

设计管理中的投资控制由范围管理、沟通协调管理、人力资源管理、采购管理、风险管理来定义、保障和影响,投资的合理控制是设计管理成功的重要标志。投资控制渗透在设计管理的其他各个管理工作中,是其他设计管理工作开展的依据和目标。

投资的合理控制是一个项目开发的重要环节,其产生于项目定位,控制于开发过程,执行于设计管理。合理控制开发项目的成本是从多方面考虑的,例如新的规划形态、新造型、新户型、新空间形式与成本的关系都要在研发的过程中仔细考虑与研究,对设计方案的材料成本及建造成本均及时与投资部沟通,保证项目成本的可控性。

投资控制在设计阶段(包括选材用料)占70%~80%,工程阶段(包括合约和实施阶段)占20%~30%。设计阶段的投资控制实际上是一个价值工程问题,确切地说,其研究是一项价值研究而不是控制研究。项目运作讲求的是成本、质量与进度的平衡,而非某一个极端,因为其中任何一项都意味着代价,只有三者平衡,付出的代价才能最小。

投资管理活动应把成本效益观念作为支配思想,而不是从简单狭隘的节约和减少成本的观念出发,要从投入产出比的角度来看待成本的必要性、合理性。

(1)投资控制的主要工作内容。

设计阶段是投资控制最为关键的阶段,此处主要讲设计阶段的投资控制。设计阶段的投资控制工作不单是项目财务方面的工作,也不单是项目经济方面的工作,而是包括组织措施、经济措施、技术措施、合同措施在内的一项综合性工作。设计阶段投资控制的流程见图5.9。设计阶段投资控制的主要工作内容见表5.7。

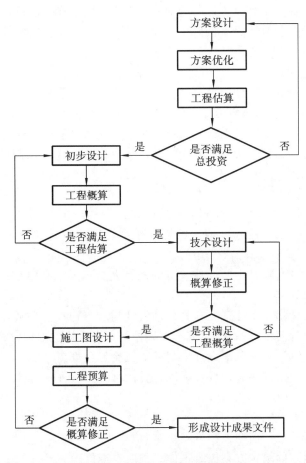

图5.9 设计阶段投资控制的流程

表5.7 设计阶段投资控制的主要内容

序号	主要内容
A	编制设计优化任务书中有关投资控制的内容
B	对设计单位提出投资控制要求
C	根据优化设计方案编制项目总投资估算
D	根据初步设计文件编制项目总投资概算
E	审核施工图预算
F	比较施工图预算与投资概算

续表

序号	主要内容
G	比较各种特殊专业设计的概算和预算,提交投资控制报表和报告
H	控制设计变更,注意审核设计变更的结构安全性、经济性

在项目开发过程中,目标成本是投资控制的前提。营销部确定产品定位及相应的价格定位,成本部制定项目目标成本,设计部控制目标成本偏差率。成本控制主要是防止成本的本位主义,避免牺牲品质和进度而一味地追求低成本。

(2)投资控制的具体途径。

在项目研发过程中实现成本优化的"重点专业地带",主要指流程与计划、论证拿地阶段概念规划草案、规划方案、建筑方案、结构方案、策划方案、景观方案、示范区策划、施工图。计划管理是时间成本的保障,流程优化可降低时间成本和因失误引发的成本增加。增强对项目规划阶段的成本优化,规划的标准既作为设计输入条件,也作为规划方案的评审依据,其中包含对成本控制的评审依据。具体的途径如下。

①设计管理。

加强对设计公司的管理与协调。设计成本只是项目成本很小的一部分,设计单位技术水平、出图质量及设计配合程度给项目整体工程造价带来的影响很大。因此设计单位的选择应主要依据其设计水平。

在设计单位的选择过程中,项目主要设计人员的选择尤为重要。主要设计人员的水平将直接影响设计成果的质量。

设计合同可以增加要求设计公司提供有关合理设计、控制造价、方便施工及管理的各类建议的条款,尽可能从项目初期的设计阶段开始,就对成本有所控制。在设计过程中,做好与设计人员的沟通,建立奖惩措施,激励、推动设计院,还应开展设计公司间的交流与竞争。

建立管理程序与制度,包括完善公司设计标准、坚持设计全过程评审制度、建立专家会议评审制度、内部审核制度化。

②技术管理。

在建筑方案的选择方面,设计前期方案一旦确定,成本也基本确定。在结构方案的选择方面,体系选型与结构布置要合理,合理的结构方案决定主体工程成本造价。

结构成本控制的重要环节是对技术指标的审核,所以要加强对结构计算数据的审核。其内容如下。a. 对输入信息进行审核。核对电算的基本信息,如抗震分类、抗震的重要性类别、场地类别、设防烈度、基本地震加速度、特征周期、基本风压、地面粗糙程度、各类荷载数值、荷载折算、梁端弯矩调幅系数等是否有误,有无刻意放大。b. 对输出信息进行审核。检查输出信息中各项技术指标是否均衡,应尽可能接近规范限值。c. 对细部做法进行控制与审查。对细部做法的要求及控制对造价的影响非常大。例如,HRB400级钢材强度高、延性好,可以明显地降低含钢量,因此广泛应用于一些成本控制较好的项目中。又如应合理归并结构构件,若结构平面及构件分类太少,则含钢量会上升;若分类太多,则不利于施工控制。此外,细部大样做法构造措施要周密、规范。

(3)价值工程方法在设计管理中的运用。

价值工程又称为价值分析,是一门新兴的管理技术,是降低成本、提高经济效益的有效方法。它起源于美国,麦尔斯是价值工程的创始人。

价值工程指的是通过集体智慧和有组织的活动对产品或服务进行功能分析,使目标以最低的总成本,可靠地实现产品或服务的必要功能,从而提高产品或服务的价值。价值工程的主要思想是通过对选定研究对象的功能及费用进行分析,提高对象的价值。这里的价值反映了费用支出与获得之间的比例,用数学式表达如下:价值＝功能/成本。可见,价值工程包括三个基本要素,即价值、功能和成本。

价值工程与工程设计的关系在于,价值工程是着重于功能分析,力求用最低的寿命周期总成本,生产出在功能上能充分满足用户要求的产品、服务或工程项目,从而获得最大的经济效益的有组织的活动;而工程设计不仅是关于工程技术领域的科学,也受社会、政治、经济等方面的制约。在设计过程中,利用价值工程对设计方案进行经济比较,对不合理的设计提出意见,运用价值工程原理,对方案实行科学决策,对工程设计进行优化,使项目最终价值体现在经济效益和社会效益中。

设计管理的优化工作可以运用价值工程方法,从而控制投资及合理降低工程成本。

①选择与投资项目相适合的高水平、善沟通的设计单位。为做好一个项目的规划、设计,拿出更高的成本来雇请一家合适的设计单位,可以在一定程度上规避项目运作过程中的风险,提高项目整体价值。

施工图设计单位的选择应该慎重。由于房地产行业的特殊性,施工图设计会选择不同的设计单位来完成。对于品质较高的项目,从概念设计到扩初设计通常选择名气大、业务多的公司完成,而施工图设计应尽量本土化。如果是在较为成熟的地区开发项目,应尽量选择当地设计单位,这些单位对当地情况、习惯做法、地方规范都相当了解,对缩短设计周期与节约成本都是有利的。如不能选择当地的设计单位,则施工图深化设计应该按照国家相关规范进行。在设计前期,设计单位应该通过渠道取得当地已通过审查的施工图样本,加以研究,避免出现返工或不通过的情况。

②收集各种基础资料和技术资料,应用功能分析的原理,在设计前期对项目实体进行系统的功能分析,如分析项目的每个分项工程甚至每个专业在项目设计中的作用,寻找有无其他方法能实现项目的功能,同时从功能和成本两个方面进行评价,计算改进方案的成本和功能值,根据改进方案的评价,从中选择最佳方案。

③开展限额设计,有效控制造价。积极推行限额设计,健全设计经济责任制。在项目设计的不同阶段做好项目成本的造价分析,按项目投资估算控制初步设计及概算,再用初步设计概算控制施工图设计及预算。因此,各专业在保证功能及技术指标的前提下,必须制定双赢策略,合理分解和使用投资限额,将施工图设计和施工图预算融为一体,把技术和经济有机结合起来。

④加强对设计成果的审核、剖析及提出修改建议,以期达到进一步降低项目成本的目的。其具体做法是对设计方提交的施工图进行深入的审核、剖析,给设计方提出具体的修改建议,并与设计方进行协商和确认,再由设计方进行修改、补充,完成最终验收的成果。在这个过程中不能片面强调节约成本,要正确处理技术与经济的对立统一。

⑤严格控制设计变更,以保证投资限额不被轻易突破。保持良好的沟通,把不同的想法、先进的理念、成功的经验尽可能于设计阶段提出和应用,避免后期有大变动、大调整,缩短项目建设周期,降低修改经费,从而提高项目价值。

7.设计管理的质量控制

设计管理的质量也是由范围管理、沟通协调管理、人力资源管理、采购管理、风险管理来定义、保障和影响的。优良的项目品质不仅可以打造成功的项目,也可以成为企业在市场竞争中的实物名片,对提高企业在市场中的地位起到积极的作用。质量管理也应渗透在设计管理的各项工作中,并应与进度管理、投资控制相互协调、相互促进、相互平衡。

(1)设计质量管理的方法。

设计质量管理与投资控制、进度管理不同,在设计阶段很难对设计质量进行动态控制。设计阶段质量控制通常是通过事前控制和设计阶段成果优化来实现的。设计要求文件在这个阶段起到关键的作用,在各个设计阶段前编制一份好的设计要求文件,分阶段提交给设计单位,明确各阶段设计要求和内容是在设计阶段进行质量控制的主要手段。

设计要求文件的编制过程实质是一个项目前期策划的过程,是一个对建筑产品的目标、内容、功能、规模和标准进行研究、分析和确定的过程。因此,设计阶段要重视设计任务书的编制。设计任务书的主要内容见表5.8。

表5.8 设计任务书的主要内容

序号	主要内容	备注
A	项目组成结构	一般内容
B	项目的规模	一般内容
C	项目的功能	一般内容
D	设计的标准和要求	核心内容
E	项目的目标	一般内容

设计任务书作为开发建设目标与规划设计工作方向的主要信息传递手段,设计任务书应较全面、准确地反映策划结论的主要信息点,使设计成果同样体现系统性、超前性、可行性和应变性的要求。

设计任务书中具体应包括如下设计要求(不含设计依据、设计周期等程序内容)。

①设计成果的定性要求。设计内容应满足相关专业规范要求、材料设备选择、建筑类型要求、建筑风格要求,设计成果应满足目标市场的生活方式要求、市场定位要求等。

②设计成果的定量要求。设计成果应符合上级对设计的要求及满足任务书所提供的主要技术经济指标。如建筑方面有容积率指标、户型面积指标、比例指标、公建面积指标、绿化率等,结构方面有含钢率、混凝土折算厚度等。

③对未来项目的管理要求。设计成果应充分考虑未来项目建成后的管理需求,如建材选择及构造设计应便于维修的要求、智能化管理的要求、垃圾收集方式的要求、管理便利性的要求等等。

④适应操作弹性的要求。设计工作应考虑建设项目分期开发的要求,设计过程中对未来市场的变化可能引起的建筑种类、户型等的调整预先考虑。

⑤适当超前的设计要求。鼓励设计单位在满足设计要求的前提下,发挥能动性,力争做到设计创新、技术创新,赋予目标产品高技术含量,提升市场附加值,营造市场卖点。

以上设计要求演化为建设项目各组成部分的具体要求,即构成相对全面的设计任务书的具体内容。一份好的设计任务书,既可使设计单位得到明确的总体概念,又给设计单位留有充分的发挥空间。

(2)PDCA循环在设计质量管理中的运用。

PDCA循环又叫戴明环,是美国质量管理专家戴明首先提出的。它是全面质量管理所应遵循的科学程序。全面质量管理活动的全部过程,就是质量计划的制定和组织实现的过程,这个过程就是按照

PDCA 循环周而复始地运转的。

将 PDCA 循环引入设计管理,可以有目的、有步骤地控制设计各个阶段的质量,让高质量的设计为项目保驾护航。循环的设计质量控制流程见图 5.10。

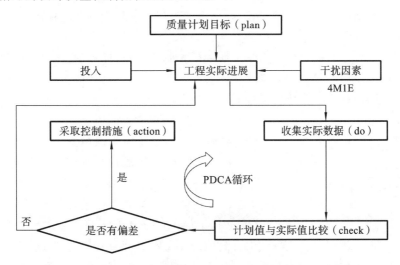

图 5.10 循环的设计质量控制流程

工程项目的质量目标与水平是通过设计具体化的。设计质量直接影响工程项目的使用价值和功能,是工程质量的决定性环节。因此,对设计质量严加控制,是顺利实现工程建设三大目标控制的有力措施。设计队伍的整体素质、设计人员的设计经验、设计人员对设计任务的熟悉程度以及设计各专业的协调配合程度等都会影响设计质量。所选设计方案不合理、设计违反正常设计程序、过分节省设计费用等都会严重影响设计产品的质量。设计阶段的失误所造成的质量问题,常常是施工阶段难以弥补的,甚至有可能带来全局性或整体性的影响,以致影响到整个工程项目目标的实现。

项目的质量管理,首先要从设计抓起。设计质量包括规划和施工图设计质量。对规划设计质量而言,房地产开发经营涉及面广,协作单位多,涉及市政园林、邮电通信、供水、供电、供气等部门,要协调好关系,保证规划质量。对施工图设计质量而言,房屋产品质量的第一步是从设计开始的,先天不足必将导致后患无穷。因此,要选择最佳设计方案,对住宅的套型、结构体系、内部功能、空间利用、节能节地等要创新创优设计。

房屋质量直接关系到经济发展和广大人民的切身利益。作为房地产开发经营者,不仅要牢固树立"质量第一"的观念,而且还应以战略眼光探索和研究技术质量管理策略和措施,以提高房屋质量为己任。

5.4.2 目标控制概述

控制是建设工程项目管理的重要管理活动。在管理学中,控制通常是指管理人员按计划标准来衡量所取得的成果,纠正所发生的偏差,使目标和计划得以实现的管理活动。管理首先开始于确定目标和制定计划,继而进行组织和人员配备,并进行有效的领导,一旦计划付诸实施或运行,就必须进行控制和协调,检查计划实施情况,找出偏离目标和计划的误差,确定应采取的纠正措施,以实现预定的目标和计划。

1. 目标控制原理

在开始一个新项目之前,项目经理和项目团队成员不可能预见所有项目执行过程中的情况。尽管确定了明确的项目目标,并制定了尽可能周密的项目计划,包括进度计划、成本计划和质量计划等,仍然需要对项目计划的执行情况进行严密的监控,以尽可能地保证项目按基准计划执行,最大限度减少计划变更,使项目达到预期的进度、成本、质量目标。

项目目标控制的内容不是简单的动力学上所说的控制,项目目标控制的对象是项目本身,它需要许多不同的变量表示项目不同的状态。而且每个项目的实施过程,总有多项作业同时展开,它的状态是多维的,其变量较难测量,所以说项目的目标控制过程较复杂。

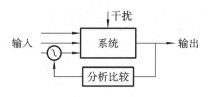

图 5.11 系统控制原理图

控制就是为了保证系统按预期目标运行,对系统的运行状况和输出进行连续的跟踪观测,并将观测结果与预期目标加以比较,如有偏差,及时分析产生偏差的原因并加以纠正。图 5.11 是简单的系统控制原理图。

因为系统的不确定性和系统外界干扰的存在,系统的运行状况和输出出现偏差是不可避免的。一个好的控制系统可以保证系统的稳定,即可以及时地发现偏差、有效地缩小偏差并迅速调整偏差,使系统始终按预定轨道运行;相反,一个不完善的控制系统有可能导致系统不稳定甚至运行失败。系统控制效果示意图如图 5.12 所示。

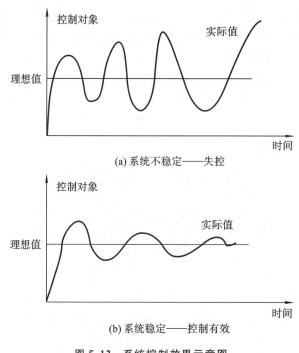

图 5.12 系统控制效果示意图

2. 目标控制过程

项目目标控制的依据是项目目标和计划。项目控制过程:制定项目控制目标,建立项目绩效考核标准;衡量项目实际工作状况,获取偏差信息;分析产生偏差的原因和趋势,采取适当的纠偏措施。

(1)制定项目控制目标,建立项目绩效考核标准。

项目控制目标就是项目的总体目标和阶段性目标。总体目标通常就是项目的合同目标,阶段性目标可以是项目的里程碑事件要达到的目标,也可以由项目总体目标分解来确定。

绩效标准通常根据项目的技术规范和说明书、预算费用计划、资源需求计划、进度计划等来制定。

(2)衡量项目实际工作状况,获取偏差信息。

通过将各种项目执行过程的绩效报告、统计文件等与项目合同、计划、技术规范等进行对比或定期召开项目控制会议等方式考察项目的执行情况,及时发现项目执行结果和预期结果的差异,以获取项目偏差信息。

为了便于发现项目执行过程的偏差,还应在项目的计划阶段设置若干里程碑事件,对里程碑事件的检测有利于项目利益相关者及时发现项目进展的偏差。或者在项目活动中添加"准备报告"这一活动,而报告的周期要固定,定期将实际进程与计划进程进行比较,根据项目的复杂程度和时间期限,可以将报告期定为月、周、日等。

(3)分析产生偏差的原因和趋势,采取适当的纠偏措施。

项目进展中产生的偏差就是实际进度与计划进度的差值,一般会有正向偏差和负向偏差两种。

正向偏差意味着进度超前或实际的花费小于计划花费。这对项目来说是个好消息。正向偏差可以允许对进度进行重新安排,以尽早地或在预算约束内,或者以上两者都符合的条件下完成项目。资源可以从进度超前的项目中重新分配给进度延迟的项目,重新调整项目网络计划中的关键路线。

但并不是所有的正向偏差都是好的,正向偏差也很可能是进度拖延的结果。在考虑项目预算后,正向偏差很可能是在报告周期内计划完成的工作没有完成而造成的。另一方面,如果进度超前是因为项目团队找到了项目实施更好的方法或捷径,那么正向偏差确实是件好事。但这样也会带来另外的问题——进度超前,项目经理不得不重新修改进度计划,这将增加额外的负担。

负向偏差意味着进度延迟或花费超出预算。进度延迟或花费超出预算不是项目经理及项目管理层愿意看到的。但正如正向偏差不一定是好事一样,负向偏差也不一定是坏事。举例来说,超出预算,这可能是因为在报告周期内比计划完成了更多的工作,只是在这个周期内超出了预算。也许用比最初计划更少的花费完成了工作,但是不可能仅从偏差报告中看出来,因此成本偏差与进度偏差要结合起来分析才能得出正确的偏差信息。

在大多数情况下,负向偏差只有在与关键线路上的活动有关时,或非关键线路活动的进度拖延超过了活动总时差时,才会影响项目完成日期。偏差会用完活动的机动时间,一些更严重的偏差会引起关键线路的变动。负向成本偏差可能是不可控因素造成的结果,如供应商的成本增加或者设备的意外故障。另一些负向偏差来自效率低或设备故障。

偏差可能是由与项目相关的各责任方造成的。可能造成偏差的责任方如下。

①业主(或客户)。如业主(或客户)没有按期完成合同中规定的应承担的义务,应由业主(或客户)提供的资源在时间或质量上不符合合同要求,以及在项目执行过程中客户提出变更要求等。由业主造成的偏差应由业主承担损失。为了避免这类风险,应在项目合同中对甲、乙双方的责任和义务作出明确的规定和说明。

②项目承包方。如合同中规定的由项目承包方负责的项目设计有缺陷,项目计划不周,项目实施方

案设计在执行过程中遇到障碍,项目执行过程中出现失误等。由承包方造成的偏差,应由承包方承担责任,承包方应按责任纠正偏差或承担损失。

③第三方。第三方是指业主与之签订有关该项目的交易合同的承包方以外的企业。第三方造成项目偏差的原因,如由第三方承担的设计问题,提供的设备问题等。这方面的原因造成的项目偏差应由业主向第三方追究责任。

④供应商。供应商是指与项目承包方签订资源供应合同的企业,包括分包商、原材料供应商和提供加工服务的企业等。供应商造成项目偏差的原因有提供的原材料延误,原材料质量不合格,分包的任务没有按期、按质交付等。由供应商原因造成的项目偏差,应由承包方承担纠偏的责任和由此带来的损失。承包方可以依据其与供应商签订的交易合同向供应商提出损失补偿要求。为了避免这类风险,应在与供应商的合同中对供应商的责任和义务作出明确的规定和说明。

⑤不可抗力。不确定性的、不可预见的各种客观原因(如战争、自然灾害、政策法规变化等)造成的偏差,应由业主和承包人共同承担责任。

除了分析造成项目偏差的责任,还要分析造成项目偏差的根源。项目偏差的根源包括项目方案设计、项目设计、项目计划、项目实施过程等。

有经验的项目经理,通常在项目的计划阶段就对可能引起偏差的原因及其对偏差的影响程度进行充分的分析,以便在计划阶段采取相应的预防措施避免或减弱这些原因对项目的影响。偏差原因分析常用的工具是因果分析图,如图5.13所示。

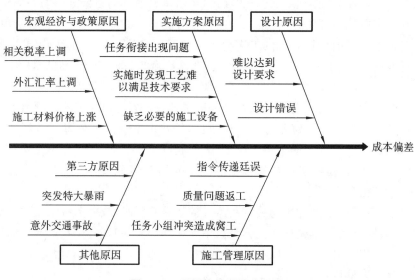

图5.13 项目偏差因果分析图

偏差原因分析还应分析各原因对偏差的影响程度,对影响程度大的原因要重点防范。利用项目偏差因果分析图,找出全部偏差原因之后,可通过专家评分得到各种原因对偏差影响程度的权重。如表5.9所示。

表 5.9 项目偏差原因影响权重

偏差类型	原因类型及其权重	具体原因及其权重
成本偏差	设计原因 0.13	难以达到设计要求 0.75
		设计错误 0.25
	实施方案原因 0.26	任务衔接出现问题 0.64
		实施时发现工艺难以满足技术要求 0.26
		缺乏必要的施工设备 0.10
	宏观经济与政策原因 0.51	相关税率上调 0.23
		外汇汇率上调 0.12
		施工材料价格上涨 0.65
	施工管理原因 0.06	指令传递延误 0.62
		质量问题返工 0.23
		任务小组冲突造成窝工 0.15
	其他原因 0.04	第三方原因 0.55
		突发特大暴雨 0.22
		意外交通事故 0.23

偏差趋势分析主要是分析偏差会随着项目的进展是增加还是缩小,是偶然发生的还是必然发生的,对项目后续工作的影响程度等。偏差分析的目的是确定纠偏措施的力度。

掌握了项目偏差信息,了解了项目偏差的根源,就可以有针对性地采取适当的纠偏措施,如修改设计方案、调整项目实施方案、更新项目计划、改善项目施工管理方法等。

显然,只有清楚造成偏差的责任方和根源,才能明确由谁来承担纠正偏差的责任和损失,以及如何纠正偏差。

3. 目标控制流程及其基本环节

(1)目标控制流程。

不同的控制系统都有区别于其他系统的特点,但同时又存在许多共性。建设工程目标控制流程可以用图 5.14 表示。

建设工程周期长,在工程实施过程中存在的风险因素很多,因而实际状况偏离目标和计划的情况是经常发生的,往往出现投资增加、工期拖延、工程质量和功能未达到预定要求等问题。这就需要在工程实施过程中,通过对目标、过程和活动进行跟踪,全面、及时、准确地掌握有关信息,将工程实际状况与目标和计划进行比较。如果偏离了目标和计划,就需要采取纠偏措施,或改变投入,或修改计划,使工程能在新的计划状态下进行。而任何控制措施都不可能一劳永逸,原有的矛盾和问题解决了,还会出现新的矛盾和问题,需要不断地进行控制,这就是动态控制原理。上述控制流程是一个循环的过程,直至工程建成交付使用,因而建设工程的目标控制是一个有限循环过程。

对于建设工程目标控制系统来说,由于收集实际数据、偏差分析、制定纠偏措施主要由目标控制人

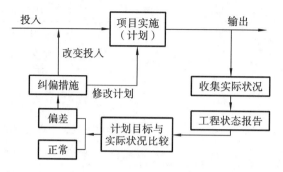

图 5.14 建设工程目标控制流程

员来完成,都需要时间,这些工作不可能同时进行并在瞬间完成,因而其控制实际上表现为周期性的循环过程。通常,在建设工程的项目管理实践中,投资控制、进度控制和质量控制问题的控制周期按周或月计,而严重的工程质量问题和事故,则需要及时加以控制。

动态控制的概念还可以从另一个角度来理解。由于系统本身的状态和外部环境是不断变化的,相应地就要求控制工作随之变化。目标控制人员对建设工程本身的技术经济规律、目标控制工作规律的认识是在不断变化的,他们的目标控制能力和水平也是在不断提高的,因而,即使在系统状态和环境变化不大的情况下,目标控制工作也可能发生变化,这表明,目标控制可能包含着对已采取的目标控制措施的调整。

(2)控制流程的基本环节。

控制流程可以进一步抽象为投入、转换、反馈、对比、纠正五个基本环节,如图 5.15 所示。对于每个控制循环来说,如果缺少某一环节或某一环节出现问题,就会导致循环障碍,就会降低控制的有效性,就不能发挥循环控制的整体作用。因此,必须明确控制流程各个基本环节的有关内容,并做好相应的控制工作。

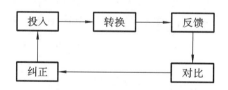

图 5.15 控制流程的基本环节

①投入。

控制流程的每一个循环都始于投入。对于建设工程的目标控制流程来说,投入首先涉及的是传统的生产要素,包括人力(管理人员、技术人员、工人)、建筑材料、工程设备、施工机具、资金等,此外还包括施工方法、信息等。工程实施计划本身就包含着有关投入的计划。要使计划能够正常实施并达到预定的目标,就应当保证将质量、数量符合计划要求的资源按规定时间和地点投入建设工程实施过程中。

②转换。

转换是指由投入到产出的转换过程,如建设工程的建造过程、设备购置等活动。转换过程通常表现为劳动力(管理人员、技术人员、工人)运用劳动资料(如施工机具)将劳动对象(如建筑材料)转变为预定的产出品,(如设计图纸、分项工程、分部工程、单位工程、单项工程),最终输出完整的建设工程。在转换过程中,计划的运行往往受到来自外部环境和内部系统的多因素干扰,从而使实际状况偏离预定的目标和计划。同时,计划本身不可避免地存在一定的问题,例如,计划没有经过科学的资源、技术、经济和财务可行性分析,从而造成实际输出与计划输出之间发生偏差。

转换过程中的控制工作是实现有效控制的重要工作。在建设工程实施过程中,工程管理人员应当了解工程进展情况,掌握第一手资料,为分析偏差产生原因、确定纠偏措施提供可靠依据。同时,对于可以及时解决的问题,工程管理人员应及时采取纠偏措施,避免积重难返。

③反馈。

即使是相当完善的计划,其运行结果也未必与计划一致。因为在计划实施过程中,实际情况的变化是绝对的,不变是相对的,每个变化都会对目标和计划的实现带来一定的影响。所以,控制部门和控制人员需要全面、及时、准确地了解计划的执行情况,而这需要通过反馈信息来实现。

反馈信息包括工程实际状况、环境变化等信息,如投资、进度、质量的实际状况,现场条件,合同履行条件,经济、法律环境变化等。控制部门和人员需要什么信息,取决于工作的需要以及工程的具体情况。为了使信息反馈能够有效地配合控制的各项工作,使整个控制过程流畅地进行,需要设计信息反馈系统,预先确定反馈信息的内容、形式、来源、传递等,使每个控制部门和人员都能够及时获得需要的信息。

信息反馈方式可以分为正式和非正式两种。正式信息反馈是指书面的工程状况报告之类的信息,它是控制过程中应当采用的主要反馈方式;非正式信息反馈主要指口头方式,如口头指令、口头反映的工程实施情况,对非正式信息反馈也应当予以足够的重视。当然,非正式信息反馈应当适时转化为正式信息反馈,才能更好地发挥其对控制的作用。

④对比。

对比是将目标的实际值与计划值进行比较,以确定是否发生偏差。目标的实际值来源于反馈信息。对比工作要注意以下几点。

a.明确目标实际值与计划值的内涵。目标的实际值与计划值是两个相对的概念。随着建设工程实施过程的开展,其实施计划和目标一般都将逐渐深化、细化,往往还要作适当的调整。从目标的形成时间来看,在前者为计划值,在后者为实际值,以投资目标为例,有投资估算、设计概算、施工图预算、标底、合同价、结算价等表现形式。其中,投资估算相对于其他的投资值都是目标值;施工图预算相对于投资估算、设计概算为实际值,而相对于标底、合同价、结算价则为计划值;结算价相对于其他的投资值均为实际值(注意不要将投资的实际值与实际投资两个概念混淆)。

b.合理选择比较的对象。在实际工作中,常见的是相邻两种目标值之间的比较。在许多建设工程中,我国业主往往以批准的设计概算作为投资控制的总目标,这时,合同价与设计概算、结算价与设计概算的比较也是必要的。另外,结算价与各种投资值之间的比较都是一次性的,而结算价与合同价(或设计概算)的比较则是经常性的,一般是定期(如每月)比较。

c.建立目标实际值与计划值之间的对应关系。建设工程的各项目标都要进行适当的分解。通常,目标的计划值分解较粗,目标的实际值分解较细。例如,建设工程初期制定的总进度计划中的工作可能只达到单位工程,而施工进度计划中的工作却达到分项工程;投资目标的分解也有类似问题。因此,为了保证能够切实地进行目标实际值与计划值的比较,并通过比较发现问题,必须建立目标实际值与计划值之间的关系。这就要求目标的分解深度、细度可以不同,但分解的原则、方法必须相同,从而可以在较粗的层次上进行目标实际值与计划值的比较。

④确定衡量目标偏离的标准。要正确判断某一目标是否发生偏差,就要预先确定衡量目标偏离的标准。例如,某建设工程的某项工作的实际进度比计划要求拖延了一段时间,如果这项工作是关键工作,或者虽然不是关键工作,但该项工作拖延的时间超过了它的总时差,则应当判断为发生偏差,即实际进度偏离计划进度。反之,如果该项工作不是关键工作,且其拖延的时间未超过总时差,则虽然该项工作本身偏离计划进度,但从整个工程的角度来看,实际进度并未偏离计划进度。又如,某建设工程在实施过程中发生了较为严重的超投资现象,为了使总投资控制在预定的计划值(如设计概算)之内,决定删除其中的某单项工程。在这种情况下,虽然整个建设工程投资的实际值未偏离计划值,但是,对于保留的各单项工程来说,投资的实际值可能均不同程度地偏离了计划值。

⑤纠正。

若目标实际值偏离计划值,则要采取措施加以纠正(或称纠偏)。根据偏差的具体情况,纠偏可以分为以下三种情况。

a. 直接纠偏。在轻度偏离的情况下,不改变原定目标的计划值,基本不改变原定的实施计划,在下一个控制周期内,使目标的实际值控制在计划值范围内。例如,某建设工程某月的实际进度比计划进度拖延了一两天,则在下个月中适当增加人力、施工机械即可使实际进度恢复到计划状态。

b. 不改变总目标的计划值,调整后期实施计划。这是在中度偏离情况下采取的对策。目标实际值偏离计划值的情况已经比较严重,不可能通过直接纠偏在下一个控制周期内恢复到计划状态,这时必须调整后期实施计划。例如,某建设工程施工计划工期为 24 个月,在施工进行到 12 个月时,工期已经拖延 1 个月,这时通过调整后期施工计划,若最终能按计划工期建成该工程,应当说仍然是令人满意的结果。

c. 重新确定目标的计划值,并据此重新制定实施计划。这是在重度偏离情况下所采取的对策。目标实际值偏离计划值的情况已经很严重,不可能通过调整后期实施计划来保证原定目标计划值的实现,这时必须重新确定目标的计划值。例如,某建设工程施工计划工期为 24 个月,在施工进行到 12 个月时,工期已经拖延 4 个月(仅完成原计划 8 个月的工作量)。这时不可能在以后 12 个月内完成 16 个月的工作量,工期拖延已成定局。但是,从进度控制的要求出发,至少不能在今后 12 个月内出现等比例拖延的情况。如果能在今后 12 个月内完成原定计划的工程量,已属不易。而如果最终用 26 个月建成该工程,则后期进度控制的效果就是相当不错的。

特别需要说明的是,只要目标的实际值与计划值有差异,就发生了偏差。但是,对于建设工程目标控制来说,纠偏一般是针对正偏差(实际值大于计划值)而言,如投资增加、工期拖延。而如果出现负偏差,如投资节约、工期提前,并不会采取纠偏措施。不过,对于负偏差的情况,要仔细分析其原因,排除假象,例如,投资的实际值存在缺项、计算依据不当、投资计划值中的风险费估计过高,对于确实是通过积极而有效的目标控制方法和措施而产生的负偏差,应认真总结经验,扩大其应用范围,更好地发挥其在目标控制中的作用。

5.4.3 项目投资目标控制

1. 项目投资控制目标

建设工程项目工期长、施工复杂,所以要留有足够的应急费用。项目投资管理目标拟控制在依据科学严谨的可行性研究报告得出的项目投资估算额以内。

(1)投资管理目标控制分析。

建设项目的复杂性导致投资管理目标具有较大的不确定性,所以确定投资管理目标控制的基础工作,即项目方案设计的经济技术评审就显得尤为重要。在这个阶段,项目的外在造型及内在功能的有机结合应是重点考虑的内容,结合这个工作重点,首先有针对性地进行市场调研及询价考察,及时提供有关设计方案的经济评估报告,供业主及设计单位决策之用。其次,通过组织造价及各专业人员参加的专项投资指标分析论证会,编制一份完整的项目投资估算分析报告,并提供可能的节约投资的建议性方案,供业主确定投资控制目标时参考。

此外,建设项目规模宏大、功能齐全,且施工阶段要求安装精细、优质高效。同时,项目施工阶段的分项招标采购任务多,承包商数量多,各专业之间交叉作业施工,投资管理目标控制的难度及工作量很大。

(2)控制费用与应急费用。

对项目管理目标进行控制,需要消耗一定的人力、物力和财力,这些称为控制费用。控制费用的多少随监控力度的大小而变化。一般来讲,随监控力度的增强,控制费用将逐步增加。与控制力度呈反向变化的是应急宽限期,随监控力度的增强,应急宽限期将越来越短,而应急费用也将随监控力度的增强而逐步减少。监控力度与控制费用、应急费用的关系曲线如图5.16所示。

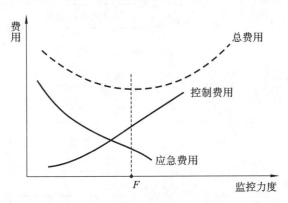

图5.16 监控力度与控制费用、应急费用的关系曲线

一般情况下,预留的应急宽限越长,需要的监控力度越小,相应的应急费用就越多,控制费用越少,其极端情况是无监控状态(即一项工作可在完成后再去检查,不合格,可以返工重做),其控制费用很少。另一极端情况是监控要求很严(即及时发现偏差及时纠正),这是一种严格控制状态,与其相对应的控制费用很多,而相应的应急费用很少。实际工作中应根据项目对预算和工期的要求,选择适宜的监控水平,以使总费用做少,如 F 点。

2. 投资管理目标控制的方法

(1)投资管理目标控制采用整分合原则。整分合原则可以表述为:要提高工作效率,对如何完成整体工作,必须有充分细致的了解;在此基础上,再将整体分解成一个个基本要素,进行明确的分工,使每项工作规范化,建立责任制;然后进行科学的组织综合。整体把握、科学分解、组织综合,这就是整分合的主要含义。管理者的责任在于从整体要求出发,制定系统的目标,根据科学的分解明确各子系统的目标,然后按照确定的规范检查执行情况。

(2)以投资管理目标为基础,将投资控制责任进行预分解。分解方法如下:首先,根据项目各职能部门的职责范围,将投资管理估算表所列的各类费用分解到各个部门,各司其职;然后,进行控制指标的细化,主要是由项目各部门将本部门负责的控制指标按细化的内容及计划支付期、责任人进行再分解,使费用控制的可操作性大为增加。

(3)施工图基本出齐后,依据项目费用预算编制项目总投资控制计划(示意表见表5.10),并修正和细化依据投资估算进行的投资控制责任分解,并建立费用基准线,即作为一种度量资源实际用量和计划用量之间差异的基准来度量项目执行情况。

(4)有关人员每两周或每月要制作投资控制分析表,用实际的费用支出与费用基线进行比较,分析产生偏差的原因,提出解决方案。

(5)编制项目用款计划和资金流量表。

(6)结算审核。组织由造价工程师负责、各专业工程师参加的结算审核小组,在各项工程竣工后,依据工程竣工图纸、设计变更洽商、有关索赔文件、工程合同,及时准确、科学合理地进行结算审核工作,并运用合理的谈判技巧,以项目利益的最大化为目标,最终实现项目的投资控制目标。

表5.10 项目总投资控制计划示意表(单位:万元)

序号	类别	独立承包合同	分包合同控制指标	合同履行期限	备注
1	建安工程	建安工程总承包××	结构、加固改造工程××		
2			机电及设备工程××		
3			其他(略)××		
4		其他承包××	外檐装饰工程××		
5			弱电工程××		
6			精装修工程××		
7			消防工程××		
8			其他(略)××		
9		业主采购××	机电设备供货××		
10			装饰材料供货××		
11			其他(略)××		
12	市政工程	道路工程××			
13		雨污水管线工程××			
14		自来水外线工程××			
15		其他(略)××			

续表

序号	类别	独立承包合同	分包合同控制指标	合同履行期限	备注
16	工程设计	建安工程设计××			
17		精装修设计××			
18		弱电工程二次设计××			
19		其他(略)××			
20	管理、监理费	项目管理费××			
21		监理费××			
22		项目前期费用××			
23	项目前期费	自来水外线工程××			

3. 投资管理目标控制措施

项目投资失控的主要原因:①投资计算时,项目规划、设计不够全面,有漏项;②项目投资计算方法不正确,与实际情况不符;③计算项目投资的原始数据不准确、失真,造成计算错误;④项目实施期间原材料、人工费价格上涨;⑤实施中修改设计,增加投资;⑥实施中发生不可预见因素,增加费用开支;⑦施工管理不善,损失浪费严重。

投资管理项目控制措施如下。

(1)采取组织措施,建立有效的项目组织机构。应明确项目负责人的职责、权利和任务,使项目投资控制由专人负责。

(2)设计方案的技术经济论证,优化设计方案,准确测算工程项目各个组成部分的工程造价。

(3)对投资目标值(总投资额)按工程构成(单项工程、单位工程等)和时间进度两个方面进行分解,以便确定各个项目和不同时间的投资管理控制目标值。

(4)做好承包合同的签订和管理工作。合同中有关工程价款的条款应与工程内容紧密结合,以便随工程进展核算工程量和支付相应的工程价款。

(5)加强投资信息管理,定期进行投资对比分析。与工程项目有关的信息如下:工程的各个单项工程、单位工程的投资额,各阶段计划投资额,随工程进展各阶段的费用支出额,各项工程的工程量完成额,随工程进展建设市场的人工、材料和现行价格变化等。

5.4.4 项目进度目标控制

1. 工程进度检查

(1)进度检查内容。

工程进度检查的目的是要弄清工程项目施工进行到什么程度,是超前还是落后。进度检查内容如下。

①施工形象进度检查。检查施工现场的实际进度,并与计划进度进行比较。这是施工进度检查的重点。

②设计图纸及设计文件编制工作进展情况检查。检查各设计单元施工图进度,确定或估计是否满足施工进度计划的要求。

③设备采购进展情况检查。检查设备在采购、运输过程中的进展情况,确定或估计是否满足计划的到货日期或能否适应土建和安装进度的安排。

④材料供应或成品、半成品加工情况检查。有些材料(如水泥)是直接供应的,主要检查其订货、运输和储存情况。有些材料需经工厂加工成成品或半成品,然后运到工地,例如钢构件和钢制管段等,应检查其原料订货、加工、运输等情况。

(2)工程进度检查方法。

工程进度检查方法较多,主要介绍横道图检查法、S形曲线检查法和前锋线检查法。

①横道图比较法。

横道图比较法是指将项目实施中收集的实际进度信息,经整理后用横道线并列标于原计划的横道线处,进行比较分析的方法。横道图比较法形象、直观,编制方法简单、使用方便。用横道图编制施工进度计划,指导施工已是常用的方法。当工程项目各项工作都均匀进展时,每项工作在单位时间内完成的工作量都应相等。

横道图施工进度检查表如图5.17所示。

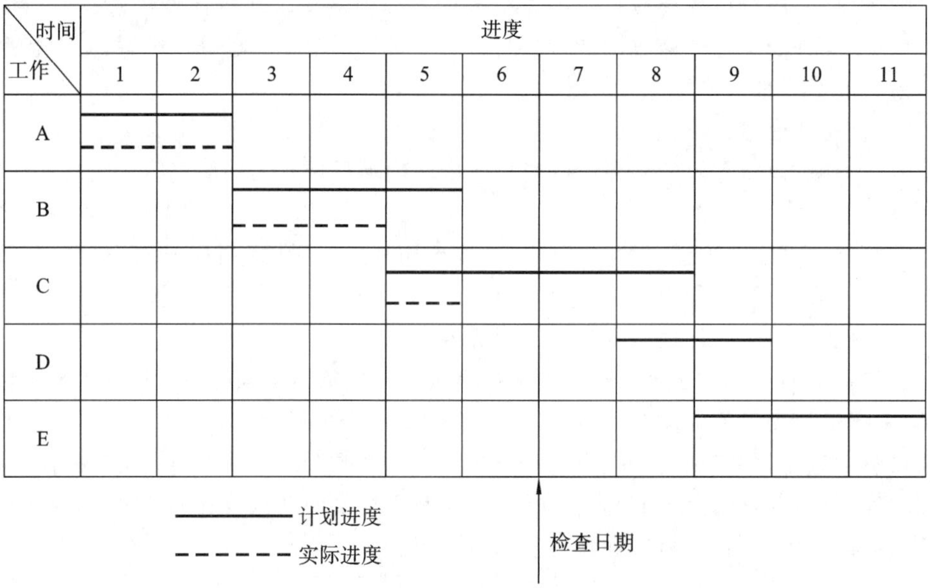

图5.17 横道图施工进度检查表

在工程实施过程中,各项工作内容很难一样,工作度不一定相同,业主进度控制要求和提供的进度信息也不同,因此在制定横道图比较法时应区别对待。可以采用以下两种方法。

a.匀速施工横道图比较法。匀速施工是指施工项目中每项工作的施工速度都是均匀的,即在单位时间内完成的任务量都是相等的,累计完成的任务量与时间成直线变化。完成任务量可以用实物工程量、劳动消耗量和工作量三种物理量表示。为了方便比较,一般用实际完成量的累计百分比与计划应完成量的累计百分比进行比较,从中看出实际进度与计划进度的时间差别,如图5.18所示。

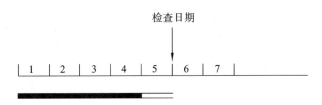

图 5.18　匀速施工横道图比较

如果涂黑的粗线右端落在检查日期左侧,表明实际进度延后;如果涂黑的粗线右端落在检查日期右侧,表明实际进度超前;如果涂黑的粗线右端与检查日期重合,表明实际进度与计划进度一致。

b.非匀速进度横道图比较法。当工作在不同的单位时间里的进展速度不同时,可以采用非匀速进展横道图比较法。涂黑的粗线在表示工作实际进度的同时,也标出其对应时刻完成任务的累计百分比,将该百分比与其同时刻计划完成任务的累计百分比比较,判断工作的实际进度与计划进度之间的关系,如图 5.19 所示。

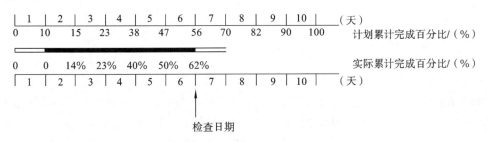

图 5.19　非匀速进度横道图比较

如果同一时刻上方的累计百分比大于下方的累计百分比,表明实际进度延后,拖欠的任务量为二者的百分比差;如果同一时刻上方的累计百分比小于下方的累计百分比,表明实际进度超前,提前的任务量为二者的百分比差;如果同一时刻上方的累计百分比等于下方的累计百分比,表明实际进度与计划进度一致。

图 5.19 可以看出在实际进度推迟一天的情况下,在检查日期时实际累计进度超过计划累计进度,表明进度超前 6%。

②S 形曲线检查法。

S 形曲线检查法利用了如图 5.20 所示的检查图,其能直观地反映工程实际进度。工程项目实施过程中,每隔一段时间将实际进度绘制在检查图中进行直观比较。比较实际进度 S 形曲线和计划进度 S 形曲线,可以获得如下信息。

a.工程项目整体实际进度。如果工程实际进度点落在计划进度 S 形曲线左侧,表明此时实际进度比计划进度超前;如果工程实际进度点落在计划进度 S 形曲线右侧,表明此时实际进度拖后,如图 5.20 中的 b 点;如果工程实际进度点正好落在计划进度 S 形曲线上,则表示此时实际进度与计划进度一致,如图 5.20 中的 d 点。

b.工程项目实际进度超前或拖后的时间。S 形曲线比较图可以直接反映实际进度比计划进度超前或拖后的时间。如图 5.20 所示,ΔT_a 表示 T_a 时刻实际进度超前的时间;ΔT_b 表示 T_b 时刻实际进度拖后的时间。

c. 工程实际超额或拖欠的任务量。S形曲线比较图可以直接反映实际进度比计划进度超额或拖欠的任务量。如图5.20所示，ΔQ_a表示T_a时刻超额完成的任务量；ΔQ_b表示T_b时刻拖欠的任务量。

d. 后期工程进度预测。如果后期工程按原进度进行，则可画出后期工程预测进度S形曲线，如图5.20中虚线所示，从而可以确定工期拖延预测值ΔT_c。

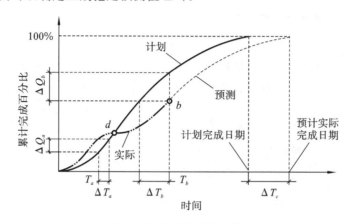

图5.20 S形曲线检查法

③前锋线检查法。

前锋线检查法是一种有效的进度动态管理的方法。前锋线又称实际进度前锋线，它是在网络计划执行中的某一时刻正在进行的各活动的实际进度前锋的连线。前锋线一般是在时间坐标网络图上标示的，从时间坐标轴开始，自上而下依次连接各线路的实际进度前锋，形成一条波折线，这条波折线就是前锋线。前锋线法是通过实际进度前锋线与原计划进度中各工作箭线交点的位置来判断工作实际进度与计划进度的偏差，进而判定该偏差对后续工作及总工期影响程度的一种方法。画前锋线的关键是标定各活动的实际进度前锋位置。其标定方法有两种。

a. 按已完成的工程实物量比例来标定。时间坐标网络图上箭线的长度与相应活动的历时对应，也与其工程实物量成比例。检查计划时刻某活动的工程实物量完成的比例，其前锋点自左至右标在箭线长度相应比例的位置。

b. 按尚需时间来标定。有时活动的历时是难以按工程实物量来换算的，只能根据经验或用其他办法来估算。要标定该活动在某时刻的实际进度前锋，就用估算办法估算出从该时刻起到完成该活动还需要的时间，从箭线的末端反过来自右到左进行标定。

图5.21是某施工项目用前锋线检查法检查施工进度的示例。该图有4条前锋线，分别记录了6月25日、6月30日、7月5日和7月10日4次检查的结果。

实际进度前锋线的功能包括分析当前进度和预测未来进度两个方面。

a. 分析当前进度。以表示检查时刻的日期为基准，前锋线可以看成描述实际进度的波折线。处于波峰上的线路，其进度相对于相邻线路超前，处于波谷上的线路，其进度相对于相邻线路落后。在基准线前面的线路比原计划超前，在基准线后面的线路比原计划落后。画出前锋线，整个工程在该检查计划时刻的实际进度状况便可一目了然。按一定时间间隔检查进度计划，并画出每次检查时的实际进度前锋线，可形象地描述实际进度与计划进度的差异。检查时间间隔越短，描述越精确。

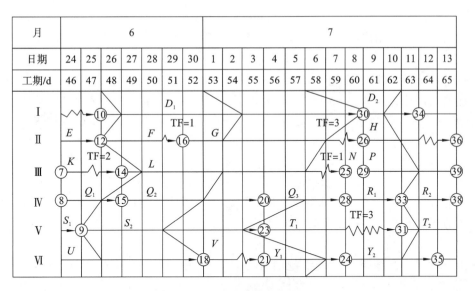

图 5.21 前锋线检查法

b. 预测未来进度。分析比较当前时刻和过去时刻两条前锋线,可根据过去和当前情况,在一定范围对工程未来的进度变化趋势作出预测。可引进进度比概念进行定量预测。

前后两条前锋线之间某线路上截取的线段长度 ΔX 与这两条前锋线之间的时间间隔 ΔT 之比叫进度比,用 B 表示。进度比 B 的数学计算式为式(5.7)。

$$B = \frac{\Delta X}{\Delta T} \tag{5.7}$$

B 值反映了该线路的实际进展速度。某线路的实际进展速度比原计划快,$B>1$,比原计划慢,$B<1$;与原计划一致,$B=1$。根据 B 可对该线路未来的进度作出定量分析。

以图 5.19 为例,6 月 25 日和 6 月 30 日两条前锋线的时间间隔是 5 天,它们在线路 I 上截取的长度为 6 天,则有:

$$B = \frac{\Delta X}{\Delta T} = \frac{6}{5} = 1.2$$

即平均每天完成原定 1.2 天的任务。6 月 30 日线路 I 比原计划超前 2 天,如果进展速度不变,可以预测再过 5 天,即到 7 月 5 日,线路 I 的前锋线将到达 7 月 8 日位置,比原计划超前 3 天,实际情况如图 5.19 中 7 月 5 日前锋线所示。

为计算方便,i 和 j 前后两条前锋线的时间间隔 ΔT 和 ΔX 可分别表示为式(5.8)。

$$\begin{cases} \Delta T = T_j - T_i, i<j \\ \Delta X = X_j - X_i, i<j \end{cases} \tag{5.8}$$

式中,T_i、T_j、X_i、X_j 为工作天(绝对工期)。(5.9)
将式(5.8)代入式(5.7)可得式(5.9)。

$$B = \frac{X_j - X_i}{T_j - T_i} \tag{5.9}$$

第 n 天后某线路的前锋线达到的位置 X_n 为式(5.10)。

$$X_n = X_j + nB \tag{5.10}$$

该时刻线路与原计划相比的进度差 C_n（即超前或落后的天数）为式(5.11)。

$$C_n = C_j + n(B-1) \tag{5.11}$$

式中：C_j 为当前时刻该线路的进度差。

应用上述公式再计算前例。i 和 j 分别表示 6 月 25 日和 6 月 30 日。$T_j = 52$ 天，$T_i = 47$ 天，则 $\Delta T = T_j - T_i = 52 - 47 = 5$（天），对线路 I 而言，$X_j = 54$ 天，$X_i = 48$ 天，$\Delta X = X_j - X_i = 54 - 48 = 6$（天），则有：

$$B = \frac{X_j - X_i}{T_j - T_i} = \frac{54-48}{52-47} = 1.2$$

6 月 30 日以后第 5 天线路 I 的前锋到达的位置：$n = 5$，则 $X_5 = 54 + 5 \times 1.2 = 60$（天）。此时该线路与原计划相比的进度差 C_5：6 月 30 日时进度差 $C_j = 2$ 天，则 $C_5 = 2 + 5 \times (1.2-1) = 3$ 天，即比原计划超前 3 天。

6 月 30 日以后第 5 天线路 V 的进度差 C_5：由 $C_j = -2$ 天，$B = 0.8$，则 $C_5 = -2 + 5 \times (0.8-1) = -3$（天），即比原计划落后 3 天。

一条线路上的不同活动之间的进展速度可能不一样，但对于同一活动，特别是持续时间较长的活动，上述预测方法对于指导施工、控制进度是十分有意义的。

2. 工程进度分析

工程进度检查仅能发现进度的偏差，了解到实际进度比计划进度是提前还是落后，但不能从中发现产生这种偏差的原因和对后续活动的影响。因此，在发现偏差的基础上，必须对进度作进一步分析，为进度的调整提供依据。

(1) 进度产生偏差的原因分析。

引起进度偏差的原因是多方面的。例如，材料供应跟不上、设计图纸不及时、施工组织措施不当、施工机械的生产能力不能满足要求、不利的施工条件等。在合同环境下，施工进度产生偏差的原因很多，例如，业主没有按时支付进度款、业主提供的施工条件不满足合同要求、监理工程师指令存在差错等。

为正确分析进度产生偏差的原因，进度控制者应深入现场调查研究，查明各种可能的原因，并从中找出主要原因。然后依据主次原因采取措施，依次排除障碍，或调整进度计划。

(2) 对后续活动及工期影响的分析。

当进度出现偏差时，除要分析其产生的原因外，还需要分析此种偏差对后续活动产生的影响。偏差的大小以及此偏差所处位置不同，对后续活动及工期的影响程度是不相同的。分析的方法主要是利用网络图中总时差和自由时差来进行判断。具体分析步骤如下。

① 判断此时进度偏差是否处于关键路线上，即确定出现进度偏差的这项活动的总时差是否为零。若这项活动的总时差为零，说明此项活动在关键路线上，其偏差对后续活动及总工期会产生影响，必须采取相应的调整措施；若总时差不为零，说明此项活动处在非关键线路上，这个偏差对后续活动及工期是否产生影响及影响的程度，需进一步分析。

② 判断进度延误的时间是否大于总时差。若某活动进度的延误大于该活动的总时差，说明此延误必将影响后续活动及工期；若该延误小于或等于该活动的总时差，说明该延误不会影响工期，但它是否对后续活动产生影响，需进一步分析。

③判断进度延误是否大于自由时差。若某活动的进度延误大于该活动的自由时差,说明此延误将对后续活动产生影响,需调整;若此延误小于或等于该活动的自由时差,说明此延误不会对后续活动产生影响,原进度可不调整。

3. 工程进度的调整

当发现某活动进度有延误,并对后续活动或总工期有影响时,一般需对进度进行调整,以实现进度目标。

调整进度的方案有多种,需要择优选择。但其基本的调整方法有下列两种。

(1)改变各活动间的逻辑关系。该方法主要是改变关键路线上各活动之间的先后顺序及逻辑关系来实现缩短工期的目的。例如,若原进度计划中的各项活动采用分别实施的方式安排,即某项活动结束后,才开始另一活动。对这种情形,只要通过改变活动之间的逻辑关系及前后活动实施搭接施工,便可达到缩短工期的目的。这种方法会增加资源消耗强度。此外,搭接施工会出现施工干扰,必须做好协调工作。

(2)改变活动持续时间。该方法的着眼点是调整活动的持续时间,而不是调整活动之间的逻辑关系。例如,在工期拖延的情况下,为了加快进度,通常会压缩关键线路上有关活动的持续时间。又如,某活动的延误超出了它的总时差,这会影响到后续活动及工期,若工期不允许拖延,只有缩短后续活动的持续时间才能实现工期目标。要注意的是,当改变活动持续时间时,通常需要相应调整资源供应计划。

5.4.5 项目质量目标控制

1. 工程项目质量控制流程

工程项目质量控制过程是一个复杂系统工程,应按照该系统的进展进行分解,体现施工准备质量控制(事前控制)、施工过程质量控制(事中控制)和竣工验收质量控制(事后控制)的控制流程。施工准备质量控制、施工过程质量控制和竣工验收质量控制是一个有机的系统过程,它们交互作用并推进施工质量控制系统的运行。其控制的总体程序及各自在控制中的地位、作用如图5.22所示。

2. 工程项目主要投入要素的质量控制

(1)材料质量控制。

①材料质量控制的要点。

材料(含构配件)是工程施工的物质条件,没有材料,就无法施工;材料的质量是工程质量的基础,材料质量不符合要求,工程质量也就不可能符合标准。所以,加强材料的质量控制是提高工程质量的重要保证,也是创造正常施工条件的前提。材料质量控制的要点如下:a.掌握材料信息,优选供货厂家;b.合理组织材料供应,确保施工正常进行;c.合理组织材料使用,减少材料的损失;d.加强材料检查验收,严把材料质量关;e.要重视材料的使用认证,以防使用不合格的材料。

②材料质量控制的内容。

a.材料质量标准。材料质量标准是衡量材料质量的尺度,也是作为验收、检验材料质量的依据。不同材料有不同的质量标准,如水泥的质量标准有细度、标准稠度、凝结时间、强度、安定性等。

b.材料质量检验。材料质量检验的目的是通过一系列的检测手段,将所取得的材料数据与材料的质量标准进行比较,借以判断材料质量的可靠性以及材料能否用于工程。材料质量检验还有利于掌握材料信息。

材料质量检验方法主要有书面检验、外观检验、理化检验和无损检验。书面检验是指对提供的材料

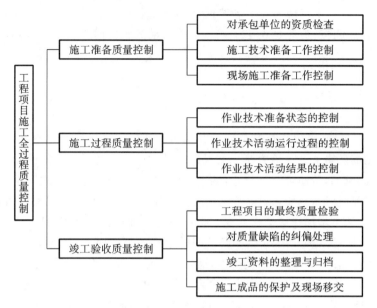

图 5.22 工程项目施工全过程质量控制图

质量保证资料、试验报告等进行审核。外观检验是指对材料品种、规格、标志、外形尺寸等进行直观检查。理化检验是借助试验设备和仪器对材料样品的化学成分、机械性能等进行科学的鉴定。无损检验是指在不破坏材料样品的前提下，利用超声波、X射线、表面探伤仪等进行检测。

材料质量检验程度有免检、抽检和全检。免检就是免去质量检验过程。对有足够质量保证的一般材料以及实践证明质量长期稳定且质量保证资料齐全的材料，可予免检。抽检就是按随机抽样的方法对材料进行检验。不清楚性能或质量保证资料存疑的材料，以及成批生产的构配件，均应按一定比例进行抽检。全检是为了确保和工程质量，对于进口的材料、设备，重要工程部位的材料，以及贵重的材料，应进行全检。

材料质量的检验项目分为：一般检验项目，指通常进行的检验项目；其他检验项目，指根据需要进行的检验项目。表5.11为常用建筑材料检验项目。如水泥，一般要进行标准稠度、凝结时间、抗压强度和抗折强度检验；若是小窑水泥，还应进行安定性检验。

表 5.11 常用建筑材料检验项目

序号	名称		一般检验项目	其他检验项目
1	水泥		标准稠度、凝结时间、抗压强度和抗折强度	细度、安定性
2	钢材	热轧钢筋、冷拉钢筋、型钢、异型钢、扁钢和钢板	拉力、冷弯性能	冲击韧性、硬度、焊接件（焊缝金属、焊接接头）的力学性能
		冷拔低碳素钢丝、碳素钢丝和刻痕钢丝	拉力、反复弯曲性能	冲击韧性、硬度、焊接件（焊缝金属、焊接接头）的力学性能

续表

序号	名称		一般检验项目	其他检验项目
3	木材		含水率	顺纹抗压、抗拉、抗弯、抗剪等强度
4	砖	普通黏土砖、承重黏土砖、硅酸盐砖	抗压强度、抗折强度	抗冻性
5	混凝土		坍落度、静观密度、抗压强度	抗折、抗弯强度、抗冻性、抗渗性、干缩性

材料质量检验的取样,必须按规定的部位、数量及采用的操作要求进行。表 5.12 为建筑原材料及半成品试验取样方法。抽样检验一般适用于对原材料、半成品或成品的质量鉴定。由于产品数量多或检验费用高,不可能对产品逐个进行检验,通过抽检,可判断整批产品是否合格。

表 5.12 原材料及半成品检验取样方法

序号	材料名称	取样单位	取样数量	取样方法
1	水泥	同品种、同标号的水泥,以 400 t 为一批,不足 400 t 也按一批计	从一批水泥中选取平均试样 20kg	从不同部位的至少 15 袋或 15 处水泥中抽取,手捻不碎的受潮水泥结块应过 64 孔/cm² 筛除
2	钢材（对于钢号不明的钢材）	以 20 t 为一批,不足 20 t 的也按一批计	3 根	任意抽取,分别在每根截取拉伸、冷弯、化学分析试件各 1 段,截取时,先将每根端头弃去 10cm
3	木材	锯材以 50 m³ 为一批,圆木以 100 m³ 为一批	从中均匀抽取 3 个含水率试样,强度试验样品则根据设计施工的要求确定	当木材厚度大于 35 mm 时,在距端头不小于 0.5 m 处取样;当小于 35 mm 时,在距端部 0.25 m 处取样
4	砖(黏土砖、硅酸盐砖、矿渣砖)	每 20 万块为一批,不足 20 万块也以一批计	标号测定 12 块,材料测定 20 块	应从该批砖不同的垛面各抽 1 块
5	普通混凝土	厚大结构物(桥墩、基础、堤坝等)	每 100 m³ 取一组且在一区段中不少于一组	在浇灌地点从同一罐或同一车(容器)中均匀采取,其数量不少于试块所需量的 1.5 倍
		整体式结构	每 50 m³ 取一组	
		混合结构	每 20 m³ 取一组	
		装配式结构构件	每一工作班及每一配合比取一组	

不同的材料有不同的检验项目和不同的检验标准。检验标准是判断材料是否合格的依据。例如：沥青胶的一般试验项目有耐热度、黏结力和柔韧性3项，而耐热度的确定又应视屋面坡度和环境温度而定，如屋面坡度为3％～15％、环境温度为38～41℃时，则要求沥青胶的耐热度为70℃（即标号）。在进行耐热度试验时，将一定配合比的沥青胶以2 mm厚黏合两张油纸，置于温度为70℃、坡度为1∶1的斜面上停放5h，要求无流淌、滑动现象。黏结力检验是将两张黏合的油纸撕开，其撕开面积要求不大于黏结面的1/2。柔韧性检验是以涂有2 mm厚的油纸，在温度为(18±2)℃条件下，围绕直径15 mm的圆棒在2 s内弯曲半周无裂痕。

③材料的选择和使用要求。

材料的选择和使用不当，均会严重影响工程质量或造成质量事故，为此，必须针对工程特点，根据材料的性能、质量标准、适用范围和施工要求等进行综合考虑，慎重地选择和使用材料。

例如，贮存期超过3个月的过期水泥或受潮、结块的水泥，需重新检定其标号，并且不允许用于重要工程中；不同品种、标号的水泥由于水化热不同，不能混合使用；硅酸盐水泥、普通水泥因水化热大，适用于冬季施工，而不适用于大体积混凝土工程；矿渣水泥可用于配制大体积混凝土和耐热混凝土，但具有泌水性大的特点，易降低混凝土的匀质性和抗渗性，因此，在施工时必须加以注意。

(2)施工方案及机械设备选用的质量控制。

①施工方案的质量控制。

施工方案直接影响施工项目质量、进度和成本。施工方案考虑不周往往会拖延工期、影响质量、增加投资。为此，在制定施工方案时，必须结合工程实际，从技术、组织、管理、经济等方面进行全面分析、综合考虑，以确保施工方案在技术上可行（有利于提高工程质量），在经济上合理（有利于降低工程成本）。

②施工机械设备选用的质量控制。

施工机械设备的选用，必须综合考虑施工现场的条件、建筑结构形式、机械设备性能、施工工艺和方法、施工组织与管理、建筑技术经济等各种因素，进行多方案比较，使之合理装备、配套使用、有机联系，以充分发挥机械设备的效能，力求获得较好的综合经济效益。

a.机械设备的选型。

机械设备的选择，应本着因地制宜、因工程制宜，按照技术先进、经济合理、生产适用、性能可靠、使用安全、操作方便和维修方便的原则，贯彻执行机械化、半机械化与改良工具相结合的方针，突出施工与机械相结合的特色，使其具有工程的适用性，具有保证工程质量的可靠性，具有使用操作的方便性和安全性。

例如从适用性出发，正铲挖土机只适用于挖掘停机面以上的土壤；反铲挖掘机则可适用于挖掘停机面以下的土壤；而抓铲挖掘机最适宜于水中挖土；推土机由于工作效率高，具有操纵灵活、运转方便的特点，所以用途较广，但其推运距离宜在100 m以内；铲运机能独立完成铲土、运土、卸土、填筑、压实等工作，适用于大面积场地平整、开挖大型基坑、沟槽，以及填筑路基堤坝等工程，但不适于在砾石层和冻土带以及沼泽区工作。

b.机械设备的主要性能参数。

主要性能参数是选择机械设备的依据。

例如,打桩机械设备的选择,实质上就是对桩锤的选择,首先要根据工程特点(土质、桩的种类、施工条件等)确定锤的类型,然后确定锤的重量。而锤的重量必须具有一定的冲击能,应使锤的重量大于桩的重量,当桩的质量大于2 t时,锤的重量不能小于桩重的95%。这是因为,锤重则落距小,"重锤低击",锤不产生回跃,不至于损坏桩头,桩入土块,能保证打桩质量;锤轻则落距大,"轻锤高击",锤易回跃,易打坏桩头,桩难以打入土中,不能保证打桩质量。

c.机械设备使用、操作要求。

合理使用机械设备,正确地进行操作,是保证项目施工质量的重要环节。应贯彻"人机固定"原则,实行定机、定人、定岗位责任的"三定"制度。操作人员必须认真执行各项规章制度,严格遵守操作规程,防止出现安全质量事故。

例如,起重机械应保证安全装置(行程、高度、变幅、超负荷限位器、其他保险装置等)齐全可靠;并要经常检查、保养、维修,使之运转灵活;操作时,不准机械带"病"工作,不准超载运行,不准超负荷行驶,不准猛旋转、开快车,不准斜牵重物,六级大风及雷雨天应禁止操作等。

又如,用插入式振捣器捣实混凝土时,就应按"直上直下、快插慢拔、插点均布、切勿漏插、上下抽动、层层相搭、时间掌握好、密实质量佳"的操作要点进行操作,否则将会造成质量事故。

机械设备在使用中,要尽量避免发生故障,尤其是预防事故损坏(非正常损坏),即人为损坏。造成事故损坏的主要原因:操作人员违反安全技术操作规程和保养规程;操作人员操作不熟练或麻痹大意;机械设备保养、维修不良;机械设备运输和保管不当;施工使用方法不合理和指挥错误;气候和作业条件的影响等。针对上述原因,都必须采取措施,严加防范,要随时以"五好"(完成任务好、技术状况好、使用好、保养好、安全好)标准予以检查控制。

3. 工程项目的工序质量控制

工程项目施工过程是由一系列相互关联、相互制约的施工工序组成的。施工工序的质量是施工质量的基础。因此,工程施工质量控制必须落实到每项具体施工工序质量的控制上。

(1)工序质量控制的内容。

工程项目工序质量控制主要包括两个方面的内容,即对工序活动条件和对工序活动效果的控制。工程项目工序质量控制内容如图5.23所示。

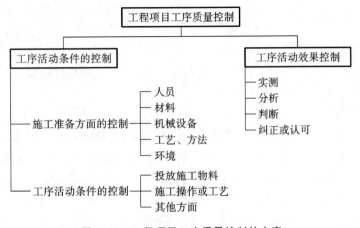

图5.23 工程项目工序质量控制的内容

①工程项目工序活动条件控制。

工程项目工序活动条件控制,主要是指对影响工程施工工序、生产质量的各因素进行控制,换言之,就是要使工程施工工序活动能在良好的条件下进行,以确保工程工序产品的质量。工程项目工序活动条件的控制包括以下两个方面。

a. 施工准备方面的控制。在开始某个工序的施工作业前,应对影响施工工序质量的因素或条件进行控制。要控制的内容一般包括:人的因素,如施工操作者和有关人员是否符合上岗要求;材料因素,如材料质量是否符合标准,能否使用;施工机械设备的因素,诸如施工机械设备的规格、性能、数量能否满足要求,质量有无保障;拟采用的施工方法及工艺是否恰当,施工产品质量有无保证;施工的环境条件是否良好等。这些因素或条件应当符合规定的要求或保持良好状态。

b. 施工过程中对工序活动条件的控制。对于施工过程中工序活动条件的控制,要注意各因素或条件的变化,如果发现某种因素或条件向不利于提高或维持现有工序质量的方面变化,应及时予以控制或纠正。在各种因素中,投放施工物料(如材料、半成品等)、施工操作或工艺是最活跃和易变化的因素,应予以特别监督与控制,使它们的质量始终处于控制之中,符合标准及要求。

②工程项目工序活动效果的控制。

工程项目工序活动效果的控制主要反映在对工序产品质量性能的特征指标的控制上,主要是指对工程项目工序活动的产品采取一定的检测手段进行检验,根据检验结果分析、判断该工序活动的质量(效果),从而实现对施工工序质量的控制。工程项目工序活动效果的控制步骤如下。

a. 实测。采用必要的检测手段,对抽取的样品进行检验,测定其质量特性指标(例如混凝土的抗拉强度)。

b. 分析。对检测所得数据进行整理、分析,找出规律。

c. 判断。根据对数据分析的结果,判断该工序产品是否达到了规定的质量标准;如果未达到,应找出原因。

d. 纠正或认可。如发现质量不符合规定标准,应采取措施纠正;如果质量符合要求,则予以确认。

工程实体质量是在施工过程中形成的,施工过程的质量控制是施工阶段工程质量控制的重点。施工过程是由一系列相互联系与制约的工序构成的,工序是人、材料、机械设备、施工方法和环境对工程质量综合起作用的过程,所以,工程施工质量控制必须以工序质量控制为基础和核心,落实在各项工序的质量控制上。

(2)工序质量控制实施要点。

工程项目工序质量控制,应当分清主次,抓住关键,依靠完善的质量保证体系和质量检查制度,完成工程项目工序质量控制,其控制实施要点如下。

①确定工序质量控制计划。

工序质量控制计划是以完善的质量体系和质量检查制度为基础的。工序质量控制计划要明确规定工序质量控制的工作流程和质量检查制度等,作为施工单位应遵循的准则。整个项目施工前,要求对施工质量控制作出计划,但这种计划一般较粗略。在分部分项工程施工前,还应制定详细的工序质量控制计划,明确质量控制的重点和难点。对某些重要的控制点,还应具体计划作业程序和有关参数的控制范围。同时,通常要求每道工序完成后,对工序质量进行检查,当工序质量经检验认为合格后,才能进行下道工序的施工。

②进行工序分析。

工序分析就是要在众多影响工程项目工序质量的因素中,找出对特定工序重要或关键,对质量特征性能指标起支配性作用或具有重要影响的主要因素,以便在工序施工中针对这些主要因素制定控制措施及标准,进行主动的、预防性的重点控制,严格把关。例如,在振捣混凝土这一工序中,振捣的插点和振捣时间是影响混凝土质量的主要因素,承包商要严格加以控制。工序分析一般可按以下步骤进行。

a. 选定分析对象,分析可能的影响因素,找出支配性要素。

b. 针对支配性要素,拟订对策计划,并加以核实。

c. 将核实的支配性要素编入工序质量表,纳入标准或规范。

d. 对支配性要素落实责任,按标准的规定实施重点管理。

③工序活动动态控制。

工程项目工序活动质量影响因素对工序质量所产生的影响,可能表现为一种偶然的、随机性的影响,也可能表现为一种系统性的影响。前者表现为工序产品的质量特征数据以平均值为中心,上下波动不定,呈随机变化,此时的工序质量基本上是稳定的,质量数据波动是正常的,它是工序活动过程中的一些偶然的、不可避免的因素造成的,例如所用材料上的微小差异、施工设备运行的正常振动、检验误差等。这种正常的波动一般对产品质量影响不大,在管理上是允许的。后者则表现为在工序产品质量特征数据方面出现异常大的波动或散差,其数据波动呈一定的规律性或倾向性变化,例如数值不断增大或减小、数据均大于(或小于)标准值或呈周期性变化等,这种质量数据的异常波动通常是系统性的因素造成的,例如使用不合格的材料、施工机具设备严重磨损、违章操作、检验量具失准等。这种异常波动在质量管理上是不允许的,应令承包商采取措施设法消除。

因此,在整个工序活动中,施工管理人员应连续地实施动态跟踪控制,通过对施工项目工序产品的抽样检验,判定产品质量波动状态。若工序活动处于异常状态,则应查找影响质量的原因,采取措施排除系统性因素的干扰,使工序活动恢复到正常状态。

④设置工序活动的质量控制点,进行预控。

质量控制点是为了保证工序质量而确定的重点控制对象、关键部位或薄弱环节。设置质量控制点是保证达到工序质量要求的必要前提,在拟订质量控制工作计划时,应予以详细的考虑,并以制度来保证落实。对于质量控制点,一般要事先分析可能造成质量问题的原因,再针对原因制定对策和措施进行预控。

a. 选择质量控制点。质量控制点的选择,应根据施工项目特点,结合施工工艺的难易程度和承包商的操作水平,进行全面分析后确定。下列情况应考虑设置施工质量控制点。(a)对工序质量有重要影响的内容和薄弱环节。(b)对下道工序的施工质量起重要影响的内容或工序。(c)施工中质量不稳定或不合格率较高的内容或工序。(d)承包商对施工质量没有把握的内容或工序。

b. 提出施工质量控制措施。确定质量控制点后,应针对每个质量控制点,提出相应的控制措施,其步骤及内容如下。(a)列出质量控制点明细表。(b)画出质量控制点的施工流程图。(c)应用因素分析方法进行工序分析,找出工序质量的支配性影响因素。(d)制定工序质量表,对各支配性因素,规定明确的控制范围和控制要求。(e)编制保证质量的作业指导书。

c. 实施质量控制点的控制。实施质量控制点的质量控制,包括以下5个步骤。(a)进行控制措施交底。将质量控制点的控制措施向作业班组交底,使操作人员明确操作要点。(b)对工序活动条件进行检查验收。(c)按作业指导书进行操作。(d)认真记录,检查结果。(e)运用数理统计方法,不断分析、改进与提高质量,以保证质量控制点验收合格。

(3)工序质量控制过程。

施工工序质量控制过程如下。

①工序活动前的控制。在操作前,要求人、机械设备、材料、施工方法和施工环境能满足要求。

②检验。采用必要的检测工具或手段,对工序活动的效果进行质量检验。

③效果分析。对检验数据进行分析,找出其变化规律。

④判断。根据工序质量标准和分析数据,对整个工序的质量进行评价,判断该工序是否达到质量标准,即是否正常。

⑤因素分析。若工序质量正常,控制过程的一个循环结束;若工序质量异常,则进行工序分析,寻找影响工序质量的因素,尤其要找出其中的主要影响因素。

⑥主要影响因素控制。找出主要影响因素后,对其进行调整,使其符合规定要求。

⑦重复检验。重复步骤②~④,检查调整效果。

⑧重复循环。过一段时间或完成一定工程量后,重复上述步骤,实施循环控制。

5.4.6 项目安全目标控制

1. 危险源的识别和风险控制

1)危险源

危险源是安全管理的主要对象,在实际生活和生产过程中,危险源是以多种多样的形式存在的。虽然危险源的表现形式不同,但从本质上说,能够造成危害后果的(如伤亡事故、人身健康受损害、物体受破坏和环境污染等),均可归结为能量的意外释放或约束、限制能量和危险物质措施失控的结果。

因此危险源可根据其事故发生、发展中的作用分为两大类,即第一类危险源和第二类危险源。

(1)第一类危险源。能量和危险物质的存在是危害产生的根本原因,通常把可能发生意外释放的能量(能源或能量载体)或危险物质称作第一类危险源。第一类危险源是事故发生的物理本质,危险性主要表现为导致事故从而造成后果的严重程度方面。

(2)第二类危险源。造成约束、限制能量和危险物质措施失控的各种不安全因素称作第二类危险源。第二类危险源主要体现在设备故障或缺陷(物的不安全状态)、人为失误(人的不安全行为)和管理缺陷等方面。这是导致事故的必要条件,决定事故发生的可能性。

事故的发生是两类危险源共同作用的结果,第一类危险源是事故发生的前提,第二类危险源的出现是第一类危险源导致事故的必要条件。在事故的发生和发展过程中,两类危险源相互依存,相辅相成。第一类危险源是事故的主体,决定事故的严重程度,第二类危险源出现的难易,决定事故发生的可能性大小。

2)危险源识别

危险源识别是安全管理的基础工作,主要目的是找出与每项工作活动有关的所有危险源,并考虑这些危险源可能会对什么人造成什么样的伤害,或导致什么设备设施损坏等。

(1)危险源的识别。

国家标准《生产过程危险和有害因素分类与代码》(GB/T 13861—2022)适用于各个行业在规划、设计和组织生产时对危险源的预测和预防、伤亡事故的统计分析和应用计算机的管理。危险源识别可参照该标准进行分类和编码,以便于管理。

按照该标准,危险源分为四大类:人的因素、物的因素、环境因素、管理因素。

(2)危险源识别方法。

危险源识别的方法有询问交谈、现场观察、查阅有关记录、获取外部信息、工作任务分析、安全检查表、危险与操作性研究、事故树分析、故障树分析等。这些方法各有特点和局限性,往往采用两种或两种以上的方法识别危险源。以下简单介绍常用的两种方法。

①专家调查法。专家调查法是通过向有经验的专家咨询、调查,识别、分析和评价危险源的一类方法,其优点是简便、易行,其缺点是受专家的知识、经验和占有资料的限制,可能出现遗漏。

②安全检查表法。安全检查表实际上就是实施安全检查和诊断项目的明细表。运用已编制好的安全检查表,进行系统的安全检查,识别工程项目存在的危险源。检查表的内容一般包括分类项目、检查内容及要求、检查以后的处理意见等,可以用"是""否"回答,或用"√""×"符号标记,同时注明检查日期,并由检查人员和被检查单位同时签字。安全检查表法的优点是简单易懂、容易掌握,可以事先组织专家编制检查项目,使安全检查做到系统化、完整化;缺点是只能作出定性评价。

(3)危险源的评估。

根据对危险源的识别,评估危险源造成风险的可能性和大小,对风险进行分级。《职业健康安全管理体系 要求及使用指南》(GB/T 45001—2020)推荐的简单的风险等级评估表如表5.13所示,结果分为Ⅰ、Ⅱ、Ⅲ、Ⅳ、Ⅴ五个风险等级,可对不同等级的风险采取相应的风险控制措施。

表5.13 风险等级评估表

可能性	后果		
	轻度损失(轻微伤害)	中度损失(伤害)	重大损失(严重伤害)
	风险级别(大小)		
很大	Ⅲ	Ⅳ	Ⅴ
中等	Ⅱ	Ⅲ	Ⅳ
极小	Ⅰ	Ⅱ	Ⅲ

注:Ⅰ为可忽略风险;Ⅱ为可容许风险;Ⅲ为中度风险;Ⅳ为重大风险;Ⅴ为不容许风险。

风险评价是一个持续不断的过程,应持续评审控制措施的充分性。当条件变化时,应对风险重新进行评估。

3)风险的控制

(1)风险控制策划。

风险评价后,应分别列出所找出的所有危险源和重大危险源清单,对已经评价出的不容许风险和重大风险(重大危险源)进行排序,由工程技术主管部门的相关人员进行风险控制策划,制定风险控制措施或管理方案。一般危险源可以通过日常管理程序来控制。

风险控制策划可以按照以下顺序和原则进行考虑:①尽可能完全消除有不可接受风险的危险源,如用安全品取代危险品;②如果不可能消除有重大危险的危险源,应努力采取降低风险的措施,如使用低压电器等;③在条件允许时,应使工作适合人,如考虑降低人的精神压力和体能消耗;④应尽可能利用技术进步来改善安全控制措施;⑤应考虑保护每个工作人员的措施;⑥将技术管理与程序控制结合起来;⑦应考虑引入诸如机械安全防护装置的维护计划的要求;⑧在各种措施还不能绝对保证安全的情况下,作为最终手段,还应考虑使用个人防护用品;⑨应有可行、有效的应急方案;⑩预防性测定指标是否符合控制措施计划的要求。

(2)风险控制措施计划。

不同的组织、不同的工程项目需要根据不同的条件和风险量来选择适合的控制策略和管理方案。在实际应用中,应该根据风险评价所得出的不同风险源和风险量大小(风险水平),选择不同的控制策略。

风险控制措施计划在实施前宜进行评审。评审主要包括以下内容:①更改的措施是否使风险降低至可允许水平;②是否产生新的危险源;③是否已选定了成本效益最佳的解决方案;④更改的预防措施是否能得以全面落实。

(3)风险控制方法。

第一类危险源控制方法:可以采取消除危险源、限制能量和隔离危险物质、个体防护、应急救援等方法。建设工程可能遇到不可预测的各种自然灾害引发的风险,只能采取预测、预防、应急计划和应急救援等措施,以尽量消除或减少人员伤亡和财产损失。

第二类危险源控制方法:提高各类设施的可靠性,以消除或减少故障、增加安全系数、设置安全监控系统、改善作业环境等。最重要的是加强员工的安全意识培训和教育,克服不良的操作习惯,严格按章办事,并帮助其在生产过程中保持良好的生理和心理状态。

2. 工程安全技术措施计划和安全技术交底

1)建设工程施工安全技术措施

(1)施工安全控制。

安全控制是生产过程中涉及的计划、组织、监控、调节和改进等一系列致力于满足生产安全要求所进行的管理活动。

安全控制的目标是减少和消除生产过程中的事故,保证人员健康安全和财产免受损失。具体应包括:减少或消除人的不安全行为的目标;减少或消除设备、材料的不安全状态的目标;改善生产环境和保护自然环境的目标。

建设工程施工安全控制主要有以下特点。

①控制面广。建设工程规模较大,生产工艺复杂、工序多,在建造过程中流动作业多,高处作业多,作业位置多变,遇到的不确定因素多,因此安全控制工作涉及范围大,控制面广。

②控制的动态性。建设工程项目的单件性,使得每项工程的条件不同,所面临的危险因素和防范措施也会有所改变。员工在转移工地后,熟悉一个新的工作环境需要一定的时间,有些工作制度和安全技术措施也会有所调整,员工同样有一个熟悉的过程。

建设工程项目施工具有分散性,现场施工分散于各个部位,尽管有各种规章制度和安全技术交底的环节,但是面对具体的生产环境时,仍然需要工作人员的判断和处理,有经验的人员还必须适应不断变化的情况。

③控制系统交叉性。建设工程项目是开放系统,受自然环境和社会环境影响很大,同时也会对社会和环境造成影响,安全控制需要把工程系统、环境系统及社会系统结合起来。

④控制的严谨性。建设工程施工的危害因素复杂、风险程度高、伤亡事故多,所以预防控制措施必须严谨,如有疏漏,事态就可能失控,酿成事故,造成损失和伤害。

施工安全的控制程序包括以下方面。

①确定每项具体建设工程项目的安全目标。将安全目标按"目标管理"方法在以项目经理为首的项目管理系统内进行分解,从而确定每个岗位的安全目标,实现全员安全控制。

②编制建设工程项目安全技术措施计划。工程施工安全技术措施计划是对生产过程中的不安全因素,用技术手段加以消除和控制的文件,是落实"预防为主"方针的具体体现,是进行工程项目安全控制的指导性文件。

③安全技术措施计划的落实和实施。安全技术措施计划的落实和实施包括建立健全安全生产责任制,设置安全生产设施,采取安全技术措施和应急措施,进行安全教育和培训、安全检查、事故处理,沟通和交流信息,从而使生产作业的安全状况处于受控状态。

④安全技术措施计划的验证。安全技术措施计划的验证是通过施工过程中对安全技术措施计划实施情况进行检查,纠正不符合安全技术措施计划的情况,保证安全技术措施的贯彻和实施。

⑤持续改进。根据安全技术措施计划的验证结果,对不适宜的安全技术措施计划进行修改、补充和完善。

(2)施工安全技术措施的一般要求和主要内容。

①施工安全技术措施的一般要求。

a. 施工安全技术措施必须在工程开工前制定。施工安全技术措施是施工组织设计的重要组成部分,应在工程开工前与施工组织设计一同编制。为保证各项安全设施的落实,在工程图纸会审时,就应特别注意安全施工的问题,并在开工前制定好安全技术措施,使得用于该工程的各种安全设施有较充分的时间进行采购、制作和维护等。

b. 施工安全技术措施要有全面性。按照有关法律法规的要求,在编制工程施工组织设计时,应当根据工程特点制定相应的施工安全技术措施。对于大中型工程项目、结构复杂的重点工程,除必须在施工组织设计中编制施工安全技术措施外,还应编制专项工程施工安全技术措施,详细说明有关安全方面的防护要求和措施,确保单位工程或分部分项工程的施工安全。对爆破、拆除、起重吊装、水下、基坑支护和降水、土方开挖、脚手架、模板等危险性较大的作业,必须编制专项安全施工技术方案。

c. 施工安全技术措施要有针对性。施工安全技术措施是针对每项工程的特点制定的,编制安全技术措施的技术人员必须掌握工程概况、施工方法、施工环境、条件等一手资料,并熟悉安全法规、标准等,才能制定有针对性的安全技术措施。

d. 施工安全技术措施应力求全面、具体、可靠。施工安全技术措施应把可能出现的各种不安全因素考虑周全,制定的对策措施方案应力求全面、具体、可靠,这样才能真正做到预防事故的发生。但是,全面具体不等于罗列一般的操作工艺、施工方法以及日常安全工作制度、安全纪律等。这些制度性规定,安全技术措施中不需要再作抄录,但必须严格执行。

对大型群体工程或一些面积大、结构复杂的重点工程,除必须在施工组织总设计中编制施工安全技术总体措施外,还应编制单位工程或分部分项工程安全技术措施,详细地制定有关安全方面的防护要求和措施,确保该单位工程或分部分项工程的安全施工。

e.施工安全技术措施必须包括应急预案。由于施工安全技术措施是在相应的工程施工之前制定的,所涉及的施工条件和危险情况大都建立在可预测的基础上,而建设工程施工过程是开放的过程,在施工期间的变化是经常发生的,还可能出现预测不到的突发事件或灾害(如地震、火灾、台风、洪水等)。所以,施工技术措施计划必须包括面对突发事件或紧急状态的各种应急设施、人员逃生和救援预案,以便在紧急情况下,能及时启动应急预案,减少损失,保护人员安全。

f.施工安全技术措施要有可行性和可操作性。施工安全技术措施应能够在每个施工工序之中得到落实,既要考虑保证安全要求,又要考虑现场环境条件和施工技术条件。

②施工安全技术措施的主要内容。

施工安全技术措施的主要内容:进入施工现场的安全规定;地面及深槽作业的防护;高处及立体交叉作业的防护;施工用电安全;施工机械设备的安全使用;在采取"四新"技术时,有针对性的专门安全技术措施;有针对自然灾害预防的安全措施;预防有毒、有害、易燃、易爆等作业造成危害的安全技术措施;现场消防措施。

安全技术措施中必须包含施工总平面图,在图中必须对危险的油库、易燃材料库、变电设备、材料和构配件的堆放位置,塔式起重机、物料提升机(井架、龙门架)、施工用电梯、垂直运输设备位置,搅拌台的位置等按照施工需求和安全规程的要求明确定位,并提出具体要求。

结构复杂、危险性大、特性较多的分部分项工程,应编制专项施工方案和安全措施。如基坑支护与降水工程、土方开挖工程、模板工程、起重吊装工程、脚手架工程、拆除工程、爆破工程等,必须编制单项的安全技术措施,并要有设计依据、有计算、有详图、有文字要求。

季节性施工安全技术措施,就是考虑夏季、雨季、冬季等不同季节的气候对施工生产带来的不安全因素可能造成的各种突发性事故,而从防护上、技术上、管理上采取的防护措施。一般工程可在施工组织设计或施工方案的安全技术措施中编制季节性施工安全措施;危险性大、高温期长的工程,应单独编制季节性的施工安全措施。

2)安全技术交底

(1)安全技术交底的内容。

安全技术交底是一项技术性很强的工作,对贯彻设计意图、严格实施技术方案、按图施工、循规操作、保证施工质量和施工安全至关重要。

安全技术交底主要内容如下:本施工项目的施工作业特点和危险点;针对危险点的具体预防措施;应注意的安全事项;相应的安全操作规程和标准;发生事故后应及时采取的避难和急救措施。

(2)安全技术交底的要求。

①项目经理部必须实行逐级安全技术交底制度,纵向延伸到班组全体作业人员。

②技术交底必须具体、明确,针对性强。

③技术交底的内容应针对分部分项工程施工中给作业人员带来的潜在危险因素和存在问题。

④应优先采用新的安全技术措施。

⑤对于涉及"四新"项目或技术含量高、技术难度大的单项技术设计,必须经过两阶段技术交底,即初步设计技术交底和实施性施工图技术设计交底。

⑥应将工程概况、施工方法、施工程序、安全技术措施等向工长、班组长进行详细交底。

⑦定期向由两个以上作业队和多工种进行交叉施工的作业队伍进行书面交底。
⑧保存书面安全技术交底签字记录。

3. 工程项目安全隐患处理

(1)建设工程安全的隐患。

建设工程安全隐患包括三个部分的不安全因素：人的不安全因素、物的不安全状态和组织管理上的不安全因素。

①人的不安全因素。

人的不安全因素是能够使系统发生故障或发生性能不良的事件的个人的不安全因素和违背安全要求的错误行为。

a. 个人的不安全因素。个人的不安全因素包括人员的心理、生理、能力中不能适应工作和作业岗位要求的影响安全的因素。心理的不安全因素有影响安全的性格、气质和情绪（如急躁、懒散、粗心等）。生理的不安全因素有视觉、听觉等感觉器官不能适应作业岗位要求；体能不能适应作业岗位要求；年龄不能适应作业岗位要求；有不适合作业岗位要求的疾病；疲劳和酒醉或视线模糊。能力上的不安全因素包括知识技能、应变能力、资格等不能适应工作和作业岗位要求的影响因素。

b. 人的不安全行为。人的不安全行为指能造成事故的人为错误，是人为地使系统发生故障或发生性能不良事件，是违背设计和操作规程的错误行为。不安全行为的类型有：操作失误、忽视安全、忽视警告；造成安全装置失效；使用不安全设备；用手代替工具操作；物体存放不当；冒险进入危险场所；攀坐不安全位置；在起吊物下作业、停留；在机器运转时进行检查、维修、保养；有分散注意力的行为；未正确使用个人防护用品、用具；有不安全装束；对易燃易爆等危险物品处理错误。

②物的不安全状态。

物的不安全状态是指能导致事故发生的物质条件，包括机械设备或环境所存在的不安全因素。

a. 物的不安全状态的内容：物本身存在的缺陷；防护保险方面的缺陷；物的放置方法的缺陷；作业环境场所的缺陷；外部的和自然界的不安全状态；作业方法导致的物的不安全状态；保护器具信号、标志和个体防护用品的缺陷。

b. 物的不安全状态的类型：防护等装置缺陷；设备、设施等缺陷；个人防护用品缺陷；生产场地环境的缺陷。

③组织管理的不安全因素。

组织管理缺陷是事故潜在的不安全因素。它的内容如下：技术上的缺陷；教育上的缺陷；生理上的缺陷；心理上的缺陷；管理工作上的缺陷；学校教育和社会、历史上的原因造成的缺陷。

(2)建设工程安全隐患的处理。

在工程建设过程中，安全事故隐患是难以避免的，但要尽可能预防和消除安全事故隐患。首先需要项目参与各方加强安全意识，做好事前控制，建立健全各项安全生产管理制度，落实安全生产责任制，注重安全生产教育培训，保证安全生产条件所需资金的投入，将安全隐患消除在萌芽之中；其次是根据工程的特点确保各项安全施工措施的落实，加强对工程安全生产的检查监督，及时发现安全事故隐患；最后是对发现的安全事故隐患及时进行处理，查找原因，防止事故隐患的进一步扩大。

①安全事故隐患治理原则。

a. 冗余安全度治理原则。为确保安全，在治理事故隐患时应考虑设置多道防线，如道路上有一个坑,既要设防护栏及警示牌,又要设照明及夜间警示红灯。

b. 单项隐患综合治理原则。任一个环节产生安全事故隐患,都要从人、机械设备、原料、施工方法、环境安全匹配的角度考虑,调整匹配的方法,提高匹配的可靠性。一件单项隐患问题的整改需综合(多角度)治理。例如某工地发生触电事故,一方面要进行人的安全用电操作教育,另一方面现场也要设置漏电开关,对配电箱、用电线路进行防护改造,也要严禁非专业电工乱接乱拉电线。

c. 事故直接隐患与间接隐患并治原则。对人、机、环境系统进行安全治理,同时还需治理安全管理措施。

d. 预防与减灾并重治理原则。治理安全事故隐患时,需尽可能减少发生事故的可能性,如果不能控制安全事故的发生,也要设法将事故等级减低。但是不论预防措施如何完善,都不能保证事故绝对不会发生,因此还必须对事故减灾作好充分准备,研究应急技术操作规范。如及时切断供料及切断能源的操作方法;及时降压、降温、降速以及停止运行的方法;及时排放毒物的方法;及时疏散及抢救的方法;及时请求救援的方法等。还应定期组织训练和演习,使该生产环境中每个人都真正掌握这些减灾技术。

e. 重点治理原则。根据对隐患的分析评价结果实行危险点分级治理,也可以用安全检查表打分,对隐患危险程度分级。

f. 动态治理原则。动态治理就是对生产过程进行动态随机安全化治理,生产过程中发现问题及时治理,既可以及时消除隐患,又可以避免小的隐患发展成大的隐患。

② 安全事故隐患的处理。

在建设工程中,安全事故隐患的发现可以来自各参与方,包括建设单位、设计单位、监理单位、施工单位、供货商、工程监管部门等。各方对于事故安全隐患处理的义务和责任,以及相关的处理程序在《建设工程安全生产管理条例》中已有明确的界定。这里仅从施工单位角度谈其对事故安全隐患的处理方法。

a. 当场指正,限期纠正,预防隐患发生。对于违章指挥和违章作业行为,检查人员应当场指出,并限期纠正,预防事故的发生。

b. 做好记录,及时整改,消除安全隐患。对检查中发现的各类安全事故隐患,应做好记录,分析安全隐患产生的原因,制定消除隐患的纠正措施,报相关方审查批准后进行整改,及时消除隐患。对重大安全事故隐患排除前或者排除过程中无法保证安全的,责令从危险区域内撤出作业人员或者暂时停止施工,待隐患消除再行施工。

c. 分析统计,查找原因,制定预防措施。对于反复发生的安全隐患,应通过分析统计,属于多个部位存在的同类型隐患,即"通病";属于重复出现的隐患,即"顽症"。查找产生"通病"和"顽症"的原因,修订和完善安全管理措施,制定预防措施,从源头上消除安全事故隐患的发生。

d. 跟踪验证。检查单位应对受检单位的纠正和预防措施的实施过程和实施效果,进行跟踪验证,并保存验证记录。

5.4.7 项目职业健康与环保目标控制

1. 职业健康安全事故的分类和处理

1) 职业伤害事故的分类

职业健康安全事故分两大类型,即职业伤害事故与职业病。职业伤害事故是指生产过程及工作原因或与其相关的其他原因造成的伤亡事故。

(1)按照事故发生的原因分类。

我国《企业职工伤亡事故分类》(GB 6441—1986)规定,职业伤害事故分为20类,其中与建筑业有关的有以下12类。

①物体打击:落物、滚石、锤击、碎裂、崩块、砸伤等造成的人身伤害,不包括因爆炸而引起的物体打击。

②车辆伤害:被车辆挤、压、撞和车辆倾覆等造成的人身伤害。

③机械伤害:被机械设备或工具绞、碾、碰、割、戳等造成的人身伤害,不包括车辆、起重设备引起的伤害。

④起重伤害:从事各种起重作业时发生的机械伤害事故,不包括上下驾驶室时发生的坠落伤害,起重设备引起的触电及检修时制动失灵造成的伤害。

⑤触电:电流经过人体导致的生理伤害,包括雷击伤害。

⑥灼烫:火焰引起的烧伤、高温物体引起的烫伤、强酸或强碱引起的灼伤、放射线引起的皮肤损伤,不包括电烧伤及火灾事故引起的烧伤。

⑦火灾:在火灾时造成的人体烧伤、窒息、中毒等。

⑧高处坠落:由于危险势能差引起的伤害,包括从架子、屋架上坠落以及平地坠入坑内等。

⑨坍塌:建筑物、堆置物倒塌以及土石塌方等引起的事故伤害。

⑩火药爆炸:在火药的生产、运输、储藏过程中发生的爆炸事故。

⑪中毒和窒息:煤气、油气、沥青、化学中毒等。

⑫其他伤害:扭伤、跌伤、冻伤、野兽咬伤等。

在以上12类职业伤害事故中,在建设工程领域中最常见的是高处坠落、物体打击、机械伤害、火灾触电、坍塌、中毒7类。

(2)按事故后果严重程度分类。

我国《企业职工伤亡事故分类》(GB 6441—1986)规定,按事故后果严重程度分类,事故分为以下几类。

①轻伤事故:造成职工肢体或某些器官功能性或器质性轻度损伤,能引起劳动能力轻度或暂时丧失的伤害的事故,一般每个受伤人员休息1个工作日以上,105个工作日以下。

②重伤事故:一般指受伤人员身体残缺或视觉、听觉等器官受到严重损伤,能引起人体长期存在功能障碍或劳动能力有重大损失的伤害,或者造成每个受伤人损失105工作日以上的失能伤害的事故。

③死亡事故:一次死亡1~2人的事故。

④重大伤亡事故:一次死亡3人以上(含3人)的事故。

⑤特大伤亡事故:一次死亡10人以上(含10人)的事故。

(3)按事故造成的人员伤亡或者直接经济损失分类。

依据2007年6月1日起实施的《生产安全事故报告和调查处理条例》规定,按生产安全事故造成的人员伤亡或者直接经济损失,事故分为以下几类。

①特别重大事故,是指造成30人以上死亡,或者100人以上重伤(包括急性工业中毒,下同),或者1亿元以上直接经济损失的事故。

②重大事故,是指造成10人以上30人以下死亡,或者50人以上100人以下重伤,或者5000万元以上1亿元以下直接经济损失的事故。

③较大事故,是指造成3人以上10人以下死亡,或者10人以上50人以下重伤,或者1000万元以上5000万元以下直接经济损失的事故。

④一般事故,是指造成3人以下死亡,或者10人以下重伤,或者1000万元以下直接经济损失的事故。

目前,在建设工程领域中,判别事故等级较多采用的是《生产安全事故报告和调查处理条例》。

2)职业健康安全事故的分类和处理

(1)生产安全事故报告和调查处理的原则。

根据国家法律法规的要求,在进行生产安全事故报告和调查处理时,要坚持实事求是、尊重科学的原则,既要及时、准确地查明事故原因,明确事故责任,使责任人受到追究;又要总结经验教训,落实整改和防范措施,防止类似事故再次发生。因此,施工项目一旦发生安全事故,必须实施"四不放过"的原则:事故原因没有查清不放过;责任人员没有受到处理不放过;职工群众没有受到教育不放过;防范措施没有落实不放过。

(2)事故报告的要求。

根据《生产安全事故报告和调查处理条例》等相关规定的要求,事故报告应当及时、准确、完整,任何单位和个人对事故不得迟报、漏报、谎报或者瞒报。

①施工单位事故报告要求。

生产安全事故发生后,受伤者或最先发现事故的人员应立即用最快的传递手段,将发生事故的时间、地点、伤亡人数、事故原因等情况,向施工单位负责人报告;施工单位负责人接到报告后,应当在1小时内向事故发生地县级以上人民政府建设主管部门和有关部门报告。实行施工总承包的建设工程,由总承包单位负责上报事故。情况紧急时,事故现场有关人员可以直接向事故发生地县级以上人民政府建设主管部门和有关部门报告。

②建设主管部门事故报告要求。

安全生产监督管理部门和负有安全生产监督管理职责的有关部门接到事故报告后,应当依照下列规定上报事故情况,并通知公安机关、劳动保障行政主管部门、工会和人民检察院。

a. 特别重大事故、重大事故逐级上报至国务院安全生产监督管理部门和负有安全生产监督管理职责的有关部门。

b. 较大事故逐级上报至省、自治区、直辖市人民政府安全生产监督管理部门和负有安全生产监督管理职责的有关部门。

c. 一般事故上报至设区的市级人民政府安全生产监督管理部门和负有安全生产监督管理职责的有关部门。

安全生产监督管理部门和负有安全生产监督管理职责的有关部门依照前款规定上报事故情况,应当同时报告本级人民政府。国务院安全生产监督管理部门和负有安全生产监督管理职责的有关部门以及省级人民政府接到发生特别重大事故、重大事故的报告后,应当立即报告国务院。必要时,安全生产监督管理部门和负有安全生产监督管理职责的有关部门可以越级上报事故情况。

安全生产监督管理部门和负有安全生产监督管理职责的有关部门按照上述规定逐级上报事故情况

时,每级上报的时间不得超过2小时。

③事故报告的内容。

事故报告包括以下内容:事故发生单位概况;事故发生的时间、地点以及事故现场情况;事故的简要经过;事故已经造成或者可能造成的伤亡人数(包括下落不明的人数)和初步估计的直接经济损失;已经采取的措施;其他应当报告的情况。

事故报告后出现新情况,以及事故发生之日起30日内伤亡人数发生变化的,应当及时补报。

(3)事故调查。

根据《生产安全事故报告和调查处理条例》等相关规定的要求,事故调查处理应当坚持实事求是、尊重科学的原则,及时、准确地查清事故经过、事故原因和事故损失,查明事故性质,认定事故责任,总结事故教训,提出整改措施,并对事故责任者依法追究责任。事故调查报告的内容应包括:事故发生单位概况;事故发生经过和事故救援情况;事故造成的人员伤亡和直接经济损失;事故发生的原因和事故性质;事故责任的认定和对事故责任者的处理建议;事故防范和整改措施。

事故调查报告应当附具有关证据材料,事故调查组成人员应当在事故调查报告上签名。

(4)事故处理。

①施工单位的事故处理。

a. 事故现场处理。事故处理是落实"四不放过"原则的核心环节。当事故发生后,事故发生单位应当严格保护事故现场,做好标识,排除险情,采取有效措施抢救伤员和财产,防止事故蔓延扩大。

事故现场是追溯判断事故发生原因和事故责任人的客观物质基础。因抢救人员疏导交通等原则,需要移动现场物件时,应当作出标志,绘制现场简图并作出书面记录,妥善保存现场重要痕迹、物证,有条件的可以拍照或录像。

b. 事故登记。施工现场要建立安全事故登记表,作为安全事故档案,对发生事故人员的姓名、性别、年龄、工种等级、负伤时间、伤害程度、负伤部门及情况、简要经过及原因记录归档。

c. 事故分析记录。施工现场要有安全事故分析记录,对发生轻伤、重伤、死亡、重大设备事故及未遂事故必须按"四不放过"的原则组织分析,查出主要原因,分清责任,提出防范措施,应吸取的教训要记录清楚。

d. 要坚持安全事故月报制度,若当月无事故也要报空表。

②建设主管部门的事故处理。

a. 建设主管部门应当依据有关人民政府对事故的批复和有关法律法规的规定,对事故相关责任者实施行政处罚。处罚权限不属本级建设主管部门的,应当在收到事故调查报告批复后15个工作日内,将事故调查报告(附具有关证据材料)、结案批复、本级建设主管部门对有关责任者的处理建议等转送有权限的建设主管部门。

b. 建设主管部门应当依照有关法律法规的规定,对因降低安全生产条件导致事故发生的施工单位给予暂扣或吊销安全生产许可证的处罚;对事故负有责任的相关单位给予罚款、停业整顿、降低资质等级或吊销资质证书的处罚。

c. 建设主管部门应当依照有关法律法规的规定,对事故发生负有责任的注册执业资格人员给予罚款、停止执业或吊销其注册执业资格证书的处罚。

(5)法律责任。

根据《条例》规定,对事故报告和调查处理中的违法行为,任何单位和个人有权向安全生产监督管理部门、监察机关或者其他有关部门举报,接到举报的部门应当依法及时处理。

事故报告和调查处理中的违法行为,包括事故发生单位及其有关人员的违法行为,还包括政府、有关部门及有关人员的违法行为,其种类主要有以下几种:①不立即组织事故抢救;②在事故调查处理期间擅离职守;③迟报或者漏报事故;④谎报或者瞒报事故;⑤伪造或者故意破坏事故现场;⑥转移、隐匿资金、财产,或者销毁有关证据、资料;⑦拒绝接受调查或者拒绝提供有关情况和资料;⑧在事故调查中做伪证或者指使他人做伪证;⑨事故发生后逃匿;⑩阻碍、干涉事故调查工作;⑪对事故调查工作不负责任,致使事故调查工作有重大疏漏;⑫包庇、袒护负有事故责任的人员或者借机打击报复;⑬故意拖延或者拒绝落实经批复的对事故责任人的处理意见。

事故发生单位主要负责人有上述①~③条违法行为之一的,处上一年年收入40%~80%的罚款;属于国家工作人员的,并依法给予处分;构成犯罪的,依法追究刑事责任。

事故发生单位及其有关人员有上述④~⑨条违法行为之一的,对事故发生单位处100万元以上500万元以下的罚款;对主要负责人、直接负责的主管人员和其他直接责任人员处上一年年收入60%~100%的罚款;属于国家工作人员的,依法给予处分;构成违反治安管理行为的,由公安机关依法给予治安管理处罚;构成犯罪的,依法追究刑事责任。

有关地方人民政府、安全生产监督管理部门和负有安全生产监督管理职责的有关部门有上述①、③、④、⑧、⑩条违法行为之一的,对直接负责的主管人员和其他直接责任人员依法给予处分;构成犯罪的,依法追究刑事责任。

参与事故调查的人员在事故调查中有上述⑪、⑫违法行为之一的,依法给予处分;构成犯罪的,依法追究刑事责任。

有关地方人民政府或者有关部门故意拖延或者拒绝落实经批复的对事故责任人的处理意见的,由监察机关对有关责任人员依法给予处分。

2. 工程项目现场环境保护的措施

工程项目施工过程中的污染主要包括对施工场界内的污染和对周围环境的污染。对施工场界内的污染防治属于职业健康安全问题,而对周围环境的污染防治是环境保护的问题。

工程项目环境保护措施主要包括大气污染的防治、水污染的防治、噪声污染的防治、固体废弃物的处理以及文明施工措施等。

(1)大气污染的防治。

大气污染物的种类有数千种,已发现有危害作用的有100多种,其中大部分是有机物。大气污染物通常以气体状态和粒子状态存在于空气中。

施工现场空气污染的防治措施如下。

①施工现场垃圾渣土要及时清理出现场。

②高大建筑物清理施工垃圾时,要使用封闭式的容器或者采取其他措施处理高空废弃物,严禁凌空随意抛撒。

③施工现场道路应指定专人定期洒水清扫,形成制度,防止道路扬尘。

④对于细颗粒散体材料(如水泥、粉煤灰、白灰等)的运输、储存要注意遮盖、密封,防止和减少飞扬。

⑤车辆开出工地要做到不带泥沙,基本做到不洒土、不扬尘,减少对周围环境污染。

⑥除设有符合规定的装置外,禁止在施工现场焚烧油毡、橡胶、塑料、皮革、树叶、枯草、各种包装物等废弃物品以及其他会产生有毒、有害烟尘和恶臭气体的物质。

⑦机动车都要安装减少尾气排放的装置,确保符合国家标准。

⑧工地茶炉应尽量采用电热水器。若只能使用烧煤茶炉和锅炉时,应选用消烟除尘型茶炉和锅炉,大灶应选用消烟节能回风炉灶,使烟尘降至允许排放范围。

⑨大城市市区的建设工程已不容许现场搅拌混凝土。在容许设置搅拌站的工地,应将搅拌站封闭严密,并在进料仓上方安装除尘装置,采用可靠措施控制工地粉尘污染。

⑩拆除旧建筑物时,应适当洒水,防止扬尘。

(2)水污染的防治。

施工现场废水和固体废物随水流进入入水体,包括泥浆、水泥、油漆、各种油类、混凝土添加剂、重金属、酸碱盐、非金属无机毒物等。施工过程水污染的防治措施如下。

①禁止将有毒有害废弃物作土方回填。

②施工现场搅拌站废水、现制水磨石的污水、电石(碳化钙)的污水必须经沉淀池沉淀合格后再排放,最好将沉淀水用于工地洒水降尘或采取措施回收利用。

③现场存放油料,必须对库房地面进行防渗处理,如采用防渗混凝土地面、铺油毡等措施。使用时,要采取防止油料跑、冒、滴、漏的措施,以免污染水体。

④施工现场100人以上的临时食堂,污水排放时可设置简易有效的隔油池,定期清理,防止污染。

⑤工地临时厕所、化粪池应采取防渗漏措施。中心城市施工现场的临时厕所可采用水冲式厕所,并有防蝇灭蛆措施,防止污染水体和环境。

⑥化学用品、外加剂等要妥善保管,库内存放,防止污染环境。

(3)噪声污染的防治。

噪声可分为交通噪声(如汽车、火车、飞机等产生的噪声)、工业噪声(如鼓风机、汽轮机、冲压设备等产生的噪声)、建筑施工的噪声(如打桩机、推土机、混凝土搅拌机等产生的噪声)、社会生活噪声(如高音喇叭、收音机等产生的噪声)。噪声妨碍人们正常休息、学习和工作,为防止噪声扰民,应控制人为强噪声。

根据国家标准《建筑施工场界环境噪声排放标准》(GB 12523—2011)的要求,对建筑施工过程中场界环境噪声排放限值为昼间70 dB(A)、夜间55 dB(A)。

施工现场噪声的控制可从声源、传播途径、接收者防护等方面来考虑。

①声源控制。声源上降低噪声,这是防止噪声污染的根本措施。尽量采用低噪声设备和加工工艺代替高噪声设备与加工工艺,如低噪声振捣器、风机、电动空压机、电锯等。在声源处安装消声器消声,即在通风机、鼓风机、压缩机、燃气机、内燃机及各类排气放空装置等进出风管的适当位置设置消声器。

②传播途径的控制。a.吸声:利用吸声材料(大多由多孔材料制成)或由吸声结构形成的共振结构(金属或木质薄板钻孔制成的空腔体)吸收声能,降低噪声。b.隔声:应用隔声结构,阻碍噪声向空间传播,将接收者与噪声声源分隔。隔声结构包括隔声室、隔声罩、隔声屏障、隔声墙等。c.消声:利用消声器阻止传播。允许气流通过的消声降噪是防治空气动力性噪声的主要装置。如对空气压缩机、内燃机产生的噪声等。d.减振降噪:对来自振动引起的噪声,通过降低机械振动减小噪声,如将阻尼材料涂在振动源上,或改变振动源与其他刚性结构的连接方式等。

③接收者的防护。让处于噪声环境下的人员使用耳塞、耳罩等防护用品,减少相关人员在噪声环境中的暴露时间,以减轻噪声对人体的危害。

④严格控制人为噪声。进入施工现场不得高声喊叫、无故甩打模板、乱吹哨,限制高音喇叭的使用,最大限度地减少噪声扰民。凡在人口稠密区进行强噪声作业时,须严格控制作业时间,一般晚10点到次日早6点之间停止强噪声作业。确系特殊情况必须昼夜施工时,尽量采取降低噪声措施,并会同建设单位找当地居委会、村委会或当地居民协调,出安民告示,求得群众谅解。

(4)固体废物的处理。

建设工程施工工地上常见的固体废物主要如下。

①建筑渣土,包括砖瓦、碎石、渣土、混凝土碎块、废钢铁、碎玻璃、废屑、废弃装饰材料等。

②废弃的散装大宗建筑材料,包括水泥、石灰等。

③生活垃圾,包括炊厨废物、丢弃食品、废纸、生活用具、废电池、废日用品、玻璃、陶瓷碎片、废塑料制品、煤灰渣、废交通工具等。

④设备、材料等的包装材料。

⑤粪便。

固体废物处理的基本思想:采取资源化、减量化和无害化的处理,对固体废物产生的全过程进行控制。固体废物的主要处理方法如下。

①回收利用。回收利用是对固体废物进行资源化的重要手段之一。粉煤灰在建设工程领域的广泛应用就是对固体废弃物进行资源化利用的典型范例。

②减量化处理。减量化是对已经产生的固体废物进行分选、破碎、压实浓缩、脱水等减少其最终处置量,减低处理成本,减少对环境的污染。在减量化处理的过程中,也包括和其他处理技术相关的工艺方法,如焚烧、热解、堆肥等。

③焚烧。焚烧用于不适合再利用且不宜直接予以填埋处置的废物,除有符合规定的装置外,不得在施工现场熔化沥青和焚烧油毡、油漆,亦不得焚烧其他可产生有毒有害和恶臭气体的废弃物。垃圾焚烧处理应使用符合环境要求的处理装置,避免对大气的二次污染。

④稳定和固化。稳定和固化处理是利用水泥、沥青等胶结材料,将松散的废物胶结包裹起来,减少有害物质从废物中向外迁移、扩散,使得废物对环境的污染减少。

⑤填埋。填埋是固体废物经过无害化、减量化处理的废物残渣集中到填埋场进行处置。禁止将有毒有害废弃物现场填埋,填埋场应利用天然或人工屏障。尽量使需处置的废物与环境隔离,并注意废物的稳定性和长期安全性。

5.5 项目建设期经济与财务管理

5.5.1 建设工程项目合同管理

合同管理贯穿建设项目实施的全过程,在项目建设的各阶段都必须用合同的形式来约束各方的责任、权利和义务。按照建设程序中不同阶段的划分,工程项目合同包括前期咨询合同、勘察设计合同、监理合同、招标代理合同、造价咨询合同、工程施工合同、材料设备采购合同等。

建设项目合同体系中,各类合同既有相关性又有区别,不同合同的管理既有共性又有区别。但建设项目合同管理的基本内容均应包括合约规划、合同签订管理、合同交底、合同履行管理、合同变更管理、合同终止等。

在项目部,合约工程师负责协助项目经理对合同进行起草、谈判、执行、统计、归档、调阅、变更、补充、修订、索赔、保全及诉讼等工作。

1. 合约规划

项目合约规划是表达项目如何实现经营目标、建设目标的载体,是项目前期统一工作思路和认识的平台。合约规划为设计、工程、采购、营销等部门搭建共同工作的平台,各部门按照合约规划既定的合约方式开展工作。

编制合约规划时需要解决的主要问题有:项目应分解成几个独立合同,以及每个合同的工程范围如何;采用何种委托方式和承包方式;合同的种类、形式和条件;合同重要条款的确定等。

从上述内容可以看出,合约规划工作应在项目实施有关采购之前进行,它直接影响后续招标采购工作的进展。根据企业的要求,合约规划应在项目启动会召开前完成。

1)合同分类

由于工程项目具有投资大、工期长、参与单位多的特点,一个项目的合同数量往往会比较多,形成了一个合同群。为有效地对合同进行管理,首先应将合同进行分类。按照合同标的内容,建设工程合同可以分为设计类合同、前期类合同、咨询服务类合同和建安类合同4类。

设计类合同主要包括建筑设计、专项设计、市政设计以及与设计有关的咨询合同、顾问合同等。前期类合同主要指与投资决策、规划报建等工作相关的合同,如可行性研究分析、环境影响评价咨询、产权办理、开工手续办理等。咨询服务类合同主要指不形成建筑实体的咨询、监测、服务类合同,如监理、造价咨询、招标代理、基坑监测等合同。建安类合同主要指与形成建筑物实体有关的合同,如土方施工、建安总承包、机电安装及设备供货等。

在确定了合同分类的基础上,合约规划还需要确定各个合同的类型。不同类型的合同各有其使用条件,对于合同各方,又有各自不同的权利、责任和风险。项目管理实践中,应根据具体情况选择适宜的合同类型,合理的合同类型选择有利于减少合同纠纷、降低工程风险,并顺利实现项目的目标。

合同类型按照计价方式的不同,主要有单价合同、总价合同和成本加酬金合同三种类型,其特点及适用范围如表5.14所示。

表5.14 合同类型特点及适用范围

合同类型	特点	适用范围
单价合同	①招标前,发包人无须对工程作出完整、详尽的设计,因而可以缩短招标时间; ②能鼓励承包商提高工作效率,节约工程成本,增加承包商利润; ③支付费用只需用单价乘以工程量即可求得,支付程序简便; ④工程造价不易控制	适用于招标时尚无详细图纸或设计内容尚不十分明确、工程量无法准确计算的工程

续表

合同类型	特点	适用范围
总价合同	①合同管理和结算比较简单，基本在投标时即可确定工程造价； ②承包商需要承担单价和工程量的双重风险，报价一般较高	适用于设计深度满足精确计算工程量的要求，工程范围明确，施工条件稳定，结构不甚复杂，工期较短的工程项目
成本加酬金合同	①能在设计资料不完整的情况下实现早日开工，早日完工； ②合同价格在签订合同时不能确定，业主承担着全部工程量和价格的风险； ③承包商不承担风险，虽然利润不高，但可确保赢利； ④承包商没有节约成本的积极性，工程造价不易控制	①开工前工程内容不十分确定，设计未完成就要求开工；②质量要求高或采用新技术新工艺，事先无法确定价格的工程；③带有研究、开发性质的工程

综上所述，合同类型的选择，应考虑下列因素：①工程设计的深度；②工程项目的技术先进性；③项目的规模及其复杂程度；④承包商的意愿和能力；⑤工程进度的紧迫程度；⑥业主方的管理能力；⑦外部因素或风险，如政治局势、恶劣气候、通胀等。

采用何种类型的合同并不是固定不变的，有时，一个项目中的不同工程部分或不同阶段，可能采用不同类型的合同，应根据项目的特点和实际情况，全面、反复地权衡利弊，选定最佳的合同类型。

2）合同数量

合同数量的多少与企业的管理模式和项目的管理能力直接相关。合同太少，可能不能体现专业划分的原则，合同太多、分解过细，则造成交界面太多，给现场的管理造成很大难度。根据实践经验，一个15万平方米左右的写字楼项目（含精装修），合同数量控制在30个左右比较合适。

在具体确定合同数量时，应首先做好以下几项工作。

(1) 界定项目范围。

根据土地上市文件、环境调查资料和类似项目的数据，并充分考虑项目的限制条件和制约因素，如遮挡、交通、特殊的功能要求等，对项目的范围有一个清晰的界定。

(2) 合约体系。

是采用独立发包，还是放在总包合同中，这要考虑两方面的问题：一是企业的合格供应商是否足够，二是项目团队的管理能力。如果合格供应商数量可供选择的比较多，而且项目的管理团队有相应的管理经验和能力，就可以适当多考虑一些分包。

①施工总承包。施工总承包作为一种工程项目管理模式，由于其具有层次分明、责任明晰、管理规范等先进性，在目前的项目建设中普遍采用，但项目管理人员，必须对其优点、缺点有全面的认识和了解，以便于结合企业和项目自身的特点确定采购方案。

a.施工总承包的优点。

(a)有利于厘清工程建设中业主与承包商、总包与分包、执法机构与市场主体之间的各种复杂关系。比如,在工程总承包条件下,业主选定总承包商后,工程分包、材料设备采购等环节直接由总承包确定,业主从而不必再实行平行发包,避免了发包主体主次不分的混乱状态,也避免了执法机构过去在一个工程中要对多个市场主体实施监管的复杂关系。

(b)有利于优化资源配置。业主方摆脱了工程建设过程中的杂乱事物,避免了人员与资金的浪费;减少了变更、争议、纠纷和索赔的耗费,使资金、技术、管理各个环节衔接更加紧密。

(c)在强化总包管理责任的前提下,有利于控制总体的工程造价。实行整体发包,招标成本大幅降低。

(d)有利于提高全面履约能力,确保项目整体的质量和工期。由于工程建设的各个环节均置于总承包商的指挥下,可以充分发挥大型承包企业所具有的较强技术力量、管理能力和丰富经验的优势,大大增强工程各个环节的综合协调余地,这对于确保质量和进度是十分重要的。

b.施工总承包的缺点。

施工总承包方在可能进行分包的情形下会收取适当的分包商管理费,这样会造成费用偏高,同时总承包方一般会具备较高的资质等级,这也会造成发包费用偏高。

采用施工总承包采购需等到施工图全部出具完全后才可开始招标,开工日期较迟,建设周期势必较长,对进度控制不力。

c.施工总承包的适用范围。

适用施工平行承发包的情形:项目规模很大,一家施工单位难以承揽;工期要求紧迫,图纸未出完整即开工建设;建设方有足够的管理人员应付多家施工单位的管理工作。

施工总承包适用于除了平行承发包适用的几种情形外的所有工程发包。

②设计总承包。所谓设计总承包就是由一家具备相应资质的设计单位负责工程项目的所有建筑设计任务,包括方案设计、初步设计、施工图设计以及幕墙设计、机电设计、精装修设计、园林设计等专业设计内容。

设计总包的优点在于:由于有设计总包单位的参与,业主方设计协调的工作量大大减少;并且,由于业主方的设计合同只有一个和总包单位的合同,减少了不同设计合同之间的界面管理,从而减少了冲突、纠纷、扯皮的现象。其缺点在于:总包单位的选取很重要,如果由主要承担施工图设计的单位承担设计总包的工作,很难对方案设计单位进行有效控制,如果由方案设计单位作为总包,则对后续的初步设计、施工图设计单位管理难度也会比较大。另外,由于只有一个总包设计合同,业主方对专业设计单位的指令是间接发出的,如果有一些方案性或功能性的改变,则管理程序、变更程序的协调会比较复杂。

(3)合同界面。

合理界定各参建单位之间的合同界面是合约规划的前提,特别是总包和分包之间的工作界面必须界定清楚,以避免由于界面不清而引起的现场扯皮、变更洽商、进度滞后等问题。

主要分包单位与总包之间的合同界面范围描述如表5.15所示。

表 5.15 总包与分包工作范围界面表

序号	承包商	工作界面
1	总包	①按设计图纸完成井道的施工,按电梯供应商交底要求完成电梯工程留洞预埋及相关基础工程; ②提供电梯/自动扶梯调试所需临时供电,以配电箱柜为界限; ③负责机房内的主电源开关(配电箱)、固定电气照明、电源插座、照明开关和通风设备安装,提供和安装由电梯机房及井道外连接至中央控制室之间的线槽、线缆; ④提供电梯门框用的调直和调平的数据,提供混凝土填料材料用于框缘、厅门框、地基和底坑的填充和灌浆,为所有电梯底坑提供排水设施; ⑤未办理正式移交手续之前按照电梯分包人要求进行成品保护、层门预留孔的安全保护栏、安全防护网的设置
1	电梯	①负责电梯井道内脚手架的安装,负责电梯延伸的所有电梯设备; ②井道内永久性照明由电梯安装公司负责,包括机房和底坑的井道照明控制开关; ③机房内的消防电梯迫降控制线由消防施工单位负责,电梯安装公司负责提供接口; ④机房、轿箱、消防控制中心的三方对讲控制线由消防施工单位施工,电梯安装公司负责提供轿箱和机房的接口; ⑤轿箱内的闭路监控施工由智能化施工单位负责,电梯安装公司负责在轿厢内提供摄像头的位置;轿厢其余施工由电梯安装公司负责
2	总包	①按设计图纸和幕墙交底内容完成与幕墙有关的预留、预埋、补洞、开洞、堵洞、水泥砂浆塞口收口等; ②负责对有关的分包进行工作协调、作业面提供以及进度、质量、安全的全面监督、管理
2	幕墙	包括外门窗、玻璃幕墙、石材幕墙和遮阳系统的二次深化设计、材料采购、现场安装、调试、验收等
3	总包	①按设计图纸和精装交底内容完成与精装有关的设备基础(如果有)、预留预埋件、预埋管(包括地脚螺栓)、预留洞、补洞、开洞、堵洞等; ②负责对精装单位进行现场协调、作业面提供以及进度、质量、安全的全面监督、管理; ③负责提供现场轴线、水平线、标高线以及相关技术数据
3	精装	根据施工图纸要求,包括所有室内精装区域内的二次深化设计,装饰工程的材料采购、现场施工、设备安装、用电末端(如开关、灯具)、二次配管配线、给排水支路管线、卫生洁具安装以及自施工范围内的成品保护等

总承包还应对以上专业分包单位及其他独立施工单位提供以下现场施工协调、配合和管理工作,具体包括以下方面。

①在工地现场为专业分包提供临时办公室、临时卫生间、辅助设施及库房,并确保其所占用场地不

能妨碍施工及材料运输。

②提供给专业分包单位合理的施工空间及通道,专业分包单位须负责修补由其本身引起在施工场地通道上所造成的损坏。

③提供在施工场地上的爬梯、脚手架及升降电梯,并确保其安全性。

④提供标高及定位的基准点、线,并确保其准确性。

⑤按合同约定提供专业分包工程施工所需脚手架、安全网、围板等;对工地上所有物料和机械提供安保措施;提供分包现场用水、照明及电力的供应至指定位置供专业分包单位使用,包括提供测试及调试所需用量及负荷,专业分包单位及独立施工单位须自行从供水点再驳管道及从供电点再驳线路,并在不需时拆除。总承包方须确保这些设施的正常使用及符合安全规定,定时检查、维修。施工现场用水电费均由总承包方负责。

⑥总承包方须配备专职安全人员检查各专业分包单位的安全施工情况,在发现不符合施工现场安全规定时督促其及时改正。

⑦总承包方须在工地上及每栋建筑物内每层设置建筑垃圾集中堆放点,并需每日定时清理、运走。

⑧在工程交付发包方正式接管前,进行全面的清理工作。

⑨合同约定的其他事项。

在确定合同数量时,还应考虑如下因素。

①以对工作任务的技术可分割性分析为基础,控制不必要的、过多的工作界面分割。

②以经济上最有利作为合理性判断。

③以技术上是否可能与合理可靠为必要条件。

④考虑各项分包工程在合同责任的搭接上既不出现重复,也不出现遗漏,并使每一承包商的工作范围尽可能达到必要的生产经营规模。

由于项目的合同数量比较多,为避免编制合约规划时的合同漏项,在工作分解结构的基础上编制合同网络图是一个直观而有效的方法。

3)合同重要条款的确定

在编制合约规划期间,根据成本指标、进度计划等约束条件,应提前对进度、成本、质量影响比较大的合同进行梳理,如土方、结构、机电、幕墙、电梯、弱电、变配电、精装修、园林、进口设备等。

通过对主项合同的商务、技术条款的起草、讨论、审定等工作,细化合同内容,为招标文件的编制做好准备,更为后续的项目管理提供强有力的合同保障。

合同条款的控制要点如下。

(1)合同目标的要求。工期目标、质量目标、安全文明施工目标、职业健康环境目标、现场管理目标等应在合同条款中予以明确,并有相应的违约责任条款,但应注意目标的合理性、可达性和可操作性,避免因业主工作的滞后造成承包商的索赔。

(2)合同范围的要求,即应由承包人完成的合同内容说明,包括报批报建手续、承包范围说明、定期上报的文件(计划、报告、说明、表格等)和竣工交付应履行的职责等。

(3)应达到的技术标准要求。应执行的国家和地方标准规范,包括设计、材料、工艺、验收和特殊的技术约定。

(4)对主要管理人员的要求。对承包商驻工地代表(项目经理)和主要管理人员的任职资格、工作职责、工作经验等进行提前约定,确保合同执行者的能力、经验满足项目的要求。

(5)违约条款。针对上述合同内容,对未达到约定标准或未予履行的,要有针对性的违约索赔条款。比如在精装修合同中,对于质量不合格的处理可做如下规定:质量不合格的必须按照监理工程师的要求进行返工,返修费用由乙方承担,工期不予延长。如乙方未能按要求及时处理质量问题或质量事故,监理工程师有权委托他人进行处理,发生的一切费用加15%管理费可从甲方给乙方的任何款项中扣回。因乙方装修质量问题导致工期延误的,乙方须向甲方赔偿因此造成的所有损失。

(6)其他。签订"廉政建设协议书"及安全、消防、文明施工协议。

4)编制合约规划

合约规划为后续工作的开展制定了量化的指导目标,编制中应考虑如下因素:①确保完成项目目标;②符合公开招标、内部招标的时间要求;③考虑招标图纸的完成时间,并留出清单编制的时间;④综合考虑图纸深化、材料准备、施工样板等的时间消耗。

2. 合同签订

合同签订流程包括合同初稿编制、中标单位确定、合同签订、合同下发等内容,如图5.24所示。

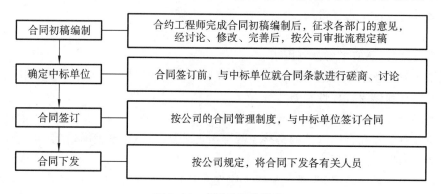

图 5.24 合同签订的流程

(1)合同初稿编制。

为提高工作效率,加快合同的起草、审批、签约等进度,企业应根据自身特点,建立符合需要的、标准化的"合同文件模板库"。模板库的建立不仅可以提高效率,还可以使项目管理的各类经验、教训通过标准合同模板的形式得到总结、积累和沉淀,从而支撑企业的快速发展。

在实际应用中,如果已有标准合同模板,应直接使用;没有标准合同模板,应采用类似或接近的合同模板修改、补充后使用。

(2)合同洽谈。

在确定中标单位后,与其进行签约前的合同谈判是至关重要的工作环节。合同洽谈时应做好以下几项工作。

①确立洽谈的具体目标。确定有意义的洽谈目标对谈判成功非常重要,每个谈判成员都要清楚谈判要达到的目标,以及这些目标基于什么样的假设才能成立。

②收集相关信息。通过对相关信息的收集、整理、分析和研究,谈判人员就会有较充分的思想准备,明确洽谈内容的主客观环境,寻找可行的途径,达到谈判的目标。通常在合同洽谈前需要收集以下信息:产品质量、市场价格、供应商的供货能力、技术水平、商业信誉等。

③制定谈判策略。安排谈判进程,明确洽谈的内容,以及谈判团队由哪些人组成等。

3. 合同交底

合同交底是合同执行人员充分了解合同内容,把握合同重要条款,确保合同目标实现的重要工作步骤。合同交底一般由合约工程师负责组织,项目部有关人员参加,并应做好交底记录。合同交底的目的如下。

(1)全面了解合同内容。

合同是当事人正确履行义务、保护自身合法权益的依据。因此,项目部全体成员必须首先熟悉合同的全部内容,并对合同条款有一个统一的理解和认识,特别是合同工作范围、合同条款的交叉点和理解的难点,以避免不了解或对合同理解不一致带来工作上的失误。

(2)规范管理行为。

合同界定了双方当事人(业主与监理、业主与分包商)的权利义务界限,规范了各项工程活动。项目部全体人员应依据合同规定进行各项工程管理活动,以使各项行为具有法律依据,有效防止由于权利义务的界限不清引起的争议,提高合同的管理效率。

(3)有利于合同风险的事前控制。

合同管理人员向项目部全体成员介绍合同意图、合同关系、合同基本内容、合同的重要条款等内容,有利于项目部成员领会意图、集思广益,思考并发现合同中的问题,如合同中可能存在的风险、合同中的矛盾条款、用词含糊以及界限不清的条款等,并针对这些问题提前采取风险规避措施,避免在合同执行中发现问题后带来的措手不及和失控,降低合同执行的风险。

(4)提高合同管理意识。

项目的各项指标是否能够完成,很大程度上取决于合同执行的力度和效果。项目部必须建立合同文档管理制度、合同跟踪管理制度、合同变更控制程序以及合同争议管理流程,严格按照合同约定进行管理和协调,充分树立合同管理意识,提高项目管理水平。

合同交底的主要内容应包括:①工程概况及合同范围;②合作单位的概况及合同执行人员情况;③合同的有效期限;④合同约定的项目目标,如质量目标、进度目标、安全与文明施工目标等;⑤合同中对材料、工序、验收等工作内容的约定;⑥双方争议的处理方式、解决程序;⑦发包方的主要职责,包括提供场地、图纸、道路、支付款项、下发指令等;⑧合同双方的其他主要权利、义务。

4. 合同履行

合同是项目管理的核心依据,项目建设过程中应始终以合同的履行作为控制要点,并重点注意如下事项。

(1)合同文件的解释顺序。按照国家的相关规定,除专用合同条款另有约定外,解释合同文件的优先顺序如下:①合同协议书;②中标通知书;③投标函及投标函附录;④专用合同条款;⑤通用合同条款;⑥技术标准和要求;⑦图纸;⑧已标价工程量清单;⑨其他合同文件。

与合同有关的通知、批准、证明、证书、指示、要求、请求、同意、意见、确定和决定等往来函件,均应采用书面形式,并应在合同约定的期限内送达指定地点和接收人,同时办理签收手续。

(2)深入基层,及时掌握执行过程中的动态变化。

(3)细致完整地做好变更、索赔、纠纷等原始证据的取证工作,并对其准确性、完整性、有效性进行审定、完善;及时完成原始证据的整理、存档工作。

(4)在执行合同过程中对条款产生分歧或理解不一致的问题,进行解释、完善。

(5)对问题或争议的产生、处理过程,进行过程原始记录和参与取证。组织或参与争议处理过程的全洽谈。

(6)随着项目进程的变化,及时进行追踪管理(包括变更、索赔处理)。

5. 合同终止

合同管理工作经过准备、洽商、签订、执行、完成等几个过程后,进入终止程序。合同的终止一般有按约终止和中途中止(双方协商或法定事由)两种情况。

(1)按约终止。

合同按约定履行完成后即可办理终止,终止前应落实如下事项:①各部门履行会签手续,保证合同内容的完整履行;②合同约定的保修责任是否履行完成;③合同约定的项目移交、技术服务、物业培训、竣工资料提供等合同义务是否履行完整。

(2)中途中止。

正常情况下,合同当事人应当按照约定全面履行自己的义务,但是,应当先履行债务的当事人,有确切证据证明对方有下列情形之一的,可以中止履行:①经营状况严重恶化;②转移财产、抽逃资金,以逃避债务;③丧失商业信誉;④有丧失或者可能丧失履行债务能力的其他情形。

5.5.2 资金管理

1. 工程项目资金的筹措

(1)项目资金来源。

为项目筹措资金,企业可以通过多种不同的渠道,采用多种不同的方式。我国现行的项目资金来源主要有以下几种。

①财政资金,包括财政无偿拨款和拨改贷资金。

②银行信贷资金,包括基本建设贷款、技术改造贷款、流动资金贷款和其他贷款等。

③发行国家投资债券、建设债券、专项建设债券以及地方债券等。

④在资金暂时不足的情况下,还可以采用租赁的方式解决。

⑤企业资金,主要是企业自有资金、集资资金(发行股票及企业债券)和向产品用户集资。

⑥利用外资,包括利用外国直接投资,进行合资、合作建设以及利用世界银行贷款。

(2)施工过程所需要的资金来源。

施工过程所需要的资金来源,一般是在承发包合同条件中规定的,由发包方提供的工程备料款和分期结算工程款提供。资金来源有预收工程备料款、已完施工价款结算、内部银行贷款、其他项目资金的调剂等。

(3)筹措资金的原则。

①充分利用自有资金。其优点是调度灵活,不必支付利息,比贷款的保证性强。②必须在经过收支对比后,按差额筹措资金,避免造成浪费。③把利息的高低作为选择资金来源的主要标准,尽量利用低利率贷款。

2. 施工项目资金收支预测

(1)项目资金收入预测。

项目资金收入是按合同价款收取的。在实施工程项目合同的过程中,从收取工程预付款(预付款在施工后以冲抵工程价款方式逐步扣还给业主)开始,每月按进度收取工程进度款,直到最终竣工结算,按时间测算出价款数额,作出项目收入预测表,绘出项目资金按月收入图及项目资金按月累加收入图。

资金收入测算工作应注意以下几个问题。①由于资金测算工作是一项综合性工作。因此,要在项目经理主持下,由职能人员参加共同分工负责完成。②加强施工管理,确保按合同工期要求完成工程,免受延误工期惩罚,造成经济损失。③严格按合同规定的结算办法测算每月实际应收的工程进度款数额,同时要注意收款滞后时间因素,即按当月完成的工程量计算应取的工程进度款,不一定能够按时收取,但应力争缩短滞后时间。

按上述原则测算的收入,形成了资金收入在时间上、数量上的总体概念,为项目筹措资金,加快资金周转,合理安排资金使用提供科学依据。

(2)项目资金支出预测。

①项目资金支出预测的依据:成本费用控制计划;项目施工规划;各类材料、物资储备计划。根据以上依据测算出随着工程的实施每月预计的人工费、材料费、施工机械使用费、物资储运费、临时设施费、其他直接费和施工管理费等各项支出,使整个项目的支出在时间上和数量上有一个总体概念,以满足资金管理上的需要。

②项目资金支出预测程序。如图5.25所示。

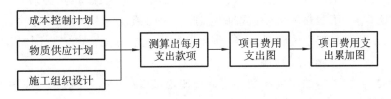

图 5.25 项目费用支出预测程序图

③项目资金支出预测应注意的问题。其一,从实际出发,使资金支出预测更符合实际情况。资金支出预测,在投标报价中就已开始做了,但不够具体。因此,要根据项目实际情况,将原报价中估计的不确定因素加以调整,使之符合实际。其二,必须重视资金支出的时间价值。资金支出的测算是从筹措资金和合理安排、调度资金的角度考虑的,一定要反映出资金支出的时间价值,以及合同实施过程中不同阶段的资金需要。

④资金收入与支出对比。将施工项目资金收入预测累计结果和支出预测累计结果绘制在一个坐标图上,如图5.26所示。图中曲线 A 是施工计划曲线,曲线 B 是资金预计支出曲线,曲线 C 是预计资金收入曲线。B、C 曲线之间的距离是相应时间收入与支出资金数之差,即应筹措的资金数量。a、b 间的距离是本施工项目应筹措资金的最大值。

3. 施工项目资金管理要点

(1)施工项目资金管理应以保证收入、节约支出、防范风险和提高经济效益为目的。

(2)承包人应在财务部门设立项目专用账号进行项目资金收支预测,统一对外收支与结算。项目经理部负责项目资金的使用管理。

(3)项目经理部应编制年、季、月度资金收支计划,上报企业主管部门审批实施。

(4)项目经理部应按企业授权,配合企业财务部门及时进行资金计收。①新开工项目按工程施工合

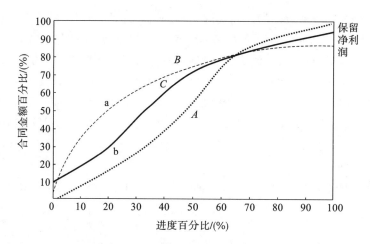

图 5.26 施工项目资金收支对比图

同收取预付款或开办费;②根据月度统计报表编制"工程进度款结算单",于规定日期报送监理工程师审批结算,如发包人不能按期支付工程进度款并超过合同支付的最后限期,项目经理部应向发包人出具付款违约通知书,并按银行的同期贷款利率计息;③根据工程变更记录和证明发包人违约的材料,及时计算索赔金额,列入工程进度款结算单;④发包人委托代购的工程设备或材料,必须签订代购合同,收取设备订货预付款或代购款;⑤工程材料价差应按规定计算,及时请发包人确认,与进度款一起收取;⑥工期奖、质量奖、措施奖、不可预见费及索赔款,应根据施工合同规定与工程进度款同时收取;⑦工程尾款应根据发包人认可的工程结算金额及时回收。

(5)项目经理部按公司下达的用款计划控制资金使用,以收定支,节约开支;应按会计制度规定设立财务台账,记录资金支出情况,加强财务核算,及时盘点盈亏。

(6)项目经理部应坚持做好项目的资金分析,进行计划收支与实际收支对比,找出差异,分析原因,改进资金管理。项目竣工后结合成本核算与分析进行资金收支情况和经济效益总分析,上报企业财务主管部门备案。企业应根据项目的资金管理效果对项目经理部进行奖惩。

(7)项目经理部应定期召开发包、分包、供应、加工各单位的代表碰头会,协调工程进度、配合关系、甲方供料及资金收付等事宜。

4. 工程预付款、工程进度款及工程结算

(1)工程预付款。

工程预付款是工程施工合同订立后由发包人按照合同约定在正式开工前预先付给承包人的工程款,是施工准备及支付材料构件订货款的资金主要来源。预付时间应不迟于约定的开工日期前7天,发包人不按约定预付,承包人在约定预付时间7天后向发包人发出要求预付的通知,发包人收到通知后仍不能按要求预付,承包人可在发出通知7天后停止施工,发包人应从约定之日起向承包人支付应付款的贷款利息,并承担违约责任。

工程预付款额度一般根据施工工期、工程工作量、主要材料和构件费用占工作量的比例及材料储备周期等因素经测算来确定。

①在合同条件中约定。

②公式计算法,见式(5.12)。

$$工程预付款 = \frac{工程总价 \times 材料比重(\%)}{年度施工天数} \times 材料储备定额天数 \quad (5.12)$$

工程预付款的扣回方式是以抵扣的方式将原已支付的预付款陆续扣回。

①合同中约定,可采用等比率或等额扣款的方式。

②从未施工工程尚需的主要材料及构件的费用相当于工程预付工程款数额时扣起,从每次中间结算工程价款中按材料及构件比重抵扣工程价款,至竣工之前全部扣清。工程预付款起扣点的计算公式为式(5.13)。

$$T = P - \frac{M}{N} \quad (5.13)$$

式中:T 为起扣点,即工程预付款开始扣回的累计完成工程金额;P 为工程承包合同金额;M 为工程预付款数额;N 为主要材料、构件所占比重。

(2)工程结算方式。

工程结算方式有按月结算、分段结算、竣工后一次结算3种方式。

(3)工程进度款。

①计算。

工程量计算:按实计算在该月实际完成的工程量并经监理审查认可。

单价计算:根据合同约定计价方法来计算,有固定综合单价和可调工料单价法。

根据该月已完成的各分项工程量及按照所采用的单价种类,分别计算各分项工程的直接工程费、措施费、间接费、利润、税金以及该分项工程量及总费用,将各分项工程计算出的费用相加得到该项当月完成工程量的总费用。

②工程进度款的支付。

《建设工程施工合同》的相应规定为"在确定计量结果后14天内,发包人应向承包人支付工程款(进度款)","发包人超过约定的支付时间不支付工程款,承包人可向发包人发出要求付款的通知"。

(4)竣工结算。

工程项目竣工验收报告经发包人认可后28天内,承包人向发包人递交竣工结算报告及完整的结算资料,双方按合同价款及专用条款约定的合同价款调整内容进行竣工结算。

审查竣工结算时注意以下方面的内容。①核对合同条款:工程是否按合同要求完成全部内容并验收合格;合同规定的结算方法有无漏洞,如有漏洞,应明确结算方法及要求。②检查隐蔽工程验收记录:隐蔽工程施工记录和验收签证的手续完备,工程量与竣工图一致才可列入结算。③落实设计变更签证:设计变更有设计单位出具的通知单及图纸,校审人员签字,加盖公章,经建设单位及监理审查同意签证,重大变更经原审批单位审批,才可列入结算。

按图核实工程量,执行合同规定的定额单价并防止计算误差。

5.5.3 财务管理

在现代化社会的发展中,企业的盈利空间在不断减小,企业的生存和发展面临着一系列难题。工程财务管理是企业管理的重要内容,在企业的发展中发挥着重要作用,企业应该重视工程建设的各个施工阶段,提高企业的整体实力和经济效益。同时,工程财务管理作为工程管理的关键内容以及财务管理的重点内容,既具有财务管理自身的特点,又与工程管理工作存在相似之处。

1. 工程财务管理及其特点分析

工程财务管理即工程项目财务管理,是指一个工程项目,从接受工程项目施工到项目完工,这一施工生产全过程的财务管理工作。财务管理即在一定整体目标下,对资产购置、资本融通、现金流、利润分配等进行处理、协调、统筹、组织、安排的一项经济管理工作;是企业管理中重要的组成部分。工程财务管理则是建设项目管理中的重要组成部分,亦是建设项目财务工作中的重要内容。

工程财务管理不仅有一般企业财务管理工作的特点,同时,其自身也有一些突出的特点。比如工程财务管理的对象就具有单一性的特点。企业财务管理对象较为广泛,而工程财务管理的对象是单一的建设项目,基于这一特殊性,在工程财务管理工作实施过程中,虽然财务管理的规章、制度、方法具有一定的通用性,但是在具体实施方面却大有不同,在实践中往往需要根据建设项目的不同来确定工程财务管理的内容与模式。工程财务管理还具有工作一次性的特点。一般企业财务管理工作需要反复、持续实施、落实,而工程财务管理工作则需要贯穿施工至竣工全过程,整个阶段循序渐进,没有重复,这一点是工程财务管理与企业财务管理之间较为明显的区别。另外,工程财务管理相比企业财务管理,在控制方面也具有超前性的特点。这是因为建设项目具有一次性的特点,工程财务管理工作不能重复进行,为了保证建设项目的经济效益,工程财务管理工作就必须在项目效益预测分析的基础上进行动态化管理,及时有效反映项目建设过程中的资金、成本、造价等情况。不仅如此,工程财务管理的时间跨度也具有不确定性的特点。这是因为在整个项目建设过程中,存在较多的不确定因素,常常会因各种因素影响施工进度、竣工时间、尾款入账等。加强对工程财务管理特点的认识与了解,更有利于工程财务管理的作用与价值在建设项目中发挥。

2. 工程建设财务管理中存在的主要问题

(1)概算编制与实际收支差异较大。

概算是控制工程投资总额的基本依据。由于工程建设周期一般相对较长,受一些主客观因素的影响,编报的概算与实际建设存在脱节现象。虽然在概算中有预备费来补偿设计、概算及调价等因素造成的影响,但工程概算与实际开支经常有较大出入,给财务管理带来一定困难。

(2)招投标环节把关不严。

工程建设招投标工作存在一些问题。如编制的文件质量不高,导致招标工作不能顺利进行,无法签订固定价格合同,给工程建设费结算审查造成困难,招投标过程不规范,选择施工队伍不按规定程序,存在领导"打招呼"或"暗箱操作"等不良现象。

(3)工程建设监理不到位。

在工程建设中,工程监理作用发挥得不够。有的单位没有按规定向上级或专门机构申请委托监理,而由本单位基建部门人员担任,出现了自己施工、自己监理的现象。有的单位虽然委托了工程监理,但是工程监理在实际工作中却形同虚设,对建设中出现的"搭车现象""勤签证现象"没有起到应有的监督控制作用,对隐蔽工程记录不准确,对变更签证把关不严,甚至有的工程监理和建设单位相互勾结,从而导致工程监理无法起到应有的监督管理作用。

(4)预算执行不严格。

工程建设预算就是工程建设的基本法规,一经下达必须严格执行。然而,在工程建设中,不按预算执行、擅自提高建设标准和装修档次,以及超预算执行的情况时有发生。有的单位任意使用工程建设费,不按照批复的预算办事,将工程建设经费挪作他用,使工程建设费出现缺口。在工程建设费预算执行过程中,最难控制的就是管理费。不少单位的工程建设管理费出现超预算现象,究其原因:一方面,目前工程建设的费率偏低;另一方面,工程建设费的预算管理不严格。如一些大的工程开工时,有的建设单位购置办公用品不按预算执行,将本由业务费支出的办公设备设施列于工程建设费开支,个别单位甚至把购车等大项开支纳入工程建设费,有的单位还存在超标准发放施工补助等现象。

(5)自筹工程建设经费管理不严。

自筹工程建设经费主要由建设单位筹措,建设单位的"自我意识"使其不太愿意接受上级部门的管理约束,所以,自筹工程建设出现的问题较多:有的单位不按规定向上级申报,私自开工建设;有的单位不按规定向上级上交工程验资款;有的单位在编制建设计划时,故意压低造价以求通过建设审批;还有的单位在工程完工后不按规定向上级申报工程审计。

(6)工程建设会计核算不规范。

工程建设会计核算是相对独立且专业知识要求较高的财务管理工作。目前多数建设单位的工程建设会计工作由一般财务人员兼任,缺乏专职工程财务管理人员,导致工程建设财务会计核算不够规范。在会计核算过程中,有的单位未按要求使用工程建设费管理系统,有的单位未按工程建设财务管理规定设置明细科目,列报科目不准确,难以真实反映工程建设项目投资完成和工程进度付款等详细情况;有的单位还存在对工程建设财务管理资料不重视、收集归档不完整和凭证管理不规范的情况,招标文件、施工合同、施工预算、变更签证及结算审查等资料也未按工程项目整理装订,使工程结算工作变得被动。

3. 加强工程建设财务管理的对策

(1)完善工程建设财务管理制度。

对工程建设财务管理制度的完善,主要是对工程建设管理过程中各个环节制度内容的细化和修订。一是对工程项目投资立项的论证、工程项目的设计、工程预算的报批、工程项目的招投标和合同签订、工程项目概预算的编制和执行、工程项目建设过程中的财务管理以及工程项目的竣工决算等相关制度的内容要进行细化,分清管理责任,对奖惩内容进行修订和完善,增强制度的可操作性。二是对工程建设中工程建设管理人员补助的项目和标准进行明确和统一,提高现有的工程建设管理费标准。三是针对目前工程建设各项财务管理制度、会计核算制度及资料保管制度等进行细化和统一,增强制度的可操作性,提高工程建设财务管理质量。

(2)充分发挥工程建设财务管理监督职能。

工程建设财务要由简单核算型向科学管理型转变。工程财务人员不应该只局限于报账、记账,要更多地积极参与工程建设管理,尽可能多地掌握工程管理和施工过程中与成本和结算相关的知识,以满足科学管理的需要。

要切实发挥工程财务管理的监督职能,主要要把好"四关"。一要把好工程资金拨付关,合理有效地使用工程资金。保证工程的顺利进行和充分发挥资金的使用价值,便于施工管理和决算。二是把好工程预决算关,降低工程成本。严格按照国家规定的预算定额标准认真审核工程预算。对高估冒算的部分必须予以剔除,对设计变更引起的工程增加或减少要及时进行调整,认真核对已拨付的工程款,由建设单位供料的材料差价,以及建设单位垫付的应由施工单位承担的款项和费用,列出明细,以免漏结、漏算或多结、多算。三要把好大、中型设备和大宗材料采购关,提高工程投资质量。做到采购前有考察论证,采购时能货比三家。在签订的合同中要注明质量标准要求和付款方式。四要把好成本核算和管理关,真实地反映建设成本。工程成本管理是财务管理的核心内容之一,加强成本核算和管理,有利于强化工程建设投资管理,节约工程建设资金,提高投资效益,有利于防止建设项目超规模、超概算、预算。

(3)强化工程建设项目预算管理。

预算管理制度作为财务管理的一项基本制度,是实施财务宏观管理的重要手段,也是防止工程建设经费超支的有效手段,对提高工程建设经费的使用效益具有重要意义。一要强化预算法规认知的意识。从领导机关到业务部门要加强对工程建设财务工作的领导,严格执行上级下达的工程建设经费概算和年度预算,不得随意变更建设项目和标准,不得擅自提高工程造价和扩大经费开支,确保在预算范围内完成规定的建设任务。二要建立健全工程建设经费管理责任制。根据预算目标,把经济责任与行政责任紧密结合起来,明确各部门和个人应该担负的责任,严格把控经费开支,对经费的投向投量和完成任务质量负责,坚持少花钱多办事、办好事,最大限度地提高经费使用效益。同时,加强对工程建设经费的申请、拨付、结算、审核、报销等环节的监控,对预算执行和经费使用效益情况进行考核评估。三要严把工程建设经费开支的审核报销关。一方面,要杜绝多支笔审批的现象;另一方面,部门领导和财务人员要根据任务的完成情况,把好经费的开支关,坚决杜绝假公济私和"搭便车"现象。

(4)严把工程建设招标关。

工程招标是选择好施工单位,把好工程建设质量关,减少以后维修经费开支的一个重要环节。财务部门要积极参与工程项目的招标,协助工程主管部门做好招标工作,严格做到"三点"。一要杜绝暗箱操作、权钱交易。实行公开招标、科学评标,根据工程总投资额和规模确定施工队伍投标数量。单位领导和项目主管人员不能凭个人主观意志定标,要根据工程项目建设实际,在充分听取各方面意见的基础上集体研究决定。二是要坚持原则,不徇私情。在招标过程中对挂靠的施工队伍和施工水平差、信誉低、没有同等项目建设资质、技术力量不足的施工队伍,都淘汰。三要制定相应的保密措施。招标要坚持公平、公正、公开的原则,不得把工程招标的标底、评标组成人员等保密性资料泄露给投标单位,对违反保密规定的人员要追究相关责任,确保所有参加招标的单位平等参与投标竞争。

(5)严格落实工程建设监理制度。

在施工过程中,工程监理发挥着保证工程质量、控制工程造价的重要作用。在选择工程监理时,一定要按照规定,向专业机构招标或向上级部门主动申请,杜绝建设单位自我监理的现象。要真正选用一些业务精、责任强的同志到工程监理岗位。当出现工程变更的时候,一定要经过工程监理的认定和签字。在工程完工后,工程监理要向所在部门进行工作汇报,所在部门要对工程监理人员的工作业绩进行评定,奖优罚劣。同时,工程监理人员应纳入单位正常教育和学习中,并通过定期专业学习和随机案例教育等形式,提高其职业道德素质。

(6)严把工程竣工决算关。

工程竣工决算是实施财务监督管理的最后一道关口。加强竣工验收阶段的财务管理,是掌握工程建设质量,考察工程建设投资效益的直接依据,也是防止经费超支的重要环节。因此,财务部门要密切配合有关业务部门,坚持质量效益的原则,主动深入施工现场,掌握第一手资料,参与工程质量的管理监督。工程竣工决算时的费用是控制工程造价的最后一道关口,建设单位应结合工程建设实际,对决算中高估冒算的项目,要坚持按实际工程量决算,对无中生有的项目,要坚决剔除。有的施工方在涉及经费增加变更时,变更资料签订积极主动及时,在涉及经费减少变更时,则往往拖拉推卸,甚至根本不变更结算资料,而结算过程中出现的分歧主要是现场签证和技术变更部分。因此,建设单位必须将这类资料保存完好,将由此产生的经费开支厘清。此外,还要特别注意定额中的活动项目和处于边缘地带的各类系数调整问题,在竣工决算时,要积极与审计等监督部门配合,及时主动接受审计部门监督,提高决算质量。

(7)加强工程建设财务人员业务培训。

工程建设财务人员素质的高低,直接影响工程建设财务管理的质量和效益,因此,要努力培养一支高素质的工程建设财务人员队伍。首先要注重在职财务人员的岗位培训。要结合工程建设财务工作实际,组织财务人员积极参加业务学习,开展调查研究,着力提高工程建设经费管理能力和基层财务人员的决策能力和管理水平。其次是加强院校培训。院校要充分发挥师资力量雄厚的优势,有计划、有重点地培养一批懂工程建设专业的财务人员,还可以采取轮训的办法,对财务人员进行有关工程建设财务管理的轮训,不断提高财务人员的业务素质和业务水平。再次是加强对未经专业教育人员的岗位培训。当前财务人员队伍中,有相当一部分未经专业培训的财务人员,一定程度上制约了财务队伍整体素质的提高。各单位和上级业务部门要综合运用自学考试、岗位锻炼、以工代训等方式进行强化培训,提高财务人员管理能力水平。

5.5.4 税务管理

1. 税的形成过程

对企业进行税务管理,首先要知道税收在企业的经营管理活动中是如何产生的,在哪一个环节产生的。只有明白税收的产生过程,才能更好地对企业的涉税行为进行管理。业务部门做业务、签合同的时候即产生了公司的税。经营过程产生了税,不同的过程产生不同的税,见图5.27所示。

图5.27 税的产生过程

企业业务形成的过程就是税务产生的过程,税的形成是业务部门签订业务合同产生的。合同,决定了企业的经营过程。业务怎么做,合同是依据。狭义上说,合同决定了经营过程,经营过程产生了税。

2. 税务管理概念及税收原则

关于税收管理的概念,我国目前没有的共识,但是《国际税收辞典》中将其定义为需要缴纳税收的企业,提前对公司的经营活动等进行合理安排,让缴税数目尽可能少。虽然我国的定义没有完全统一,但是在某些特点上都达成共识,如日常中所说的税务管理及纳税管理都与税收管理基本是同一件事,即纳税人合法地安排自身的经济活动,通过比较完善的计划来减少收税,获得更大的经济利益。

税收原则有三个。

第一,原则诚信原则。进行任何经济活动时最重要的就是讲诚信,诚信带来的优点很多,顺应了政府要求,同时对企业的形象树立也有很大好处,可以建立更牢固的伙伴关系,削弱机会主义的影响,降低管理的成本,增加收益。纳税人应主动自愿承担其在社会发展中应该负的责任,自愿守法,与税务局之间的关系应该是合作伙伴而不是敌对关系。

第二,法治原则。纳税人缴税是与政府之间建立经济分配的关系,但是税收不应该按照某个人或者企业的意愿,法治原则要求在处理分配时应该按照法律条文进行,给企业进行经营活动计划一个参考。法治原则推崇的是纳税人按照法律进行缴税,在遇到损害时能够自己用法律来解决,不依靠税务官员,拒绝税收依靠人为意愿来进行。如果在经济活动中以及纳税时有一些内部的规则和税法之间产生矛盾时,应该以税法为准,按照法律的规定来进行税收缴纳等。

第三,节约原则。企业在进行经营活动前对计划和成本进行科学合理的预测,其最主要的目的就是减少税收。在竞争激烈的市场中,企业要想取得优势地位,就要保持税收水平处于中低阶段,才能够有更大利润。要实现节约,肯定先要守法,所以税务管理人员要对国家在该方面的法律法规进行仔细研读,寻找降低税收的最优办法,避免因为对法律的不了解而徒增不必要的成本,影响企业运营。

3. 企业税务管理的内容

企业税务管理的内容包括两个方面:一是企业经营活动中涉税行为的管理,二是对企业纳税实务的管理。从企业实务来看,企业税务管理主要分为五个方面:国家税务政策管理、纳税成本管理、纳税程序管理、纳税风险管理和纳税争讼管理。

(1)国家税务政策管理。

国家税务政策管理是税务管理的基础环节和源头管理,在税收政策调整频繁的经济转型时期,税收法规条款在不断变化。例如,2009年1月1日,新的《营业税暂行条例》实施,建筑业税制变化很大。一是适用主体由"建筑业的总承包人"调整为"纳税人"。二是将扣除适用范围由"工程分包或者转包"调整为"建筑工程分包",对转包业务不再允许扣除。三是将扣除对象由"他人"调整为"其他单位",对分包给个人的也不得扣除分包价款。面对新的税收政策,企业必须对自身纳税活动中所涉及的税收法律法规以及其他经济政策法规的收集、整理、分析,并应用于纳税管理实践的一系列管理活动。

(2)纳税成本管理。

一是税款成本,简单说,税款成本就是企业依照税法缴纳税款的多少,按照税法的特性,强制性、无偿性、固定性是企业的固定成本,是不可变的。二是办税成本,主要是办理纳税事宜的具体支出,主要包括办税人员的工资支出,购买相关办税工具的支出,参加相关税务培训及其聘请专业中介机构支出。三是纳税风险成本,主要分为两种:一是由于决策不合理,导致多缴税;二是由于企业违反税法少缴税款而被罚款等。

(3)纳税程序管理。

纳税程序管理也是纳税实务中的一个具体流程管理,主要有纳税人身份认定、发票管理、纳税事项认定管理、纳税登记管理、税款申报缴纳管理。我国现行税收征管手段采取"以票控税、网络比对、税源监控、综合监督"的方针,因此,纳税程序管理,尤其是纳税人身份资格认定与发票管理就显得尤为重要。

(4)纳税风险管理。

税收风险是企业不能正确执行税收政策,存在违背税收法律法规的行为而给企业带来的实际损失及潜在损失的可能性。税收风险的产生主要由于税收征纳双方地位不同、目的不同以及信息不对称或对税收政策理解有偏差。纳税人一旦对税收政策的理解产生偏差,在计税时就很容易违反税法的规定。

(5)纳税争讼管理。

由于征纳双方代表不同的利益集团,在对企业纳税行为和结果的认识上时常会出现不一致,从而导致纳税争议。如果企业不能正确、及时地处理并解决这些问题,将给企业生产经营活动造成不良的影响,甚至导致企业经济或名誉上的损失。因此企业应对纳税过程中发生的争讼问题进行管理,以保证纳税管理总体目标的实现。企业纳税争讼管理是指企业对纳税过程中发生的纳税争议进行调查、分析、解决的一系列管理活动,主要包括调查分析争讼问题、制定解决争讼问题的方案、组织实施争讼问题解决方案、分析与评估争讼问题解决结果。纳税争讼的前提是存在税收争议:一是纳税人对税务行政管理相对人,对税务机关的处罚决定和强制执行措施不服而引起的争议;二是纳税人对税务机关的征税决定不服引起的争议。对于第二种税务争议实行的是"复议前置",即纳税人对税务机关的征税决定不服、发生争议时,必须先经行政复议再提起行政诉讼。

4. 税务管理的主要方法

税务管理有多种方法,经过筛选分析,本文选择相对比较合理的四种方法进行介绍。

(1)利用优惠政策筹划法。

该种方法的具体内容就是税务管理人员根据国家出台的一系列税收优惠政策来对企业的经营进行合理规划,利用好这些政策来减少税收。因为经济发展的差异,一些地区或者行业在发展过程中比较困难,国家为了鼓励这些企业的发展,在符合法律的情况下制定一系列政策来减少税收,通过减免或先缴纳后归还的方法来最大程度给予优惠,减少压力,促进经济发展。纳税人要利用好这些政策,就要对现有的法律相关的规则进行研究,结合自身的发展情况,制定适合自身的税收优惠方案,使企业的税收得到最多的优惠,增加公司的经济效益。

(2)利用延期纳税筹划法。

延期纳税筹划法的具体内容是在不违反法律的情况下将纳税时间推迟,之后再进行原定金额的税收缴纳。这种方法的核心其实并不是减少应缴纳的金额,而是通过延期的这段时间,将资金再次投入利用,以此产生更多的价值,企业也可以减少资金流出,让更多的资金投入经营,提高企业的经济效益。

(3)利用转让定价筹划法。

这个方法主要应用的是资金转移的原理,纳税人将企业经营获得的收入向其他一些企业进行转移,并达成合法的协议,从而减少税收。转让过程中的价格规定不符合市场原则,主要是通过与其他企业合作,使企业现有收入减少,降低税收水平,从而减少应该缴纳的税收,最大程度甚至可以免除税收,在之后又通过一定手段来回收资金。

5.6 项目竣工验收与结算

5.6.1 竣工验收

1. 竣工验收的条件和标准

建设项目竣工验收是项目从建设阶段转入投产使用阶段的必经程序,是对建设工程整体的设计质量、建造质量的全面检验。

(1)竣工验收的条件。

根据国家现行的有关规定,建设项目竣工验收一般应具备以下基本条件。

①设计文件和合同约定的各项施工内容已经施工完毕。具体来说,建筑工程完工后,承包人按照施工及验收规范和质量验收标准进行自检,不合格品已自行返修或整改,达到验收标准。水、电、暖、设备、智能化、电梯经过试验,符合使用要求。

②有完整并经核定的工程竣工资料,符合验收规定。

③有勘察、设计、施工、监理等单位分别签署的质量合格文件。

④有工程使用的主要建筑材料、构配件、设备进场的证明及试验报告。主要包括:现场使用的主要材料(水泥、钢材、砖、砂等)的材质合格证,符合国家标准、规范要求的抽样试验报告;混凝土预制构件、钢构件、木构件等的出厂合格证;混凝土、砂浆等的施工试验报告;设备进场开箱检验的检查验收记录和出厂质量合格证明。

⑤有施工单位签署的工程质量保修书。

⑥建筑物四周规定距离以内的工地达到工完、料净、场清。

(2)竣工验收的标准。

①达到合同约定的工程质量标准。合同约定的质量标准具有强制性,合同的约束作用规范了承包方双方的质量责任和义务,承包人必须确保工程质量达到双方约定的标准,不合格不得交付验收和使用。

②符合单位工程质量竣工验收的合格标准。我国国家标准《建筑工程施工质量验收统一标准》对单位(子单位)工程质量验收合格规定如下:单位(子单位)工程所含分部(子分部)工程的质量均应验收合格;质量控制资料应完整;单位(子单位)工程所含分部工程有关安全和功能的检测资料应完整;主要功能项目的抽查结果应符合相关专业质量验收规范的规定;观感质量验收应符合要求。

③单项工程达到使用条件或满足生产要求。

④建设项目能满足建成投入使用或生产的各项要求。

2. 竣工验收前的相关验收

项目竣工验收前,应根据相关政府部门的要求完成相关的专项验收、检测等工作,如表5.16所示。

表5.16 专项验收工作清单(北京地区)

项目名称:

序号	验收项目	报审部门	取得文件	责任人
1	电梯验收	北京市特种设备检测中心	电梯验收检测报告	电梯公司
2	消防检测(消检、电检)	有资质的消防检测机构	相关检测报告	消防公司
3	消防验收	北京市消防局	建设工程消防验收意见书	消防公司
4	水箱验收、水质检测	北京市卫生防疫站	水质检测报告	总包
5	环保检测	有资质的环保检测机构	室内环境质量检测报告	总包
6	节能验收	有资质的节能检测机构	节能检测报告	总包
7	档案预验收	北京市城建档案馆	建设工程档案预验收意见书	总包
8	规划竣工测量	有资质的测量机构	竣工测量检验报告	总包
9	规划验收	北京市规划委员会	建设工程规划核验意见	业主
10	分户验收(住宅)	建设、监理、施工单位	分户质量验收记录表	业主
11	四方验收	建设、监理、设计、施工单位	单位工程质量竣工验收记录	业主

3. 竣工验收的程序

竣工验收分为验收准备、预验收、正式验收三个步骤。

(1)验收准备。

为了确保项目竣工验收工作的顺利进行,项目业主应充分做好如下主要准备工作。

①明确验收时间,抓紧工程收尾。根据项目总体计划的安排,提前向各参建单位明确竣工验收的最后时间,督促总包单位及各分包单位列出未完工程的详细列项清单及完成时间。收尾工程具有零星、分散、局部工作量小、分布面广、施工功效低等特点,很容易拖延工期,因此,必须提前安排、合理组织,务求早日完成。

②严格控制质量。项目的竣工验收主要是对项目完成质量的验收,因此,业主方、监理单位必须针对工程质量进行复查、记录,并对不合格项目要求相关责任单位限时修复。

③合同范围确认。对照施工图纸、合同文件对完工项目进行逐项检查,确保承包商按照约定的内容完成项目的全部工作内容。

④档案资料整理。项目资料管理人员应按照规范和政府部门的要求,对项目所有档案资料分类编目、装订成册。档案资料一般包括以下主要内容:建设项目所有申报及批复文件;建设项目开工报告、竣工报告;竣工工程项目一览表(含工程名称、位置、面积、概算、装修标准、功能、开竣工日期);设备清单(含设备名称、规格、数量、产地、主要性能、单价、备品备件名称与数量等);建设项目土建施工记录,隐蔽工程验收记录及施工日志;建筑物的原形测试记录(含沉降、变形、防震、防爆、绝缘、密闭、隔热等);设计交底记录、设计图纸会审记录、设计变更通知书、技术变更核实单等;工程质量事故调查、处理记录;工程质量检验评定资料;工程监理工作总结;调试、试运行原始记录及总结资料;环境、安全卫生、消防安全考核记录;全部建设项目的竣工图;各专业验收组的验收报告及验收记录等。

⑤编写竣工验收报告。事先准备好竣工验收报告及附件、验收证书,以便在正式验收时提交验收委员会或验收小组审查。

(2)预验收。

对于工程项目规模比较大、技术复杂程度高的项目,为保证项目顺利通过正式验收,在验收准备工作基本就绪后,项目业主应会同设计、监理、总承包及分包单位组成预验收小组,对工程项目进行预验收。预验收的主要工作内容如下。

①检查、核实竣工项目所有档案资料的完整性、准确性是否符合档案要求。

②检查项目建设标准,评定质量,对隐患和遗留问题提出处理意见。

③检查机电设备的调试、试车情况。

④督促施工单位对质量缺陷进行修复,对未完项目进行完工。

⑤编写竣工预验收报告。

(3)正式验收。

预验收合格后,由业主单位向政府行政主管部门提出正式验收申请报告。正式验收的主要工作如下。

①提出正式验收申请报告。项目业主在确认具备验收条件、完成验收准备或通过预验收后,提出正式验收申请。

②召开竣工验收会议。会议由业主代表主持,以大会和分组形式履行以下主要职责和任务。a.听

取项目建设工作汇报,包括项目业主关于项目建设的全面工作汇报和有关设计、施工及监理单位的工作总结报告。b.审议竣工验收报告,含验收申请报告、预验收报告及其发现的问题处理情况。c.审查工程档案资料,如建设项目可行性研究报告、设计文件、有关重要会议纪要和各种批文、主要合同、协议;单项工程验收、各项专业验收以及竣工图资料等各项主要技术资料和项目文件。d.查验工程质量,实地查验建筑工程和设备安装工程,对主要工程部位的施工质量和主要生产设备的安装质量进行复验和鉴定,对工程设计的合理性、可靠性、先进性、适用性进行评审鉴定。e.核定遗留收尾工程,对遗留工程与问题提出具体处理意见,限期落实完成。f.核实移交工程清单,包括各类建、构筑物,主要设备等。g.作出全面评价结论,对工程设计、施工和设备质量、环境保护、安全卫生、消防等方面,作出客观、真实的评价,对整个工程作出全面验收鉴定,对项目投入运行得出可靠性结论。h.通过竣工验收会议纪要,讨论通过竣工验收报告,提出使用建议,签署验收会议纪要和竣工验收鉴定证书。

全面竣工验收结束后,项目业主应将项目及其相关档案资料移交给项目使用单位,办理项目移交手续,并向当地建设主管部门和城建档案管理部门办理备案手续。

5.6.2 工程结算

1. 工程结算基本规定

工程结算是指承包人按照合同约定的内容完成全部工作,经发包人或有关机构验收合格后,发承包双方依据约定的合同价款的确定和调整以及索赔规定,最终计算和确定竣工项目工程价款的工作。

竣工结算与支付工作的开展应依据《中华人民共和国民法典》和《中华人民共和国建筑法》确立的原则以及《建筑工程施工发包与承包计价管理办法》(建设部令第107号)和财政部、建设部印发的《建筑工程价款结算暂行办法》(财建〔2004〕369号)的有关规定执行。工程竣工结算应由承包人或受其委托具有相应资质的工程造价咨询人编制,并应由发包人或受其委托具有相应资质的工程造价咨询人审核。

工程结算工作的开展应遵循以下基本规定。

(1)工程造价专业人员在进行结算编制和结算审查时,必须严格执行国家相关法律、法规和有关制度,拒绝任何一方违反法律、法规、社会公德,影响社会经济秩序和损害公共或他人利益的要求。

(2)工程造价专业人员在进行工程结算编制和工程结算审查时,应遵循发承包双方的合同约定,维护合同双方的合法权益。

(3)工程结算应严格按工程结算编制程序进行编制,做到程序化、规范化,结算资料必须完整。

(4)成本管理部是工程计价工作的主要职能部门,对计价结果负主要责任,设计部、项目部、财务部参与配合并负相应责任。成本管理部负责人原则上可作为计价工作结果的最终审批人,对计价结果负责。

(5)签证的结算,提倡一月一结或随结随清,即上月完成工作量确认及验收的签证,符合结算要求的,尽可能本月完成结算工作。

(6)项目部是工程资料的管理部门,应由专人负责对全部工程资料进行分类、装订、存档、保管,建立合同支付台账、奖励与违约金台账、变更洽商统计表等专门台账,以便日常查阅与计价,为竣工结算做好准备。

2. 工程结算的编制

(1)编制程序。

工程结算编制应按准备、编制、定稿三个工作阶段进行,并应实行编制人、审核人、审定人分别署名盖章确认的编审签署制度。

①工程结算编制准备阶段主要工作。

a. 收集与工程结算相关的编制依据。

b. 熟悉招标文件、投标文件、施工合同、施工图纸等相关资料。

c. 掌握工程项目发包、承包方式、现场施工条件、应采用的工程评价标准、定额、费用标准、材料价格变化等情况。

d. 对工程结算编制依据进行分类、归纳、整理。

e. 召集工程结算人员对工程结算涉及的内容进行核对、补充和完善。

②工程结算编制阶段主要工作。

a. 根据工程施工图或竣工图以及施工组织设计进行现场踏勘,并做好书面或摄影记录。

b. 按招标文件、施工合同约定方式和相应的工程量计算规则计算分部分项工程项目、措施项目或其他项目的工程量。

c. 按招标文件、施工合同规定的计价原则和计价办法对分部分项工程项目、措施项目或其他项目进行计价。

d. 对于工程量清单或定额缺项以及采用新材料、新设备、新工艺,应根据施工过程的合理消耗和市场价格,编制综合单价或单价估价分析表。

e. 应按合同约定的索赔处理原则、程序和计算方法,提出索赔费用。

f. 汇总计算工程费用,包括编制分部分项工程费、措施项目费、其他项目费、规费和税金,初步确定工程结算价格。

g. 编写编制说明。

h. 计算和分析主要技术经济指标。

i. 工程结算编制人编制工程结算的初步成果文件。

③工程结算定稿阶段主要工作。

a. 工程结算审核人对初步成果文件进行审核。

b. 工程结算审定人对审核后的初步成果进行审定。

c. 工程结算编制人、审核人、审定人分别在工程结算成果文件上署名,并应签署造价工程师或造价员执业或从业印章。

④工程结算工作的职责分工。

a. 工程结算编制人员按其专业分别承担其工作范围内的工程结算相关编制依据的收集、整理工作,编制相应的初步成果文件,并对其编制的成果文件质量负责。

b. 工程结算审核人员应由专业负责人或技术负责人担任,对其专业范围内的内容进行审核,并对其审核专业的工程结算成果文件的质量负责。

c. 工程审定人员应由专业负责人或技术负责人担任,对其工程结算的全部内容进行审定,并对工程结算成果文件的质量负责。

(2)编制依据。

工程结算编制依据是指编制工程结算时需要工程计量、价格确定、工程计价有关参数、费率等基础资料。工程结算的编制依据主要有以下几个方面。

①建设期内影响合同价格的法律、法规和规范性文件。
②《建设工程工程量清单计价规范》(GB 50500—2013)。
③施工合同、专业分包合同及补充合同,有关资料、设备采购合同。
④与工程结算编制相关的国务院建设行政主管部门以及各省、自治区、直辖市和有关部门发布的建设工程造价计价标准、计价方法、计价定额、价格信息、相关规定等计价依据。
⑤招标文件、投标文件。
⑥工程施工图或竣工图、经批准的施工组织设计、设计变更、工程洽商、索赔与现场签证,以及相关的会议纪要。
⑦工程材料及设备中标价、认价单。
⑧发承包双方实施过程中已确认的工程量及其结算的合同价款。
⑨发承包双方实施过程中已确认调整后追加(减)的合同价款。
⑩经批准的开、竣工报告或停工、复工报告。
⑪影响工程造价的其他相关资料。
(3)编制成果。
①成果文件。
工程结算编制成果文件应包括以下内容:工程结算书封面、签署页、目录、编制说明、相关表式、必要的附件。
②相关表格。
采用《建设工程工程量清单计价规范》(GB 50500—2013)的工程结算文件的相关表式应包括以下内容:工程结算汇总表;单项工程结算汇总表;单位工程结算汇总表;分部分项工程量清单与计价表;措施项目清单与计价表;其他项目清单与计价汇总表;规费、税金项目清单与计价表;其他必要的表格。
承包人应在合同约定时间内编制完成竣工结算书,并在提交竣工验收报告的同时递交给发包人。承包人未在合同约定时间内递交竣工结算书,经发包人催促后仍未提供或没有明确答复的,发包人可以根据已有资料办理结算。

3. 工程结算的审查

发包人应在收到承包人提交的竣工结算文件后的28天内核对。发包人经核实,认为承包人还应进一步补充资料和修改结算文件,应在上述时限内向承包人提出核实意见,承包人在收到核实意见后的28天内应按照发包人提出的合理要求补充资料,修改竣工结算文件,并应再次提交给发包人复核后批准。

(1)审查程序。
工程结算审查应按准备、审查和审定三个工作阶段进行。
①工程结算审查准备阶段。
审查工程结算顺序的完备性、资料内容的完整性,对不符合要求的应退回,限时补正;审查计价依据及资料与工程结算的相关性、有效性;熟悉施工合同、招标文件、投标文件、主要材料设备采购合同及相关文件;熟悉竣工图纸或施工图纸、施工组织设计、工程概况,以及设计变更、工程洽商和工程索赔情况等;掌握工程量清单计价规范、工程预算定额等与工程相关的国家和当地建设行政主管部门发布的工程计价依据及相关规定。

②工程结算审查阶段。

审查工程结算的项目范围、内容与合同约定的项目范围、内容的一致性;审查分部分项工程项目、措施项目或其他项目工程量计算的准确性、工程量计算规则与计价规范保持一致性;审查分部分项综合单价、措施项目或其他项目时应严格执行合同约定或现行的计价原则、方法;对于工程量清单或定额缺项以及新材料、新工艺,应根据施工过程中的合理消耗和市场价格,审核结算综合单价或单位估价分析表;审查变更签证凭证的真实性、有效性,核准变更工程费用;审查索赔是否依据合同约定的索赔处理原则、程序和计算方法,以及索赔费用的真实性、合法性、准确性;审查分部分项工程费、措施项目费、其他项目费或定额直接费、措施费、规费、企业管理费、利润和税金等结算价格时,应严格执行合同约定或相关费用计取标准及有关规定,并审查费用计取依据的时效性、相符性;提交工程结算审查初步成果文件,包括编制与工程结算相对应的工程结算审查对比表,以待校对、复核。

③工程结算审定阶段。

工程结算审查初稿编制完成后,应召开由工程结算编制人、工程结算审查委托人及工程结算审查人共同参加的会议,听取意见,并进行合理的调整;由工程结算审查人的部门负责人对工程结算审查的初步成果文件进行检查校对;由工程结算审查人的审定人审核批准;发承包双方代表人或其授权委托人和工程结算审查单位的法定代表人应分别在"工程结算审定签署表"上签认并加盖公章;对工程结算审查结论有分歧的,应在出具工程结算审查报告前至少组织两次协调会;凡不能共同签认的,审查人可适时结束审查工作,并作出必要说明;提交正式工程结算审查报告。

(2)审查原则。

工程价款结算审查按工程的施工内容或完成阶段分类,其形式包括竣工结算审查、分阶段结算审查、合同中止结算审查和专业分包结算审查。审查工作的开展应依据以下原则。

①建设项目由多个单项工程或单位工程构成的,应按建设项目划分标准的规定,分别审查各单项工程或单位工程的竣工结算,将审定的工程结算汇总,编制相应的工程结算审查成果文件。

②分阶段结算审查的工程,应分别审查各阶段工程结算,将审定结算汇总,编制相应的工程结算审查成果文件。

③除合同另有约定外,分阶段结算的支付申请文件应审查以下内容:本周期已完成工程的价款;累计已完成的工程价款;累计已支付的工程价款;本周期已完成计日工金额;应增加和扣减的变更金额;应增加和扣减的索赔金额;应抵扣的工程预付款;应扣减的质量保证金;根据合同应增加和扣减的其他金额;本付款周期实际应支付的工程价款。

④合同中止工程的结算审查,应按发包人和承包人认可的已完成工程的实际工程量和施工合同的有关规定进行审查。合同中止结算审查方法基本同竣工结算的审查方法。

⑤专业分包工程的结算审查,应在相应的单位工程或单项工程结算内分别审查各专业分包工程结算,并按分包合同分别编制专业分包工程结算审查成果文件。

⑥工程结算审查应区分施工发承包合同类型及工程结算的计价模式,采用相应的工程结算审查方法。

⑦审查采用总价合同的工程结算时,应审查与合同所约定结算编制方法的一致性,按照合同约定可以调整的内容,在合同价基础上对调整的设计变更、工程洽商以及工程索赔等合同约定可以调整的内容进行审查。

⑧审查采用单价合同的工程结算时,应审查按照竣工图或施工图各个分部分项工程量计算的准确性,依据合同约定的方式审查分部分项工程项目价格,并对设计变更、工程洽商、施工措施以及工程索赔等调整内容进行审查。

⑨审查采用成本加酬金合同的工程结算时,应依据合同约定的方法审查各个分部分项工程以及设计变更、工程洽商、施工措施内容的工程成本,并审查酬金及有关税费的取定。

⑩采用工程量清单计价的工程结算审查应包括:工程项目所有分部分项工程量,以及实施工程项目采用的措施项目工程量;为完成所有工程量并按规定计算的人工费、材料费和施工机械使用费、企业管理利润,以及规费和税金取定的准确性。对分部分项工程和措施项目以外的其他项目所需计算的各项费用进行审查。对设计变更和工程变更费用依据合同约定的结算方法进行审查。对索赔费用依据相关签证进行审查。合同约定的其他费用的审查。

⑪工程结算审查应按照与合同约定的工程价款调整方式对原合同价款进行审查,并应按照分部分项工程费、措施项目费、其他项目费、规费、税金项目进行汇总。

⑫采用预算定额计价的工程结算审查应包括:套用定额的分部分项工程量、措施项目工程量和其他项目,以及为完成所有工程量和其他项目并按规定计算的人工费、材料费、机械使用费、规费、企业管理费、利润和税金与合同约定的编制方法的一致性,计算的准确性;对设计变更和工程变更费用在合同价基础上进行审查;工程索赔费用按合同约定或签证确认的事项进行审查;合同约定的其他费用的审查。

(3)审查方法。

工程结算的审查应依据施工发承包合同约定的结算方法进行,根据施工发承包合同类型,采用不同的审查方法。以下审查方法主要适用于采用单价合同的工程量清单单价法编制竣工结算的审查。审查内容及方法如下。

工程结算审查时,对原招标工程量清单描述不清或项目特征发生变化,以及变更工程、新增工程中的综合单价应按下列方法确定:合同中已有适用的综合单价,应按已有的综合单价确定;合同中有类似的综合单价,可参照类似的综合单价确定;合同中没有适用或类似的综合单价,由承包人提供综合单价,经发包人确认后执行。

工程结算审查中涉及措施项目费用的调整时,措施项目费应依据合同约定的项目和金额计算,发生变更、新增的措施项目,以发承包双方合同约定的计价方式计算,其中措施项目清单中的安全文明施工费用应审查是否按照国家或省级、行业建设主管部门的规定计算。施工合同中未约定措施项目费结算方法时,按以下方法审查:①审查与分部分项实体消耗相关的措施项目随该分部分项工程的实体工程量的变化,是否依据双方确定的工程量、合同约定的综合单价进行结算;②审查独立性的措施项目是否按合同价中相应的措施项目费用进行结算;③审查与整个建设项目相关的综合取定的措施项目费用是否参照投标报价的取费基数及费率进行结算。

工程结算审查涉及其他项目费用的调整时,按下列方法确定:①审查计日工是否按发包人实际签证的数量、投标时的计日工单价,以及确认的事项进行结算;②审查暂估价中的材料单价是否按发承包双方最终确认价在分部分项费中相应综合单价进行调整,计入相应的分部分项费用;③对专业工程结算价的审查应按中标价或分包人、承包人与发包人最终确认的分包工程价进行结算;④审查总承包服务费是否依据合同约定的结算方式进行结算,以总价方式固定的总承包服务费不予调整,以费率形式确定的总包服务费,应按专业分包工程中标价或分包人、承包人与发包人最终确认的分包工程价为基数和总承包单位的投标费率计算总承包服务费;⑤审查暂列金额是否按合同约定计算实际发生的费用,并分别列入相应的分部分项工程费、措施项目费中。

招标工程量清单的漏项、设计变更、工程洽商等费用应依据施工图以及发承包双方签证资料确认的数量和合同约定的计价方式进行结算,其费用列入相应的分部分项工程费或措施项目费中。

工程结算审查中涉及索赔费用的计算时,应依据发承包双方确认的索赔事项和合同约定的计价方式进行结算,其费用列入相应的分部分项工程费或措施项目费中。

工程结算审查中涉及规费和税金的计算时,应按国家、省级或行业建设主管部门的规定计算并调整。

(4)审查成果。

工程结算审查成果文件应包括以下内容:工程结算书封面、签署页、目录、结算审查报告书、结算审查相关表和必要的附件。

采用工程量清单计价的工程结算审查相关表格包括以下内容:工程结算审定签署表,工程结算审查汇总对比表,单项工程结算审查汇总对比表,单位工程结算审查汇总对比表,分部分项工程量清单与计价审查对比表,措施项目清单与计价审查对比表,其他项目清单与计价审查汇总对比表,规费、税金项目清单与计价审查对比表。

第 6 章　投融资项目运营管理

6.1 运营模式

6.1.1 运营管理相关理论

1. 运营管理的概念

运营管理是指对产品生产或提供服务等组织资源的流程设计、规划、控制和改进。根据学科的发展,运营管理可以追溯到最初对产品制造过程进行控制的制造管理、对生产活动要求资源消耗最少、效益最大化的生产管理,针对企业生产运作活动进行计划、组织和控制等管理工作的生产与运作管理。运营管理主要面向的是服务型企业或行业,随着现代企业的发展,服务业逐渐成为主流,现今的运营管理不仅运用在生产制造领域,其先进的理念已经被文化创意、交通运输、城市规划、服务业等各类行业普遍应用。运营管理的定义可以理解为对企业所需要供应的各类产品和服务的系统进行流程设计、规划、评价和改进,也可以从另外的角度理解为对企业运营过程的计划、组织、实施和控制。

运营管理理论随着时代变迁而不断发展,最早出现运营管理理论是在19世纪的古典管理理论。可以根据时期、研究主题、代表人物、理论成果四个方面来回顾运营管理理论的发展历程,具体如表6.1所示。

表6.1 运营管理理论发展历程回顾

时期	研究主题	代表人物	理论成果
19世纪末期到20世纪初期	工业制造	瓦特、泰勒、亨利福特、亚当·斯密、莱特·惠特尼等	诞生了古典管理理论,主要理论成果有科学管理原理、行为科学研究、霍桑实验、泰勒制,出现了蒸汽机、甘特图、流水装配生产线和简单的经济批量订货模型
20世纪初期到20世纪中期	生产规划	切斯特·巴纳德、西蒙等	出现了现代管理理论,主要理论成果有线性规划、模拟仿真理论、计划评审技术、成组技术、关键路径法等
20世纪中期到20世纪末	生产运作与管理	威廉·阿伯内西、福特、W.爱德华·戴明、迈克尔·哈默、大野耐一等	制造战略理论兴起,主要理论成果有日本引领的准时制生产、全面质量管理和质量体系认证、六西格玛质量管理理论、企业流程再造、精益生产、物料需求计划等
21世纪	运营管理	理查德·蔡司、彼得·德鲁克等	电子商务理论、全球供应链管理、服务科学理论、业务分析、企业资源计划、知识管理、经营结果导向管理、运筹管理、敏捷制造、大规模定制等

比较分析运营管理理论的发展过程,我们总结出如下两大特点:一是运营管理理论在实践中越来越精细化,涉及面扩展至企业运营全过程,具体涵盖了企业总体规划与设计、产品生产与制造、产品销售与库存管理、客户关系管理与售后服务等方面,运营管理的对象也不再仅仅局限于制造型企业,服务型企

业也同样需要；二是在运营管理的研究过程中研究方法开始多样化，以前是定性分析，然后出现了定量研究，到目前已经实现了利用先进信息技术手段实现综合型的定性定量结合研究模式。

伴随现代经济发展与社会进步，运营管理的精细化程度会越来越高，采用何种运营管理思想、运营管理工具，以增强企业实际运营管理能力，实现企业价值最大化已经成为现代运营管理研究的重要趋势。因此，为了提升企业自身核心竞争力，针对不同企业构建适合的运营管理指标体系来优化企业现有的运营管理模式是未来运营管理模式研究的方向。

2. 运营管理的内容

现代企业运营管理内容主要分为：①运营管理战略的制定；②运营管理系统的设计；③运营管理系统的运行和测试；④运营管理系统的改进和完善。现代运营管理理论根据职能的不同将企业的运营管理划分为财务会计、人力资源管理、技术、生产与运营、市场营销五种管理职能。它们彼此之间具有独立性，却又相互配合和依赖，最终通过这样的有机联系来实现企业的经营目标，达到低成本、高效率的运营管理目标。

3. 运营管理的特点

(1) 运营管理信息化。随着大数据时代的到来，先进的数据处理与分析技术已经是现代运营管理重要的工具和手段。计算机信息技术创新与发展为运营管理模式创新和方法改进奠定了良好的基础，伴随技术的飞速发展，企业不断对现有的管理工具和方法进行改进和完善，生产系统功能的增强和盈利能力稳步提升有了有效的保障。

(2) 运营管理柔性化。对产品而言，运营管理柔性化是通过可编程自动化技术对生产制造过程进行协调控制，能够由数控机床和其他自动化设备组建一套包括生产加工、仓储物流及配送、信息流等子系统的柔性制造系统，能够按照成组的加工对象来确定工艺过程，最后能自动调整和实现动态范围内多类型工件的批量化、高效率柔性生产，并且还能随时根据市场需求来调整、改进产品，从而大大提高了生产效益。对服务而言，运营管理柔性化是通过以人为本的理念，通过对库存、销售、物流等数据的分析来调整新产品和服务开发方面人力、财力、物力上的资源分配，来满足目标客群对产品和服务趋于多元化、差异化、个性化的需求。

(3) 运营管理生态化。可持续发展的提倡使得企业必须正视和承担企业社会责任，企业的发展要关注环境问题，在运营管理系统设计上应遵从绿色设计、绿色工艺、绿色制造以及绿色营销原则。企业通过对运营管理各个环节的监督管控，在设计上采用可循环利用的节能环保材料，加强员工生态环保意识的培养，并形成有效监督管理机制，使运营管理过程生态化。

(4) 运营管理全球化。不管是我国"一带一路"战略举措还是自由贸易区战略的铺设，都表明经济全球化更具活力、更可持续，而运营管理的全球化是现代运营管理的趋势，随着地缘优势在全球化浪潮中的日益弱化，运营管理全球化将是运营管理目前及未来的主流。

6.1.2 工程项目运营模式比较分析

1. 工程项目运营模式

DBB模式在国际上通用，世界银行、亚洲开发银行贷款项目和采用国际咨询工程师联合会（FIDIC）的合同条件的项目均采用这种模式。这种模式最突出的特点是强调工程项目的实施必须按设计-招标-建造的顺序进行，只有一个阶段结束后另一个阶段才能开始。

EPC是指公司受业主委托,按照合同约定对工程建设项目的设计、采购、施工、试运行等实行全过程或若干阶段的承包。

PMC作为业主的代表或业主的延伸,帮助业主在项目前期策划、可行性研究、项目定义、计划、融资方案,以及设计、采购、施工、试运行等整个实施过程中有效地控制工程质量、进度和费用,保证项目的成功实施,达到项目寿命期技术和经济指标最优化。

CM就是在采用快速路径法进行施工时,从开始阶段就雇用具有施工经验的建设管理单位参与建设工程实施过程,以便为设计人员提供施工方面的建议且随后负责管理施工过程。

建造运营模式:市场化运作方式该方式下,政府部门或其设立的运营单位通过招标等方式选取服务商,并通过BOT、PPP、BT等方式,对污水处理厂进行建造或升级改造,之后,政府部门或其设立的运营单位授予服务商一定的特许经营权期限,期满后,服务商将相关设施移交给政府部门。除前述方式外,也可以通过托管运营方式,直接将污水处理厂交由服务商进行专业化运营。

2. 工程项目运营模式分析

(1)DBB。

优点:参与项目的三方,即业主、设计机构(建筑师/工程师)、承包商在各自合同的约定下,各自行使权利,履行义务。因而,这种模式可以使三方的权、责、利分配明确,避免了行政部门的干扰。

缺点:设计基本完成后,才开始施工招标,对于工期紧的项目十分不利;项目周期长,业主管理费较高,前期投入较高;变更时容易引起较多的索赔,业主在控制造价和工期方面信心不足;出现工程质量事故后,责任不易清楚辨别,设计方和施工方相互推诿,业主权利得不到充分保障;业主与工程师、施工方之间协调比较困难;施工方无法参与设计工作,设计的"可施工性"差;变更频繁,会导致索赔较多。

(2)EPC。

一般适用的项目:①业主主要从事商业性的生产经营或服务,不涉及工程建设管理方面的事务,也没有工程建设管理专业人才,拟建工程往往是常规的工业民用建筑,结构、技术比较简单,容易根据类似工程确定工程价格;②专业性很强的工程,往往只有少数承包商承担拟建工程全过程的建设工作,业主与总承包商有良好的协作关系,承包商有很高的资信能力、专业声望和社会信誉。

优点:EPC总承包商负责整个项目的实施过程,不再以单独的分包商身份建设项目,有利于整个项目的统筹规划和协同运作,可以有效解决设计与施工的衔接问题、减少采购与施工的中间环节,顺利解决施工方案中的实用性、技术性、安全性之间的矛盾;工作范围和责任界限清晰,建设期间的责任和风险可以最大程度地转移到总承包商;合同总价和工期固定,业主的投资和工程建设期相对明确,利于费用和进度控制;能够最大限度地发挥工程项目管理各方的优势,实现工程项目管理的各项目标;可以将业主从具体事务中解放出来,关注影响项目的重大因素,确保项目管理的大方向。

缺点:业主主要通过EPC合同对EPC承包商进行监管,在工程实施过程中参与程度低,控制力度较低;业主将项目建设风险转移给EPC承包商,因此承包商的选择至关重要,一旦承包商的管理或财务出现重大问题,项目也将面临巨大风险;EPC承包商责任大,风险高,因此承包商在承接总包工程时会考虑管理投入成本、利润和风险等因素,所以EPC总包合同的工程造价水平一般偏高;与传统的建设模式区别比较大,传统行业的业主比较难以理解和配合承包商的工作。

(3)PMC。

PMC通常用于国际性大型项目,适宜选用PMC进行项目管理的项目具有如下特点:项目投资额大

(一般超过10亿元)且包括相当复杂的工艺技术;业主是由多个大公司组成的联合体,并且有些情况下有政府的参与;业主自身的资产负债能力无法为项目提供融资担保;项目投资通常需要从商业银行和出口信贷机构取得国际贷款,需要通过PMC取得国际贷款机构的信用,获取国际贷款;由于某种原因,业主感到凭借自身的资源和能力难以完成的项目,需要寻找有管理经验的PMC来代业主完成项目管理,这些项目的投资额一般在5000万美元以上。

(4)CM。

一般适用于建设周期长、工期要求紧、不能等到设计全部完成后再招标施工的项目;或者是投资和规模都很大,技术复杂,组成和参与单位众多,缺少以往类似经验的项目。它不适用于规模小、工期短、技术成熟以及设计已经标准化的常规项目(例如多层住宅)和小型项目。

优点:可自由选定建筑师(工程师);管理与技术支持完善;在招标前确定完整的工作范围和项目原则;预先考虑施工因素,利用价值工程原理,可以节省项目投资。

缺点:在明确整个项目的成本之前,投入较大;CM模式不对进度和成本作出保证;业主进行项目管理会导致风险增加;索赔和变更的费用较高。

建造运营模式:BOT模式主要用于基础设施项目,包括发电、机场、港口、收费公路、隧道、电信、污水处理设施等。这些项目都是一些投资较大、建设周期长和可以自己运营获利的项目。

BOT项目在运作过程中,往往会出现以下问题:投资者实力不足或目的不纯,项目前期工作时间较长,过程复杂,融资成本高。

(5)PPP模式。

PPP模式的优点:①在初始阶段私人企业与政府共同参与项目的识别、可行性研究、设施和融资等项目建设过程,保证了项目在技术和经济上的可行性,缩短前期工作周期,使项目费用降低;②有利于转换政府职能,减轻财政负担;③参与项目融资的私人企业在项目前期就参与进来,有利于私人企业一开始就引入先进技术和管理经验;④政府部门和私人企业可以取长补短,发挥政府公共机构和民营机构各自的优势,弥补对方的不足;⑤使项目参与各方整合组成战略联盟,对协调各方不同的利益目标起关键作用;⑥政府拥有一定的控制权;⑦应用范围广泛,该模式突破了目前的引入私人企业参与公共基础设施项目组织机构的多种限制,可适用于城市供热等各类市政公用事业及道路、铁路、机场、医院、学校等。

但PPP模式运行时也会出现以下问题:对于政府来说,如何确定合作公司给政府增加了难度,而且在合作中要负有一定的责任,增加了政府的风险负担;组织形式比较复杂,增加了管理协调的难度,对参与方的管理水平有一定的要求;如何设定项目的回报率可能成为一个颇有争议的问题。

6.2 运营管理体系建设

此处以PPP项目为例进行探讨。

6.2.1 PPP项目运营特点及运营现状分析

1. PPP项目运营特点

PPP是政府和社会资本就公共基础设施投资建设运营合作的一种项目运作模式。PPP项目根据其寿命周期分为项目前期、建设阶段、运营阶段和移交阶段四个阶段。运营阶段始于建设阶段到完成竣工结算验收,终于移交阶段。由于PPP项目本身具有投资金额大、运营周期长、资金回收时间久等特性,运营管理的特点也体现得尤为突出。

(1)以战略目标为导向,以产出为核心。PPP运营的核心是持续不断地输出高质量的产品或服务,并确保公众能在合理价格范围内消费,获得较高公众满意度,所以在投资项目初期,应对项目未来做好行业分析,制定战略目标,做好运营规划。另外,运营阶段的收入一般来自两方面:①使用者付费,其特点是创收能力取决于服务质量及公众的需求度;②政府可行性缺口补助,按照新规,建设成本至少30%的部分纳入运营期绩效考核范围,对于以盈利为目的的PPP公司来说,更好、更快收回投入资金是其终极目标,所以在运营管理中以绩效考核为手段,以产出为核心。

(2)运营中公益性与盈利性并存。公益性运营是指市政工程类的PPP项目以服务为主、收费为辅的项目运营,其特点是政府统一付费采购,社会公众无须付费或仅需支付较低的费用就可以获取或享受一项产品和服务。盈利性运营是指PPP项目提供的产品或服务是市场化的,投资收益主要由社会公众付费才能获取或实现的,社会资本以营利为目的,而互利共赢是政企合作的基本要求,所以PPP项目的运营包含了公益性及盈利性。

(3)运营管理周期长,不确定性风险高。PPP项目的运营周期一般不小于8年,提供的产品或服务具有持续性,因运营受到特定规模限制,长期运营中经济环境、政策等容易发生变化,都给运营管理带来很大的不确定性和风险,对于风险管理的综合能力要求较高。

(4)对成本管控的要求较高。PPP项目运营提供的产品或服务受到地域限制较大,容量有限,难以向其他产品或服务通过营销手段大幅度提升产品销量。比如公路通行、管廊入廊、污水处理等都是在有限的能力范围内运营,而且价格也受限,这也就意味着收入来源已被限定,要想获得更多的盈利,只有做好成本管控,降低成本,才能实现公司整体利益最大化。

2. PPP项目运营管理现状及存在的问题

(1)运营计划制定过于粗糙。目前国内的PPP项目运营服务的内容和标准在制定实施方案时已初步被界定,从实施方案到招标落地经历的时间过长,市场已发生变化,项目的产出及后续的需求变化等存在较大的不确定性。且PPP项目政府付费归属政府预算管理范畴,需要纳入财政预算管理,因此,由于实施方案编制时对项目运营市场预测不够科学准确,造成实际运营收入与测算偏差较大的情况,政府可行性缺口补助在项目后期将很难进行大幅度调整。

(2)运营管理风险分担机制设置不合理,风险和收益不匹配。PPP是一把双刃剑,在给予社会资本参与基础设施投资建设的机会同时,也被动地承担了运营阶段的几乎所有风险,但风险和收益并不匹配,PPP运营周期长,经济环境是不断变化的,社会资本承担着过多的风险,收益却被局限在总投资回报收益率8%以内,高风险低回报严重削弱社会资本的积极性。

(3)盈利性运营项目无法完全市场化。PPP项目运营对象为基础设施,事关民生,涉及范围广,影响较大,所以在制定收费价格时,受到政府的限制较多,社会资本并不能根据市场的变化以及市场需求来制定收费价格,导致利润空间较小,甚至无利润可言。这对于社会资本参与项目以盈利为目的的初衷相违背,大大降低了社会资本的积极能动性,使得有专业运营管理经验的社会资本避而远之,不愿参与PPP项目,久而久之,运营管理成为社会资本及大型建筑企业合作赚取施工利润的附属品,在有限的范围内进行较少的盈利模式创新。

(4)税收政策暂时"缺位",税务风险高。纵观现有的税务政策,财政部及国家税务总局尚无就PPP

公司运营阶段取得政府缺口补助形成的收入应按何种应税项目缴纳增值税进行明确,各地税务局对此也有不同的理解,有将其认定为"转让无形资产"的,也有认定为"建造不动产出售",更有将其认定为"投资收益"行为,不同的认定会产生不同的税率,对PPP项目公司现金支出影响较大。

(5)绩效考核体系不完善,指标难以量化。针对众多PPP项目利益相关者而言,不同评价主体的侧重点不同,对绩效评价的期望目标也不同。虽然近年来国家就绩效考核方面相应出台了多个政策,不断充实和完善绩效考核的标准,但考核的结果仍偏向定性的指标,标准难以量化,且考核具有较大的主观性,难以确保公平公正。按照《关于规范政府和社会资本合作(PPP)综合信息平台项目库管理的通知》(财办金〔2017〕92号)发布后的新要求,PPP项目公司至少将建设成本30%纳入运营期绩效挂钩,虽然很大程度保证了建设工程质量,但目前惩罚机制偏多,普遍采用"负面清单法",缺少奖励机制,对于成本节约、管理创新没有正面激励。

6.2.2 PPP项目运营管理体系建设

基于PPP项目运营特点及存在的问题,以管理会计视角,构建PPP项目运营管理体系,以解决PPP项目运营管理中存在的困境。如图6.1所示。

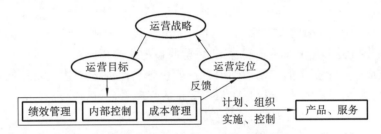

图6.1 PPP项目运营管理体系

1. PPP项目运营管理体系的构成

运营管理的最终目标是实现社会效益和经济效益最大化,PPP项目运营之所以会出现诸多问题,归根结底就是由于缺乏战略规划、目标指向不清晰以及定位不准确等。针对这些问题,本文以运营战略为导向,构建了一套行之有效的运营管理体系。该体系主要根据PPP项目运营特性及工作内容,以成本管理、内部控制和绩效管理三大板块做支撑,通过各子项管理系统的计划、组织、实施、控制,不断完善PPP项目运营体系建设,将发现的问题动态反馈给运营定位始端,通过管理系统不断循环调整修正,形成更优化的管理体系,最终输出优质的产品及服务。

2. 激发先进管理理念及创新技术,做好成本管理

PPP的运用不仅仅是为了减轻政府财政压力,更重要的是引入社会资本,利用社会资本的优质资源、先进管理理念以及创新的技术,从而提升公共产品供给效率和质量。若社会资本方本身不具备该行业的运营能力,可将部分运营业务进行外包,通过专业分工,有效提升管理效率及增加运营收入,同时通过招聘职业经理人,不断引入先进管理理念,增强公司核心竞争力,提升运营成效。也可通过提升企业专业技术,以预算成本、目标成本、实际成本三算对比为成本控制主线,做好"节流"管理,降低运营成本,提升企业效益。

根据PPP项目的公益性和盈利性并存、运营项目不能完全市场化的特点,PPP项目内部投资收益率基本被限定在6%~8%,盈利空间较小,为确保社会资本方达到一定投资效益,输出产品或服务定价应在合理范围内,定价过低,不利于项目长远运营与发展;定价过高,会引发社会公众的不满和抵触情绪,PPP项目也将失败。

3. 搭建完善的内部控制体系

内部控制体系是公司管理体系的核心,完善的内部控制体系是做好运营管理的保障。搭建PPP项目公司内部控制体系,将从内部控制五要素出发进行分析构建。

(1)控制环境方面。第一,组织构建时,PPP项目公司应重视合作协议对各方投资主体的明确责权利,以此来制约各方的行为,确保决策程序合规,事务执行高效。第二,要完善管理层结构,实行项目公司完全独立法人资格,独立核算和管理,可执行"三重一大"制度,事项上报董事会或股东会共同决策,未经表决的事项坚决不予执行。第三,要优化人力资源政策,内提外招并行。从企业文化及意识形态上讲,管理层的运营风格、公司的沟通通道顺畅、企业员工的价值观念都将成为控制环境的核心,通过企业文化塑造及意识指引形成积极向上的工作氛围,有效提高员工诚信度及执行力,有利于内部控制目标的实现。

(2)风险评估方面。运营有关的风险一般分为与运营成本及运营收入有关的风险、运营安全风险、资产维护风险、市场需求风险等。PPP的发展本质是"风险共担,利益共享",而风险分配则变成了政企博弈的过程。风险分配应该遵循的基本原则:采用风险分配优化原则,谁最能控制谁分担;能力范围内承担相应风险,合理分担利于合作关系长期稳定;风险收益配比均衡原则。

(3)控制活动方面。一个公司的控制活动内容一般包含制度的健全建设及控制执行的有效性。现代企业的控制活动及管理水平,依托于信息化与数字化的管理平台,进一步深化信息建设,优化审批流,提升信息质量。由于PPP项目经营战略的设定及运营定价标准,受政府影响较大,并且每年需通过运营考核才能获得运营收益。这决定了PPP项目在控制活动中更适合以结果为导向的管理制度及执行评价,以运营战略及投资测算为依据,设定长期运营目标值,根据每年运营情况进行短期运营目标调整,并通过活动执行计划管理,打通项目公司纵向和横向的协同壁垒,将项目的管理内容按照工作分解方式进行横向的工作细化,细化过程中赋予工作任务明确的时间表,让责任落实到位。纵向上分级管理,突出管理重点,层层聚焦且保证权责清晰,提倡"放管服",将项目运营的管理权合理授予各级业务管理单元,由其自主达到项目运营的各类要求,在此过程中兼顾工作效率及工作成效。

(4)信息与沟通方面。PPP项目公司要加强与投资主体、政府以及社会公众之间的沟通,良好的沟通有助于更好地完成运营工作。各参与主体可以通过委派人员任职,让其保持与原有单位的联系,搭建起PPP项目公司与其他主体之间沟通的桥梁,信息传递速度快,办事效率得到很大的提高。信息平台将公司各个部门的财务数据和非财务数据集成管理,将所有的信息数据归集到同一平台上形成数据库,能很好地实现信息共享,提升信息的准确性。

(5)内部监督方面。PPP项目因为具有一定的公益性,经常接受各方派来的审计督查,这对企业内部监督起到了辅助作用。内部监督可以从监督小组人员任用及监督机制进行着手,例如,一是监事人员的选拔与任用要由在PPP公司未担任要职的主体方选派,提升独立性、客观性,加强对董事会及管理层的经营活动进行监督,确保公司运营合法合规;二是选派审计小组进行定期和不定期检查,通过财务和非财务信息互相匹配,确保业务真实性,成本支出合理合规,决策合规性,为日后的绩效考核完善基础数据做好铺垫;三是要大力提倡人人监督,接受实名和匿名举报投诉,对举报人给予适当的物质奖励,一旦发现徇私舞弊或制度不落实等行为,轻则通报批评,降低年终绩效工资,严重者开除等。

4. 构建有效的绩效考核管理办法

PPP 项目公司的绩效考核分为公司内部管理考核,以及以政府方为考核实施主体的运营成果考核。绩效考核不仅仅是对产出结果的考核,更多的是要对管理过程进行考核,要用到的数据资料很多,也很细,为确保信息数据的质量和评价效率,这就要求 PPP 项目公司拥有强大的信息化平台作为支撑,而且该平台要覆盖项目全寿命周期,是集所有数据于一体的综合信息平台。绩效考核在定性指标偏多的基础上,可将部分定性指标转换成定量指标,这需要一定的专业技术支撑,再根据总指标设置分项目标,进一步将指标细分给实际负责运营的管理层,并以此作为对管理层级的考核标准,自上而下,目标层层细化分解到各个部门。

6.3 运营资金管理

此处以高速公路 BOT 项目为例进行探讨。高速公路 BOT 项目的运营特点导致运营期间资金收入和支出非常大,在国家加快推进电子收费应用服务前,现金收入占项目公司运营期收入的 60% 以上。随着电子收费模式大力推行,现金收入比例将逐渐下降,电子收费将成为项目公司的主要收入来源。此处按资金收入、资金支出两条主线来阐述各项资金的管理重点。

6.3.1 资金收入管理

1. 通行费收入管理

在项目公司运营过程中,通行费收入是整个项目的核心业务收入,该项收入涉及站点多、人员广、数量大,受各方关注,通行费收入管理的首要内容就是确定收到的通行费是否准确。当前我国高速公路已经完全实现了联网收费,联网收费分为现金收费和电子收费。现金收费的标准主要是以车辆的类型、载重量、行驶里程等为基础;电子收费方式指的是通过车辆自动识别技术自动识别车辆,交换相关收费数据,同时通过计算机网络处理收费数据,继而建立起不停车自动收费的全电子化收费系统。不同收费方式下,通行费收取确认的流程及管理重点如下。

(1) 现金收费。

① 收费员上岗收费。收费员是依据网络收费程序将过往车辆通行费金额显示出来并进行收费的,在收费的同时,将费用收取的原始数据上传至网络结算中心。站管监控人员应不定期对收费站进行稽查,通过监控录像和现场情况核实,杜绝收费员对车型、金额等数据私自更改的现象。

② 收费员缴销现金及通行卡。收费员换班时,将收取的现金及上岗 IC 卡交收费站,进行收费信息核销,系统形成的数据应与收费员实际缴纳的金额、票据使用量及通行卡数量等保持一致,如存在差异,则需要查找其中原因,确保收取金额的准确性。收费现金采用银行投包机专门存放,减少中间环节,以便收费员和收费银行直接对接。

③ 现金交存银行。这个过程一般由银行人员直接上门收取现金,站管工作人员填写相关缴款单据,站管负责人、银行和收费员等依据核销程序形成的准确报告对数据进行核对。

④ 车辆通行费拆分。省级交通结算中心以交通运输部联网中心下发的轧差结算通知书以及各路段的原始收费数据、收费标准及里程为依据,完成各通行路段通行费的拆分,以最终确定应属于本路段的

通行费部分。

⑤拆分资金上拨与下拨。省联网中心在完成交易结果确认及拆分后,将划款金额通知到所有应付款参与方,并向各应付款参与方结算银行下达划转指令,将所有应付款项划转归集至省联网中心,最终由省联网中心归集到交通运输部联网中心结算账户。为实现跨省、跨路段资金拆分及时有效,项目公司需与银行签订协议,搭建银企直联系统,并对银联系统进行日常维护,确保拆分资金及时划转。交通运输部联网中心在完成上述省际拆分资金划转归集之后,于 $T(S/R)+3$ 日向结算银行下发资金划拨指令,将省际拆分资金划拨至各省联网中心,各省联网中心再将应归属于各通行路段的通行费划转到项目公司结算账户。

⑥项目公司依据省结算中心提供的数据,确认收费收入。项目公司运营部门每月对日拆报表进行汇总,核对当月通行费拆分总表,确保通行费拆分收入准确无误,之后项目公司财务部将应归属本路段的通行费确认收入。

现金收费涉及四个主体:收费员、结算中心、项目公司财务部及押款银行。只有保证四个主体收费金额一致,才能确保收费收入准确无误。也就是说,收费站和银行收取的现金总额要与结算中心提现的现金收费金额保持一致,财务部所收到的结算中心报表显示的现金收入应与实际现金收入和现金缴存银行金额保持一致。

(2)电子收费(主要是 ETC 收费)。

①车辆通过 ETC 车道自动缴费。项目公司主要应避免因系统、设备、通行车辆等导致非正常扣费的情况发生,同时准确识别、处理逃费现象,以确保 ETC 通行费准确无误纳入联网中心记账。若出现车辆无法从 ETC 车道正常扣费驶出的情形,将由收费站外勤人员引导至人工车道,进行人工扣款收费;若出现 ETC 系统扣费金额错误的情形,经现场初步核实后,将具体情况上报省联网中心进行调整;若出现车辆逃费现象,项目公司将通过所辖监控通信分中心图像稽核系统对嫌疑车辆的行驶路径、车型判别及 ETC 卡标识车型等信息进行对比分析,将嫌疑车辆加入黑名单,实施系统报警拦截。

②通行费交易数据上传。收费站 ETC 联网系统向省联网中心系统上传交易数据,经省联网中心确认后上传至中华人民共和国交通运输部(简称"交通运输部")联网中心,交通运输部联网中心将 ETC 交易数据发布给 ETC 卡发行服务机构进行记账,并于 $T+1$ 日向 ETC 发行服务机构和各省联网中心下发 ETC 通行交易清分通知书,完成 ETC 交易数据的确认。

③车辆通行费拆分。交通运输部联网中心向各省联网中心下发轧差结算通知书后,由各省联网中心进行确认,同时完成省内各路段通行费拆分。

④拆分资金上划与下拨(与现金收费相同)。

⑤项目公司确认收入(与现金收费相同)。

2. 路损赔偿、救援等其他收入管理

路损赔偿收入一般是指通行车辆给道路交通安全设备造成损害,依据道路赔偿规范进行相关损害的赔付。救援收入一般是指行驶于高速公路的车辆有特殊原因无法正常行驶时,项目公司可以提供施救服务,并收取相应的服务费。一般情况下,这类收入的金额不大,但频率比较高。这部分收入的管理一般通过强化发票管理和设定合理的内部监控机制来实现。有些项目公司对加油站、服务区采用租赁外包的形式,此类收入管理的重点主要是依据合同约定按期收款,依法纳税,收入方面的管理难度不大,主要是重点加强日常业务管理。

6.3.2 资金支出管理

高速公路运行过程中的运营成本一般包括四个方面:管理成本及征收成本、养护成本、财务费用、折旧及摊销费。折旧及摊销费属于非付现成本,主要由项目投资成本、特许权年限、预测车流量等因素决定。此处主要探讨和分析其他三项需要付现的成本。

(1)管理及征收成本控制。

高速公路运营收费属于劳动密集型产业,每个口、每个车道 24 小时值守,需要投入大量收费人员,而此项费用主要成本动因是"人",主要包括人员薪酬、福利及日常经费等,此项支出应重点加强以下几方面管理:①根据各收费站特点科学配备工作人员,主要应考虑省界站、匝道站、车辆通行状况及拆分率等因素;②合理、合法设定薪酬福利标准,主要应考虑当地薪酬水平及国家相关法律法规规定;③引入全新工艺设施,比如 ETC 不停车自动收费、自动发卡机、支付宝自动收费系统等,以代替收费员提供发卡和收费服务等;④实行精细化管理,减少浪费,控制日常办公过程中的不必要开支,尤其是水电、取暖、食堂费用、办公用车等开支较大的环节,都要建立科学的管理制度,减少浪费。

(2)养护成本管理。

强化对高速公路的保养是确保高速公路及周边设备完好无损的基础,可以维护高速公路的正常运行,清除高速公路运行过程中存在的潜在安全隐患,不断提升公路的抗灾能力,延长公路使用寿命。以上述养护为目的,应从以下几方面强化管理。①合理规范和明确养护成本,进行公路养护的预见性决策。不断强化年度预算管理,依据高速公路上市公司公开的数据及标的高速公路的养护成本[日常养护成本每年约 10 万元/km(4 车道)~20 万元/km(6 车道)]制定年度预算,结合自身路段状况制定合理的养护周期。②建立预防性养护机制。通过调研发现,每投入 1 元预防性养护资金,可以节省 3~10 元矫正性养护资金,可见在养护成本中,预防性养护性价比更高。③依法保护路产资源,减少养护成本开支。根据国家计量收费规范,依托高速公路执法大队,对各种类型的超重货车进行查处,尽可能降低路面损耗,确保后期养护成本得以降低。

(3)财务费用控制。

高速公路 BOT 项目公司一般都是单一高速公路经营企业,运营期财务费用主要由建设期融资形成的贷款成本构成。首先,进入运营期后应进行滚动预测,精准测算未来资金流入、资金流出、资金结余情况,通过与已有建设期融资机构或新引入的融资机构进行洽谈,重组已有融资架构,制定与项目企业实际情况相吻合的还本付息规划,减少收费资金的沉淀以提升资金使用效率。其次,加强银行和企业合作,探索全新融资模式,寻求降低融资成本的新途径,如利用短期贷款与长期贷款利息差,在风险可控的前提下以部分短期贷款置换中长期贷款,减少融资成本开支。

项目公司应根据费用项目进行重点监控,积极推行全面预算管理方案,构建预算编制、监督、审批及考核为一体的综合性全面预算管理系统。提升参与成本管理全员的认知意识,预算编制的办法以逐级编报和上级审批为主,预算一经确定,就作为全员内部组织运营管理工作的标准,该标准不得随意改动。非生产经营支出坚持节约、适度的基本原则,尽可能缩小总额支出。

6.4 运营期绩效评价

此处以市政道路PPP项目为例进行探讨。

6.4.1 市政道路PPP项目的内涵及特征

1. 市政道路PPP项目的内涵

市政道路又称为城市道路,根据《城市道路管理条例》(国务院第198号令,2017年第二次修正)第二条的规定:"城市道路是指城市供车辆、行人通行的,具备一定技术条件的道路、桥梁及其附属设施。"根据在城市道路系统中的地位和交通功能,市政道路分为快速路、主干路、次干路及支路。市政道路是城市总体规划中的主要组成部分,关系着整个城市的有机活动。

我国市政道路的建设方式共分为三种。①政府主导模式。市政道路所具有的非排他性和非竞争性决定了其由政府主导、投资、建设、管理及维护。现今,由于市政道路项目的需求愈来愈大,而传统的融资渠道受限,地方政府面临着巨大的财政压力,融资模式的创新及变革已刻不容缓。②BT模式。《关于制止地方政府违法违规融资行为的通知》(财预〔2012〕463号)中明确规定:"除法律和国务院另有规定外,地方各级政府及所属机关事业单位、社会团体等不得以委托单位建设并承担逐年回购责任等方式举借政府性债务。"BT模式已被叫停。③政府和社会资本合作模式。PPP项目由社会资本负责承担市政道路的融资、设计、建设、运维等大部分工作,通过"政府付费"获得合理投资报酬;政府部门负责市政道路的运作监管,以保证公共利益最大化。

在经济新常态下,为了加快转变政府职能,实现政企分开、政事分开、深化投融资体制改革,推进国家治理体系和治理能力现代化,完善财政投入和管理方式,提高财政资金使用效率,并打破行业准入限制,激发经济活力和创造力,我国鼓励在基础设施和公共服务领域采用PPP模式。将PPP模式运用于市政道路项目中,不仅可以减轻政府的财政负担,拓宽社会资本的投资渠道,而且能够提高项目的建设效率,保障项目的运维服务质量。市政道路PPP项目,即政府与社会资本形成平等的伙伴关系,由社会资本负责市政道路的设计、建设、投资与运维等工作,而政府负责监管项目的运行,并对项目进行绩效评价,采用政府付费的方式使得社会资本获取相应报酬。

2. 市政道路PPP项目的特征

明确市政道路PPP项目的特征,可以为研究运营期绩效评价的必要性提供参考,使后续的研究更具针对性。结合市政道路项目及PPP模式的相关理论,将市政道路PPP项目的特征归纳为以下四点。

(1)参与主体多元化。PPP模式将社会资本引入市政道路建设中,项目的参与方众多,除了政府、项目投资者、社会公众,还包括施工单位、运维商、设备供应商、银行、保险机构等。各个参与方的目标也有差异,对于政府而言,其主要目的是以较为合理的投入使社会效益最大化,为社会公众提供更高质、高效的社会产品,促进资源的优化配置。对于社会资本而言,其主要目的是希望通过参与市政道路PPP项目,获得合理的经济收益。参与主体的多元化决定了PPP项目合同的复杂性。

(2)复杂性。在技术方面,市政道路PPP项目的设计、施工、运维等各个方面要求参与方具有高标准的、多类别的、创新的专业技术。在资金方面,市政道路PPP项目投资额巨大,相较于传统的项目融资模式,PPP模式运作更为复杂、谈判周期较长、前期所需费用更高,需要使用多元化的融资渠道和创新性的金融工具。在管理方面,由于 PPP 模式具有利益相关者众多、合同结构复杂等特点,PPP 项目的管理内涵较一般工程项目更为丰富,具体包含两方面:一方面是 PPP 项目的组成部分较多,另一方面是指 PPP 项目各个组成部分之间的关系较为复杂。在风险分担方面,相比于传统的市政道路建设项目,市政道路 PPP 项目全寿命周期很长,涉及的风险种类众多,且风险呈现动态化的趋势,因而如何合理地分配项目风险是项目成功的关键。此外,市政道路 PPP 项目还易受到各类外部环境的影响,呈现出更为多元化的复杂性。

(3)开放性。任何工程项目都不可能是一个封闭系统,它们不但要不断地与外界交流物质与能量,而且要不断地与外界互相交流信息。市政道路 PPP 项目作为城市有机活动的载体,直接地或间接地与社会的各个方面存在千丝万缕的联系。而且,市政道路 PPP 项目的非排他性和非竞争性决定了其面向的服务对象是全体社会的公众,必须接受政府和公众的监督和制约。因此,市政道路 PPP 项目必须合理利用外界所提供的物质、能量及信息条件,满足服务对象的需求,促进城市经济、社会和环境的可持续发展。

(4)政府付费。作为公益性项目,市政道路 PPP 项目不面向使用者收费,而是由政府直接付费购买产品,并给予社会资本相应的合理回报。根据《关于印发政府和社会资本合作模式操作指南(试行)的通知》(财金〔2014〕113 号)中的相关规定,政府付费是指政府直接付费购买公共产品和服务,主要包括使用量付费、绩效付费等,其付费的依据主要是产品和服务使用量、产品质量等要素。

3. 市政道路 PPP 项目的全寿命周期

财政部在《关于印发政府和社会资本合作模式操作指南(试行)的通知》(财金〔2014〕113 号)中对 PPP 项目的实施流程做了明确的规定,其中,第三条指出,本指南适用于规范政府、社会资本和其他参与方开展政府和社会资本合作项目的识别、准备、采购、执行和移交等活动。从政府文件中可以看出,财政部将 PPP 项目的全寿命周期划分为五个主要阶段,分别是 PPP 项目识别阶段、项目准备阶段、项目采购阶段、项目执行阶段及项目移交阶段。为了便于进行市政道路 PPP 项目运营期绩效评价,此处将市政道路 PPP 项目划分为四个阶段:立项及采购阶段、成立项目公司及建设阶段、运营阶段和项目移交阶段,如图 6.2 所示。

(1)市政道路 PPP 项目立项及采购阶段。该阶段的主要工作包括以下内容。①市政道路 PPP 项目识别,主要由财政部门会同行业主管部门,对由政府发起或社会资本发起的市政道路 PPP 项目进行物有所值评价及财政承受能力论证。②项目准备。政府或其指定的有关职能部门或事业单位作为项目实施机构,编制市政道路 PPP 项目的实施方案。③市政道路 PPP 项目采购。由项目实施机构根据政府采购法律法规体系的有关规定进行社会资本的采购工作,并在审核通过后,由实施机构与中选社会资本签署 PPP 项目合同。

(2)市政道路 PPP 项目成立项目公司及建设阶段。该阶段的主要工作包括以下内容。①成立项目公司。由社会资本成立项目公司,政府指定相关机构依法参股项目公司。②市政道路 PPP 项目建设阶段。PPP 项目公司根据特许权协议的规定,负责项目的设计、施工等工作,同时还要保证私人投资机构按照计划投入资金。

(3)市政道路 PPP 项目运营阶段。PPP 项目公司可以自行运维项目,也可以聘请专门的运维公司。项目的运维直接关系到项目的效益与效果,这就要求 PPP 项目运维商必须拥有丰富的经验和优秀的运维能力。同时,为了确保项目的运维质量,项目实施机构或政府委托的第三方机构将对项目的运营期绩

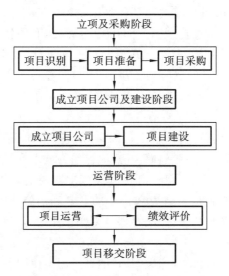

图 6.2 市政道路 PPP 项目操作流程

效表现进行监管,而社会公众也对项目具有监督权。

(4)市政道路 PPP 项目移交阶段。特许期满后,PPP 项目公司必须按照特许权协议中规定的项目质量标准和资产完好程度等将项目的资产、经营期预留的维护基金和经营管理权全部移交给政府。

6.4.2 市政道路 PPP 项目运营期绩效评价的内涵及实施流程

1. 市政道路 PPP 项目运营期绩效评价的内涵

(1)绩效的内涵。

从管理学的角度来说,绩效是组织期望的结果,是组织为实现其目标而体现在不同层面上的有效输出,包括了两个方面:个人绩效和组织绩效。一方面,绩效指员工的工作结果,具体表现为完成工作的数量、质量、成本费用以及为组织作出的其他贡献等;另一方面,绩效也是影响组织员工工作结果的行为、表现及员工素质。在实践过程中,绩效的内涵一般包含了行为和结果两个方面,行为是实现绩效结果不可或缺的条件,而绩效结果则要求行为应以取得符合组织发展总体目标要求的成效为准则。

(2)市政道路 PPP 项目运营期绩效评价的定义。

根据绩效的内涵,PPP 项目的绩效应是行为和结果的统一。市政道路 PPP 项目的运营期绩效评价,是指政府在市政道路 PPP 项目运营过程中,运用绩效评价的相关理论和模型,采用恰当的绩效评价指标体系,与制定的相关评价标准进行对比,并在实践中采用合理的实施方法,通过构建绩效评价模型进行分析,对项目运营期内的运维过程和结果,作出客观、公正且准确的综合评价,并根据评价结果来判断 PPP 项目的管理情况。

绩效评价包括市政道路 PPP 项目运营期的经济性、效果性、效率性及公平性。市政道路 PPP 项目运营期绩效的经济性包括社会资本的合理收益;项目绩效的效果性包括项目的质量及项目的管理;项目的效率性包括及时的运维服务;公平性主要是指项目运营期社会公众的满意度及社会影响。

2. 市政道路 PPP 项目运营期绩效评价的实施流程

(1)市政道路 PPP 项目运营期绩效评价的实施主体。

有关 PPP 项目绩效评价的实施主体,我国国务院、财政部及发改委都发文作出了相关规定。2013 年,国务院办公厅在《关于政府向社会力量购买服务的指导意见》(国办发〔2013〕96 号)中规定,加强政府向社会力量购买服务的绩效管理,严格绩效评价机制。建立健全由购买主体、服务对象及第三方组成的综合性评审机制,对购买服务项目数量、质量和资金使用绩效等进行考核评价。2014 年,财政部在《关于推广运用政府和社会资本合作模式有关问题的通知》(财金〔2014〕76 号)中写道,稳步开展项目绩效评价。省级财政部门要督促行业主管部门,加强对项目公共产品或服务质量和价格的监管,建立政府、服务使用者共同参与的综合性评价体系,对项目的绩效目标实现程度、运营管理、资金使用、公共服务质量、公众满意度等进行绩效评价。国家发改委关于印发《传统基础设施领域实施政府和社会资本合作项目工作导则》的通知(发改投资〔2016〕2231 号)中规定,PPP 项目合同中应包含 PPP 项目运营服务绩效标准。项目实施机构应会同行业主管部门,根据 PPP 项目合同约定,定期对项目运营服务进行绩效评价,绩效评价结果应作为项目公司或社会资本方取得项目回报的依据。

因此,根据我国国情,我国市政道路 PPP 项目的绩效评价一般采用以购买主体、服务对象及第三方构成的综合性评价体系,而绩效评价的实施主体是项目实施机构或政府委托的第三方机构。

(2)绩效评价对象。

党的十九大报告提出要"建立全面规范透明、标准科学、约束有力的预算制度,全面实施绩效管理"。市政道路 PPP 项目作为典型的公益性项目,有必要对其实施绩效管理,因此,这里所说的绩效评价对象是新建市政道路 PPP 项目,评价时点是运营期。

(3)绩效评价实施流程。

市政道路 PPP 项目运营期绩效评价的目的是通过动态的评价与反馈,及时发现项目在运营过程中存在的问题并加以改进,实现各个项目参与方设定的目标。基于此,市政道路 PPP 项目运营期绩效评价实施流程图如图 6.3 所示。

6.4.3 市政道路 PPP 项目运营期绩效评价体系构建

1. 市政道路 PPP 项目运营期绩效评价体系构建的总体框架

市政道路 PPP 项目运营期绩效评价体系主要包括以下两个方面的内容:一是运营期绩效评价指标体系的构建,并对各个指标的定义进行详细描述;二是运营期绩效评价模型的构建,并具体介绍模型的实施过程。市政道路 PPP 项目运营期绩效评价体系构建的总体框架如图 6.4 所示。

(1)识别绩效评价实施主体及评价对象。

绩效评价实施主体是项目实施机构或政府委托的第三方机构。评价对象是新建市政道路 PPP 项目的运营期绩效。

(2)识别市政道路 PPP 项目运营期绩效目标。

关键利益相关者为政府和社会资本,政府的利益诉求主要是从保障公众利益和监管者的角度出发,追求社会效益最大化,希望保障项目运营的持续性,并保障项目公益性的有效实现等,而社会资本/项目公司的利益诉求主要是追求自身利益最大化,获取满意的投资回报,并希望得到相关法律法规及政策等的支持与保护。因此,利益相关者的利益诉求及战略目标存在一定的冲突,为了平衡其目标,秉持经济性、效果性、效率性、公平性的绩效评价原则,确定市政道路 PPP 项目的战略目标。市政道路 PPP 项目的经济性是指能否在不影响项目质量的前提下,减少成本,或能否用相同的成本获取更高质量的公共产

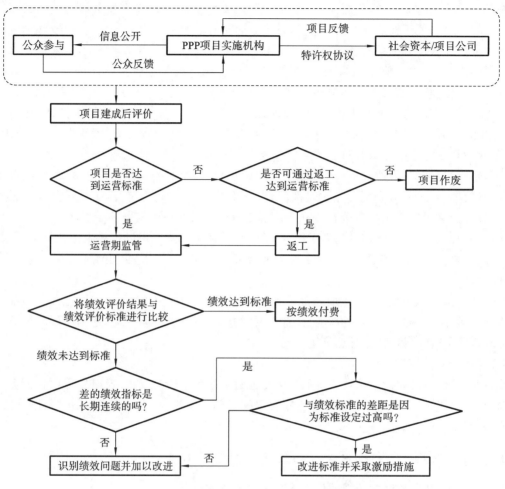

图 6.3 市政道路 PPP 项目运营期绩效评价实施流程图

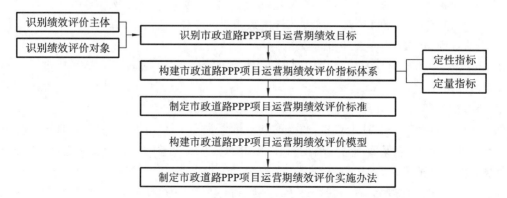

图 6.4 市政道路 PPP 项目运营期绩效评价体系构建的总体框架

品;项目的效果性包括项目的质量,项目的健康管理、安全管理及环境管理;项目的效率性包括及时的运维服务等;市政道路PPP项目关系到社会民生,其根本目的也是充分利用社会资源满足人们对美好生活的需要,因此,项目运营过程中体现的公平性也成为公众愈来愈关注的焦点,市政道路PPP项目的公平性主要包括良好的社会公众满意度及社会影响。

(3)构建市政道路PPP项目运营期绩效评价指标体系。

绩效评价指标反映从哪些方面评价市政道路PPP项目的运营期绩效表现,一个理想的绩效评价体系不仅是一种直观的评价绩效的工具,而且能够体现项目的战略目标。由于PPP项目种类繁多,评价指标也不胜枚举,而随着评价对象、评价的战略目标和评价方法的不同,构建的指标体系也截然不同。根据市政道路PPP项目绩效评价的战略目标,此处采用WSR系统方法论分别从物理、事理与人理的维度构建绩效评价指标体系,并根据是否可量化,将评价指标分为定性指标和定量指标,给出各个指标的内涵及其数据获取来源。

(4)制定市政道路PPP项目运营期绩效评价标准。

制定绩效评价标准主要是为了衡量项目的绩效达到怎样的水平,并依照标准给予社会资本相应的报酬。绩效评价标准应当具有代表性、科学性及可用性,因此,此处将根据国外较为成熟的PPP项目绩效评价标准与国内相应的各种规范及PPP示范项目的相关经验来制定绩效评价标准。

(5)构建市政道路PPP项目运营期绩效评价模型。

构建绩效评价模型主要是为了解决两个问题:一是构建一个规范化的评价指标赋值方法;二是建立一个评价函数,将评价指标综合起来得出结果,从而得到市政道路PPP项目的运营期绩效。此处采用区间值犹豫模糊集法(interval valued hesitant fuzzy sets,IVHFSs)获取市政道路PPP项目运营期绩效指标的得分值,并与采用IFAHP法得到的权重相耦合,得到市政道路PPP项目运营期的综合绩效得分,再对照制定的绩效评价标准对其绩效表现进行综合评价。

(6)制定市政道路PPP项目运营期绩效评价实施方法。

上述流程为市政道路PPP项目运营期绩效评价实施方法的制定提供了支撑,在绩效评价的实践过程中,制定实施方法主要是为了解决绩效评价时间点、绩效评价人员安排、编制绩效评价报告书、付费等问题。

2. 市政道路PPP项目运营期绩效评价指标体系构建

(1)基于WSR系统方法论的市政道路PPP项目运营期绩效评价指标体系构建。

①市政道路PPP项目运营期绩效指标的识别。

此处从市政道路PPP项目运营期内利益相关者的利益诉求出发,通过研读不同领域PPP项目绩效管理的相关文献,并结合市政道路PPP项目的特点及参考《城镇道路养护技术规范》(CJJ 36—2016)、《公路养护安全作业规程》(JTG H30—2015)、《公路建设项目环境影响评价规范》(JTG B03—2006)、《公路环境保护设计规范》(JTG B04—2010)、《公路项目安全性评价规范》(JTG B05—2015)等相关规范,识别出市政道路PPP项目运营期绩效指标如图6.5所示。

②市政道路PPP项目运营期绩效评价指标体系的构建。

根据图6.5,走访PPP专家,在听取PPP专家有关市政道路PPP项目运营期绩效指标的意见后,基于WSR系统方法论,从物理、事理和人理三个维度,构建市政道路PPP项目运营期的绩效评价指标体系,如表6.2所示。

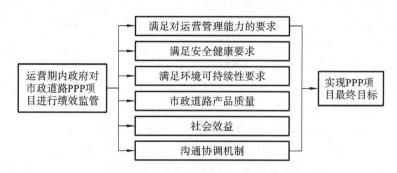

图 6.5 市政道路 PPP 项目运营期绩效指标

表 6.2 基于 WSR 系统方法论的市政道路 PPP 项目运营期绩效评价指标体系

维度	一级指标	二级指标	三级指标	
物理	市政道路 PPP 项目质量(a_1)	车行道的完好情况(b_1)	沥青路面:路面综合评价指数(c_1)、道路结构强度(c_2)、路面抗滑能力(c_3)	水泥混凝土路面:路面综合评价指数(c_1')
		人行道的完好情况(b_2)	人行道平整度(c_4)、人行道状况指数(c_5)	
		路基与排水设施的完好情况(b_3)	路基与排水设施的完好程度(c_6)	
		其他设施的完好情况(b_4)	其他设施的完好程度(c_7)	
事理	运营期健康管理(a_2)	运营期健康事故(b_5)	运营期健康事故的发生件数(c_8)	
		运营期健康突发事件管理(b_6)	运营期健康管理应急预案(c_9)、运营期健康事故处理情况(c_{10})	
	运营期安全管理(a_3)	运营期养护/维修作业安全管理(b_7)	运营期养护/维修作业安全事故的发生件数(c_{11})、运营期安全保通方案(c_{12})、运营期养护/维修作业控制区及养护安全设施布设方案(c_{13})	
		运营期交通安全管理(b_8)	运营期交通事故的发生件数(c_{14})	
		运营期安全突发事件管理(b_9)	运营期安全管理应急预案(c_{15})、运营期安全事故处理情况(c_{16})	

续表

维度	一级指标	二级指标	三级指标
事理	运营期环境管理(a_4)	运营期环境影响(b_{10})	运营期交通噪声影响(c_{17})、运营期景观影响(c_{18})、运营期地表水环境影响(c_{19})、运营期空气影响(c_{20})、运营期生态环境影响(c_{21})、运营期土壤影响(c_{22})
		运营期环境保护措施(b_{11})	运营期交通噪声管理(c_{23})、运营期景观管理(c_{24})、运营期地表水环境管理(c_{25})、运营期空气管理(c_{26})、运营期生态环境管理(c_{27})、运营期土壤管理(c_{28})
人理	公众满意度(a_5)	使用者满意度(b_{12})	市政道路PPP项目运营期内使用者满意度的调查情况(c_{29})
	企事业单位满意度(a_6)	社会影响(b_{13})	市政道路PPP项目运营期内社会影响的调查情况(c_{30})

物理维度主要从市政道路的质量情况进行评价。市政道路的车行道一般有沥青路面和水泥混凝土路面两种,因此分两种情况讨论:第一种,沥青路面的完好情况通过路面综合评价指数、道路结构强度与路面抗滑能力进行综合评价;第二种,水泥混凝土路面的完好情况通过路面综合评价指数进行评价。人行道的完好情况通过人行道平整度和人行道状况指数进行评价。路基与排水设施、其他设施的完好情况通过其完好程度进行评价。

事理维度主要从社会资本/项目公司对市政道路PPP项目的运营管理方面进行评价,分别从健康管理、安全管理及环境管理三个方面进行具体分析。第一,运营期健康管理。健康管理分为健康事故发生情况及健康突发事件管理两部分。主要通过社会资本/项目公司制定的应急预案、是否在评价时点中发生健康事故及其处理情况等方面评价。第二,运营期安全管理。安全管理分为养护/维修作业安全管理、运营期交通安全管理与运营期安全突发事件管理三部分,主要从制定的运营期安全应管理急预案、运营期事故的发生件数等方面对运营绩效进行评价。第三,运营期环境管理。运营期环境管理分为运营期环境影响及运营期环境保护措施两部分,主要从市政道路PPP项目的运营是否给周边环境带来了正面或负面影响、社会资本/项目公司是否采取措施来保护环境,并降低对环境的负面影响等方面进行绩效评价。

人理维度主要是为了体现公平性原则,进行公众满意度及企事业单位满意度调查。主要通过问卷调查等方式对项目使用者、企事业单位、专家等个人或团体进行满意度打分。对项目使用者而言,主要针对项目对其生活质量的影响、对周边环境的影响、用户投诉处理情况等方面进行调查;对企事业单位而言,主要针对该项目对地方发展计划、地区经济、社区发展、旅游事业等方面的影响进行调查。

(2)定量指标值的确定方法。

构建的市政道路PPP项目绩效评价指标体系,存在定量指标和定性指标两种类型。两种类型的指标获取数据的方式及其相应的指标基准各有差异。评价指标标准通常根据不同类型项目的实际情况查阅相关文献获取,而对于不能通过查阅文献获取的指标数据,则可以采取设定相应的测度指标或进行专项调研的方式得到。可量化指标的定义主要基于相关指标研究文献及相应的规范得到。此处根据评价指标体系中的三级指标获取原始数据,经过处理后得到二级指标与一级指标的数据,因此,重点介绍市政道路 PPP 项目运营期可量化的三级绩效指标的计算方式,如表 6.3 所示。

表 6.3 市政道路 PPP 项目运营期定量绩效三级指标

维度	三级指标		计算方式
物理	沥青路面	路面综合评价指数(c_1)	$PQI = T + \omega_1 \times RQI + PCI \times \omega_2$
		道路结构强度(c_2)	根据路面回弹弯沉值确定
		路面抗滑能力(c_3)	根据摆值(BPN)表示
	水泥混凝土路面	路面综合评价指数(c_1')	$PQI = T \times \omega_1 \times RQI + PCI \times \omega_2$
	人行道平整度(c_4)		根据间隙度平均值确定
	人行道状况指数(c_5)		$FCI = 100 - \sum_{i=1}^{n} DP_i \times \omega_i$
	路基与排水设施的完好程度(c_6)		$SD_L = 100 - S_{sd}$
	其他设施的完好程度(c_7)		$Q_L = 100 - S_f$
事理	运营期健康事故的发生件数(c_8)		根据运营过程中因道路质量或管理问题而发生健康事故的件数确定
	运营期养护/维修作业安全事故的发生件数(c_{11})		根据因管理问题而发生养护/维修作业安全事故的件数确定
	运营期交通事故的发生件数(c_{14})		根据运营过程中因道路质量或管理问题而发生交通事故的件数确定
	运营期交通噪声影响(c_{17})		根据监测的噪声值进行评价
	运营期景观影响(c_{18})		由道路绿化率确定,道路绿化率=道路红线范围内各种绿带宽度之和/总宽度
	运营期地表水环境影响(c_{19})		进行水质监测,对比项目运营前与运营期的地表水环境差异
	运营期空气影响(c_{20})		采集空气样品进行污染物分析,对比项目运营前与运营期的空气环境差异
	运营期生态环境影响(c_{21})		监测道路用地范围内植被覆盖率
	运营期土壤影响(c_{22})		采集土壤样品进行污染物分析,对比项目运营前与运营期的土壤差异

在定量指标中,沥青路面的路面综合评价指数(c_1)、道路结构强度(c_2)及路面抗滑能力(c_3)的定量化过程具体如图 6.6 所示,水泥混凝土路面的路面综合评价指数(c_1')的定量化过程如图 6.7 所示。

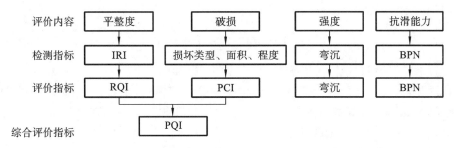

图 6.6 沥青路面的绩效评价指标定量化过程

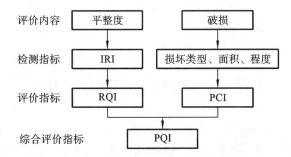

图 6.7 水泥混凝土路面的绩效评价指标定量化过程

①沥青路面的路面综合评价指数 $PQI(c_1)$ 及混凝土路面的路面综合评价指数 $PQI(c_1')$ 见式(6.1)。

$$PQI = T \times \omega_1 \times RQI + PCI \times \omega_2 \tag{6.1}$$

式中：T 为 RQI 分值转换系数，T 取值为 20；ω_1、ω_2 分别为 RQI、PCI 的权重（对快速路或主干路，ω_1 取值为 0.6，ω_2 取值为 0.4；对次干路或支路，ω_1 取值为 0.4，ω_2 取值为 0.6）；RQI 为路面行驶质量指数；PCI 为路面状况指数。

路面行驶质量指数（RQI）按式（6.2）进行计算。

$$RQI = 4.98 - 0.34 \times IRI \tag{6.2}$$

式中：RQI 为路面行驶质量指数，数值范围为 0～4.98，若计算值为负值，则 RQI 取为 0；IRI 为国际平整度指数。

路面状况指数（PCI）按式（6.3）进行计算。

$$PCI = 100 - \sum_{i=1}^{n} \sum_{j=1}^{m} DP_{ij} \times \omega_{ij} \tag{6.3}$$

式中：PCI 为路面状况指数，数值范围为 0～100，如出现负数，则 PCI 取为 0；n 为单类损坏类型数，单类损坏类型数见《城镇道路养护技术规范》(CJJ 36—2016)；m 为某单类损坏所包含的单项损坏类型数，单项损坏类型数可以查阅《城镇道路养护技术规范》(CJJ 36—2016)得到；DP_{ij} 为第 i 单类损坏类型中的第 j 单项损坏类型的单项扣分值，具体数值根据损坏密度，由损坏单项扣分表中的值内插求得；ω_{ij} 为第 i 单类损坏类型中的第 j 单项损坏类型的权重。

②人行道状况指数 $FCI(c_5)$。

人行道状况指数(c_5)按式(6.4)进行计算。

$$\mathrm{FCI} = 100 - \sum_{i=1}^{n} \mathrm{DP}_i \times \omega_i \tag{6.4}$$

式中:FCI 为人行道状况指数,数值范围为 0～100,如出现负值,则 FCI 取为 0;n 为损坏类型总数,对人行道而言,n 取值为 3;DP_i 为第 i 类损坏类型的单项扣分值,具体数值根据损坏密度,由损坏单项扣分表中的值内插求得;ω_i 为第 i 类损坏类型的权重,其值与单项扣分值和所有单项扣分值总和之比有关。

③路基与排水设施的完好程度(c_6)。

路基与排水设施的完好程度(c_6)按式(6.5)进行计算。

$$\mathrm{SD}_L = 100 - S_{sd} \tag{6.5}$$

式中:SD_L 为路基与排水设施的完好程度(分);S_{sd} 为路基与排水设施破损扣分累计分值(分)。

④其他设施的完好程度(c_7)。

其他设施的完好程度(c_7)按式(6.6)进行计算。

$$Q_L = 100 - S_f \tag{6.6}$$

式中:Q_L 为其他设施完好程度(分);S_f 为其他设施破损扣分累计分值(分)。

(3)定性指标值的确定方法。

构建的市政道路 PPP 项目运营期绩效评价指标体系,有一定数量的定性指标,这些指标不能明确测得,只能对其进行定性评价。为了实现定性指标的定量化,研究采用专家访谈、问卷调查等方法,为了便于计算,规定对其进行打分,分值为 0～100 分,指标得分愈高,代表其评价愈高。绩效指标体系中三级定性指标的定量化方法如表 6.4 所示。

表 6.4 市政道路 PPP 项目运营期定性绩效三级指标定量化

维度	三级指标	定量化方法
事理	运营期健康管理应急预案(c_9)	专家评定
	运营期健康事故处理情况(c_{10})	实地调研+专家评定
	运营期安全保通方案(c_{12})	专家评定
	运营期养护/维修作业控制区及养护安全设施布设方案(c_{13})	专家评定
	运营期安全管理应急预案(c_{15})	专家评定
	运营期安全事故处理情况(c_{16})	实地调研+专家评定
	运营期交通噪声管理(c_{23})	实地调研+专家评定
	运营期景观管理(c_{24})	实地调研+专家评定
	运营期地表水环境管理(c_{25})	实地调研+专家评定
	运营期空气管理(c_{26})	实地调研+专家评定
	运营期生态环境管理(c_{27})	实地调研+专家评定
	运营期土壤管理(c_{28})	实地调研+专家评定
人理	市政道路 PPP 项目运营期内使用者满意度的调查情况(c_{29})	实地调研+问卷调查
	市政道路 PPP 项目运营期内社会影响的调查情况(c_{30})	问卷调查

3. 市政道路 PPP 项目运营期绩效评价标准的制定

市政道路 PPP 项目政府的付费依据主要包括根据建设期绩效表现支付投资回报及根据运营期绩效表现支付运维费用。此处仅分析市政道路 PPP 项目的运营期绩效评价,并将其作为运营期运维费用的支付依据。根据政府颁布的相关文件,以及吸取处于运营阶段的市政道路 PPP 项目的相关经验,此处市政道路 PPP 项目运营期的绩效评价实行百分倒扣制。运维费用按绩效评价的成绩进行拨付,分值达到 90 分,足额拨付;分值在 90 分以下的每降低一个百分点,扣养护经费 1%,最低扣至 60%。因此,基于运维费用的拨付方式,按照百分制制定绩效评价指标体系的评定标准。为便于理解,采用世界通行标准法、国内文献研究法、专家经验判断法、综合分析法、类推法等多种方法,结合定量的数据及定性的主观判断将市政道路 PPP 项目运营期的绩效指标评判标准分为 5 个等级,分别为 0~20 分、20~40 分、40~60 分、60~80 分、80~100 分。

其中,物理维度的定量指标的原始数据均可在经过处理后采用百分制进行表述,不再对其进行重点介绍。对于事理维度的 c_8、c_{11}、c_{14},若在运维过程中因道路质量或管理问题而发生事故,则该项为 0 分,若未发生,则该项为 100 分。对于事理维度的 c_{17}、c_{18}、c_{19}、c_{20}、c_{21}、c_{22},经过专业机构监测后,若达标,则该项为 100 分,否则,该项为 0 分。其余绩效指标的评价标准如表 6.5 所示。

表 6.5 市政道路 PPP 项目绩效指标评价标准

绩效指标	0~20 分	20~40 分	40~60 分	60~80 分	80~100 分
运营期健康管理应急预案(c_9)	未按要求制定健康管理应急预案,忽视健康管理	不注重健康管理,应急预案可操作性很低	应急预案不健全,健康责任不够明确,健康意识不强	应急预案较为健全,健康文化建设与教育不到位	对健康的重视程度高,有健全的健康管理应急预案
运营期健康事故处理情况(c_{10})	健康事故处理不及时,存在人员伤亡及财产损失,造成极大负面社会影响	事故处理不及时,存在人员伤亡,交通受到很大影响	未严格按应急预案执行,人员健康受到损害,交通通行受到较大影响	事故处理较为及时,但处理不到位,交通通行受到一定影响	事故处理及时,人员救治及时,交通通行受影响程度较轻
运营期安全保通方案(c_{12})	未按要求制定安全保通方案,忽视安全保通管理	不注重布设方案的制定,可操作性很低	保通方案不健全,可行性不高	保通方案较为健全,保通教育不到位	有健全的保通方案,且实践过程中严格遵守保通方案
运营期养护/维修作业控制区及养护安全设施布设方案(c_{13})	未按要求制定布设方案,不符合规定	不注重安全保通方案的制定,可操作性很低	布设方案不健全,可行性不高	布设方案较为健全,但实践过程中存在需要完善之处	有健全的布设方案,且实践过程中严格遵守布设方案

续表

绩效指标	0~20分	20~40分	40~60分	60~80分	80~100分
运营期安全管理应急预案(c_{15})	未按要求制定安全管理应急预案,忽视安全管理	不注重安全管理,应急预案可操作性很低	应急预案不健全,安全责任不够明确,安全意识不强	应急预案较为健全,安全文化建设与教育不到位	对安全的重视程度高,有健全的安全事故应急预案
运营期安全事故处理情况(c_{16})	安全事故处理不及时,存在人员伤亡及财产损失,造成极大负面社会影响	事故处理不及时,组织紊乱,有人员因处理不当而伤亡,交通受到很大影响	未严格按照应急预案执行,人员就医受到延误,交通通行受到较大影响	事故处理较为及时,但处理不到位,交通通行受到一定影响	事故处理及时,人员救治及时,交通通行受影响程度较轻
运营期交通噪声管理(c_{23})	忽视交通噪声管理,严重干扰周边居民及公司等的正常生活,社会公众满意度极低	不重视噪声管理,未采取噪声防治措施,严重干扰周边居民的日常生活	采取的噪声防治措施有效性较低,周边居民的日常生活受到一定影响	采取的噪声防治措施有效性较好,但仍有个别区域居民受到噪声影响	采取的噪声防治措施有效性好,有健全的机动车噪声管理制度
运营期景观管理(c_{24})	忽视景观管理,景观破坏严重,遭到公众投诉	不重视景观管理,未采取景观绿化措施,原有景观被破坏	景观绿化措施较少,没有专人养护绿化	景观绿化措施较为有效,但仍有个别景观绿化不符合规定	景观绿化很好,有专人负责景观养护,有健全的景观管理制度
运营期地表水环境管理(c_{25})	忽视地表水环境管理,地表水受其影响严重,遭到公众投诉	不重视地表水环境管理,废水排放等不符合规定	地表水保护措施有效性较低,管理制度不健全	地表水保护措施较为有效,管理制度较为健全	地表水保护技术先进,措施有效,管理制度健全
运营期空气管理(c_{26})	忽视空气管理,影响空气质量,遭到公众投诉	不重视空气管理,汽车尾气排放严重,管理制度缺失	尾气防治措施有效性较低,管理制度不健全	防治措施较为有效,管理制度较为健全	防治技术先进,措施有效,管理制度健全
运营期生态环境管理(c_{27})	忽视生态环境管理,生态环境受到严重影响,遭到公众投诉	不重视生态环境管理,生态破坏严重	生态环境管理制度不健全,缺乏保护措施	生态环境管理制度较为健全,保护措施较为稳妥	管理制度健全,防护技术先进,保护措施有效

续表

绩效指标	0~20分	20~40分	40~60分	60~80分	80~100分
运营期土壤管理(c_{28})	忽视土壤管理,项目严重影响所在地土壤环境,遭到公众投诉	不重视土壤管理,土壤污染物含量很高	土壤管理制度不健全,土壤受到一定污染	土壤管理制度较为健全,土壤污染物治理不及时	管理制度健全,治理技术先进,保护措施完善
市政道路PPP项目运营期内使用者满意度的调查情况(c_{29})	使用者抵制项目的运作	使用者对项目极不满意	对项目的满意度较低,没有达到预期的满意度	对项目基本满意,基本达到预期满意度	对项目很满意,完全达到甚至超过预期标准
市政道路PPP项目运营期内社会影响的调查情况(c_{30})	企事业单位抵制项目的运作	企事业单位对项目极不满意	对项目满意度较低,没有达到预期的满意度	对项目基本满意,基本达到预期标准	对项目很满意,完全达到甚至超过预期标准

专家、社会公众及企事业单位等将根据绩效指标的评价标准给出意见,假设各个指标的犹豫模糊区间为[0,100],且区间长度不大于10,表示为 $h_i^{z(z)} = [h_i^{z(-)}, h_i^{z(+)}]$,具体的介绍见下文。

4. 市政道路 PPP 项目运营期绩效评价模型构建

市政道路 PPP 项目运营期绩效评价模型为 IVHFSs-IFAHP 模型,绩效评价模型的构建流程如图 6.8 所示。

(1)直觉模糊集与区间值犹豫模糊集定义。

定义1:设 $\boldsymbol{X}$ 是一个非空集合,则称 $A=\{\langle x, u_A(x), v_A(x)\rangle | x \in \boldsymbol{X}\}, \boldsymbol{X}=\{x_1, x_2, \cdots, x_n\}$ 为直觉模糊集,其中 $u_A(x) \subset [0,1], v_A(x) \subset [0,1], 0 \leqslant u_A(x) + v_A(x) \leqslant 1, x \in \boldsymbol{X}; u_A(x)$、$v_A(x)$ 分别代表 x 属于 $\boldsymbol{X}$ 的隶属度与非隶属度。$\pi_A(x) = 1 - u_A(x) - v_A(x)$,代表 x 属于 $\boldsymbol{X}$ 的犹豫度,且 $0 \leqslant \pi_A(x) \leqslant 1$。

定义2:设 $\boldsymbol{X}$ 是一个非空集合,则称 $E=\{\langle x, h_E(x)\rangle | x \in \boldsymbol{X}\}$ 为犹豫模糊集,其中,$h_E(x)$ 是 $[0,1]$ 上可能隶属值的集合,表示 $\boldsymbol{X}$ 中 x 对于 E 的隶属度的集合,称 $h = h_E(x)$ 为一个犹豫模糊元素。

定义3:设 $\boldsymbol{X}$ 是一个非空集合,则称 $\tilde{E}=\{\langle x, \tilde{h}_{\tilde{E}}(x)\rangle | x \in \boldsymbol{X}\}$ 为区间值犹豫模糊集,其中 $\tilde{h}_{\tilde{E}}(x)$ 是 $[0,1]$ 上一些不等区间数的集合,表示 $\boldsymbol{X}$ 中 x 对于 E 的可能隶属度的集合,称 $\tilde{h} = \tilde{h}_{\tilde{E}}(x)$ 为一个区间值犹豫模糊元素。

(2)市政道路 PPP 项目运营期绩效评价指标的权重确定。

①建立直觉模糊判断矩阵。

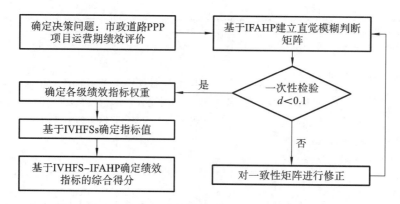

图 6.8 市政道路 PPP 项目运营期绩效评价模型构建流程

注:d 表示直觉模糊信息的距离测度。

邀请 k 位专家根据表 6.6 两两比较同一层次的市政道路 PPP 项目运营期绩效评价指标,得到直觉模糊评判矩阵,第 z 位专家的直觉模糊判断矩阵 $\boldsymbol{R}^{(z)} = (r_{ij}^{(z)})_{n \times n} = (u_{ij}^{(z)}, v_{ij}^{(z)})_{n \times n}$,$u_{ij}^{(z)}$ 表示第 z 位专家认为指标 i 比 j 的重要性程度,$v_{ij}^{(z)}$ 表示属性 j 比 i 的重要性程度。$\pi_{ij}^{(z)} = 1 - u_{ij}^{(z)} - v_{ij}^{(z)}$ 代表第 z 位专家比较 i 与 j 的重要性程度时的犹豫度。在一级指标体系中,$i,j = 1,2,\cdots,6; n = 6$。二级指标体系中,$i,j = 1,2,\cdots,13; n = 13$。三级指标体系中,若市政道路车行道路面为沥青路面,则 $i,j = 1,2,\cdots,30; n = 30$。若车行道路面为水泥混凝土路面,则 $i,j = 1,2,\cdots,28; n = 28$。

表 6.6 互补判断矩阵评判赋值

重要性比较	重要性赋值
i 比 j 极端重要	(0.90,0.10,0.00)
i 比 j 强烈重要	(0.80,0.15,0.05)
i 比 j 明显重要	(0.70,0.20,0.10)
i 比 j 稍微重要	(0.60,0.25,0.15)
i 比 j 同等重要	(0.50,0.30,0.20)
i 比 j 稍微不重要	(0.40,0.45,0.15)
i 比 j 明显不重要	(0.30,0.60,0.10)
i 比 j 强烈不重要	(0.20,0.75,0.05)
i 比 j 极端不重要	(0.10,0.90,0.00)

②一致性检验及修正。

一致性检验公式见式(6.7)。

$$d(\bar{\boldsymbol{R}}^{(z)}, \boldsymbol{R}^{(z)}) = \frac{1}{2(n-1)(n-2)} \sum_{i=1}^{n} \sum_{j=1}^{n} (|\bar{u}_{ij}^{(z)} - u_{ij}^{(z)}| + |\bar{v}_{ij}^{(z)} - v_{ij}^{(z)}| + |\bar{\pi}_{ij}^{(z)} - \pi_{ij}^{(z)}|) \quad (6.7)$$

式中:$\boldsymbol{R}^{(z)}$ 表示第 z 位专家两两比较同层指标得到的直觉模糊判断矩阵,$\boldsymbol{R}^{(z)} = (r_{ij}^{(z)})_{n \times n}$;$\bar{\boldsymbol{R}}^{(z)}$ 表示由直觉模糊判断矩阵 $\boldsymbol{R}^{(z)}$ 经过计算得到的直觉模糊判断一致性矩阵,$\bar{\boldsymbol{R}}^{(z)} = (\bar{r}_{ij}^{(z)})_{n \times n}$,$\bar{r}_{ij}^{(z)}$ 通过算法 1 计算可得。

算法 1：

当 $j>i+1$ 时，则令 $\bar{r}_{ij}^{(z)}=(\bar{u}_{ij}^{(z)},\bar{v}_{ij}^{(z)})$，其中有式(6.8)和式(6.9)。

$$\bar{u}_{ij}^{(z)} = \frac{\sqrt[j-i-1]{\prod_{p=i+1}^{j-1} u_{ip}^{(z)} u_{pj}^{(z)}}}{\sqrt[j-i-1]{\prod_{p=i+1}^{j-1} u_{ip}^{(z)} u_{pj}^{(z)}} + \sqrt[j-i-1]{\prod_{p=i+1}^{j-1} (1-u_{ip}^{(z)})(1-u_{pj}^{(z)})}} \tag{6.8}$$

$$\bar{v}_{ij}^{(z)} = \frac{\sqrt[j-i-1]{\prod_{p=i+1}^{j-1} v_{ip}^{(z)} v_{pj}^{(z)}}}{\sqrt[j-i-1]{\prod_{p=i+1}^{j-1} v_{ip}^{(z)} v_{pj}^{(z)}} + \sqrt[j-i-1]{\prod_{p=i+1}^{j-1} (1-v_{ip}^{(z)})(1-v_{pj}^{(z)})}} \tag{6.9}$$

当 $j=i+1$ 时，则令 $\bar{r}_{ij}^{(z)}=r_{ij}^{(z)}$。

当 $j<i+1$ 时，则令 $\bar{r}_{ij}^{(z)}=(\bar{v}_{ij}^{(z)},\bar{u}_{ij}^{(z)})$。

若 $d(\bar{\bm{R}}^{(z)},\bm{R}^{(z)})<0.1$，则通过一致性检验；否则运用算法 2 对 $\bar{\bm{R}}^{(z)}$ 进行修正。

算法 2：

设置参数 τ，则 $\tau\in[0,1]$，则有式(6.10)和式(6.11)。

$$\tilde{u}_{ij}^{(z)} = \frac{(u_{ij}^{(z)})^{1-\tau}(\bar{u}_{ij}^{(z)})^{\tau}}{(u_{ij}^{(z)})^{1-\tau}(\bar{u}_{ij}^{(z)})^{\tau}+(1-u_{ij}^{(z)})^{1-\tau}(1-\bar{u}_{ij}^{(z)})^{\tau}}, i,j=1,2,\cdots,n \tag{6.10}$$

$$\tilde{v}_{ij}^{(z)} = \frac{(v_{ij}^{(z)})^{1-\tau}(\bar{v}_{ij}^{(z)})^{\tau}}{(v_{ij}^{(z)})^{1-\tau}(\bar{v}_{ij}^{(z)})^{\tau}+(1-v_{ij}^{(z)})^{1-\tau}(1-\bar{v}_{ij}^{(z)})^{\tau}}, i,j=1,2,\cdots,n \tag{6.11}$$

经过算法 2 得到调整后的直觉模糊一致性判断矩阵 $\tilde{\bm{R}}^{(z)}=(\tilde{r}_{ij}^{(z)})_{n\times n}$，再进行一致性检验，见式(6.12)。

$$d(\tilde{\bm{R}}^{(z)},\bm{R}^{(z)}) = \frac{1}{2(n-1)(n-2)}\sum_{i=1}^{n}\sum_{j=1}^{n}(|\tilde{u}_{ij}^{(z)}-u_{ij}^{(z)}|+|\tilde{v}_{ij}^{(z)}-v_{ij}^{(z)}|+|\pi_{ij}^{(z)}-u_{ij}^{(z)}|) \tag{6.12}$$

直至经过调整后的判断矩阵通过一致性检验，进入下一步骤。

③确定各层次指标的权重。

a.一级权重的确定。

一级指标的权重计算见式(6.13)。

$$\omega_i^{(z)} = \left(\frac{\sum_{j=1}^{n} u_{1j}^{(z)}}{\sum_{i=1}^{n}\sum_{j=1}^{n} u_{ij}^{(z)}}, \frac{\sum_{j=1}^{n} v_{1j}^{(z)}}{\sum_{i=1}^{n}\sum_{j=1}^{n} v_{ij}^{(z)}}\right), i=1,2,\cdots,6; z=1,2,\cdots,k \tag{6.13}$$

假设 k 个专家的权重相等，则一级指标的算数平均值见式(6.14)。

$$\bar{\omega}_i = \frac{\sum_{z=1}^{k} w_i^{(z)}}{k} \tag{6.14}$$

则一级指标的得分权重见式(6.15)。

$$H(\bar{\omega}_i) = \frac{1-\bar{v}_i}{1+\bar{\pi}_i}, i=1,2,\cdots,6 \tag{6.15}$$

归一化,得式(6.16)。

$$\sigma_i = \frac{H(\bar{\omega}_i)}{\sum_{i=1}^{n} H(\bar{\omega}_i)}, i=1,2,\cdots,6 \tag{6.16}$$

b. 二级指标的确定。

假设二级指标 β 与 γ 相对于一级指标 r 的重要性程度直觉模糊判断矩阵为 $\boldsymbol{R}_r^{(z)} = (\boldsymbol{R}_{r\beta\gamma}^{(z)})_{m\times m}, \boldsymbol{R}_{r\beta\gamma}^{(z)} = (u_{r\beta\gamma}^{(z)}, v_{r\beta\gamma}^{(z)}), \beta,\gamma=1,2,\cdots,13; z=1,2,\cdots,k; r=1,2,\cdots,6$;其中 $u_{r\beta\gamma}^{(z)}, v_{r\beta\gamma}^{(z)}$ 分别表示专家 z 认为二级指标 β,γ 相比较的重要性程度。由式(6.1)~式(6.4)对直觉模糊判断矩阵进行一致性检验,由式(6.13)~式(6.14)计算出二级指标对一级指标的综合相对权重为 $\bar{\sigma}_{\beta\gamma} = (\bar{u}_{\beta\gamma}, \bar{v}_{\beta\gamma}), \beta,\gamma=1,2,\cdots,13$。

同理,假设三级指标 ξ 与 δ 相对于二级指标 β 的重要性程度直觉模糊判断矩阵为 $\boldsymbol{R}_\beta^{(z)} = (\boldsymbol{R}_{\beta\xi\delta}^{(z)})_{m\times m}$, $\boldsymbol{R}_{\beta\xi\delta}^{(z)} = (u_{\beta\xi\delta}^{(z)}, v_{\beta\xi\delta}^{(z)})_{m\times m}, \xi,\delta=1,2,\cdots,30; z=1,2,\cdots,k; \beta=1,2,\cdots,13$,则三级指标对二级指标的综合相对权重为 $\bar{\sigma}_{\xi\delta} = (\bar{u}_{\xi\delta}, \bar{v}_{\xi\delta}), \xi,\delta=1,2,\cdots,30$。

(3)指标值的确定。

本文邀请参与权重评判的 k 位专家对运营期绩效评价三级指标进行打分,且采用问卷调查的形式邀请市政道路沿线的社会公众、企事业单位及其他政府相关机构为项目打分,采用区间打分的形式,绩效指标量化标准见表6.5,假定各个指标的犹豫模糊值区间为[0,100],且区间长度不大于10,表示为 $h_i^{(z)} = [h_i^{z-}, h_i^{z+}]$,则第 i 个指标的区间值犹豫模糊集可表示为式(6.17)。

$$h_i = \{h_i^{(1)}, h_i^{(2)}, \cdots, h_i^{(k)}\} = \{[h_i^{1(-)}, h_i^{1(+)}], [h_i^{2(-)}, h_i^{2(+)}], \cdots, [h_i^{k(-)}, h_i^{k(+)}]\}$$
$$(i=1,2,\cdots,30; z=1,2,\cdots,k) \tag{6.17}$$

h_i 的得分函数为式(6.18)。

$$s(\tilde{h}_i) = \sum_{z=1}^{k} \frac{1}{2k}[h_i^{k(-)} + h_i^{k(+)}] \tag{6.18}$$

(4)各个绩效指标的综合得分。

假设第 i 个一级绩效指标相对应的二级绩效指标为 l 个,第 l 个二级绩效指标相对应的三级绩效指标为 t 个,则第 l 个二级绩效指标的综合得分为式(6.19)。

$$s_l^{(2)} = \sigma_1^{(3)} s(\tilde{h}_1) + \sigma_2^{(3)} s(\tilde{h}_2) + \cdots + \sigma_t^{(3)} s(\tilde{h}_t) \tag{6.19}$$

第 i 个一级绩效指标的综合得分为式(6.20)。

$$s_i^{(1)} = \sigma_1^{(2)} s_1^{(2)} + \sigma_2^{(2)} s_2^{(2)} + \cdots + \sigma_l^{(2)} s_l^{(2)} \tag{6.20}$$

最终市政道路PPP项目运营期绩效得分值见式(6.21)。

$$S = \sigma_1 s_1^{(1)} + \sigma_2 s_2^{(1)} + \cdots + \sigma_6 s_6^{(1)} \tag{6.21}$$

将采用式(6.19)~式(6.21)得到的得分值与绩效评价标准对照,得到市政道路PPP项目运营期绩效的综合表现。

5. 市政道路PPP项目运营期绩效评价实施办法

(1)评价时点。

将市政道路 PPP 项目运营期分为两个阶段,前三年为试运营期,第四年直至项目移交为正式运营期。市政道路 PPP 项目在建设完成之后满足 PPP 项目协议约定的标准并竣工验收合格后,才能进入运营期,若不合格则无法进入运营期。

① 常规评价。试运营期每年常规评价 2 次,分别在 6 月底与 12 月底进行。正式运营期每年常规评价 4 次,按季度进行,在每季末进行。

② 日常抽查。政府可在运营期内随时自行组织评价市政道路 PPP 项目的绩效表现。每次评价均以百分制进行打分,且在年末进行评价汇总,常规评价占 60%,抽查占 40%,政府将按照一年的综合绩效评价分数付费给社会资本。

(2) 评价方法。

评价采取查验项目资料、实地考察、问卷调查等方式相结合。

市政道路的质量评定以单元为单位,每个单元不低于 200 m,且每条道路应选择总单元数的 30% 及以上进行检测与评价,应采用所选单元性能的平均状况代表该条市政道路的性能。当一条市政道路中各抽检单元的性能评价状况差异大于两个评价标准等级时,应逐个单元进行检测和评价。若市政道路的总单元数小于 5,则应对其进行全部检测及评价。若市政道路包含桥梁,则桥梁按照全桥进行评价。同时,历次检测和评价所选取的单元应保持相对固定。

6.5 项目交接

项目交接是项目收尾的一项重要工作内容,对客户需求的清晰描述是开展收尾工作的重要依据。同时,为了确保项目的顺利交接,在项目启动初期即提请项目使用单位或其委托的物业公司做好项目接管的准备工作,包括物业人员招聘、参与方案评审、参加工程验收等。

6.5.1 项目交接的概念

项目交接是指全部合同收尾后,在政府项目监管部门或社会第三方中介的组织协助下,项目业主与全部项目参与方之间进行项目所有权移交的过程。项目能否顺利交接取决于项目是否顺利通过了竣工验收。在项目收尾阶段,主要工作由项目竣工、项目竣工验收和项目交接三项组成。三者之间紧密联系,但又是不同的概念和过程。项目竣工是对项目团队而言的,它表示项目团队按合同完成了任务,并对项目的有关质量和资料等内容进行了自检,项目的工期、进度、质量、费用等均已满足合同的要求。只有当项目质量和资料等项目成果完全符合项目验收标准,达到要求,才能通过验收。当项目通过验收后,项目团队将项目成果的所有权交给项目接收方,这个过程就是项目的交接。项目交接完毕,项目接收方有责任对整个项目进行管理,有权利对项目成果进行使用。这时,项目团队与项目业主的项目合同关系基本结束,项目团队的任务转入保修阶段。由此可见,项目竣工验收是项目交接的前提,项目交接是项目收尾的最后工作内容,是项目管理的完结。项目竣工、项目竣工验收与项目交接的关系如图 6.9 所示。

6.5.2 项目交接的范围与依据

对于不同行业、不同类型的项目,国家或相应的行业主管部门出台了各类项目交接的规程或规范。

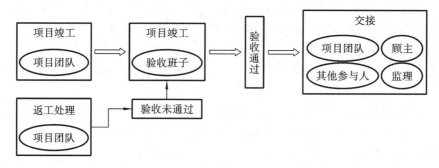

图 6.9　项目竣工、验收与交接三者关系图

下面依投资主体，分别对个人投资项目、企事业投资项目和国家投资项目的交接范围与依据进行讨论。

(1) 个人投资项目交接的范围与依据。对于个人投资项目（如外商投资的项目），一旦验收完毕，应由项目团队与项目业主按合同进行交接。交接的范围是合同规定的项目成果、完整的项目文件、项目合格证书、项目产权证书等。

(2) 企事业投资项目交接的范围与依据。对于企事业单位投资项目，如企业利用自有资金进行技术改造项目，企事业为项目顾主，应由企事业的法人代表出面代表项目业主进行项目交接。交接的依据是项目合同。交接的范围是合同规定的项目成果、完整的项目文件、项目合格证书、项目产权证书等。

(3) 国家投资项目交接的范围与依据。对于国家投资项目，投资主体是国家，但却是通过国有资产的代表实施投资行为。一般来说，中、小型项目，地方政府的某个部门担任业主的角色。大型项目，通常委托地方政府的某个部门担任建设单位（顾主）的角色，但建成后的所有权属于国家。因为国家投资项目建成后，项目的使用者（业主）与项目的所有者（国家）不是一体的，因而，竣工验收和交接要分两个层次进行。

①项目团队向项目业主进行项目验收和交接。一般是项目已竣工并通过验收班子的竣工验收之后由监理工程师协助项目团队向项目业主进行项目所有权的交接。

②项目业主向国家进行验收与交接。由国家有关部委组成验收工作小组，在项目竣工验收试运行一年左右时间后进入项目现场，在全面检查项目的质量、档案、环保、财务、预算、安全及项目实际运行的性能指标、参数等情况之后，进行项目交接手续。交接在项目法人与国家有关部委或国有资产授权代表之间进行。

6.5.3　交接条件

项目交接应具备以下条件。

(1) 建设工程竣工验收合格，取得规划、消防、环保等主管部门出具的认可或者准许使用文件，并经建设行政主管部门备案。

(2) 供水、排水、供电、供气、供热、通信、公共照明、有线电视等市政公用设施设备按规划设计要求建成，供水、供电、供气、供热已安装独立计量表具。

(3) 教育、邮政、医疗卫生、文化体育、环卫、社区服务等公共服务设施已按规划设计要求建成。

(4) 道路、绿地和物业服务用房等公共配套设施按规划设计要求建成，并满足使用功能要求。

(5)电梯、二次供水、高压供电、消防设施、压力容器、电子监控系统等共用设施设备取得使用合格证书。

(6)物业使用、维护和管理的相关技术资料完整齐全。

(7)法律、法规规定的其他条件。

6.5.4　交接工作的组织和程序

项目建设后期,应成立以项目建设单位代表为牵头人的项目联合验收交接小组(可简称"联合小组"),会同项目使用单位的有关人员对项目进行全面验收,并办理移交手续。

联合小组成员应包括建设单位、使用单位(或其委托的咨询公司、物业管理公司)、监理公司、总承包及相关分包单位、设备供应商等。

考虑一般的工程项目建设内容和其规模大小,为体现专业职能分工和对项目验收交接的有序组织,联合小组应分为档案资料组、土建装饰组和机电设备组,分别对相关的工程范围、实体内容、档案资料等进行验收、接收。

建设单位移交小组成员应根据项目特点和接收单位的要求,编制项目验收移交工作计划,并交联合小组讨论,经各单位确认后按计划规定的时间开展相应的交接工作。

交接程序一般包括以下几个步骤。

(1)物业培训。

物业培训是项目移交工作的一部分,总承包及相关分包单位、设备供应商应会同物业人员共同编制物业交接培训方案,方案包含培训时间、培训内容、培训人员、培训记录等内容。方案编制完成并经业主、监理审核后,下发各有关单位执行,监理单位安排专人负责计划的实施。

培训工作开始前,培训单位应准备好相应的图纸、说明书、培训课件等相关资料。按照计划节点,每项完成的工作均应由业主方、培训方、物业方、监理方进行记录、会签。

(2)资料交接。

建设单位资料管理人员负责对交接物业的项目资料进行收集、整理、汇总,向物业交接后办理接收签字手续。主要资料包括:竣工总平面图,单体建筑、结构、设备竣工图,配套设施、地下管网工程竣工图等;共用设施设备清单及其安装、使用和维护保养等技术资料;供水、供电、供气、供热、通信、有线电视等准许使用文件;物业质量保修文件和物业使用说明文件;承接查验所必需的其他资料。

未能全部移交前款所列资料的,建设单位应当列出未移交资料的详细清单并书面承诺补交的具体时限。

(3)静态交接。

联合小组根据设计说明、图纸、材料做法表、工作委托单、变更单等资料,对工程的表面观感质量、机电系统的完整性进行检查、验收,符合并合格后,签署项目静态移交单。

(4)动态交接。

联合小组根据设计说明、图纸、设备说明书、设备操作手册等资料,对设备的运行状况进行性能测试、验收,合格后,签署项目动态移交单。

(5)问题清单。

项目移交不可避免地会有一些遗留问题。联合小组可委派监理单位负责对过程中需要修复、补全、替换、整改的事项进行记录、拍照，经汇总后填写项目移交问题清单，清单必须列明要求责任单位限期完成的时间表，此表经联合小组各单位代表签字确认后，作为签署"项目移交证书"的附件。

6.5.5 项目交接检查的主要内容

为提高工作效率，保证验收交接的效果，联合小组应根据专业分工的组织安排，分别开展工作。

(1)档案资料组。资料检查的内容主要包括产权资料、竣工资料、设计资料和施工资料，详细内容如表6.7所示。

(2)土建装饰组。土建装饰组检查的工程内容主要包括主体结构工程、建筑屋面工程、装饰装修工程三个部分。

(3)机电设备组。机电设备组检查的工程内容主要包括建筑给水、排水及采暖工程，建筑电气工程、装饰装修工程三个部分。

表6.7 项目档案资料移交清单

序号	资料名称	份数	备份
一	产权资料		
1	国有土地使用权证		
2	建设用地规划许可证		
3	建设工程规划许可证		
4	建设工程开工许可证		
5	总承包单位营业执照		
6	前期拆迁工作有关职能部门的批准文件		
二	竣工资料		
1	四方验收签署的竣工验收备案表		
2	竣工图：包括总平面图、建筑、结构、设备、人防、消防、附属工程及隐蔽管线的全套图纸		
3	经当地消防局认定合格的消防设施准用证		
4	战时人民防空设施合格证、准用证		
5	燃气工程验收合格证及供气协议书		
6	当地供电局的供电协议书		
7	电梯运营准用证		
8	通信设施合格证		
9	水务局的供水合同		
10	水、电、采暖、卫生器具、电梯、制冷设备等设备的说明书、检验合格证书、保修单据等文件		
11	供水、供暖的试压报告		

续表

序号	资料名称	份数	备份
12	消、电检报告		
13	高压供电方案、供电协议		
14	"三同时"报告、环境评估报告		
15	二次饮用水许可证		
16	电梯运行检验合格证及质监局备案表		
17	压力容器检验合格证及技术监督局备案表		
18	空调水系统、新风系统平衡测试报告(初装标准条件下)		
三	设计、施工资料		
1	地质勘察报告书		
2	全套设计图纸		
3	图纸会审通知单		
4	设计变更通知单		
5	工程预决算报告书		
6	重要的施工会议纪要、监理例会会议纪要、专题会议纪要		
7	隐蔽工程验收记录		
8	沉降观测记录		
9	其他可能会影响将来用于维保管理的原始记录		

6.5.6 项目交接手续

按照上述工作流程、工作内容完成检查、检测、审核等工作后,联合小组应针对交接工作进行总结。

项目建设方与项目使用方按照买房合同的约定,办理正式交接手续,并签署项目移交证书,项目进入保修程序,项目建设单位向使用单位提供项目保修协议书、保修人员通信表。

承包商、供货商收到保修服务请求后,在保修协议的约定时间内,负责检查、回复、修整、保养、更换等工作,直至解决问题。如问题范围较大(超出了单项保修协议的约定),涉及多个承包商、供应商时,则应及时联系总包单位进行协调,并在总包单位的统一协调下联合作业,直至问题解决完毕。

6.5.7 试运行保驾

试运行是对建设项目的设计、采购、施工、安装等工作质量的综合考核,是对项目质量的最终检验。试运行管理的目的是确保试运行成功,达到合同规定和设计要求。

项目完成并移交使用单位(或其委派的物业公司)后,为检验项目的功能是否满足设计要求,一般情况下需要试运行一段时间(公建项目一般为3~6个月)。运营保驾就是指项目在试运行期间,建设单位组织总包及相关单位对项目运行提供技术指导、服务等。

试运行阶段的主要工作内容如下:

（1）编制项目试运行保驾方案。为确保试运行工作的有序进行，由总承包单位负责编制项目试运行保驾方案，各相关单位按照方案的内容完成工作。保驾方案应包括项目试运行说明、保驾人员名单、备品备件清单、工具准备清单、应急预案、相关技术说明书等。需注意的是，运营保驾的相关费用应在施工合同中予以明确。

（2）现场准备。承包单位负责试运行现场的各项准备工作，包括现场清理，设备、管道内外部的清理，以及电气、仪表等的调试，确认各项准备工作已经完成，并达到规定的标准。

（3）资源准备。业主方负责落实相关的资源准备，包括备品备件、水、电、气、热源的供应。承包方要检查其质量和供应情况，以确认符合设计文件和试运行进度的要求。

（4）安全保障。试运行范围内的安全设施（如禁区的设置、系统之间的隔离、防火设施以及应急预案等）由业主单位组织策划，承包方负责检查、指导、落实。

（5）试运行记录。所有试运行项目均需填写试运行质量记录，并需监理单位、总承包单位、业主方代表、物业人员签字确认。试运行记录的格式、内容和份数按国家现行规定执行。

第 7 章 投融资项目后评价

7.1 项目后评价理论及方法

7.1.1 项目后评价的概念

项目后评价是指对已经完成的项目或规划的目的、执行过程、效益、作用和影响所进行的系统的、客观的分析。项目后评价通过对投资活动实践的检查总结,确定投资预期的目标是否达到,项目或规划是否合理有效,项目的主要效益指标是否实现。项目后评价通过分析评价找出成败的原因,总结经验教训,并通过及时有效的信息反馈,为未来项目的决策和提高投资决策管理水平提出建议,同时也为项目实施运营中出现的问题提出改进建议,从而达到提高投资效益的目的。

项目后评价首先是一个学习过程。项目后评价是在项目投资完成以后,通过对项目目的、执行过程、效益、作用和影响所进行全面系统的分析,总结经验教训,使项目的决策者、管理者和建设者学习到更加科学合理的方法和策略,提高决策、管理和建设水平。其次,项目后评价又是增强投资活动工作者责任心的重要手段。项目后评价具有透明性和公开性的特点,它通过对投资活动成绩和失误的主、客观原因进行分析,可以比较公正、客观地确定投资决策者、管理者和建设者工作中实际存在的问题,从而进一步提高工作水平。第三,项目后评价主要是为投资决策服务的。虽然项目后评价对完善已建项目、改进在建项目和指导待建项目有重要的意义,但其更重要的是为投资决策服务,即通过评价建议的反馈,完善和调整相关方针、政策和管理程序,提高决策者的能力和水平,进而达到提高投资效益的目的。

项目后评价是项目监督管理的重要手段,也是投资决策周期性管理的重要组成部分,是为项目决策服务的一项主要的咨询服务工作。项目后评价以项目业主对日常的监测资料和项目绩效管理数据库、项目中间评价、项目稽查报告、项目竣工验收的信息为基础,以调查研究的结果为依据进行分析评价,通常应由独立的咨询机构来完成。广义的项目事后评价包括项目后评价、项目影响评价、规划评价、地区或行业评价、宏观投资政策研究等。

7.1.2 项目后评价的目的和原则

项目后评价的主要目的如下。

(1)项目后评价报告可为决策者提供帮助决策的信息,根据反馈的信息为在建项目提供完善的建议,调整项目的技术参数、追加或减少投资。

(2)项目后评价报告的公开性和透明性要求项目实施者增强社会责任感,为社会环境和当地的自然环境提出相应的保护措施,提高投资管理力度。

(3)项目后评价报告中反映的经济、技术和目标以及影响评价结果,反馈已完成项目设施建设的管理技术经验,为未来的项目建设提供建议。

项目后评价的原则如下。

(1)独立性和公平性原则。公平性保障了后评价工作者的信誉,保证了后评价报告的准确性和可靠性。项目后评价以第三者角度开展评价,与项目决策、设计、管理、评估等人员无关,体现了其独立性。这样可避免项目决策管理者的干预,也不会出现自我评价的问题。而保证项目后评价独立公正的前提是设置独立的后评价机构。

(2)实用性原则。项目后评价工作在实践中体现了实用性原则,有利于帮助项目的设计者、管理者、建设者改正缺点,保持先进,具有一定的实用性。

(3)透明性原则。为了保证项目后评价的客观公正,此项工作必须在公众监督的环境下进行。

(4)客观性原则。没有调查就没有发言权,马克思主义坚持实事求是的原则。项目后评价坚持从实际出发原则,保持实事求是的工作作风,开展深入调查和问题研究,力求后评价成果反映客观实际。

(5)可比性原则。比较标准和比较指标的选择是研究项目后评价投入和产出、开展对标分析工作的重中之重。

(6)以动态指标为主,采用动态指标与静态指标相结合原则。

(7)以定量分析为主,运用定量分析与定性分析相结合原则。

此外,建设项目的后评价应以国家宏观经济政策为指导,不违反产业政策、建设政策和相关法律法规。国民经济评价和企业财务评价应采用特定的国家参数和行业规定。

7.1.3 项目后评价的内容

项目后评价一般包括项目目标评价、项目过程评价、项目效益评价、项目影响评价、项目可持续性评价。

(1)项目目标评价。

项目目标评价的任务在于评价项目实施中或实施后是否达到项目前期决策中预定的目标,把项目实际产生的一些经济、技术指标与项目决策时确定的目标进行比较,分析产生偏差的主、客观原因,确定其合理性、明确性和可操作性,提出调整或修改目标和目的的建议。

(2)项目过程评价。项目过程评价是根据项目的结果和作用,对项目的各个环节进行回顾和检查,对项目的实施效率作出评价。过程评价的内容包括项目前期决策、项目准备、项目实施、项目投产运营等。①项目前期决策。回顾与评价的重点是项目策划、立项与决策的正确性;评价项目建设的必要性、可行性、合理性;分析项目目标实现的程度、产生差异或失败的原因。合理性和效率是项目前期决策阶段评价的重要标尺。②项目准备。此阶段评价的重点是各阶段准备工作是否充分,开工前的各项报批手续是否齐全。效率是项目建设准备阶段评价的重要标尺。项目准备包括勘察设计、融资方案、采购招标、合同签订、开工准备。③项目实施。项目实施评价的重点是项目实施活动的合理性和完成度,项目业主的组织能力与管理水平。此阶段项目执行的效率和效益是评价的重要标尺。④项目投产运营。评价的重点是项目由建设实施到交付生产运营转换的稳定、顺畅。项目效益和可持续性是评价的重要标尺。

(3)项目效益评价。项目效益评价是从项目投资者的角度,根据项目后评估时各年实际发生的投入产出数据,以及根据这些数据重新预测得出的项目计算期内未来各年将要发生的数据,综合考察项目实际或更接近于实际的财务盈利能力状况,据此判断项目在财务意义上成功与否,并与项目前评估相比较,找出产生重大变化的原因,总结经验教训。项目效益评价包括技术效果评价、财务和经济效益评价、管理效果评价。

(4)项目影响评价。项目影响评价包括经济影响评价、环境影响评价和社会影响评价,是对项目建成投产后对国家、项目所在地区的经济、社会和环境所产生的实际影响进行的评估。据此判断项目决策宗旨是否实现。

(5)项目可持续性评价。项目可持续性评价是对项目在未来运营中实现既定目标以及持续发挥效益的可能性进行预测分析。项目可持续能力受市场、资源、财务、技术、环保、管理、政策等多方面因素的影响。项目持续性评价在要素分析的基础上,分析项目可持续性发展的主要条件,评价项目可持续能力,提出合理的建议和要求。

7.1.4 项目后评价的程序

项目后评价的程序一般包括选择后评价项目、编制项目后评价计划、确定项目后评价范围、编写与报送项目自我总结评价报告、选择执行项目后评价的咨询机构及专家、实施独立项目后评价和出具项目后评价报告。

1. 选择项目后评价

选择项目后评价有两条基本原则,即特殊的项目和规划计划总结需要的项目。项目后评价主要考虑以下项目:①由于项目实施而引起运营中出现重大问题的项目;②一些非常规的项目,如规模过大、建设内容复杂或带有试验性的新技术项目;③发生重大变化的项目,如建设内容、外部条件、厂址布局等发生了重大变化的项目;④急迫需要了解项目作用和影响的项目;⑤组织管理体系复杂的项目(包括境外投资项目);⑥可为即将实施的国家预算、宏观战略和规划原则提供信息的相关投资活动的项目;⑦为投资规划计划确定未来发展方向的有代表性的项目;⑧对开展行业部门或地区后评价研究有重要意义的项目。

跟踪评价或中期评价的项目选定属于上述第①类项目,因为这类项目评价更注重现场解决问题,其后评价报告类似监测诊断报告,并针对症结提出具体的措施建议。一般后评价计划以项目为基础,有时难以达到从宏观上总结经验教训的目的,为此不少国家和国际组织采用了"打捆"的方式,将各行业或一个地区的几个相关项目一起列入计划,同时进行后评价,以便在更高层次上总结出带有方向性的经验教训。

一般国家和国际组织均采用年度计划和2~3年滚动计划结合的方式来操作项目后评价计划。国家重点项目的后评价计划由国家发改委有关部门编制,以年度计划为主,按行业选择一些有代表性的项目进行后评价。

2. 编制项目后评价计划

选定后评价的项目之后,需要制定项目后评价的计划,以便项目管理者和执行者在项目实施过程中收集资料。从项目周期的概念出发,每个项目都应重视和准备事后的评价工作。因此,以法律或其他手段把项目后评价作为建设程序中必不可少的一个阶段确定下来就格外重要。国家、部门和地方的年度评价计划是项目后评价计划的基础,时效性比较强。但是,与银行等金融组织不同的是,国家的后评价更注重投资活动的整体效果、作用和影响等。因此,国家的后评价计划应从长远角度和更高的层次上来考虑,作出合理安排,使之与长远目标结合起来。

3. 确定项目后评价范围

项目后评价的范围很广,一般后评价的任务限定在一定的内容范围内,因此在评价实施前必须明确评价的范围和深度。评价范围通常在委托合同中确定,委托者要把评价任务的目的、内容、深度、时间和费用等,特别是那些在本次任务中必须完成的特定要求交代得十分明确具体。受托者应根据自身的条件来确定是否能按期完成合同。

国际上后评价委托合同通常有以下内容：项目后评价的目的和范围，包括对合同执行者明确的调查范围；提出评价过程中所采用的方法；提出所评项目的主要对比指标；确定完成评价的经费和进度。

4. 编写与报送项目自我总结评价报告

项目后评价通常分两个阶段实施，即自我评价阶段和独立评价阶段。列入项目后评价计划的项目单位，应当在项目后评价年度计划下达后在主管部门规定的时间内，向主管部门报送项目自我总结评价报告。

项目自我总结评价报告的主要内容：①项目概况，包括项目目标、建设内容、投资估算、前期审批情况、资金来源及到位情况、实施进度、批准概算及执行情况等；②项目实施过程总结，包括前期准备、建设实施和项目运行等过程总结；③项目效果评价，包括技术水平、财务及经济效益、社会效益、环境效益等评价；④项目目标评价，包括目标实现程度、差距及原因、持续能力等评价；⑤项目建设的主要经验教训和相关建议。

5. 选择执行项目后评价的咨询机构和专家

在项目独立评价阶段，需要委托一个独立的评价咨询机构去实施（通常委托具备相应资质的甲级工程咨询机构承担项目后评价任务），或由银行内部相对独立的后评价专门机构来实施，如世界银行的业务评价局。项目后评价往往由这两类机构来完成，一般情况下这些机构要确定一名项目负责人，该负责人不应是参与过此项目前期评估和项目实施的人。该负责人聘请并组织项目后评价专家组实施后评估。近年来，我国从中央到地方已经陆续建立了专家库。后评价咨询专家的聘用，要根据所评项目的特点、后评价要求和专家的专业特长及经验来选择。

项目后评价专家组由内部专家和外部专家组成。内部专家就是被委托机构内部的专家。由于他们熟悉项目后评价过程和报告程序，了解后评价的目的和任务，一方面，可以顺利实施项目后评价，另一方面，费用也比较低。外部专家就是项目后评价执行机构以外的独立咨询专家。聘请外部专家的优点是更为客观公正。因此，应聘请熟悉被评项目专业的行家，一方面可以提高评估质量，另一方面还可以解决执行机构内部人手不足的问题。

6. 实施独立项目后评价

承担项目后评价任务的工程咨询机构，在接受委托、组建满足专业评价要求的工作组后，后评价工作即可开始。

(1) 资料信息的收集。项目后评价的基本资料应包括项目自身的资料、项目所在地区的资料、评价方法的有关规定和指导原则等。项目自身的资料一般应包括：①项目自我评价报告、项目完工报告、项目竣工验收报告；②项目决算审计报告、项目概算调整报告及其批复文件；③项目开工报告及其批复文件、项目初步设计及其批复文件；④项目评估报告、项目可行性研究报告及其批复文件等。

项目所在地区资料包括国家和地区的统计资料、物价信息等。项目后评价方法规定的资料则应根据委托方的要求进行收集。目前，国内外已经颁布项目后评价方法指导原则或手册的主要机构有联合国开发署、世界银行、亚洲开发银行、经济与合作发展组织、英国海外开发署、日本海外经济协力基金、国家发改委、国务院国有资产监督管理委员会、中国国家开发银行、中国国际工程咨询公司等。

(2) 后评价现场调查。项目后评价现场调查应事先做好充分准备，明确调查任务，制定调查提纲。调查任务一般应回答以下问题：项目基本情况、目标实现程度、项目管理情况、作用和影响。

(3) 分析和结论。后评价项目现场调查后，应对资料进行全面认真的分析，主要回答以下问题：总体结果、可持续性、方案比选、经验教训。

7. 出具项目后评价报告

项目后评价报告是评价结果的汇总,是反馈经验教训的重要文件。后评价报告必须反映真实情况,报告的文字要准确、简练,尽可能不用过分生疏的专业词汇;报告内容的结论、建议要和问题分析相对应,并把评价结果与将来规划和政策的制定、修改相联系。

7.1.5 项目后评价的方法

国内项目后评价的方法主要参考项目前评估的评价方法和国际上通用的后评价方法,国家发改委和国家开发银行已经颁布了有关规定,并在不断完善。国际上通用的后评价方法有统计预测法、对比分析法(有无比较法等)、逻辑框架法及成功度法等定性与定量相结合的分析方法。本节就这几种方法作简要介绍。

1. 统计预测法

项目后评价包括对项目已经发生事实的总结,以及对项目未来发展的预测。因此,在后评价中,只有具有统计意义的数据才是可比的,后评价时点前的统计数据是评价对比的基础,后评价时点的数据是对比的对象,后评价时点以后的数据是预测分析的依据。因此,项目后评价的总结和预测是以统计学原理和预测学原理为基础的。

(1)统计原理、方法及其应用。

①统计调查。

统计是一种从数量方面认识事物的科学方法。统计工作包括统计资料的搜集、整理和分析3个紧密联系的阶段。统计资料的搜集一般称为统计调查。统计调查是根据研究的目的和要求,采用科学的调查方法,有计划、有组织地搜集被研究对象的原始资料的工作过程。统计调查是统计工作的基础,是统计资料整理和统计分析的前提。统计调查要求实事求是,所搜集的资料必须准确、及时、全面。

统计调查是一项复杂、严肃和技术性较强的工作。每一项统计调查都应该事先制定一个调查方案或调查工作计划,作为调查全过程的指导性文件。调查方案一般包括以下内容:确定调查目的;确定调查对象和调查单位;确定调查项目,拟订调查表格;确定调查时间;制定调查的组织实施计划等。统计调查常用的方法有直接观察法、报告法、采访法和被调查者自填法等。

统计报表是统计调查的一种基本方式,报表包括的范围相对全面,指标体系系统分组齐全,指标内容和调查周期相对稳定。统计调查的另一种主要方式是专门调查。专门调查又可分为普查、重点调查、典型调查、抽样调查4种。

②统计资料整理。

统计资料整理是统计工作的第二阶段。它是根据研究的任务,对统计调查阶段获得的大量原始资料进行加工汇总,使其系统化、条理化、科学化,以得出反映事物总体综合特征资料的工作过程。统计资料的整理工序有3个步骤:第一步,科学地进行统计分组,这是资料整理的前提;第二步,科学地汇总,这是资料整理的核心;第三步,编制科学的统计表,这是资料整理的结果。统计资料的汇总方式可分为逐级汇总、集中汇总和综合汇总。

统计资料的汇总技术包括对资料的检查、资料的分组分类和专门的汇总手段。检查资料的准确性,可以通过逻辑检查和计算检查的方法。逻辑检查主要看资料的内容是否符合逻辑,指标之间是否矛盾等;计算检查是检查调查资料在计算方法和计算结果上是否有错误,计量单位是否准确等。

统计分组是根据研究的目的和任务,按照一定的标准,将所研究的社会经济现象划分为若干性质相同的部分或组。分组之后,组内部单位性质相同,组与组之间性质相异。统计分组是统计特有的方法,在资料整理和统计分析中起着重要的作用。只有对总体进行分组,才能对现象进行分门别类的研究,才能通过对事物个性的研究认识事物的共性,才能认识现象的全貌。因此,科学的分组是统计科学的一个重要环节。统计资料的汇总手段主要是计算机汇总,简单的项目也可运用手工和机械汇总。

③统计分析。

统计分析是根据研究的目的和要求,采用各种分析方法,对研究的对象进行解剖、对比、分析和综合研究,以揭示事物的内在联系和发展变化的规律性。统计分析过程是揭示矛盾、找出原因、提出解决问题办法的过程。

统计分析的步骤如下:第一,根据统计分析的任务,明确分析的具体目的,拟订分析提纲;第二,对分析的统计资料进行评价和辨别真伪;第三,将肯定评价的统计资料进行对照分析,从而发现矛盾,并查明问题的症结所在;第四,对分析的结果,得出结论,提出建议。

统计分析的方法有分组法、综合指标法、动态数列法、指数法、抽样和回归分析法、投入产出法等。统计分析的综合指标包括总量指标、相对指标、平均指标和标准变动度等。

④统计学原理和方法在项目后评价中的应用。

根据项目后评价的概念,后评价大量的基础资料是以统计数据为依据的,后评价的调查在许多方面与统计调查相同,其数据的处理和分析方法也与统计分析类似。因此,统计原理和方法完全可以应用在后评价实践中,也是后评价方法论原则之一。应特别指出,在经济和效益的统计中,统计学确定的不变价理论,使数据具有统计性和可比性,是项目后评价效益评价的一条重要原则。

(2)预测原则和方法。

预测是对尚未发生或目前还不明确的事物进行预先的估计和推测,是在现时对事物将要发生的结果进行探讨和研究。预测的过程是从现在和已知的情况出发,利用一定的方法和技术去探索或模拟不可知的、未出现的或复杂的中间过程,推断出未来的结果。

在实际进行预测时,一般采用以下几条原则。

①惯性原则。该原则认为,没有一种事物的发展会与其过去的行为没有联系。过去的行为不仅影响现在,还会影响未来。这表明,任何事物的发展都带有一定的延续性。这一特点一般称为惯性。惯性往往有两种形式,即经济内在联系的惯性与经济系统的某些方面在一定的发展阶段所呈现的惯性。以惯性原则为前提的预测技术主要有利用回归法建立因果关系的预测模型,利用时间序列外推法建立趋势预测模型等,这也是应用最多的预测方法。

②类推原则。该原则认为,许多事物相互之间在发展变化上常有类似的地方。利用事物与其他事物的发展变化在时间前后上不同,但在表现形式上相似的特点,有可能把先发展事物的表现过程类推到后发展事物上,从而对后发展事物的前景作出预测。

③相关原则。该原则认为,任何事物的发展变化都不是孤立的,都是在与其他事物的发展变化相互联系、相互影响的过程中确定其轨迹的。利用事物发展过程中的相关性进行预测,是开展预测工作的重要方法之一。

④概率推断原则。该原则认为,随机变化的不确定性给预测工作带来很大困难,需要预测者提出确

定的结论,一般应采用概率推断。概率的原则就是当推断预测结果能以较大概率出现时,就认为这个结果是成立的、可用的。

常用的预测方法有回归预测、趋势预测、投入产出预测和调研预测等。

(3)预测步骤。

①预测因素分析。根据预测目的明确需要研究的变量,而后分析影响这些主要变量的因素。

②搜集和审核资料。统计资料是预测的基础。做好因素分析后,应进行调查研究,广泛搜集有关的历史和现实资料,包括问题和各种不同意见等。要认真审核资料,保证其完整性和可比性。

③绘制散点图。在进行回归分析和趋势预测时,可先将审核后的资料绘制成散点图,观察其结构形式,将其作为选择数学模型的依据。

④选择数学模型和预测方法。

⑤检验预测技术的适用性。

⑥预测并选定预测值。

预测技术已广泛应用于投资项目的可行性研究以及评估、项目后评价的实践中,在项目效益评价方面普遍采用了预测学常用的模式。根据项目后评价的特点和预测学原则,投资项目后评价主要采用的预测技术包括趋势外推法、参照对比法和专家调查预测法等。

项目后评价中有两种主要的预测方法:一种是在有无对比中,对无项目条件下可能产生的效果进行假定的估测;另一种是对项目今后效益的预测,这种预测以后评价时点为基准,参考时点前的发展趋势,一般采用项目前期评估的方法进行测算。

2. 对比分析法

后评价方法论的一条基本原则是对比法则,主要方法是对比分析法。对比分析法是把客观事物加以比较,以认识事物的本质和规律并作出正确的评价。对比的目的是找出变化和差距,为提出问题和分析原因找到重点。在对比分析中,选择合适的对比标准是十分关键的步骤。选择合适的对比标准,才能得出客观的评价;选择不合适的对比标准,评价可能得出错误的结论。对比分析方法包括前后对比法、有无对比法和横向对比法等。对比分析按说明的对象不同可分为单指标对比(即简单评价)、多指标对比(即综合评价)。在进行对比分析时应注意:指标的内涵和外延可比、指标的时间范围可比、指标的计算方法可比、总体性质可比。

(1)前后对比法。

投资活动的前后对比是指将项目实施之前与项目完成之后的情况加以对比,以确定项目效益的一种方法。前后对比法是项目实施前后相关指标的对比,用以直接估量项目实施的相对成效。它在项目后评价中则是指将项目前期的可行性研究和评估的预测结论与项目的实际运行结果相比较,以发现变化和分析原因。这种对比用于揭示计划、决策和实施的质量,是项目过程评价应遵循的原则。

评价是通过项目的实施所付出的资源代价与项目实施后产生的效果进行对比得出项目好坏的结论。方法论的关键是要求投入的代价与产出的效果口径一致,也就是说,所度量的效果要真正归因于项目。但是很多项目,特别是大型社会经济项目,实施后的效果不仅仅是项目的效果和作用,还有项目以外多种因素的影响。因此,简单的前后对比不能得出项目效果的真正结论。

例如,由世界银行资助的我国华北平原农业项目,总投资1.8亿美元,1980年立项,1987年竣工。该项目的主要内容是在华北三省的9个县建立20万公顷土壤改良和改善排灌设施的开发样板。项目后评价结果发现,该项目刚刚结束就已经达到预期的产量目标,经济内部收益率为56%,大大超过前期评估的目标值。事实上,从该项目立项以来,我国农村进行了重大的经济体制改革,实行了联产承包责任制,农产品价格大幅度提高。显然,如果没有该项目,这些地区的农业产出也会有相当大的提高。因此,该项目的后评价必须采用下面介绍的有无对比的方法。有无对比的经济内部收益率结果与前后对比的结果相差23个百分点。

(2)有无对比法。

有无对比是指将项目实际发生的情况与若无项目可能发生的情况进行对比,以度量项目的真实效益、影响和作用。对比的重点是要分清项目作用的影响与项目以外作用的影响。这种对比用于项目的效益评价和影响评价,是项目后评价的一个重要方法论原则。这里说的"有"与"无"指的是评价的对象,即计划、规划或项目。有无对比法是指在项目周期内"有项目"(实施项目)相关指标的实际值与"无项目"(不实施项目)相关指标的预测值对比,用以度量项目真实的效益、作用及影响。后评价中的效益评价任务就是要剔除那些非项目因素,对归因于项目的效果加以正确的定义和度量。由于无项目时可能发生的情况往往无法确定地描述,项目后评价中只能用一些方法近似地度量项目的作用。理想的做法是在该受益范围之外找一个类似的"对照区",进行比较和评价。

通常项目后评价的效益和影响评价要分析的数据和资料包括项目前的情况、项目前预测的效果、项目实际实现的效果、无项目的实际效果、无项目时可能实现的效果等,图7.1为项目有无对比法示意图。

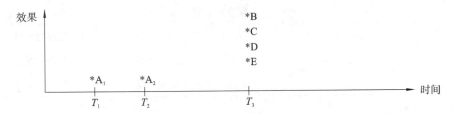

图 7.1 项目有无对比法示意图

注:A_1—项目开工;A_2—项目完工;B—项目实际实现的效果;C—项目前预测的效果;D—无项目的实际效果;E—无项目时可能实现的效果(外部条件与开工时相同);T_1—项目开工时间;T_2—项目完工时间;T_3—项目后评价时间

如图7.1所示,项目的有无对比不是前后对比,也不是项目实际实现的效果与项目前预测的效果的对比,而是项目实际实现的效果与无项目的实际效果或无项目时可能实现的效果的对比。有无对比需要大量可靠的数据,最好有系统的项目监测资料,也可引用当地有效的统计资料。在进行对比时,先要确定评价内容和主要指标,选择可比的对象,通过建立比较指标的对比表用科学的方法收集资料。

(3)横向对比法。

横向对比是同一行业内类似项目相关指标的对比,用以评价企业(项目)的绩效或竞争力。目前国际国内推行的标杆管理也是一种横向对比方法。标杆管理是以行业中的领先团队为标准或参照,通过资料收集、分析比较、跟踪学习等一系列的规范化的程序,改进绩效,赶上并超过竞争对手,成为领先者的方法和活动。施乐公司将标杆管理定义为"一个将产品、服务和实践与最强大的竞争对手或行业领导者相比较的持续流程"。它是对产生最佳绩效的行业最优的经营管理实践的探索,也是一种团队学习的方法。

3. 逻辑框架法

逻辑框架法(logical framework approach,LFA)是一种概念化论述项目的方法,即用一张简单的框图来清晰地分析一个复杂项目的内涵和关系,将几个内容相关、必须同步考虑的动态因素组合起来,通过分析其间的关系,从设计策划到目的、目标等方面来评价一项活动或工作。

逻辑框架法是美国国际开发署在 1970 年开发并使用的一种设计、计划和评价的工具。目前,已有 2/3 的国际组织把逻辑框架法作为援助项目的计划管理和后评价的主要方法。逻辑框架法不是一种机械的方法程序,而是一种综合和系统地研究和分析问题的思维框架。项目后评价采用逻辑框架法有助于对关键因素和问题作出系统、合乎逻辑的分析。

逻辑框架法的核心概念是事物的因果逻辑关系,即"如果"提供了某种条件,"那么"就会产生某种结果。这些条件包括事物内在的因素和事物所需要的外部因素。逻辑框架法为项目计划者和评价者提供一种分析框架,用以确定工作的范围和任务,并通过对项目目标和达到目标所需的手段进行逻辑关系的分析。

(1) 逻辑框架法的基本模式。

逻辑框架法的模式是一个 4×4 的矩阵,见表 7.1。

表 7.1 逻辑框架法的基本模式

层次描述	客观验证指标	验证方法	重要外部条件
目标	目标指标	监测和监督手段及方法	实现目标的主要条件
目的	目的指标	监测和监督手段及方法	实现目的的主要条件
产出	产出物定量指标	监测和监督手段及方法	实现产出的主要条件
投入	投入物定量指标	监测和监督手段及方法	落实投入的主要条件

比较具体的实际应用的项目后评价逻辑框架表,见表 7.2。

表 7.2 项目后评价逻辑框架表

项目描述	可客观验证的指标			原因分析		项目可持续能力
	原定指标	实现指标	差别或变化	内部原因	外部条件	
项目宏观目标						
项目直接目的						
产出/建设内容						
投入/活动						

逻辑框架法的常规应用逻辑框架是通过对项目设计的清晰描述,更清楚地了解项目的目的和内容,从而改进和完善项目的决策立项、项目准备和评估程序。逻辑框架法立足于项目的发展和变化,因为要获取理想的成果,必须在最大成本-效果分析中进行多方案比较。因此,逻辑框架法是把项目管理的诸多方面融合起来进行综合分析。逻辑框架法主要包括以下几个方面。

① 通过结果判断管理水平。立项主要立足于项目的目的和目标,具体建设内容是次要的。项目成功与否的判定标准主要是项目目标的实现程度,因为项目结果是对管理水平的最好判别。这里隐含着

一个因果关系,即项目管理水平导致项目的结果,项目的结果体现项目管理的水平。

②从实践中学习。由于项目实践中不确定因素很多,不断地从项目结果中学习是项目实施过程中的一项重要任务。就此而言,项目过程是一个学习系统。

③进行全面的系统分析。项目不是孤立的,而是社会系统的一部分,实施项目必然会与外界环境产生关联,因此对项目的分析应该是全面的。

④目标合同。各种合同的基本特征是相同的,主要包括结果和产出、严密的外部条件和实现的目标等。

⑤分析因果关系。逻辑框架法的核心是分析事物发生的原因和后果之间的关系。如果项目不同层次目标间因果关系明确,项目计划制定得好,那么执行也就顺利。应用逻辑框架法进行计划和评价时的一项主要任务是对项目最初确定的目标作出清晰的定义和描述,具体为:清晰并可度量的目标、不同层次的目标和最终目标之间的联系、确定项目成功与否的测量指标、项目的主要内容、计划和设计时的主要假设条件、检查项目进度的办法、项目实施中要求的资源投入。

(2)逻辑框架法的层次划分和逻辑关系。

①层次划分。

逻辑框架法把目标及因果关系划分为4个层次。

a.目标。目标通常是指高层次的目标,即宏观计划、规划、政策和方针等。宏观目标一般超越了项目的范畴,是指国家、地区、部门或投资组织的整体目标。这个层次目标的确定和指标的选择一般由国家或行业部门负责。

b.目的。目的是指"为什么"要实施这个项目,即项目直接的效果和作用。一般应考虑项目为受益目标群带来什么,主要是社会和经济方面的成果和作用。这个层次的目标由项目和独立的评价机构来确定,指标由项目确定。

c.产出。这里的"产出"是指项目"干了什么",即项目的建设内容与产出物或项目成果。一般要提供项目可计量的直接结果。

d.投入和活动。该层次是指项目的实施过程及内容,主要包括资源的投入量和时间等。

②垂直逻辑关系。

以上4个层次由下而上形成了3个逻辑关系。第一级是直接资源投入与直接成果产出的关系,即如果保证一定的资源投入,并加以很好地管理,则预计有怎样的产出;第二级是项目产出与中观环境的关系,即项目的产出与社会或经济的变化之间的关系;第三级是项目产出与宏观环境的关系,即项目的目的对整个地区甚至整个国家更高层次目标的贡献关联性。

如上所述,逻辑框架法中的垂直逻辑可用来阐述各层次的目标内容及其上下层级之间的因果关系。

③水平逻辑关系。

逻辑框架法的垂直逻辑分清了评价项目的层次关系。每个层次的目标水平方向的逻辑关系则由验证指标、验证方法和重要的假定条件所构成,从而形成了逻辑框架法的4×4的逻辑框架。

水平逻辑主要包括3项内容。

a.客观验证指标。各层次目标应尽可能有客观可度量的验证指标,包括数量、质量、时间及人员。在后评价时,一般每项指标应有以下数据:原来预测值、实际完成值、预测和实际间的变化和差距值。

b.验证方法。验证方法包括主要资料来源(监测和监督)和验证所采用的方法。

c. 重要的假定条件。

重要的假定条件有两个。

一是需要假定风险，这是最重要的假定条件。对项目的后评价需要分析可能对项目进展或成果产生影响，而项目管理者又无法控制的外部条件。这种失控的发生有多方面原因，首先是项目所在地的特定自然环境及其变化。例如，农业项目，管理者无法控制的一个主要外部因素是气候，变化无常的天气可能使庄稼颗粒无收，计划彻底失败。这类风险还包括地震、干旱、洪水、台风、病虫害等。除此之外，需要假定政府在政策、计划、发展战略等方面的失误或变化会给项目带来什么严重的影响。例如，一些发展中国家的产品价格极不合理，农产品价格很低，即使项目的设计和实施完成得再好，经济效果仍然不好。

二是需要假定因管理部门体制不合理而使项目的投入产出与其目的目标分离。例如，一些国家的农田灌溉设施由水资源部门管理，一个具体的农业项目（包括良种、化肥、农药、农机设施、农技服务、水利灌溉等多项内容）可能因为水资源部门不合理的水量分配而大大降低效益。总而言之，项目的假定条件很多，一般应选定其中几个最主要的因素作为假定的前提条件。通常项目的原始背景和投入/产出层次的假定条件较少，而产出/目的层次间所提出的不确定因素往往会对目的/目标层次产生重要影响。宏观目标的成败决定了一个或多个项目的成败，因此最高层次的前提条件是十分重要的。在后评价中可以建立目标树，以便于分析问题，找出问题之间的因果关系；分清各目标的层次，确定项目的主要目标。

④问题树和目标树。

对问题的分析可以用一棵树的模型来表示，而解决问题是项目的目的，因此可以与问题树一一对应地建立一棵目标树。有些问题可能与项目没有直接的关系，但项目的目标一旦实现，问题就可以解决，关键取决于其他外部条件或风险。当然这些措施不可能由项目自身来实现，而需要对项目的工作进行密切的监督和监测，甚至作为贷款条件来限定。

问题树和目标树的建立是编制逻辑框架结构的基础，可以作为后评价分析的一个步骤。目标树的建立可分为两步，即问题分析和目标分析。问题分析的步骤包括：记录所有的问题，选择核心问题，在核心问题下列出问题的直接原因，在核心问题上列出问题的直接效果，在直接原因下和直接效果上列出间接原因和间接效果。这样就构成了以核心问题为中心的"树"和"树枝"。目标分析即用上述方法建立目标树，项目的目的一般应在设计文件中有所表述。项目要解决的主要问题应是目标树的核心，要按因果关系来确定目标的层次。在目标树中应以达到目的需采用的手段的逻辑来表示其因果关系。

(3) 逻辑框架在项目后评价中的应用。

在项目准备阶段，采用逻辑框架法可以明确项目的目的和目标，确定考核项目实施结果的主要指标，分析项目实施和运营中的主要风险，从而加强项目的实施和监督管理，因此，逻辑框架法在国际上已普遍应用到项目的评估中。例如，英国海外开发署规定，其所有海外投资项目在评估时，评估人员须填报项目的逻辑框架，作为批准项目的必备文件。项目后评价的主要任务之一是分析评价项目目标的实现程度，以确定项目的成败。项目后评价通过应用逻辑框架来分析项目预期目标、各种目标的层次、目标实现的程度和原因，用以评价效果、作用和影响。因此，国际上不少组织把逻辑框架作为后评价的方法论原则之一。

采用逻辑框架法进行项目后评价时，可根据后评价的特点和项目特征在格式和内容上进行一些调整,以适应不同评价的要求。逻辑框架一般可用来进行目标评价、项目成败的原因分析、项目可持续评价等。

建立项目后评价逻辑框架的目的是依据其中的资料确立目标层次间的逻辑关系,用以分析项目的效率、效果、影响和持续性。

①效率。效率主要反映项目投入与产出的关系,即反映项目把投入转换为产出的程度,同时也反映项目管理的水平。效率分析的主要依据是项目监测报表和项目完成报告(或项目竣工报告)。项目的监测系统主要为提高效率而提供信息反馈建立的;项目完成报告主要反映项目实现产出的管理业绩,核心是效率。分析和审查项目的监测资料和完工报告是后评价的一项重要工作,是用逻辑框架进行效率性分析的基础。

②效果。效果主要反映项目的产出对目的和目标的贡献程度。项目的效果主要取决于项目对象群对项目活动的反映。对象群对项目的行为是分析的关键,在用逻辑框架进行项目效果分析时要找出并查清产出与效果之间的主要因素,特别是重要的外部条件。效果分析是项目后评价的主要任务之一。

③影响。应用逻辑框架进行影响分析时应能分清并反映项目对当地社区的影响和项目以外因素对社区的影响。一般项目的影响分析应在项目的效率和效果评价的基础上进行,有时可推迟几年单独进行。

④持续性。持续性分析主要通过项目产出、效果、影响的关联性,找出影响项目持续发展的主要因素,分析满足这些因素的条件和可能性,提出相应的措施和建议。一般在后评价逻辑框架的基础上需重新建立一个项目持续性评价的逻辑框架,在新的条件下对各种逻辑关系进行重新预测。在持续性分析中,风险分析是其中一项重要的内容。逻辑框架是风险分析的一种常用方法,它可以把影响发展的项目内在因素与外部条件区分开,明确项目持续发展的必要的政策环境和外部条件。

4. 成功度法

成功度法是根据项目各方面的执行情况并通过系统标准或目标判断表来评价项目的总体成功度。依靠评价专家或专家组的经验,综合各项指标的评价结果,对项目的成功程度得出定性结论,在此基础上进一步转换成量化的分数,也就是通常所称的打分的方法。这是一种定性和定量相结合的效益分析方法。成功度评价是以用逻辑框架法分析的项目目标的实现程度和经济效益分析的评价结论为基础,以项目的目标和效益为核心,所进行的全面、系统的评价。它是进行项目综合评价的方法之一。项目成功度分析把建设项目评价的成功度分为5个等级。

①完全成功(A)。项目的目标全面实现,相对成本而言,项目取得巨大的效益和影响。

②基本成功(B)。项目绝大部分目标已经实现,相对成本而言,项目达到了预期的效益和影响。

③部分成功(C)。项目实现了原定的一部分目标,相对成本而言,项目只取得了一定的效益和影响。

④不成功(D)。项目实现的目标非常有限,相对成本而言,项目几乎没有产生正效益和影响。

⑤失败(E)。项目的目标是不现实的,无法实现,相对成本而言,项目不得不终止。

在具体操作时,项目评价组成员每人填好一张表,对各项指标的取舍和等级进行内部讨论,或经必要的数据处理,形成评价组的成功度表,再把结论写入评价报告。

成功度的量化可参考表7.3。

表 7.3 成功度量化

成功度		细化的考核内容			综合评分范围/分	
		目标实现情况	效益情况	其他指标	十分制	或百分制
A	完全成功	项目的目标全面实现	巨大的效益和影响		9~10	90~100(间隔为5,下同)
B	基本成功	绝大部分目标已实现	预期的效益和影响		7~8	65~85
C	部分成功	实现原定的一部分目标	一定的效益和影响		5~6	40~60
D	不成功	实现的目标非常有限	几乎没有产生正效益和影响		2~4	15~35
E	失败	项目的目标无法实现	不得不终止		0~1	0~10

评价人员首先要根据具体项目的类型和特点,设置项目成功度表中的评价项目的相关指标。还可以根据表中指标与项目相关的程度,把它们分为"重要""次重要"和"不重要"的类别和权重。一种细化但不评分的项目成功度评价表参见表 7.4。

表 7.4 项目成功度评价表

序号	评定项目指标	项目相关重要性	评定等级
1	宏观目标和产业政策		
2	决策及其程序		
3	布局与规模		
4	项目目标及市场		
5	设计与技术装备水平		
6	资源和建设条件		
7	资金来源和融资		
8	项目进度及其控制		
9	项目质量及其控制		
10	项目投资及其控制		
11	项目经营		
12	机构和管理		
13	项目财务效益		

续表

序号	评定项目指标	项目相关重要性	评定等级
14	项目经济效益和影响		
15	社会和环境影响		
16	项目可持续性		
	项目总评		

注：项目相关重要性分为重要、次重要、不重要。评定等级分为 A—成功，B—基本成功，C—部分成功，D—不成功，E—失败。

7.1.6 建设项目后评价与前期评价、中期评价的区别

1. 建设项目后评价与前期评价的区别

建设项目后评价与前期评价在原则和基本方法上大致相同，但在以下方面有明显的差异。

(1)评价时点不同。建设项目前期评价主要在项目开工建设以前进行，它为项目的建设提供了前期的规划和建设的依据。而项目后评价则在建设项目完工以后或者在项目建成并投产运营一段时间以后才进行评价，以此鉴定前期阶段可行性研究所确定的方案是否可行，是否需要修改、调整、完善或优化。

(2)评价目的不同。建设项目前期评价主要是围绕投资决策、投资效益展开的，它直接作为项目是否需要投资、投资于何以及如何投资的依据。项目投资前期的工作是投资期和投资后期工作的基础，项目投资前期的工作完备与否决定了项目投资有无取得良好经济效益的可能性。而项目后评价则侧重于项目建设过程中的经验总结，对前期所确定的方案和投资方案进行技术的、经济的、定量的和定性的计算分析，并对建设过程中存在的问题提出建议，为今后同类项目投资决策提供经验。

(3)评价内容不同。建设项目前期评价是对建设项目投资与否进行决策，决策根据项目前期提供的投资方案或投资报告进行决策，以此对项目建设的合理性、可行性和必要性进行评价。而项目后评价除了要对项目前期进行的内容进行再评价，还要将项目决策预期效果与项目实施后的社会经济情况等进行科学、全面的评价。

(4)选用数据参数不同。建设项目前期评价数据参数均为预测数据或者其他项目的历史数据，数据来源的局限使得项目前期评价结论存在一定的不确定性。而项目后评价所依据的是项目实施过程中的第一手资料，具有极强的评价相关性。

(5)评价的执行主体不同。建设项目前期评价主要由项目的建设主体来实施，而项目后评价实施主体是监督管理机构。

(6)比较对象不同。建设项目前期评价主要是对比不同的设计方案、投资方案，筛选出合适的、能达到项目建设预期目标的方案。项目后评价着重于项目建成运行后的实际情况是否与项目前期所确立的目标一致，若不一致，必须对产生差异的原因加以总结。

(7)评价的性质不同。前期评价在于评价投资项目在技术上的先进性和经济上的效益性，并根据预测资料和历史资料对投资者未来经济利益的作用和影响进行分析，以项目的定量评价为主、质量目标和数量目标为辅的评价行为。项目后评价是一种以事实为依据、以数据为话语、以经济效益为目标的综合

性的经济鉴定行为。

2. 建设项目后评价与中期评价的区别

(1) 评价时点不同。建设项目中期评价是在项目实施过程中的评价,评价试点选择在项目开工后至竣工投产之前。而项目后评价则是在建设项目完工以后或者在项目建成并投产运营一段时间以后才进行评价,以此鉴定前期阶段可行性研究所确定的方案是否可行,是否需要修改、调整、完善或优化。

(2) 目的和作用不同。建设项目中期评价的目的是检查建设项目实施过程中的实际情况与项目开工前预定目标的偏离程度,查出造成偏离的原因,项目管理机构的人员将这些信息收集,然后实施合理的改进措施,使项目工程的实际情况回归到预定的目标;同时对项目重新预测,由此作出项目继续、追加投资或终止的决策。而项目后评价的目的在于对项目建设过程的经验总结,对前期确定的方案和投资方案进行技术的、经济的、定量的和定性的计算分析,分析出工程项目与计划目标出现偏差的原因,并分析原因,提出解决办法或改进措施,最后将这些信息反馈到政府、企业、银行等相关,为日后政府的政策制定、企业的投资计划制定提供依据。

(3) 组织实施不同。工程项目中期评价是由企业项目管理机构或项目管理人员承担。项目后评价应由独立的评价机构来进行评价。因涉及项目方案和成果的定性与定量分析,若由项目管理人员进行评价不合适,因此需要独立的评价机构来进行评价。

(4) 评价数据参数不同。建设项目中期评价的数据主要来自工程的日常信息资料数据,较为简单。而项目后评价的数据除了来自项目本身的数据,还涉及项目前期评价以及项目建成运营后的数据,所以与项目中期的数据相比,项目后评价的数据参数来源更加广泛。

(5) 评价内容不同。项目中期评价的内容主要是在项目实施阶段,重点在于保证项目按照前期计划执行,解决项目在实施过程中出现的问题,并为项目后评价工作提供数据资料。而后评价内容范围更为广泛,是对项目前期、项目建设期、项目运营期全过程的评价。

7.2 项目后评价指标体系

7.2.1 后评价指标体系框架的构建

1. 基本设计思路

确立建设投资项目后评价的指标体系是项目后评价的核心问题之一。本节从结构框架考虑来构建指标体系,先从总体目标的属性出发,层层分解,逐级发展子目标,然后根据目标之间的联系确定指标层次,最终确定转型指标。这些指标能综合反映客户感知价值的状态和发展趋势。

构建后评价指标体系是一个循环反复、不断修改调整的过程,主要有以下几个步骤。

(1) 搜集相关的信息资料:通过对项目后评价的内涵、基本内容,评价方法的收集和分析,加深对建设投资项目后评价的理解。

(2) 总目标分析:对建设投资项目后评价的总目标和具体的子目标作出正确理解,清晰了解各目标的内涵和外延,分析并确定各目标之间的主次和隶属关系,这是建立后评价指标体系层次结构的前提和基础。

(3) 指标分析与筛选:目标内涵的体现及衡量测定是通过指标来实现的。评价指标体系包括目标及衡量这些目标的指标,按照它们之间的因果和隶属关系构成的层次框架结构,表现为一种树状结构。初选指标应结合专家学者的重要文献,并考虑得尽量宽泛,然后再根据建设投资项目的特点,通过隶属度分析、相关性分析等手段,进一步提炼简化原有指标。确定指标要结合定性和定量、动态和静态等方面来综合选定。

(4)指标体系的确定与检验:在初步构建指标体系后,应该广泛征求相关专家学者的意见和建议,并通过一定的实践检验,反复调整和修改指标体系,以确定最终的评价指标体系。

(5)确定指标权重:各指标对上一层次目标的相对重要程度不同,也就是说各指标对目标的贡献不同,所以要对不同指标应赋予不同的权重。指标相互作用且关系复杂,确定其权重就很有必要。给指标赋权主要有主观经验赋权法、层次分析法和德尔菲法等。本文采用层析分析法来确定指标体系权重。

2. 后评价指标体系的总体框架设计

根据后评价指标体系的基本设计思路,其主要内容如下。

(1)项目目标后评价,主要包括项目实现程度评价、项目决策情况评价、产品技术性能实现程度评价。

(2)项目实施过程后评价,主要包括项目策划阶段评价、项目实施阶段评价、项目运营阶段评价。

(3)项目效益后评价,主要包括项目财务效益评价、项目成本控制评价、偿债能力评价。

(4)项目影响后评价,主要包括项目社会影响评价、项目环境影响评价。

(5)项目可持续性后评价,主要包括项目可持续发展外部条件和可持续发展内部条件评价。

以上内容对项目整体进行成功度评价和总体评价,列出项目后评价逻辑框架表,分析存在的问题,提出对策和建议。

上述规定基本涵盖了项目后评价的所有内容,但未对提出具体评价指标及其含义,因此,在实际操作过程中可操作性不强。本书根据项目后评价内容和我国建设投资项目的特点,结合建设投资项目管理后评价的现状,考虑其发展要求,对建设投资项目管理后评价指标体系进行了深入研究,对评价指标体系进行了优化调整,并提出了主要评价指标及其内涵。评价指标体系主要由项目目标评价、项目实施过程评价、项目效益评价、项目影响评价和项目持续性评价五部分构成。建设投资项目后评价指标体系框架如表7.5所示。

表7.5 建设投资项目后评价指标体系框架

项目	评价	内容
建设投资项目成功度	项目目标后评价	建筑安装工程建设水平 工艺设备、设施建设水平 目标总体实现水平
	项目决策情况后评价	项目决策过程和程序 项目可行性研究 项目评估或评审 初步设计内容和指标

续表

项目	评价		内容
建设投资项目成功度	项目实施过程后评价	项目策划阶段后评价	立项决策工作 招标投标工作 勘察设计工作 资金与物资落实工作
		项目实施阶段后评价	项目质量控制 项目进度控制 项目投资控制 合同执行情况 资金支付及财务管理情况 项目管理评价 项目竣工验收工作质量
		项目运营阶段后评价	项目生产能力 产品质量
	项目效益后评价	财务效益后评价	实际产品价格年变化率 实际销售利润变化率 实际投资利润率 实际净现值 实际投资回收期 实际内部收益率
		成本控制后评价	实际总成本及其变化率 实际经营成本及其变化率 实际产品成本及其变化率
		偿债能力后评价	实际资产负债率 实际流动比率 实际速动比率 实际借款偿还期 实际借款偿还期变化率
		社会影响后评价	对社会发展的影响 对社会公平的影响 对自然资源开发利用的影响 对社会和谐的影响

续表

项目	评价		内容
建设投资项目成功度	项目影响后评价	环境影响后评价	自然环境后评价 环境质量经济评价 项目清洁生产评价
	项目可持续后评价	项目可持续性发展外部条件后评价	项目发展对所处区域的影响 所处区域对项目发展的支持与影响
		项目可持续发展内部条件后评价	项目更新升级能力 项目研发能力 项目兼容能力 项目产品的竞争能力 项目的内部维护能力 项目的成本控制能力 项目寿命周期的长短 寿命周期内给企业带来的最大效益

7.2.2 后评价指标体系诠释

1. 项目目标后评价

(1) 项目目标实现程度后评价。

主要内容：项目建成并经过一段时间运行后，各主要建设安装工程建设水平，工艺设备、设施建设水平，目标总体实现水平的后评价。

将实际建设结果和运行效果与设计文件、国家批复文件对照，从定性和定量两个方面评价项目目标的实现程度。定量指标可以目标实现率为主，计算公式见式(7.1)。

$$目标总体实现率 = 目标实现数量 / 应实现目标数量 \times 100\% \qquad (7.1)$$

其中目标的数量是指项目总体目标所包含的各个子项所应实现的子目标数量，可按照国家批复要求和设计文件的规定，根据具体项目情况进行分解，如建筑工程、设备设施、环境保护、节能减排、安全、经济效益、产品合格率等。

(2) 项目决策情况后评价。

主要内容：项目决策过程和程序后评价、项目可行性研究后评价、项目评估或评审后评价、初步设计后评价等。

①项目决策过程和程序后评价：主要是通过对项目决策的总体情况和各主要节点工作进行总结，评价决策过程和程序是否符合国家的有关法律法规，内容是否合理适当，决策方法是否正确科学等。通过计算项目实际决策周期，评价项目决策效率。

②项目可行性研究后评价，主要是评价市场预测、财务及经济效益的准确性，建设规模、技术水平、建设方案的合理性和可行性。在进行定性评价的基础上，可参考选用以下量化指标。

a.项目投资偏差率。该指标主要用以评价决策阶段项目投资决策的准确性、合理性。计算公式见式(7.2)。

$$项目投资偏差率 = (实际项目投资 - 批复项目投资)/批复项目投资 \times 100\% \quad (7.2)$$

　　b.建设方案偏差率。该指标用以评价可行性研究报告提出的建设方案可行性水平。其中建设方案直接工程费是指项目中所有建设内容的直接工程费。调整的建设方案直接工程费是指在设计或实施过程中,因方案不可行变更了建设内容(与批复建设内容相比在原方案中涉及的直接工程费)。计算公式见式(7.3)。

$$建设方案偏差率 = \frac{建设方案直接工程费 - 调整的建设方案直接工程费}{建设方案直接工程费} \times 100\% \quad (7.3)$$

　　c.可行性研究周期偏差率。该指标用于评价项目可行性研究工作效率。计算公式见式(7.4)。

$$可行性研究周期偏差率 = (实际研究周期 - 预计研究周期)/预计研究周期 \times 100\% \quad (7.4)$$

　　d.新建建筑面积偏差率。计算公式见式(7.5)。

$$新建建筑面积偏差率 = (实际新建建筑面积 - 批复建筑面积)/批复建筑面积 \times 100\% \quad (7.5)$$

　　e.新征土地面积偏差率。计算公式见式(7.6)。

$$新征土地面积偏差率 = (实际新征土地面积 - 批复征地面积)/批复征地面积 \times 100\% \quad (7.6)$$

　　③项目评估或评审后评价,主要是对中介机构的项目评估报告或主管机关组织的项目评审情况进行总结和评价,评价的主要内容包括评估或评审过程中把握的主要原则是否符合国家的法律法规及相关原则的规定,建议的建设内容、建设投资、建设方案、建设目标等方面是否合理、科学,能否满足项目建设需要,与实际实施情况的差别,并对产生差别的主要原因进行分析。

　　定量的评价指标可采用项目投资偏差率、建设方案偏差率,其中项目投资偏差率中的"批复项目投资"调整为"评估建议项目投资",建设方案调整百分比中的"调整的建设方案直接工程费"是实际实施与评估建议的建设方案相比,发生调整的建设方案在原方案中的直接工程费。

　　④初步设计内容和指标后评价,主要是评价项目初步设计的内容与国家批复建设内容的一致性,设计的各项指标是否符合国家相关规定,是否满足项目建设需要。

2. 项目实施过程后评价

(1)策划阶段评价。

　　项目准备阶段的评价以定性评价为主,主要内容包括立项决策工作、招投标工作、勘察设计工作、资金与物资落实工作等的评价。

　　①立项决策工作后评价。立项决策工作后评价主要是对项目前期组织落实、征地拆迁、"三通一平"及开工手续等工作的评价。

　　②招投标工作后评价。招投标工作后评价主要是对按照国家相关法规规定需要进行招标采购的内容,是否采取了招标采购方式,招标程序,组织工作,中标单位的合法性、独立性、公正性、合理性等情况进行评价,同时,对其他采购工作组织实施的合法性、合理性进行评价。

　　③勘察设计工作后评价。勘察设计质量后评价主要是评价选择的勘察设计单位资质是否符合国家规定,是否符合工程项目建设要求,勘查工作的深度和质量、工程设计方案和手段、勘察和设计技术水平等是否满足要求。

　　④资金与物资落实工作后评价。资金与物资落实工作后评价主要是对项目的投资结构、融资渠道

和模式、资金选择和使用、项目投资担保、投资风险管理、物资落实等情况进行评价。

(2)实施阶段后评价。

项目实施阶段后评价的主要内容包括对项目质量控制、项目进度控制、项目投资控制、合同执行、资金支付及财务管理、项目管理评价、项目竣工验收工作质量等情况进行评价。

①项目质量控制后评价。项目质量控制后评价主要是对项目各建设内容的实际建设质量进行评价,评价其是否达到国家相关标准、设计标准要求,是否满足项目运行需要,以及质量标准是否合理、经济,同时,对实施过程中安全控制水平进行评价。定量评价可参考以下指标。

a. 实际工程合格品率。该指标是指实际工程质量达到国家(或设计)规定的合格标准的单位工程数量占验收的单位工程总数量的百分比,是用国家(或设计)规定的标准对实际工程质量进行评价的指标。计算公式见式(7.7)。

$$实际工程合格品率 = 合格单位工程数量 / 项目单位工程总数 \times 100\% \qquad (7.7)$$

b. 实际工程优良品率。该指标是指达到国家规定优良品的单位工程数量占验收单位工程总数的百分比,是衡量实际工程质量的一个指标。计算公式见式(7.8)。

$$实际工程优良品率 = 优良品的单位工程数量 / 项目单位工程总数 \times 100\% \qquad (7.8)$$

c. 千人重伤率、千人死亡率。该指标是指在项目实施过程中,按照国家有关规定,属于项目负责范围内的人员重伤、死亡水平,用以评价施工安全效果和项目安全控制水平。

②项目进度控制后评价。项目进度控制后评价主要是将实际建设工期与计划建设工期进行比较评价,并对项目实施过程中,进度控制工作的有效性、合理性进行评价。定量评价主要参考实际建设工期、项目定格工期率等指标来进行考量。

③项目投资控制后评价。项目投资控制后评价主要是将实际建设投资与计划建设投资进行比较评价,并对项目实施过程中,投资控制工作的有效性、合理性进行评价。定量评价可主要参考以下两项指标。

a. 项目实际建设投资,该指标是指项目实施过程中实际发生的建筑工程费、安装工程费、设备购置费、工程建设其他费、征地费、融资成本(建设投资项目主要是建设期利息)的总合。

b. 项目实际建设投资偏差率。该指标是反映项目实际建设投资与批准的概预算所规定的建设投资偏离程度,它可以反映项目概预算的实际执行情况。偏差率大于零,表明项目的实际建设投资高于批准的建设投资,偏差率小于零,则表明项目实际建设投资低于批准的建设投资,负值越大,相对于批准的建设投资,节约的金额越多。计算公式见式(7.9)。

$$项目实际建设投资偏差率 = (项目实际建设投资 - 项目计划建设投资) / 项目计划建设投资 \times 100\% \qquad (7.9)$$

④合同执行后评价。合同执行后评价主要是对项目实施过程中,合同签订、执行是否合法、规范,执行是否及时、合理等情况进行评价。定量评价指标可参考合同执行率、合同完成率。

a. 合同执行率。该指标是反映项目实施过程中管理规范程度的指标之一,表明实际执行合同数量与实际签订合同数量的比率。计算公式见式(7.10)。

$$合同执行率 = 实际执行的合同数量 / 实际签订的合同总数 \times 100\% \qquad (7.10)$$

b. 合同履约率。该指标是反映项目实施过程中签订的合同实际执行情况指标,表明实际执行完成的合同数量与实际签订的合同总数之间的比率。计算公式见式(7.11)。

合同履约率 = 实际执行完成的合同数量 / 实际签订的合同总数 × 100%   (7.11)

⑤资金支付及财务管理后评价。资金支付及财务管理后评价主要是对项目资金使用和管理过程中的资金来源、资金支付、资金到位、融资成本、资金管理机构和制度建立及执行等情况进行评价。定量评价可参考以下指标。

a. 资金到位率。根据项目资金来源实际情况，该指标还可与国家拨款资金到位率、项目单位自有资金到位率、银行贷款资金到位率、其他渠道资金到位率等指标结合使用。计算公式见式(7.12)。

资金到位率 = 实际到位资金 / 计划到位资金 × 100%   (7.12)

b. 资金实际支付率。计算公式见式(7.13)。

资金实际支付率 = 实际支付项目资金 / 应支付项目资金 × 100%   (7.13)

c. 融资成本偏差率。计算公式见式(7.14)。

融资成本偏差率 = (实际融资成本 − 预计融资成本) / 预计融资成本 × 100%   (7.14)

⑥项目管理后评价。项目管理后评价主要是对项目实施过程中，项目单位对勘察设计、施工、监理、供货商等项目相关各方的组织协调情况，项目单位内部项目管理情况的综合评价，包括有关制度的建立及执行情况，对重大事项的处理和协调情况，以及日常运行情况等。

⑦项目竣工验收工作质量后评价。该评价主要是考察项目竣工之后，竣工验收的组织工作及其工作效率，主要包括竣工验收组织管理、验收工作程序是否符合国家有关规定、是否遵循项目相关规定、项目最初设计时提出的标准，项目交接工作的质量以及项目收尾处理工作的质量是否满足要求。

(3) 运营阶段后评价。

①项目生产能力后评价。项目生产能力后评价主要是对运营阶段达到设计生产能力状况及其预测，项目配套辅助设施运行情况，原材料、配套元器件供应情况，主要工艺设备使用情况，工艺技术水平进行综合评价。

②产品质量后评价。产品质量后评价主要是对项目产品的关键质量指标进行分析、考核，综合评价产品的一致性、可靠性及总体质量水平。定量评价可参考选用合格品率、优等品率等。具体计算公式见式(7.15)和(7.16)。

合格品率 = 年产合格品数量 / 年产产品总量 × 100%   (7.15)

优等品率 = 年产优等品数量 / 年产产品总量 × 100%   (7.16)

3. 项目效益后评价

(1) 财务效益后评价。

财务效益后评价主要是对后评价时点、项目的财务效益情况进行综合评价，并与项目可行性研究阶段预测的主要经济效益指标进行对比。主要定量指标可参考实际产品价格年变化率、实际销售利润变化率、实际投资利润率、实际净现值、实际投资回收期、实际内部收益率等。

①实际产品价格年变化率。实际产品价格年变化率是衡量项目前评价价格预测水平的指标。它可以部分解释实际投资收益与预测投资收益产生偏差的原因，并为重新预测项目寿命期内产品价格提供依据。

②实际销售利润变化率。实际销售利润是综合反映项目实际投资效益的主要指标之一。实际销售利润变化率则是衡量项目实际投资效益和预测投资效益偏离程度的指标，计算公式见式(7.17)。

实际销售利润变化率 = (实际销售利润 − 预测销售利润) / 预测销售利润 × 100%   (7.17)

③实际投资利润率。实际投资利润率是指项目的年利润总额与总投资的比率,计算公式见式(7.18)。

$$实际投资利润率 = 年利润总额 / 总投资 \times 100\% \tag{7.18}$$

④实际净现值。净现值是反映项目寿命周期内获利能力的动态评价指标,是按照一定的折现率,将各年净现金流量折现到建设期处的现值之和。实际净现值的计算是依据项目投产后的年实际净现金流量或根据实际情况重新预测的项目寿命周期内各年的净现金流量,并按照重新选定的折现率,将各年净现金流量折现到建设期初的现值之和。

⑤实际投资回收期。实际投资回收期是以项目实际产生的净收益或根据实际情况重新预测的项目净收益抵偿实际投资总额所需要的时间,包括实际静态投资回收期和实际动态投资回收期。

⑥实际内部收益率。实际内部收益率是根据实际发生的年净现金流量和重新预测的项目寿命期各年净现金流量现值总和等于零时的折现率。项目实际内部收益率若大于重新选定的折现率或行业、部门基准收益率或银行贷款利率,则该项目实际经济收益较好,否则则表明建设项目实际经济效益较差。

(2)成本控制后评价。

成本控制后评价主要是对后评价时点项目实际生产成本情况进行综合评价,并与项目前评价(或可行性研究)阶段预测的成本控制指标进行对比。主要定量指标可参考实际总成本及其变化率、实际经营成本及其变化率、实际产品成本及其变化率等。根据项目的具体评价需要可选择其中几项或全部,其计算方法基本相同。

(3)偿债能力后评价。

偿债能力后评价主要是根据后评价时段项目实际生产、经营状况,对项目的实际偿债能力进行评价。利用实际运营的各项经济指标,重新计算项目的偿债能力指标,并与项目前评价(或可行性研究)阶段的相关数据进行比较,分析、评价项目的实际偿债能力水平变化及主要原因。定量指标可主要选取实际资产负债率、实际流动比率、实际速动比率、实际借款偿还期。

①实际资产负债率。实际资产负债率是反映项目实际各年所面临的财务风险程度及偿债能力的评价指标。作为提供贷款的机构,可以接受100%以下(包括100%)的资产负债率,当资产负债率大于100%,则表明该项目已经资不抵债,已经达到了破产的警戒线。计算公式见式(7.19)。

$$实际资产负债率 = 实际负债合计 / 实际资产合计 \times 100\% \tag{7.19}$$

②实际流动比率。实际流动比率是反映项目各年偿付流动负债能力的评价指标。实际流动比率一般应大于200%。计算公式见式(7.20)。

$$实际流动比率 = 实际流动资产总额 / 实际流动负债总额 \times 100\% \tag{7.20}$$

③实际速动比率。实际速动比率是反映建设投资项目快速偿还流动负债能力的评价指标。实际速动比率一般应接近100%。计算公式见式(7.21)。

$$实际速动比率 = (实际流动资产总额 - 存货) / 实际流动负债总额 \times 100\% \tag{7.21}$$

④实际借款偿还期。实际借款偿还期是衡量项目实际清偿能力的一个指标。它是指在国家财政规定和项目具体财务条件下,根据项目投产后实际的或重新预测的可用作还款的利润、折旧或其他收益额偿还固定资产投资实际借款本息所需要的时间。

4. 项目影响后评价

建设投资项目影响后评价应当分析与评价建设投资项目对影响区域和行业的社会、经济、文化以及环境等方面所产生的影响,根据此原则,建设投资项目影响后评价指标可分为两大类:社会影响后评价指标与环境影响后评价指标。

(1)社会影响后评价指标。

①对社会发展的影响,主要是指对就业、收入分配效果、技术进步、社会经济的影响。

②对社会公平的影响,主要是指对当地人口、当地居民文化教育、居民医疗卫生、居民生活、居民社会保障的影响,以及项目的外围配套设施对当地基础设施和城市建设的影响。

③对自然资源开发利用的影响,主要指项目的存在有没有节约自然资源,项目如何对当地自然资源加以综合利用,项目如何对当地自然灾害进行防治。

④对社会和谐的影响。主要指项目对当地的风景、文物古迹和旅游区的影响,对当地社会安定的影响,项目与当地政府、管理机构以及居民的相互影响。

(2)环境影响后评价指标。

环境影响后评价指标用于评价建设投资项目的实施对项目所在地区环境的影响程度,在评价时提醒项目决策者重视对环境的防治与保护。环境影响后评价指标可划分为三大类:自然环境评价指标、环境质量经济评价指标和项目清洁生产评价指标。

自然环境评价指标指的是对生态环境、声环境、水环境、大气环境、固体物污染程度、环境管理体系及运行状况等的评价指标。环境质量经济指标从经济角度出发,主要评价环境资源利用价值、工程地基处理费用、环境灾害损失费用、环境污染损失费用等方面的内容。清洁生产是指在生产过程中,把整体防护的环境战略持续贯彻,减少对人体的影响和对自然环境的污染,保护生态。因此项目清洁生产评价指标包括在生产过程中,要使用节约型能源,杜绝有毒材料,控制有毒物的生产量和排污量。对于产品,则要降低原材料到成品的全寿命周期的不利影响。

清洁生产评价不同于传统环境影响评价,清洁生产强调全过程全方位的污染预防和控制,而传统环境影响评价则关注污染产生之后对环境产生的不利影响。

5. 项目可持续后评价

项目可持续后评价主要分析项目内部、外部条件对项目的可持续发展的影响,并根据需要提出项目应采取的措施。因此,项目可持续后评价指标划分为项目可持续发展外部条件、项目可持续发展内部条件。

(1)项目可持续发展外部条件。

外部条件包括两个方面:一是项目发展对所处区域的影响;二是项目所处区域对项目发展的支持与影响。前者从建设投资项目的角度出发,评价该建设投资项目未来发展对所处地区的影响:是否有利于社会发展、是否有利于自然环境与资源的开发与保护,可能产生的影响有哪些,减少这类不利影响的措施有哪些。后者从区域角度出发,主要评价在项目建成、实施运营一段时间后,该建设投资项目所处地区的未来经济发展走势、政府对项目建设扶持力度、政策法规及宏观调控的影响、各种资源调配与利用、配套设施建设、生态环境保护要求等。

(2)项目可持续发展内部条件。

项目可持续发展内部条件主要分析评价项目自身条件对项目可持续发展的影响,主要有以下几个指标:项目更新升级能力、项目研发能力、项目兼容能力、项目产品的竞争能力、项目的内部维护能力、项目的成本控制能力、项目寿命期周期的长短、项目寿命周期内给企业带来的最大效益。其中项目的内部维护能力主要内容包括项目日常维护与运营成本、项目技术水平与人员素质、人才培养、项目内部运行管理制度及其效率、财务盈利能力等方面。

7.2.3 后评价模型的构建

此处以市政工程项目为例进行探讨。

1. 市政工程项目概念

市政工程项目指城市道路、园林、道路绿化、桥梁、给排水、污水处理、路灯、城市防洪、环境卫生等城市公用事业工程项目，主要由政府部门牵头，包括项目的设计和实施。市政工程项目建设的主要目的有两个：一是满足人们生活的需求，为人们提供便利；二是改善城市生活环境，树立城市形象。所以项目建设要综合考虑项目建设的可行性、经济效益、环境影响和社会影响等。市政工程项目后评价要从整个寿命阶段进行，并且采用定性和定量分析相结合的方法，对其综合性影响进行评价。

2. 指标体系的建立

（1）指标选取的原则。

①指标建立主要思路。

指导思想主要有三项。

市政工程项目相对于其他项目有其特异性，所以指标体系要根据市政项目本身特点来建立，这就是市政项目建立指标的差异性。而市政项目又包括很多具体分类，如桥梁、道路、水库、输电系统等，这些分类又有不同的特点，某些特定项目可能需要特定的指标来衡量。本章研究的是市政项目的指标体系，故选取指标时，目前属于市政项目工程的所有指标都加入该指标体系，并按照项目需要进行权重确定，如果特定项目并不需要某个指标，则在评价该特定项目时直接舍弃该指标，以便更符合每个项目的实际特点。

出发点不同，评价指标就不同，政府、民众更加关注项目对民众需求的满足情况，指标偏向于社会效益以及影响等。建设方更加重视项目带来的利益，指标更加偏重投资、运行成本等。本体系的指标是从民众的角度选取评价的，即更注重项目实际影响以及满足需要的情况。

对市政工程建设项目后评价过程中，很多客观性指标的数据不容易获取，因此需要采用相应的主观评价方法对该指标的评价结果进行阐述。建立市政工程建设项目评价体系，要在已有的基础理论上结合市政工程的实际情况，构建适合市政工程的评价指标体系。

②指标建立具体原则。

针对市政项目的特殊性和实际情况，该项目建设后评价指标的选取原则主要包括系统性原则、实用性原则以及定性与定量相结合原则。

系统性原则是指充分考虑其目标的实现性以及社会影响，从多个方面对项目建设效果进行评价，确保评价过程的全面性。实用性原则是指项目后评价指标中选择的评价指标要具有较强的可操作性，便于评价过程中各种数据资料的采集和统计，确保后评价工作的顺利进行。定性与定量相结合原则是指对于数据全面的内容进行定量分析，而对于某些数据难以获取的内容进行定性分析。市政工程建设项目评价过程中涉及社会影响方面的指标很难通过数据进行统计和分析，完全依靠人们的主观意识进行定性分析，因此对评价人员的经验要求较高，必须选择相关方面的专家进行参与。而有些指标能够方便计算数据。

(2)一级指标的确定。

对于市政工程建设项目后评价来说,如何创建合适的评价指标体系是非常重要的。不能照搬其他项目后评价的指标体系,而是应该根据市政工程建设项目的特点,选取符合市政项目特点的指标体系。

在研究过程中,通过对国内外相关市政项目建设过程中采用评价指标的整理和分析,并且结合市政工程建设项目建设基础性、公益性、影响面广的固有特点,分三个层级来进行项目建设后评价,包括一级指标、二级指标和三级指标。

一级指标是项目评价的基本评价内容,首先市政工程项目本身就是一个工程项目,所以评价指标包括项目实施过程后评价,同时市政项目是一个公益项目,本身不直接产生经济效益,而主要为公众提供服务,所以其价值主要反映在社会效益、公益影响方面,所以加入项目效益后评价、项目影响后评价,既然作为一个公众服务性项目,项目的服务时间不仅是公众关注的对象,也是反映项目质量的重要因素,所以加入项目可持续后评价指标。

综合起来,一级指标选取项目实施过程后评价、项目效益后评价、项目影响后评价、项目持续性后评价四项。

(3)二级指标的确定。

二级指标的选择在一级指标的基础上展开,是一级指标的进一步细分。

项目实施过程后评价方面,该指标与一般工程一致,所以二级指标直接按照一般工程的指标体系选取,即选择前期工作、项目建设实施、生产运营、运营管理水平四项指标,对市政工程建设项目建设的决策阶段所作的前期工作,组织实施建设的过程中的项目组织模式、建设施工管理及建成后的后期管理运营,实际取得的建设效果、效益、持续性进行评价。

项目效益后评价方面,考虑到市政工程建设项目基本属于公益性项目,项目本身不会产生直接经济效益,选用"社会效益"和"间接经济效益"两项指标。

项目影响后评价方面,主要选择市政工程对环境影响、社会影响两项指标进行分析,确定项目预期的环保目标是否达到、社会效益指标是否实现。

项目持续性后评价方面,选择内部发展条件、外部发展条件两项指标,通过对影响市政工程建设项目可持续性发展的内部条件和外部条件进行分析,了解其对项目未来目标实现程度、发展趋势的影响。

(4)三级指标的确定。

三级指标是对二级指标的进一步细化,是一级指标的具体影响因素。

项目实施过程后评价这个一级指标与一般工程一致,所以三级指标直接按照一般工程的指标体系选取,其他三级指标根据市政项目的特点进行选取。同时,因为项目效益的评价包括社会效益和间接经济效益,而社会效益和间接经济效益很难通过具体的指标进行衡量,所以其下不再设置三级指标,三级指标具体如下。

前期工作方面,选择决策水平、勘察设计、征地拆迁、开工准备4个指标。决策水平重点分析项目建议书、可行性研究报告及专项论证报告的内容是否完整、预期目标是否准确、结论是否正确以及存在的不足和问题,包括项目可行性研究报告整体方案是否合理、采用模型是否科学、规范。勘察设计重点分析勘察、设计单位的资质等级及业务范围是否严格按照国家颁发的有关管理办法规定执行、评价勘察设计成果的质量情况和优缺点、勘察设计内容和深度是否符合要求、勘察设计存在的问题和不足等。征地拆迁重点分析征地拆迁工作的基本流程、组织的基本情况、手续是否齐全、征地拆迁工作任务计划、费用及完成情况等；分析项目征地搬迁情况及其合理性；对搬迁户进行必要的调查，反映项目受损群体的意见；对征地方案、过程、政策及实施进行调查，分析地方政府和居民的参与状况及程度；分析项目的移民安置情况；对移民安置后所产生的正负两方面影响进行分析；评价征地拆迁工作对项目建设的影响等。开工准备重点分析项目招投标工作程序、时机、过程是否规范，相关文件是否齐备；招标项目标段划分是否合理；各中标单位的资质等级、法人资格和分包情况，合同管理情况；分析和评价招投标及开工前各项准备工作的问题和不足。

建设实施方面，选择组织管理、进度控制、质量控制、投资执行情况、设计变更情况5个指标。组织管理重点分析评价建设单位在项目建设实施过程中组织结构、管理制度、管理措施、管理目标以及取得的效果等方面的具体情况，分析建设单位在施工组织方面存在的问题和不足。进度控制重点分析项目施工进度计划与实际进度完成情况，分析产生偏差的原因，分析项目施工过程中建设管理单位、施工单位、监理单位的施工进度制定的管理目标、管理制度、采取的措施、产生的效果等。质量控制重点分析项目施工过程中建设管理单位、施工单位、监理单位等针对施工质量制定的管理目标、管理制度，采取的措施，产生的效果等，总结获得的经验；对施工过程和竣工验收过程中存在的质量问题进行深入分析，提出改进质量管理的措施和建议。投资执行情况重点分析资金到位与投资完成情况，对立项决策估算、初步设计概算、竣工决算的变化和差异进行比较分析，投资偏差分析。设计变更情况重点分析项目建设实施过程中设计变更情况和发生原因，提出改进的措施和建议。

生产运营方面，选择投产时机、功能用途、安全实用性3个指标，重点分析评价项目投产时间节点、功能用途是否符合城市发展需要，项目是否安全实用，存在哪些问题和不足，并提出整改措施。

运营管理水平方面，选择管理成本、管理模式、管理机制3个指标。重点分析评价项目在管理成本开支、管理模式、管理机制方面的详细情况以及存在的问题和不足，提出整改措施和意见。

环境影响方面，市政工程项目包含道路、电网、管道建设、给水排水等众多工程，不同的市政项目有不同的环境影响方面，作为一个统一的指标体系，拟将所有影响因素全部包括进来，具体项目再进行具体分析，选择噪声环境、城市建设、大气污染、排水污染、景观绿化5个指标。重点分析评价项目建设和运营过程中声环境影响状况，项目建设实际用地数量、种类及所占的比例的选择及其环境恢复状况，项目对附近居民生产和生活影响、对城市建设的影响，项目修建前后大气环境的变化和项目建设对大气环境的影响，项目建设的挖填方、挡土设施、排水设施、地形地貌的合理利用、合理的绿化措施，绿化工程对项目的生态环境、自然景观的影响及环保效果，并找出项目在环境影响方面存在的问题，针对上述问题提出防治措施和建议。

社会影响方面，首先是公众影响，考虑到项目业主并不是市政工程建设项目真正的使用者，广大市民才是真正的使用者，工程项目是否满足公众需求是评价项目质量的必要内容，所以选择公众影响指标。同时，由于公众项目的建设可以在一定程度上影响周围地区的经济，并为周围居民提供较大便利，但特定项目也会造成不良的影响，比如垃圾处理厂能够带来便利，但是会给厂区附近的居民造成环境影响，所以不同居民之间存在一定的利益冲突，包含一定的社会风险，这种风险实际中经常可见，有必要对该风险进行评价，所以选择社会风险指标。通过对项目实施过程所面临的主要社会影响因素进行分析和评价，与可行性研究报告等前评价相关内容的对比分析，提高前评价分析预测的水平，通过及时有效的信息反馈，为类似项目全面评估社会条件和风险积累经验，进而协调好项目相关群体利益。

内部持续性，主要是指工程项目自身的功能持续时间，这与项目所使用的材料、设施、天气、运行情况等因素有关,所以选择环境因素、材料设施质量、配套服务、设施运营机制4个指标。重点分析评价项目所处环境因素、材料设施质量、配套服务、设施运营机制等内部环境对项目未来目标实现程度的影响。

外部持续性,主要是反映项目的功能在未来是否还有存在的必要,即该项目在多长时间内能符合社会的发展需求,这与区域的政策、规划、经济发展状况以及民众需求有关,选择区域规划、宏观经济政策、社会经济发展、民众需求4个指标,分析影响市政工程建设项目持续性的4个外部条件对市政工程建设项目建设及建成后未来目标实现程度、发展趋势的影响。

根据市政项目的特点建立的具体的指标体系如表7.6所示。

表7.6 市政工程建设项目后评价指标体系

一级指标	二级指标	三级指标
项目实施过程评价	前期工作	决策水平、勘察设计、征地拆迁、开工准备
	建设实施	组织管理、进度控制、质量控制、投资执行情况、设计变更情况
	生产运营	投产时机、功能用途、安全实用性
	运营管理水平	管理成本、管理模式、管理机制
项目效益评价	社会效益	
	间接经济效益	
项目影响评价	环境影响	噪声环境、城市建设、大气污染、排水污染、景观绿化
	社会影响	公众影响、社会风险
项目持续性评价	内部持续性	环境因素、材料设施、质量配套、服务设施、运营机制
	外部持续性	区域规划、宏观经济政策、社会经济发展、民众需求

3. 指标权重的确定方法

市政工程建设项目在评价过程中涉及的指标特别多,并且每个指标对市政工程建设项目建设结果的影响都不同,为了确保评价结果的正确性和准确性,研究采用了层次分析法(analytic hierarchy process,以下简称AHP),通过对各个指标影响程度的对比分析,探讨其权重大小。

层次分析法是现阶段项目评价过程中常用的一种评价方法,在评价过程中采取权重方式,根据各个指标对评价结果影响程度的不同,对项目建设情况进行评价。层次分析法通过建立一个多层次的系统结构模型,将问题进行逐步分解到各个层次,然后根据因素之间的相互关系对各个层次进行组合评价并推进到上一层,以此类推,为决策者的最优化决策提供依据。层次分析法具有系统性、简洁实用性的特点,并且所需定量数据较少,把相对重要性化为简单权重进行计算,能够把定性和定量的方法有机地结合起来。

权重确定过程中采用的具体思路:首先根据要评价事物的目标和内容不同,将影响其结果的因素进行层次划分,得到一个完整的三级项目评价指标体系;然后再将影响项目结果的所有指标作两两判断,从而确定下一层指标对上一层指标的影响程度。

层次分析法权重确定的具体的实施步骤如下。

(1)层次结构的创建。

根据市政工程建设项目评价目标的不同,分析所有对评价结果有影响的因素,并且将所有因素按照范围和内容进行分组,即将非常复杂的问题进行细化,从而确定各个因素之间的关系,得到具体的评价模型。

层次结构主要分为目标层 G、准则层 A、方案层 P,具体如图 7.2 所示。

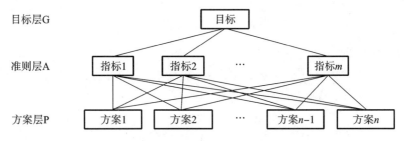

图 7.2 递阶层次结构示意图

(2)构造判断矩阵。

确定所有指标之间的包含关系之后,评价小组成员就要进行判断矩阵的构建。以 3 层评价指标体系为例,介绍其判断矩阵的构造过程。首先将目标层定位为 X,准则层定义为 A,指标层定位为 B,A 和 B 层中的所有指标分别为 $A_{11},A_{12},\cdots,A_{1n}$ 和 $B_{11},B_{12},\cdots,B_{1n}$ 表示,然后将每个层次中的所有指标进行两两对比,对比结果如表 7.7 所示。

表 7.7 标度的含义

标 度	含 义
1	两个指标具有同等的重要性
3	相比较的两个指标,一个指标比另一个稍微重要
5	相比较的两个指标,一个指标比另一个明显重要
7	相比较的两个指标,一个指标比另一个强烈重要
9	相比较的两个指标,一个指标比另一个极端重要
2,4,6,8	上述两相邻指标判断的中间值
倒数	指标 i 与 j 比较的判断 a_{ij} 与指标 j 与 i 比较的判断 a_{ji} 值成倒数关系

将所有指标两两对比得到的结果用矩阵 A 表示。见式(7.22)。

$$A = \begin{bmatrix} a_{11} & a_{12} & \cdots & a_{1n} \\ a_{21} & a_{22} & \cdots & a_{2n} \\ \cdots & \cdots & \cdots & \cdots \\ a_{n1} & a_{n2} & \cdots & a_{nn} \end{bmatrix} \quad (7.22)$$

A 矩阵中所有元素的数值都大于 0,而且 $a_{ij}=1/a_{ji}$。

(3)层次单排序。

进行层次单排序工作,计算出一致矩阵 C 中最大特征值 $\lambda_{\max}$,以及最大特征值对应的特征向量,即满足式(7.23)。

$$CW = \lambda_{\max}W \tag{7.23}$$

最大特征值对应的特征向量 $W = [W_1, W_2, \cdots, W_n]^T$，接着采用方根法求解该层次 n 个指标的优先权重向量，即式(7.24)。

$$W = [W_1, W_2, \cdots, W_i, \cdots, W_n]^T \tag{7.24}$$

式中：$W_i = \sqrt[n]{\prod_{j=1}^{n} c_{ij}} \Big/ \sum_{j=1}^{n} \sqrt[n]{\prod_{j=1}^{n} c_{ij}}$。

(4)层次总排序。

层次总排序就是计算同一层次所有指标对总目标相对重要性的排序权值。准则层各项指标 $A_1, A_2, \cdots, A_m$，对总目标 G 单排序的数值为 $W_1, W_2, \cdots, W_m$；方案层各指标 $P_1, P_2, \cdots, P_m$，对 A_j 的层次单排序结果是 $W_{j1}, W_{j2}, \cdots, W_{jm}$，则层次总排序见式(7.25)。

$$V = W^j W = \begin{bmatrix} W_1^1 & W_1^2 & \cdots & W_1^m \\ W_2^1 & W_2^2 & \cdots & W_2^m \\ \cdots & \cdots & \cdots & \cdots \\ W_n^1 & W_n^2 & \cdots & W_n^m \end{bmatrix} \begin{bmatrix} W_1 \\ W_2 \\ \vdots \\ W_m \end{bmatrix} = [V_1, V_2, \cdots, V_n] \tag{7.25}$$

(5)根据计算结果，选取相应决策。

4. 模糊综合评价法介绍

模糊综合评价法就是从项目不同的侧面获取数据并对这些数据进行综合评价的方法，可以实现对不同方面的同一个项目以及同一个项目的不同时期的建设情况进行描述。市政工程项目很多数据不易收集，且分阶段进行的情况较多，所以市政项目后评价方法采用模糊综合评价法。

模糊综合评价法在评价过程中采用精确的数据实现对项目的模糊综合评价，实现了定性评价和定量评价的有效过渡。目前该方法在工程项目评价过程中得到了非常广泛的应用，特别是一些有代表性的学术论文的发表标志着模糊学的研究在不同领域应用，具有较高的可行性。评价过程使用模糊数学的原理，将评价指标中难以采用精确数字描述的指标用具体的数字表示，并且得到各个评价指标对项目评价结果的隶属度。

该评价方法得到的评价结果采用数据集合的方式表示，能够充分描述被评价事物的具体情况。采用该方法得到的评价结果和项目真实情况更加接近，这是其他几种评价方法无可比拟的优势。同时该评价方法还将其他评价方法中的定性描述部分作量化处理，利用精确的数字实现对项目建设的评价，得到各个指标对最终评价结果影响的权重。权重的引入能够提高评价结果的真实性和可信度，这样对于一个项目在评价过程中采用的权重相同，其采用模糊综合评价得到的结果就相同。同样对于相关项目来说，其评价过程中选择的评价指标相同，采取的权重大小相同，得到的评价结果具有较强的对比性。

模糊综合评价法的评价过程具体步骤如下。

(1)确定评价因素和评价等级。

设 $U = (u_1, u_2, \cdots, u_m)$ 为被评价对象的 m 种因素（及评价指标）；$V = (v_1, v_2, \cdots, v_n)$ 为每一因素所处的状态的 n 种决断（及评价等级）。

(2)构造判断矩阵和确定权重。

对单因素 $u_i(i=1,2,\cdots,m)$ 作评判，对抉择等级 $V_j(j=1,2,\cdots,n)$ 得出隶属度为 r_{ij}，这样就构造一个评价矩阵 R，即被评价对象从 U 到 V 的模糊关系 R，见式(7.26)。

$$R = \begin{bmatrix} B_1 \\ B_2 \\ \vdots \\ B_i \end{bmatrix} = \begin{bmatrix} B_{11} & B_{12} & \cdots & B_{1j} \\ B_{21} & B_{22} & \cdots & B_{2j} \\ \cdots & \cdots & \cdots & \cdots \\ B_{i1} & B_{i2} & \cdots & B_{ij} \end{bmatrix} \qquad (7.26)$$

式中：b_{ij} 为被评价事物的隶属度。

评价结果 $WR = B$，即式(7.27)。

$$(w_1, w_2, \cdots, w_i) \begin{bmatrix} B_{11} & B_{12} & \cdots & B_{1j} \\ B_{21} & B_{22} & \cdots & B_{2j} \\ \cdots & \cdots & \cdots & \cdots \\ B_{i1} & B_{i2} & \cdots & B_{ij} \end{bmatrix} = (b_1, b_2, \cdots, b_j) \qquad (7.27)$$

(3) 进行模糊合成和作出决策。矩阵 R 中不同的行反映了某个被评价对象从不同的单因素来看对各等级模糊子集的隶属程度。用模糊权向量 A 对行进行综合，就可以从总体上得到该被评对象对各等级模糊子集的隶属程度，及模糊综合评价结果向量。

引入 V 上的一个模糊子集 B，称为模糊综合评价，又称决策集，即 $B = (b_1, b_2, \cdots, b_n)$，一般令 $B = AR$。算得的评判结果应将它归一化。b_j 表示被评价对象具有评语 v_j 的程度。B 是对每个被评价对象综合状况分等级的程度描述。通常可以采用最大隶属度法则对其处理，得到最终评判结果。此时，我们只利用 $b_j = (j = 1, 2, \cdots, n)$ 中的最大者。为了将其充分利用，此时，我们可假设相对于各等级 v_j 规定的参数列向量为式(7.28)。

$$C = (c_1, c_2, \cdots, c_n) \qquad (7.28)$$

则得出等级参数评判结果为：$BC = P$。

P 反映了由等级模糊子集 B 和等级参数向量 C 带来的综合信息。

5. 市政项目后评价反馈

由于市政项目后评价工作开展时间不长，实施后评价工作的范围涉及面窄，市政项目后评价政策制定、评价方法实践应用较晚，在国家宏观决策和管理层面上不能起到真正的反馈作用，后评价反馈机制还处于初级阶段，目前市政项目的反馈仍存在反馈形式单一、反馈信息不充分、反馈流程不规范、反馈成果利用率低的问题。

为提高反馈效率，应建立两个系统：信息集成系统和成果共享系统。信息集成系统可收集一切与项目有关的信息，防止信息遗漏。成果共享系统是把反馈结果集中在一个平台，把反馈成果以各种形式和途径同时扩散到项目内部和外部，打破信息壁垒。同时政府层面还应出台市政工程建设项目后评价管理办法、实施细则，形成一套完善的后评价反馈机制和责任追究制度，来强化后评价反馈工作，为市政工程建设项目后评价反馈工作提供强有力的保障。

市政项目作为一个公共项目，一般包括立项、准备、施工、运营阶段。针对这四个阶段，反馈时需要特别注意的问题如下。

(1) 立项阶段。后评价成果反馈是改进项目前期工作的基础，需要将项目后评价信息中关于决策水平、勘察设计、征地拆迁、开工准备等方面存在的问题反馈给决策主体，供决策者在今后实施类似项目时作为调整和改进前期工作的依据，改进完善管理制度和管理措施，保证市政工程建设项目朝预定目标发展。

(2) 实施阶段。在市政工程建设项目的实施过程中，对项目建设进行全过程跟踪评价，使建设管理者准确掌握在建项目实施阶段包括组织管理、进度控制、质量控制、投资执行情况和设计变更情况等方面的全动态,根据后评价执行机构反馈的设计漏洞和实施过程出现的偏差,掌握市政工程建设项目实施阶段质量控制点和薄弱环节。在市政工程建设项目后评价工作结束后,将成果以及出现的问题全部反馈到信息系统,方便以后借鉴利用。

(3)运营阶段。通过市政工程建设项目投入使用后的效益情况以及有关环境、社会等方面的分析,对项目进行效益评价、影响评价和持续性评价。将市政工程建设项目运行过程中出现的问题反馈给运营机构和建设单位,运营机构可及时有效地给出解决方案,保证市政工程建设项目运营状态的正常化;建设单位今后在实施其他市政工程建设项目时可借鉴。

政府部门在开展市政工程建设项目后评价工作过程中,通过与项目决策时确定的目标以及技术、经济、环境、社会等指标进行对比,确定项目建设目标是否达到、项目规划是否合理、项目预期效益是否实现以及项目在决策、实施、运营过程中存在哪些问题,总结项目建设、管理和运营的成功经验及教训,针对问题提出改进的措施,并通过有效的反馈机制反馈到政府部门,政府部门通过信息集成系统就可以掌握市政工程建设项目从立项、实施以及运营过程等全寿命过程的质量控制点和薄弱环节,然后制定相应质量管理手册和管理办法,同时还应制定一套市政工程建设项目建设管理责任追究制度,并且通过积累经验不断改进和完善各项管理制度,提高城市基础设施建设管理水平和投资效果。

6. 模糊综合评价模型的建立

根据上述市政工程项目指标体系,然后结合实际情况,利用层次分析法确定指标权重,进一步利用模糊综合评价法对项目各项指标进行评价,最后得出结论,并反馈到实际建设项目。这个步骤就是市政建设项目后评价的流程。这就建立了市政建设项目后评价模型,如图 7.3 所示。

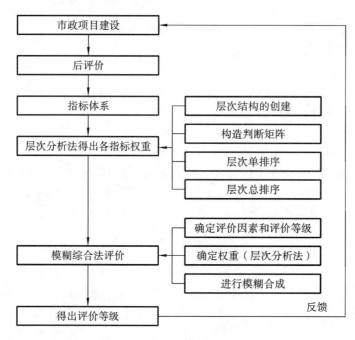

图 7.3 市政建设项目后评价模型

第8章 投融资模式分析
——以 S 市地铁项目为例

8.1 项目简介

S市地铁14号线属于S市地铁四期建设工程规划项目,主线起点为市民中心站,终点为沙田站,跨境延伸至惠州的终点为惠州南站,支线终点为坪地站。S市地铁14号线主要经过福田中心、布吉中心、横岗中心、大运中心、龙岗中心、坪地片区、宝龙片区、坪山站、坑梓中心等片区。

根据规划,S市地铁14号线主线总长58.39 km,项目投资匡算总额为589亿元,共设站16座,推荐最高行车速度120 km/h,项目拟采用PPP模式进行建设。

8.2 S市地铁14号线投融资整体思路

S市地铁14号线作为公共产品,实现有效供给是其最终的目的。但是从目前S市地铁项目投融资现状看,面临着公共产品供给不足、政府地方债务高企、政府职能错位等诸多问题,亟须进行投融资模式的创新和改革。而PPP模式作为市场化投融资模式之一,通过引入社会资本,解决资金来源问题,继续加大公共产品或服务供给,通过引入企业(市场)运营,提高服务质量,降低整体运营成本,还可以鼓励中长期稳定合作,即将政府短期债转换为中长期债,缓解政府财政压力,有助于转变政府职能,强化政府监督职能,提升财政项目中长期预算的管控能力。

从国家层面看,国家相继出台了一系列政策促进PPP发展,PPP将成为公共产品领域受到鼓励的投融资模式之一。从2014年9月开始,国家相继发布了《关于推广运用政府和社会资本合作模式有关问题的通知》(财金〔2014〕76号)、《国务院关于创新重点领域投融资机制鼓励社会投资的指导意见》(国发〔2014〕60号)、《财政部关于印发政府和社会资本合作模式操作指南(试行)的通知》(财金〔2014〕113号)、《国家发改委关于开展政府与社会资本合作的指导意见》(发改投资〔2014〕2724号)、《PPP项目合同指南(试行)》(财金〔2014〕156号)、《基础设施和公用事业特许经营管理办法》(2015年第25号令)、国务院办公厅转发财政部发改委人民银行《关于在公共服务领域推广政府和社会资本合作模式指导意见的通知》(国办发〔2015〕42号)。

S市地铁14号线是S市地铁四期工程的重点项目。在总结前三期工程投融资模式的基础上,总结经验教训,确定S市地铁14号线投融资模式选择的目标及标准,甄别出影响S市地铁14号线投融资模式的因素,确定投融资模式选择的原则,进而对不同的投融资模式进行科学比选分析,遴选出不同的投融资模式的组合,在此基础上进行S市地铁14号线的投融资方案设计。

首先确定S市地铁14号线的投融资模式,确定政府和社会资本在S市地铁14号线建设中所起到的作用,在此基础上,将地铁融资和建设一体化,提高项目运作效率。S市地铁14号线的投融资模式可以在政府主导模式下,借鉴香港地铁"轨道+物业"的开发模式,结合S市地铁二期和三期工程上盖物业开发时间和成功案例,将S市地铁14号线项目建设与沿线土地开发相统筹,采取资源资产化、资产资本化的运作模式,引入社会资本参与地铁建设与物业开发,物业开发收益可以作为项目建设方的投资本金及合理收益的资金来源。

8.3 S市地铁14号线投融资模式选择

S市地铁14号线投融资模式选择是一个系统的工作,是在对S市地铁14号线建设环境及现状进行细致分析的基础上得到的结论。具体过程如图8.1所示。

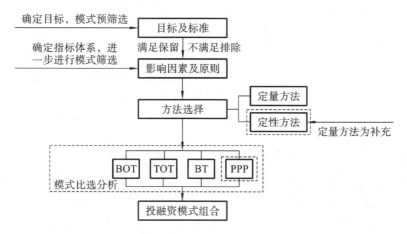

图8.1 S市地铁14号线投融资模式选择过程

8.3.1 投融资模式选择的目标及标准

1. 投融资模式选择的目标

S市政府财政不足以对S市地铁进行全额投资建设,因此参考之前地铁建设经验选择投融资模式是S市地铁14号建设首先要解决的问题。首先要确定投融资模式目标,即明确投融资模式选择要解决的核心问题,随后以此为核心逐步进行投融资模式选择相关工作。

根据要解决问题的层次不同,投融资模式选择的目标可以划分为基本目标和拓展目标。基本目标是S市地铁14号线进行投融资模式必须要解决的问题,如果某一模式不能满足基本目标的要求,则认为该模式是不可取的;拓展目标是S市地铁14号线在进行投融资时要尽量解决的问题,对于投融资模式创新、城市经济和社会发展具有一定推动作用。具体分析如下。

(1)基本目标。

根据公共产品投资理论,经济社会发展到一定阶段,一定会推动社会资本对社会公共产品的投资,而城市地铁作为准公共产品,具备社会资本参与条件。因此,S市地铁14号线应尽量采取商业化的投融资模式,采用市场化的手段吸引更多社会投资者进行投资,逐步降低政府财政投入和银行贷款的比例。在仅凭地铁项目运营收入难以收回资本投入的情况下,要提前制定投入收回保障机制,采取相应措施和手段保证投资者有稳定合理的投资回报。

在社会化融资背景下,要平衡好高融资比例带来的还本付息压力。充分考虑地铁项目的高公益性和低收益性,S市地铁14号线项目建设后期要解决好项目债务的还本付息问题,保证财务可行性,要确保每期有稳定资金来源偿还银行本息。

统筹安排好地铁项目运营时期的亏损补贴资金来源。当地铁14号线的票务收入不能弥补地铁运营成本时,要确保亏损的补贴资金有长期稳定来源以保证地铁线路的正常运行,同时要安排好地铁线路运营过程中设备定期维护与更新的资金来源。

合理运用融资所得资金,做到专款专用。对于 S 市地铁前期项目遗留的债务和运营过程中出现的资金亏损,需要政府采取其他手段解决,不能挪用建设资金,以免影响资金的合理使用。

(2)拓展目标。

整合各种可选投融资模式的优势,并充分发挥社会各界人士的专长对投融资模式进行创新,探索出符合 S 市以及地铁 14 号线沿线区域特点的、合理高效的投融资组合模式,进一步为 S 市地铁四期工程其他线路建设的投融资模式的确定提供参考。

在保证地铁 14 号线建设投资资金以及长期运营过程中的亏损补贴资金来源基础上,在更高层次、更多领域内探索项目融资的可行性,拓展项目融资的间接收益范畴和收益领域。将地铁 14 号线周边的土地开发和公共基础设施建设进行统筹,通过共享地铁周边协同发展带来的红利,提高地铁 14 号线项目投资的收益率。

充分发挥地铁 14 号线作为公共交通基础设施对经济和社会发展的带动和引领作用。地铁项目的投资可以带动对公共基础项目的投资,采取 TOD 模式,鼓励社会资本在地铁沿线展开定向、定点、定时的集群式投资,从而带来更大的社会效益。

2. 投融资模式选择的标准

(1)符合地铁项目建设和运营的特点。

地铁属于城市公共交通基础设施,其存在的根本目的为维护居民的基本福利,具有准公共物品属性,其公益性强和盈利性低的特点将在地铁建设和运营过程中长期存在。S 市地铁 14 号线开通后,政府有关部门必将实施票价控制,因此地铁 14 号线的票价收入不足以弥补其融资本金、利息和投资回报,政府需要进行经常性的亏损补贴,并且由于地铁的政策性亏损,地铁线路设施设备的更新改造也需要增加投资。地铁 14 号线的投融资模式选择要着重解决上述问题,此外还要注意利用地铁 14 号线项目建设和运营过程中的外部效益,将这种外部性收益内部化也是地铁 14 号线投融资模式选择需要着重考虑的问题。

(2)符合地铁 14 号线建设的资金需求特点和技术特点。

根据《S 市城市轨道交通第四期建设规划(2017—2022)》,S 市地铁四期工程首批项目共规划 11 条(段)线路,其中地铁 14 号线规划总长 75.2 km,S 市境内长约 66.1 km,惠州境内长约 9.1 km,投资匡算约为 600 亿元,在 S 市地铁四期工程总投资中占比最高。按照规划,地铁 14 号线将穿越基本农田、二级水源保护区陆域、优化开发区、基本生态控制线、文物古迹等环境敏感区,在建设过程中将面临一定的土地利用以及地铁建设的技术问题,在某些区域还需要支付拆迁费用、环境保护和治理费用。为了保证地铁 14 号线建设的正常进行,地铁 14 号线的投融资模式选择要解决其资金需求和技术导致的项目建设投入资金多、建设中后期可能面临额外的资金投入等问题,保证项目的建设速度。

(3)符合 S 市的空间特征和经济特征。

按照规划,S 市地铁 14 号线将连接 S 市和惠州两市,沿线经过福田中心、布吉中心、横岗中心、大运中心、龙岗中心、坪地片区、宝龙片区、坪山站、坑梓中心等片区。S 市地铁 14 号线建设是 S 市地铁完善网络布局的有益尝试,有利于打造城市与城市之间的生活圈,对其进行投融资不仅能够解决项目建设的资金问题,还能带来极强的社会效应。因此,地铁 14 号线投融资模式选择应充分考虑 S 市的空间特征和经济特征,地铁 14 号线连接的是 S 市相对比较重要的经济片区以及惠州市的交通及经济发展中心,沿线土地增值空间大,要发挥地铁项目投资的引领和带动作用,带动社会资源投资的集聚效应,做到地铁沿线基础设施的同步规划、同步建设,打造"地铁经济带",利用拓展投资规模带来的空间差反哺地铁项目,提升地铁项目投资的收益率,进一步提升地铁项目建设的投融资效率。

(4)符合 S 市地铁长期建设与发展的需要。

地铁是 S 市轨道交通的重要表现形式,属于公共交通的重要组成部分。为了支撑 S 市建设成为全国性经济中心城市和国际化大城市的战略目标实现,S 市政府结合 S 市城市空间布局的实际情况出台 S 市轨道交通线网规划,规划建设轨道线路 32 条,总规模约 1142 km,初步形成轨道交通线网布局,最终实现"对外强轴、中心加密、外围联通"的布局目标。S 市地铁 14 号线属于 S 市地铁四期工程的重点项目,其建设与运营要与 S 市地铁长期建设发展相结合,充分发挥其在轨道交通线网中连接市政配套资源、助力东部 CBD 发展、连接深惠两市的重要作用。与此同时,其投融资模式的选择和确定要与地铁 14 号线在 S 市轨道交通线网中的功能定位相适应,并且要具备一定的可复制性和可拓展性,为 S 市地铁的后续建设提供参考。

8.3.2 投融资模式选择的影响因素及原则

1. 投融资模式选择的影响因素

S 市地铁 14 号线属于城市轨道交通项目,其投融资模式受很多因素影响。

(1)外部影响因素。

从项目所处的外部环境来看,诸如国家政策、经济环境、区位条件、市场开放和发育程度、社会资本的投资热情等因素都可以影响地铁项目的投融资。国家政策对社会资本参与公共基础设施的鼓励与支持是投融资模式手段创新的保证。S 市地铁在建设初期,以政府投融资模式为主,后来随着项目投入资金的不断增加,政府财政压力逐渐增加,难以支撑 S 市地铁项目建设的资金需求。在 S 市政府的鼓励下,S 市地铁建设开始引入社会资本。S 市经济体量在全国城市中位居前列,资本市场相对比较完善,大量社会资本愿意投入 S 市地铁建设,S 市地铁建设的投融资模式具备不断创新与发展的优良环境。

(2)项目内在因素。

从项目自身条件来看,项目规模、项目复杂性以及项目盈利能力等会对投融资模式产生影响。根据项目寿命周期理论,一个完整的项目应该包括项目启动、组织与准备、项目执行以及项目结束等阶段。项目规模主要是指投资额大小,建设期和运营期长短。其中投资额包括自有资金以及融资金额,建设期和运营期长度则影响投资收益。根据复杂性理论,复杂性是一个物体展现出的系统性、多层次、动态化的特征,因此项目复杂性体现在项目的不同周期阶段,包括管理复杂性、技术复杂性以及融资复杂性等。项目盈利能力是指项目为投资方创造收益的能力,也是影响投融资的关键因素,地铁项目前期难以创造收益,因此其盈利性通常与城市地铁的规模性、网络化运营有关。

整体而言,S 市地铁 14 号线建设的投融资已经具备良好的基础条件,同时在政府政策支持下也具备了可观的投资回报率。在这样一个背景下,S 市地铁 14 号线的投融资模式有了更多的选择和创新空间。

2. 投融资模式选择的原则

(1)最大化原则。建立多种资金来源渠道,最大化地利用社会资本,尽量降低政府财政支出在 S 市地铁 14 号建设中的出资比例,以减轻 S 市政府的财政负担,最终争取做到政府"只出地,不出资"。

(2)适应性原则。S 市地铁 14 号线建设进行投融资的首要目的是保证地铁项目按时保质、保量地完成,因此投融资模式的选择也要充分考虑地铁项目建设的资金需求特点,与轨道交通"前期建设投入资金多,政策性亏损补贴多,整体资金需求量大"的特点相适应。同时,要在项目建设的不同阶段设计动态的、与建设阶段特点相符合的投融资模式,调整投融资结构。

(3)低成本、低风险和稳定收益原则。S 市地铁 14 号线建设的高社会资本率意味着社会资本来源的广泛,因此需要采取措施,通过确定最佳的投融资结构保证投融资成本相对较低,如确定最佳的资本金与债务资金比例、不同资本金与债务资金来源的比例、长期资金与短期资金的比例等。在投融资的资本结构确定后,通过建立风险分担机制将风险均衡分担至多元化的投融资主体上,以最大可能降低投融资风险。同时政策性(如政府特许经营权协议、最低项目收入保证等)的稳定收益可保证各投资方的收益均衡,实现各方共赢,进而吸引更多社会资本参与地铁项目建设,形成良性循环,保证 S 市地铁建设项目资金的长期稳定来源。

(4)可控性原则。在吸引社会资本对 S 市地铁 14 号线进行投融资的过程中,不管采取何种投融资模式都要始终保证政府对地铁 14 号线的所有权,并且政府要对地铁 14 号线进行监督与调控,保证地铁 14 号线的准公共产品属性,保持其服务于社会大众的本质功能,维护广大市民的公共利益。

(5)市场化原则。在地铁 14 号线建设和运营阶段分别成立专门化的建设与运营公司负责地铁项目的建设与运营。特别是在项目运营阶段,要充分结合国内外先进的技术与管理经验,通过对地铁 14 号线的投融资引入市场竞争机制,从而提高轨道交通企业的运营效率和水平,实现地铁 14 号线运营的市场化。

8.3.3 投融资模式的比选及推荐

1. 投融资模式比选方法

(1)定性分析方法。

定性分析方法是指不利用数值分析,而根据理论及经验对投融资模式进行选择的方法。定性方法具有简单易行、可操作性好、容易实施等优点,其缺点为缺少数据支持,多依赖人的知识与经验,主观性比较强,通常需要决策者经过细致的理论分析得到,工作量比较大。

定性方法:经验借鉴法,即总结 S 市地铁投融资模式已有经验,分析各种模式的优缺点,同时参考国内外地铁建设投融资模式的先进经验,细致分析各种模式在地铁 14 号线中的适用性,最终比选出最适合 S 市地铁 14 号线的投融资模式;文献阅读法,即通过各种手段收集整理国内外有关地铁投融资模式的研究成果,充分吸取其理论分析方法,并应用到 S 市地铁 14 号线的选择中;归纳推理法,归纳总结各种投融资模式的特点,根据 S 市地铁 14 号线的实际情况,推断出最适合 S 市地铁 14 号线的投融资模式。

(2)定量分析方法。

定量分析方法是指基于数据及相关理论对投融资模式进行选择的方法。定量方法的优点是基于数据进行判断,具有一定科学依据,最大程度上避免了人为主观因素的干扰;可复制性好,方法确定后可以应用至同类型的多个问题中,也可以由不同的人进行操作,对于方法实施人的限制较少。缺点是该方法基于数据,数据的获取比较困难,且当遇到难以量化的指标时,仍需要人为处理;方法的适用性需要多次论证,对于某个具体的问题可能需要不同的定量分析方法。

定量分析方法包括:主成分分析法,即首先选择出影响S市地铁14号线投融资模式选择的影响因素,根据评价指标规模对评价指标进行分析,确定具有代表性的指标并赋予权重,对于各种投融资模式进行评价打分,分数最高的即S市地铁14号线可选择的投融资模式;层次分析法,即构建针对S市地铁14号线投融资模式选择的层次指标体系,根据指标之间相对重要程度,确定各层级指标权重,得到最终权重后结合各投融资模式相对于各指标的评分,得到各投融资模式的加权和,与主成分分析法相同,得分最高的即可作为S市地铁14号线可选择的投融资模式。实质上,主成分分析法和层次分析法不能完全称作定量方法,而是定性与定量相结合的方法,既有量化的部分,也需要人为判断主观因素。

结合S市地铁14号线投融资模式选择的实际情况,由于地铁投融资模式目前相对比较成熟,不考虑各种模式的变体,实际可选择的投融资模式有限,且各种评价指标确定也偏于定性化,难以进行量化,且在S市20多年的地铁建设历程中,已经积累了丰富地铁投融资模式经验。综合考虑,采用定性分析法对S市地铁投融资模式进行选择。

2. 投融资模式比较分析

结合S市地铁14号线建设的实际情况,采用定性分析法(主要为经验借鉴法和归纳推理法),对每一种投融资模式在S市地铁14号线的适用性进行分析,并推荐最优投融资模式。

首先,根据S市地铁投融资模式的经验,参考投融资模式选择的原则及标准,政府主导投融资模式以及完全市场化的投融资模式都不能解决S市地铁14号线这一准公共产品的投融资问题。

在政府投融资模式下,政府无法承担巨额的投入,且有了S市政府的政策支持和S市的经济环境支撑作为依托,S市地铁14号线应当在前期地铁项目建设经验的基础上积极进行投融资模式创新以提高其效率和效果。综上所述,政府投融资模式不符合S市地铁14号线投融资模式选择的目标、标准和原则,因此不建议采用该模式。

在市场化投融资模式下,资金来源的充足性和稳定性无法保证,投融资企业的法律地位难以界定,且容易使S市地铁14号线丧失准公共产品属性,对S市地铁14号线项目建设不利。综上所述,市场化投融资模式不符合S市地铁14号线投融资模式选择的目标、标准和原则,因此不建议采用该模式。

因此,投融资模式的选择主要是从混合投融资模式中选择,备选模式包括BOT模式、TOT模式、BT模式、PPP模式。

(1)BOT模式。

在BOT模式下,政府部门通过特许经营权协议将基础设施建设项目授权给项目公司,并由其负责项目的融资、设计、建造、运营和维护,项目公司在一定特许经营期内向项目使用者收费以收回投资资金,并获得合理收益,特许经营期满后项目公司将项目无偿移交给政府。BOT模式十分适用于基础设施项目建设,政府通过将垄断项目以特许经营权的方式外包给私营企业或外国投资商,减少了财政支出,而项目运营收益是项目承包方获取投资和收益的唯一来源,实现有限追索或无追索,降低了政府的风险,项目承建方通过与政府签订特许经营协议,可以获得法律上的合法性保障。BOT模式是国内外城市轨道交通建设常用的投融资模式,并且BOT模式衍生出了很多变体,如BOO模式、BOOT模式等。

从融资机构和融资程序上看,BOT模式本身并没有太大的缺陷,但是由于BOT模式涉及主体较多,关系比较复杂,并且将项目以特许经营权外包给项目公司,有可能导致项目公司对项目进行掠夺性的开发,政府部门收回项目后剩余价值可能不高。在完善规范的制度约束下,BOT 模式可以得到广泛应用,但是随着轨道交通项目投融资规模的扩大以及社会资本市场的不断完善,BOT 模式逐渐不能适应轨道交通项目的投融资需求,更多具有创新性的混合投融资模式将得到发展和应用。

(2)TOT 模式。

在 TOT 模式下,业主(政府或国有企业)将已经建设好的基础设施出售给私营企业获得增量资金,从而用于其他项目的建设,私营企业通过出资可以获得已经建设完成项目一定期限的产权和经营权,并负责对其进行维护和运营,通过项目的运营回收全部投资资金并取得合理收益,待特许经营期满后,私营企业将所获得的产权和经营权交回业主。与其他投融资模式相比,TOT 模式省去了项目建设环节,有效降低了私营企业的风险,私营企业可以通过对项目的运营回收投资资本并获得合理收益,因而大大提升了社会资本的投资热情,项目融资的成功率高。此外 TOT 投融资模式涉及环节少,流程简单,国家政府的政策和法律法规不会对投融资模式实施造成阻碍。

TOT 模式通常适用于将已建成项目交由外商运营的情况,以引进先进的技术和经验,在实施过程中土地的所有权和定价是该模式实施的关键因素。该模式着重于已建成项目的运营,融资所获得的资产增值通常无法满足需要大量投入的新建项目资金需求。

(3)BT 模式。

在 BT 模式下,业主(政府或国有企业)通过公开招标的方式选出项目的建设方,由项目建设方负责项目建设所需资金的筹措以及工程项目的具体建设工作,当项目竣工并验收合格后,由业主支付一定的回购价款回购项目。政府具有很高的信誉和到期付款能力,因此 BT 模式通常适用于以政府部门为业主的公共基础设施项目建设的投融资,通常要求项目承包企业有工程建设资质、强大的融资能力以及项目建设管理与协调能力。BT 模式暂时性缓解了政府财政压力,将工程项目外包给施工单位,施工单位(或其他参建单位)承担项目建设中的风险,但所有权最终仍归政府所有。BT 模式涉及政府许可、审批和项目谈判等诸多环节,流程比较复杂,操作难度大,并且由私营企业负责融资会增加投资额,在项目投资额巨大的情况需要将项目拆,因此 BT 模式的应用范围比较有限,通常适用于轨道交通的延线工程以及车站建设等项目的投融资。

(4)PPP 模式。

在 PPP 模式下,由政府、非营利性企业和营利性企业基于特定项目的建设形成合作关系,共同完成项目的设计、融资、建设和运营,在该模式下政府并未将全部风险转移给私营企业,而是由参与项目的各方共同承担融资责任和风险,因此项目所获收益也由项目参与各方共享。对于政府而言,PPP 模式可以解决财政支出压力大的问题,并且可以通过项目投融资获得最大的社会效益;对于私营企业而言,PPP 模式可以降低项目的建设和运营风险,因而可以寻求能够还贷并且获得投资回报的项目。该模式既能够满足政府对项目建设的控制和监督要求,又可以以政府承诺保障私营企业的投资回收以及合理回报,因此对政府和私营企业双方都具有比较大的吸引力。因此 PPP 模式一经提出便得到快速推广和应用,北京地铁 4 号线是我国第一条运用 PPP 投融资模式建设的城市轨道交通项目,为 PPP 模式在中国轨道交通项目交通的应用奠定了良好的基础。PPP 投融资模式目前比较成熟,已经形成了相对比较完善的投融资架构,应用性比较强。

(5)推荐模式。

S 市地铁项目建设已经有 20 多年的历史,其投融资模式也经历了长足的发展,由一元化投融资模式发展到二元化投融资模式再发展到多元化投融资模式。其中,BOT模式在S市地铁4号线建设中得到应用,BT模式在S市地铁5号线建设中得到了应用。S市地铁14号线是S市地铁四期工程的重点项目;综合考虑S市地铁14号线项目的实际情况,其建设里程长、投资额大,并且涉及S市和惠州市两段工程项目,完全由私营企业进行投融资难度比较大、投融资效率低,私营企业要承担比较大的风险,而且不利于政府对S市地铁14号线建设与运营的决策、监管和控制,因此不宜采用BOT模式和BT模式。TOT模式适合于已建项目的投融资改造和扩建,不宜应用于S市地铁14号线项目建设。PPP模式以政府和私营部门合作进行项目建设,私营企业以政府信用为担保能够实现快速融资,非常适用于大规模建设项目,且政府对于项目建设和运营有一定的话语权,有利于保证S市地铁14号线的公益性。综上推荐采用PPP模式作为S市地铁14号线的投融资模式。

3. 投融资模式组合的确定

PPP模式被确定为S市地铁14号线的投融资模式。值得注意的是,S市地铁14号线建设是一项复杂的系统工程,仅仅确定投融资模式无法保证项目建设的顺利进行,因而有必要确定S市地铁14号线的投融资模式组合。投融资模式组合是指在已经确定基本投融资模式的基础上,以该模式为基础将地铁项目建设与土地开发模式进行统筹考虑,从而形成完善的、可控的投融资模式框架。S市地铁14号线投融资模式组合的核心包括PPP模式、EPC模式以及"轨道+物业"开发模式等。

(1)投融资模式。

在确定S市地铁14号线投融资模式选择的目标、标准、影响因素以及原则的基础上,结合S市地铁14号线工程项目实际情况,综合比选政府投融资、市场化投融资以及混合投融资三种模式的优缺点及适用性,最终确定以混合投融资模式中的PPP模式作为S市地铁14号线投融资模式。在PPP模式的基础上,同时确定S市地铁14号线的项目建设模式以及配套土地开发模式。

(2)项目建设模式。

S市政府授权S市国资委或轨道办,选择PPP项目公司作为S市地铁14号线的实施主体。通过公开招标/竞争性谈判方式一次性确定PPP+EPC合作方,即PPP模式的项目建设方联合一家总承包特级资质企业与一家车辆供应商、一家地产开发商及一家产业基金组成联合体参与投标。中标后,各私营企业按照一定比例和S市政府共同出资成立PPP项目公司(S市政府以土地作价入股),PPP项目公司负责本项目的设计、融资、投资、建设、物业开发及运营维护工作。PPP项目公司最终决定对S市地铁14号线工程建设采取EPC设计+采购+施工的总承包模式。

(3)配套土地开发模式。

地铁建设项目具有公益性,仅靠地铁乘客付费无法保证项目投资人的资本回收和合理收益,因此S市地铁14号线采取"运营收入+物业开发收入"补偿投资建设及运营成本。S市地铁14号线在总结前期项目(二期工程和三期工程)经验的基础上拟进一步深化投融资改革,扩大特许经营权的范围,在PPP模式的基础上推行"轨道+物业"的开发模式,将S市地铁14号线的建设同沿线物业开发统筹协调,以物业综合开发的收益补贴S市地铁14号线的建设成本以及后期的运营亏损,并作为项目公司的收益来源。"轨道+物业"模式可以将S市地铁14号建设带来的外部效益内部化,有利于实现S市地铁14号线的收益平衡和可持续发展。S市地铁14号线建设将提升沿线物业开发价值,物业价值的提升将进一步反哺S市地铁14号线的建设,最终实现轨道和交通的协同发展。

8.4　S市地铁14号线投融资模式组合方案和风险识别及防范

8.4.1　投融资模式组合方案

1. 项目前期准备工作

(1) S市政府出台相关政策

首先,PPP模式是公私合营的运作模式,需要S市政府出台相关政策,鼓励社会资本的进入。S市政府出台的政策可以分为两类:一类是指导性意见,如《S市政府和社会资本合作管理办法》,从政策上规范社会资本进行公共基础设施项目投资,体现政府资本和社会资本的平等,S市下辖各区也应根据各自具体情况,出台区领域的政府和社会资本合作管理办法;另一类是操作性意见,包括实施方案、操作标准、操作指南和办法等,并根据S市具体情况给出S市基础设施项目建设采用PPP模式的指导性意见。这些政策和标准都能够为S市地铁14号线项目的PPP模式提供标准和参考。

(2) 进行S市地铁14号线项目论证。

S市地铁14号线项目的论证由S市政府有关部门组织,论证的主要内容:项目建设的可行性分析及环境影响分析;项目市场需求分析,PPP投融资模式的可行性分析;明确PPP模式各参与主体的权利与义务并形成书面约定稿;项目客流量预测;项目建设与运营过程中的风险识别与量化;项目进行PPP模式的盈利模式;项目线路及沿线土地增值评估,确定可开发土地规模;完成项目建设预可研与预可行报告;将项目有关文件提交国家有关部门,获得审批立项。

(3) 对S市地铁14号线线路与沿线新区土地规划设计进行优化调整。

城市轨道项目的建设与轨道周边的土地开发密不可分,土地开发模式按照开发形式可以分为城市组团式发展模式、城市轨道交通导向型发展模式、城市轨道交通上盖发展模式。其中TOD为交通与土地利用的耦合开发提供了一种有别于传统模式的轨道交通周边土地开发模式,非常适合应用于S市地铁14号线项目的建设与开发。在TOD理念的指导下,结合S市已有的城市土地总体规划,为此需要对S市地铁14号线与沿线土地规划进行设计优化调整,在此过程中要重点突出周边城市新区的开发。通过将14号线规划建设方案与城市土地总体规划进行对比,对14号线周边可开发土地进行预控,并确定土地的用地性质、开发强度、交通路网、空间结构,最终实现地铁开发与城市建设协同发展的效果。

(4) 确定S市地铁14号线的盈利模式以及土地开发规模。

之前已经确定S市地铁14号线项目投融资采取PPP模式,并通过采用"轨道+物业"模式将轨道交通建设与城市土地开发进行统筹。通常而言,利用地铁周边土地出让与物业开发进行项目建设开发与物业开发有两种模式:一种模式是建立专项资金账户,汇集地铁周边所有土地出让金,专款专用,这部分资金只用于地铁项目的建设和运营;另一种模式是将地铁周边部分或全部土地交由项目建设方进行物业开发,其通过土地物业开发所获得收益可以作为投资收益来源。对两种模式进行对比分析,第二种模式实现了轨道交通建设外部收益的内部化,有利于产生最大收益,推荐采用。结合S市地铁14号线的建设规划,首先需要确定S市地铁14号线PPP模式的盈利模式,如果为"政府补贴+地铁运营"模式,则不讨论土地物业开发;如果为"政府补贴+地铁运营+物业开发"模式,则需要通过论证确定地铁14号线周边可供开发利用的土地范围和数量,由项目发起人(S市政府)根据相关法律法规以及立项文件办理土地的使用许可证。

(5)办理项目招商相关手续。

成立S市地铁14号线前期工作办公室,负责项目工可研报告的报批及相关问题对接,办理出让土地的使用许可证等,为进行战略投资人的招商工作做好前期准备。

2. 战略投资人招商工作

S市资本市场成熟,且有政府的大力支持,因此S市在公共基础设施项目建设时应在投融资模式方面大胆尝试与创新,拟将PPP模式、EPC模式、"轨道＋物业"模式用于S市地铁14号线项目的建设中,将S市地铁14号线项目建成国内轨道交通行业PPP投融资模式以及运营效率、综合开发、成本控制、风险管控的标杆项目,从而可以为S市以及其他城市的轨道交通项目建设提供经验。为了达到这个目的,需要寻找一个具有轨道项目建设资质和丰富经验、较强投融资能力、丰富的"轨道＋交通"模式运作经验、国际一流轨道项目管理与运营水平的战略投资人作为合作伙伴。

(1)项目实施主体确定。

S市政府通过公开招标和邀请招标的方式选择合适的代表政府的股权投资机构作为内资投资人,并确定其作为S市地铁14号线项目发起人和投资人参与S市地铁14号线的建设与运营的法定身份。

根据S市轨道交通项目建设的实际情况以及已有经验,S市政府授权S市地铁集团作为项目实施主体,通过公开招标/竞争性谈判方式一次性确定战略投资人作为"PPP＋EPC"合作方。战略投资人与S市地铁集团共同组建S市地铁14号线项目公司,负责14号线的建设和运营。

(2)战略投资人招商。

S市地铁14号线的招商人为项目实施主体,即S市地铁集团。战略投资人招商基本流程如下:确定项目的基础条件和基本程序,编制书面招商文件;选择有资质和投资条件的潜在战略投资人;通过公开途径发布招商文件,以公开招商程序选定战略投资人。

根据S市地铁14号线建设的实际情况,确定一家总承包特级资质企业与一家地铁车辆供应商、一家地产开发公司及一家产业基金组成联合体参与投标,中标后将与S市地铁集团签订股东协议,按照一定出资比例合资设立PPP项目公司,S市政府授权S市国土资源局以土地作价入资PPP项目公司。之后,S市政府授权S市轨道办与PPP项目公司签订特许经营权协议,授予PPP项目公司对S市地铁14号线的特许经营权,由其负责地铁14号线的建设和运营,并通过运营收入和土地物业开发收入收回前期资金投入,取得合理收益。特许经营期满后,PPP项目公司将地铁资产及运营权利无偿移交给政府或招标人,在特许经营协议中明确约定移交形式、移交内容及移交标准。

3. 项目建设阶段工作

(1)项目资金来源。

S市地铁14号线项目建设可能实现的项目资金来源为资本金、准资本金以及债务资金,具体包括S市政府投资、地铁14号沿线区(镇)政府投资、地铁14号线沿线土地出让以及物业开发权转让收益、地铁14号线项目开发的土地增值费、社会资本金、项目公司发布债权、银行贷款以及国外招商引资等。

根据实际情况,将地铁14号线项目资本金比例暂定为25%,约为147亿元,由PPP项目公司股东各方根据股权比例以现金形式注入,其中S市政府授权S市国土资源局以土地作价入资,项目资本金以外的资金缺口由PPP项目公司融资获得。

(2)PPP项目建设阶段运作模式。

①法律框架。

图8.2为S市地铁14号线PPP项目公司的法律框架。S市地铁14号线PPP模式的基本框架为：首先S市政府授权S市国土资源局，由其代表S市政府与由S市地铁集团和中标私营联合体按照一定比例出资成立的PPP项目公司签订土地转让协议，或以土地作价出资参股PPP项目公司。S市政府授权S市轨道办与PPP项目公司签订40年的特许经营协议，由PPP项目公司负责S市地铁14号线的设计、融资、投资、建设、物业开发及运营维护工作。PPP项目公司负责除项目资本金之外的资金缺口融资。

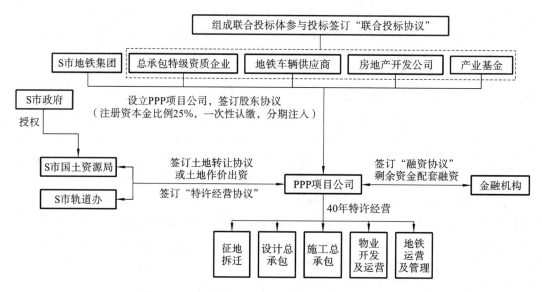

图8.2 S市地铁14号线PPP项目公司的法律框架

②PPP项目公司建设时期组织结构。

图8.3为S市地铁14号线PPP项目公司建设期组织架构。

由于地铁项目建设期和运营期的性质以及工作侧重点的不同，建设期和运营期的公司组织架构不同。在项目建设期，PPP项目公司的决策权掌握在由股东大会和董事会组成的监事会手中，其中董事会代表公司股东的意愿进行决策，董事会下设总经理负责PPP项目在建设期间的所有公司事务，总经理下设分别负责征地拆迁、建设管理、物业开发以及车辆供应的四位副总经理，一位总工程师和一位财务总监，具体的部门包括综合管理部、征地拆迁部等。

③PPP项目公司责任与义务。

PPP项目公司负责S市地铁14号线项目的设计、融资、投资、建设、物业开发及运营维护工作，负责除项目资本金之外的资金缺口融资。

PPP项目公司分别与具有资质的股东签订EPC总承包合同，由该具有总承包特级资质企业负责地铁14号线项目的整体设计与施工；与地铁车辆供应商签订车辆供应合同，由该车辆供应商负责地铁整车的建造与交付；与房地产开发商签订物业开发合同，由该房地产公司负责地铁物业的开发；与金融机构签订融资合同，由该金融负责S市地铁14号线项目的稳定资金供给。

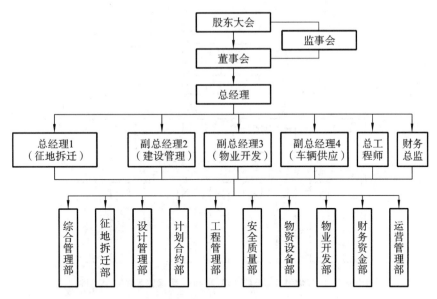

图 8.3　S 市地铁 14 号线 PPP 项目公司建设期组织架构

4. 项目运营阶段工作

(1)项目建设与运营的交接。

S 市政府授权 S 市轨道办与 PPP 项目公司签订特许经营协议,特许经营协议中规定项目合作期限 40 年,采用 5+35 方式,既 5 年投资建设期,35 年运营期。即在 5 年的项目建设期满后,PPP 项目公司将拥有 S 市地铁 14 号线 35 年的特许运营权。

(2)PPP 项目公司运营阶段运作模式。

①PPP 项目公司运营时期组织结构。

图 8.4 为 S 市地铁 14 号线 PPP 项目公司运营期的组织架构。

与建设期的组织架构不同,在运营期组织架构下,总经理下设分别负责运营管理、维修管理、线网管控的副总经理和一位财务总监,由于没有工程建设任务,不设总工程师职位。具体的部门包括综合管理部、客运部等。

②投资回报模式。

S 市地铁 14 号线的运营期,PPP 项目公司将收回投资本金并获得合理收益。投资回报来源主要有政府财政付费、地铁运营收益、地铁物业开发收益三方面。投资回报方式包括固定回报和浮动收益两类。

a. 固定回报。在招标过程中,招标文件中以"投资回报率"为标的,社会投资人不承担项目经营风险。社会投资人中标后,按照 S 市地铁决策实施项目投资、建设、物业开发及运营,PPP 项目公司通过利润分配,给予社会投资人约定回报率。

b. 浮动收益。根据"风险共担、利益共享"原则,给予社会投资人在项目建设、物业开发、项目运营等方面决策权。通过"客流机制、票价机制,物业开发分成机制"锁定社会投资人风险范围及收益空间,激励社会投资人降本增效,社会投资人通过项目公司分红获得回报。

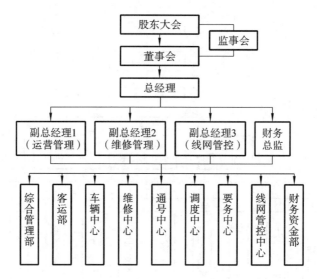

图 8.4　S 市地铁 14 号线 PPP 项目公司运营期的组织架构

③资本退出路径。

a. 股权回购。

运营期内,招标人或招标人代表根据合同约定,对社会投资人的股权分期或一次性回购。

b. 运营期满无偿移交。

项目运营期满后,PPP 项目公司将地铁资产及运营权利无偿移交给政府或招标人,特许经营协议中明确约定移交形式、移交内容及移交标准。

5. 投融资模式组合需要重点解决的问题

以 PPP 模式、EPC 模式和"轨道＋物业"开发模式为架构的投融资组合模式能够有效解决 S 市地铁建设与运营过程中遇到的融资问题,并且具有一定的法理依据,是适合作为 14 号线投融资的高效模式组合,但在具体操作过程中仍有一些问题需要重点关注并加以解决。

(1)项目实施主体问题。

PPP 模式多以政府(或政府机构)为实施主体,S 市地铁集团作为 S 市地铁 14 号线的项目实施主体,将同时扮演裁判员和运动员双重角色,其合法合规性需进一步论证。

(2)平衡方式及招标条件问题。

项目采用"运营收入＋物业开发收入"补偿投资建设及运营成本,收益平衡点牵涉因素较多,社会投资人风险范围及收益空间调节机制较为复杂。

(3)土地取得方式及定价问题。

本项目以物业(经营性用地)开发收入作为平衡项目投资建设成本来源,需以有偿方式取得项目用地。S 市以外项目普遍面临项目"招投标"与项目土地"招拍挂"不兼容(无法捆绑锁定),S 市"土地作价出资"管理办法是否持续有效是本项目的关键。S 市政府以土地出资入股可能导致在 PPP 项目公司中股权比例过大,不符合"政府出资方股权比例不超过 50％且不主导项目公司经营"等国家 PPP 法律法规。

8.4.2 投融资模式组合的风险识别及防范

S市地铁14号线建设采取PPP模式、EPC模式以及"轨道＋交通"开发模式的投融资模式组合。这种新型的投融资模式在项目实施初期就实现了风险分担,由政府和私营部门共同承担风险,一定程度上分散了项目投融资的风险。但是,轨道交通项目的自身特性,使此种运作模式仍然存在很多风险,有必要对风险来源进行识别并加以防范。

1. 风险识别

风险是指在S市地铁14号线整个项目周期内发生的,对项目的投融资、建设和运营能够造成干扰的不确定性因素,可能会导致14号线项目的受损甚至会失败的事件。风险识别就是将这些不确定性的干扰事件找出的过程。在PPP模式、EPC模式以及"轨道＋交通"开发模式的投融资模式组合下,考虑S市地铁14号线的实际情况,识别项目风险来源为法律和政策风险、自然环境风险、施工风险、经济风险、运营风险。

(1)法律和政策风险。

完善的法律体系和政府政策的支持是S市地铁14号线成功的关键。法律风险是指由于立法的改变而导致社会投资方合法权益无法得到保障,使社会投资方的热情降低甚至撤资的风险。政策风险是指政府出于整体利益的考虑出台一系列政策,对项目的投资回收和收益性造成了一定影响,进而导致项目投融资的失败。

(2)自然环境风险。

自然环境风险是指在项目建设过程中遭遇到不可抗力,从而导致项目无法顺利完成自然环境风险。自然环境风险主要包括气候条件、气象条件、地质结构等风险。

(3)施工风险。

施工风险是指可能发生的工期延误、质量不合格、工程事故等风险。如在施工过程中,施工手续办理不及时、征地拆迁补偿成本高等都会对项目的顺利完成造成影响。

(4)经济风险。

经济风险是指由于未来社会经济状况和项目真实需求的不确定性而产生的风险,包括价格风险、汇率风险、资金风险、利率风险以及通货膨胀风险等。如项目价格下降而导致的利润减少、项目公司各股份资本无法同时到位、审批程序延误导致融资成本增加、社会投资人中途退出等。

(5)运营风险。

运营风险是指项目建设完成后在运营阶段所面临的一系列风险。如实际客流量与预测不符导致项目收益降低;票价过高而使社会民众无法接受;运营成本超支,运营管理水平不高、效率低;物业开发不良,项目盈利低于预期;来自周边其他交通方式的竞争等。

2. 风险防范措施

S市地铁14号线项目能否成功运作,很大程度上依赖于风险防范措施的制定。

(1)法律和政策风险防范。

法律和政策风险防范主要依赖S市政府,S市政府应出台一系列地方性政策法规,保障社会资本在轨道交通项目建设中的合法权益。在项目具体运作过程中要严格以合同为准则,认真履行权利和义务,保证其承诺的有效性、合理性和激励性。此外S市政府还应保证法律法规以及特许经营权合同鉴定与执行过程的公开公正和透明化,必要时S市政府要采取行政手段化解法律法规调整带来的负面影响。

(2)自然环境风险防范。

自然环境风险是潜在的,不受政府和私营部门的理性控制,因此自然环境风险的防范目前还没有好的行业实践和合理的技术。对此风险进行防范,可以在政府和私营部门签订的合同中加入专门条款,规定自然环境风险的责任划分。当风险实际发生时,参与S市地铁14号线项目的各方通过商议和谈判方式给出具体的解决方案。

(3)施工风险防范。

施工风险防范要对项目从设计到建设的全阶段进行严格把关。在PPP模式下私营部门可以参与项目建设和运营的全过程,要充分利用自身的优势、发挥作用,降低施工风险。设计阶段就要结合S市地铁14号线沿线的地质、水文条件等,采用最优的设计方案,并对方案进行充分论证,使设计深度达到项目的要求。在建设阶段,重视招标的作用,选择具有总承包特级资质的企业进行项目建设。PPP项目公司在与总承包商签订合同时,要明确工程质量标准、完工标准、完工时间等,签订不能按标准完成的赔偿条款,依次约束总承包商的行为。

(4)经济风险防范。

经济风险防范要求S市政府部门在S市地铁14号线建设的初期做好相关工作,包括轨道交通与沿线土地规划的优化设计、合理地客流量预测等。在14号线项目的经济与财务评估方面尽量做到客观、准确。私营部门在参与招投标的时候,要合理估计自身的资产情况和融资能力,在项目建设阶段要保证资金的稳定充足供应。

(5)运营风险防范。

在S市地铁14号线的运营阶段,政府和私营部门要扮演各自角色,发挥功能,政府部门要充分行使监督和控制职能,对地铁的票价进行调控,保障市民的基本权益,此外还要对私营企业可能出现的亏损进行补贴;私营企业要发挥自己在地铁运营过程中的作用,提升项目运营效率和水平,降低运营风险,最大化收益。

参 考 文 献

[1] 白思俊.现代项目管理:升级版(上下册)[M].北京:机械工业出版社,2020.
[2] 常铁洋.基于风险量化的综合管廊PPP项目可行性缺口补助测算研究[D].北京:北京建筑大学,2020.
[3] 陈佳.市政道路PPP项目运营期绩效评价体系构建及应用研究[D].南京:南京林业大学,2018.
[4] 陈晓莉.投资项目评估[M].重庆:重庆大学出版社,2017.
[5] 陈雪涛,栗霄霄.企业融资[M].北京:中国经济出版社,2022.
[6] 楚岩枫.项目管理[M].北京:电子工业出版社,2015.
[7] 戴时清.高速公路项目投融资[M].长沙:中南大学出版社,2013.
[8] 党耀国,米传民,胡明礼,等.投资项目评价[M].北京:电子工业出版社,2015.
[9] 刁威凯.ZJQJ有限公司税务管理分析及优化[D].郑州:河南财经政法大学,2021.
[10] 方磊.项目投资目评估与管理[M].成都:西南财经大学出版社,2020.
[11] 郭汉丁,马辉.工程项目管理[M].北京:化学工业出版社,2016.
[12] 何天星.建筑施工企业税务风险管理研究[D].西安:西安科技大学,2014.
[13] 黄丝丝.基于管理会计视角PPP项目运营管理体系研究[J].中国乡镇企业会计,2022(8):107-109.
[14] 霍亮.铁路现行主要投融资模式对比分析[J].中国铁路,2021(6):50-56.
[15] 江典景.工程财务管理中常见问题及对策分析[J].中小企业管理与科技(上旬刊),2019(2):66-67+69.
[16] 江雨钊,曾迪.浅析ABO模式带来的机遇与风险[C]//北京力学会.北京力学会第二十八届学术年会论文集(下).北京:北京力学会,2022.348-350.
[17] 景宏福,王利彬.新形势下交通基础设施项目投融资框架梳理[J].中国公路,2020,No.569(13):38-41.
[18] 鞠金林.污水处理环境工程的技术选择和项目运营模式研究[D].南京:东南大学,2018.
[19] 李爱华,刘月龙.建筑工程财务管理[M].3版.北京:化学工业出版社,2020.
[20] 李瑞.建设项目设计管理的研究[D].重庆:重庆大学,2008.
[21] 李晓蓉.投资项目评估[M].3版.南京:南京大学出版社,2017.
[22] 李旭升.一本书搞懂融资常识[M].北京:化学工业出版社,2018.
[23] 李茵仪.S市地铁项目的投融资模式研究[D].大连:大连理工大学,2017.
[24] 李育红.高速公路BOT项目运营期资金管理[J].财务与会计,2020,603(3)64-65.
[25] 刘尔思.项目投融资理论与创新[M].昆明:云南科技出版社,2010.
[26] 刘林.项目投融资管理与决策[M].北京:机械工业出版社,2009.
[27] 刘楠楠.投资项目后评价方法及应用研究[D].河北:河北大学,2014.

[28] 刘亚臣.项目融资[M].北京:化学工业出版社,2017.
[29] 刘逸群.企业项目投资的决策与可行性初探[J].商业观察,2022,136(6)26-28.
[30] 刘泽俊,周杰.工程项目管理[M].南京:东南大学出版社,2019.
[31] 陆惠民,苏振民,王延树,等.工程项目管理[M].3版.南京:东南大学出版社,2015.
[32] 宁涛.业主方工程项目管理实施策划[D].南京:东南大学,2015.
[33] 阮东.市政工程建设项目后评价的研究[D].南宁:广西大学,2017.
[34] 唐东.轨道交通项目融资模式选择[D].杭州:浙江大学,2019.
[35] 田新民.关于加强工程建设财务管理的思考[J].西部财会,2018,422(5):34-36.
[36] 王江容.业主方的项目管理[M].南京:东南大学出版社,2015.
[37] 王金枝.基于柔性的轨道交通PPP项目可行性缺口补助模式研究[D].天津:天津理工大学,2016.
[38] 王奇卓.轨道交通投融资发展现状及对策研究[J].工程建设与设计,2022,482(12):249-252.
[39] 王文华.财务管理学[M].北京:清华大学出版社,2013.
[40] 王小蓉.基于合规性考量的ABO模式应用分析及建议[J].建筑经济,2022,43(08):29-34.
[41] 王小霞.企业融资理论与实务[M].西安:西北大学出版社,2017.
[42] 王玉春.财务管理[M].5版.南京:南京大学出版社,2018.
[43] 王子军.工程财务管理在建设项目中的控制作用[J].财会学习,2022,321(4):12-15.
[44] 魏新林.DT物流园区建设项目投融建(F+EPC)模式与对策研究[D].重庆:西南交通大学,2021.
[45] 乌云娜.工程建设全过程项目管理策划第四讲项目管理目标控制的方法和手段[J].中国工程咨询,2007(4):48-52.
[46] 徐强.投资项目评估[M].3版.南京:东南大学出版社,2020.
[47] 杨凯钧.政府投资项目后评价指标体系应用[D].广州:华南理工大学,2011.
[48] 杨星.输变电项目后评价指标体系及模型构建研究[D].石家庄:华北电力大学(北京),2017.
[49] 杨卓.湖南FX集团商业地产项目运营管理优化研究[D].长沙:湖南农业大学,2018.
[50] 叶苏东.项目融资[M].北京:清华大学出版社,2018.
[51] 尹志国,任宇航.PPP项目创新发展之ABO模式探析[J].都市快轨交通,2019,32(04):43-49.
[52] 袁亮亮.城市轨道交通建设项目投融资问题研究[D].广州:华南理工大学,2017.
[53] 张冲.投融资工程项目建设管理策划重点探析[J].安徽建筑,2022,29(09):179-180.
[54] 张丽娟.ABO模式在马桥公路项目中的应用研究[D].兰州:兰州理工大学,2021.
[55] 张旭辉.项目投资管理学[M].成都:西南财经大学出版社,2018.
[56] 张之峰,胡文军.工程项目管理[M].南京:南京大学出版社,2020.
[57] 张智勇.PPP模式下高速公路项目投融资风险管理研究[D].北京:中国科学院大学,2016.
[58] 赵永任,李一凡.工程项目管理[M].2版.北京:中国水利水电出版社,2016.
[59] 郑逸.轨道交通投融资模式研究[D].厦门:厦门大学,2017.
[60] 中国铁建股份有限公司法律合规部.基础设施建设项目投融资业务法律风险梳理及合规操作指引[M].北京:法律出版社,2021.

[61] 周明刚.PPP项目腾飞的助推器——可行性缺口补助(上)[Z/OL].中闻律师事务所,2018-03-21[2023-03-15].https://zhuanlan.zhihu.com/p/34779546.

[62] 周明刚.PPP项目腾飞的助推器——可行性缺口补助(中)[Z/OL].中闻律师事务所,2018-03-21[2023-03-15].https://zhuanlan.zhihu.com/p/34779739.

[63] 周伟.二线、三线城市TOD发展模式探析——以包头市为例[J].工程建设与设计,2019,420(22):89-91.

[64] 周颖,孙秀峰.项目投融资决策[M].北京:清华大学出版社,2010.

[65] 朱艳芳.建设投资项目后评价研究[D].南京:南京理工大学,2011.

[66] 叶堃晖.工程项目管理[M].重庆:重庆大学出版社,2017.

后　　记

　　项目投融资是国际金融的一个分支，目前已发展成为一种有效的投筹资手段，日趋成熟，它不同于传统的投融资手段，具有项目导向和风险分担的特点，投资者着眼于控制并影响整个项目运行的全过程，并可以根据不同项目的不同点设计出多样的融资结构，满足投资者不同的需要，使在传统的融资条件之下无法获得的贷款资金通过投融资的手段进行开发。

　　项目投融资作为一种有效的投筹资手段，正日益受到政府及企业的重视，并逐渐得到发展。随着国家对于工程项目建设运行模式的持续深入探索，国内的工程项目基本建设过程呈现出更加显著的多样化、标准化和市场化的发展趋势。

　　当下，国内建筑工程行业持续发展，各种工程项目大量出现，对外开放力度逐渐增大，引入了多种新型投融资方式及管理理念，为国内建筑工程行业的发展创造了有利的外部环境。同时，国内在投融资工程项目建设管理方面经验相对不足，需要业内人士在实践过程中积极探索，在发挥投融资工程项目建设管理方式的优势的同时，有效规避其中潜在的各种风险性，保证工程建设项目顺利进行，推动我国工程建设项目投融资创新高质量发展。